"十四五"国家重点出版物出版规划项目
2023年度四川省重点出版项目专项补助资金项目
极复杂艰险地质环境地下工程关键技术研究书系

国家重点研发计划（2022YFB2603300）资助
国家自然科学基金重大项目（51991390＆52090083）资助
山东省重点研发计划（2023CXPT009）资助
国家铁路集团科技开发计划（N2023G043）资助

超大直径泥水盾构关键技术

Key Technologies of Ultra-large Diameter Slurry Shield

陈　云◎总策划
卢春房◎总顾问
李术才◎主　审
杜彦良◎总主编
王江卡　陈　馈　刘继强　贺维国　刘建卫◎著

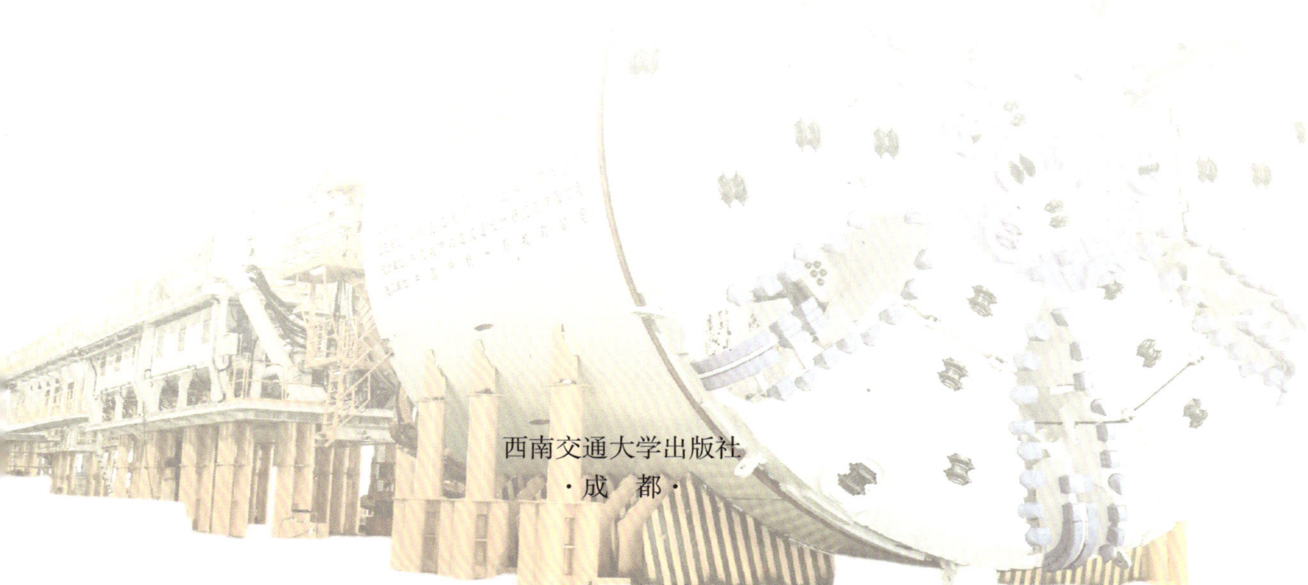

西南交通大学出版社
·成　都·

图书在版编目（C I P）数据

超大直径泥水盾构关键技术 / 王江卡等著. --成都：西南交通大学出版社，2024.2（2024.7 重印）
（极复杂艰险地质环境地下工程关键技术研究书系 / 杜彦良总主编）
“十四五”国家重点出版物出版规划项目
ISBN 978-7-5643-9759-3

Ⅰ. ①超… Ⅱ. ①王… Ⅲ. ①泥水平衡盾构 – 隧道施工 – 研究 Ⅳ. ①U455.43

中国国家版本馆 CIP 数据核字（2024）第 039473 号

“十四五”国家重点出版物出版规划项目
极复杂艰险地质环境地下工程关键技术研究书系 / 杜彦良总主编

Chaoda Zhijing Nishui Dungou Guanjian Jishu
超大直径泥水盾构关键技术

王江卡　陈　馈　刘继强　贺维国　刘建卫　著

出 版 人　王建琼
策划编辑　黄庆斌　胡　军　左廷亮
责任编辑　姜锡伟
责任校对　蔡　蕾　谢玮倩
封面设计　曹天擎

出版发行　西南交通大学出版社
（四川省成都市金牛区二环路北一段 111 号
西南交通大学创新大厦 21 楼）
邮政编码　610031
营销部电话　028-87600564　028-87600533
网址　http://www.xnjdcbs.com
印刷　四川玖艺呈现印刷有限公司

成品尺寸　185 mm × 260 mm
印张　23
字数　473 千
版次　2024 年 2 月第 1 版
印次　2024 年 7 月第 2 次
书号　ISBN 978-7-5643-9759-3
定价　279.00 元

《超大直径泥水盾构关键技术》
编 委 会

总 策 划：陈　云
总 顾 问：卢春房
主　　审：李术才
总 主 编：杜彦良
出 品 人：周　蓓
总 监 制：伍　军　李少利
主　　编：王江卡　陈　馈　刘继强　贺维国　刘建卫
副 主 编：（排名不分先后）
林春金　杨泽平　叶　超　杨振兴　陈莎莎　王俊英　张鹏翔　蒲晓波
高永琪　丁文其　刘典基　刘金祥　王纯亮　乔亚飞　张　凌　黄琦恒
李东升　卢高明　范国刚　朱豪洋　李勇军　冯欢欢　张晓东　陈　桥
支持单位：韬奋基金会“一带一路”科技文化专项基金
主编单位：（排名不分先后）
中国中铁股份有限公司总承包分公司
中铁（广州）投资发展有限公司
极端环境绿色长寿道路工程全国重点实验室（深圳）
中铁隧道局集团有限公司
陕西铁路工程职业技术学院
王江卡劳模和工匠人才创新工作室
中铁南方投资集团有限公司
中铁第六勘察设计院集团有限公司
中铁一局集团有限公司
山东大学
同济大学
厦门轨道建设发展集团有限公司
中铁工程装备集团有限公司
厦门厦工中铁重型机械有限公司
中铁四局集团有限公司
凌远科技股份有限公司
中铁科学研究院有限公司
中铁十四局集团装备有限公司
六朝松（北京）教育科技有限公司
中铁二十局集团有限公司

内容提要

全书共8章，主要面向深地工程世界科技前沿、面向国家深地工程重大需求，重点介绍超大直径泥水平衡盾构的概念及国内外典型工程，介绍超大直径泥水平衡盾构的构造、选型、设计、施工管理、设备管理、风险控制及代表性工程案例。

第1章“发展概况”主要介绍盾构的分类方法、超大直径盾构的定义、国内外超大直径泥水平衡盾构典型工程。第2章“盾构构造”主要介绍超大直径泥水平衡盾构的主要组成及其结构特点。第3章“盾构选型”主要介绍盾构选型总则、选型原则、选型步骤与依据等盾构选型方法，盾构选型需解决的稳得住、掘得进、排得出、耐得久等四大关键问题。第4章“盾构设计”主要介绍超大直径泥水盾构的设计边界条件及刀盘、主驱动系统、盾体、推进系统、管片拼装机、泥水循环系统、注浆系统、水循环系统、通风系统、保压系统、高效物料转运系统、供电系统等关键系统的设计要点。第5章“施工管控”主要介绍地质补勘与环境调查、优化设计、总体方案优化比选、盾构施工土建配套工程等盾构施工前置工作要点，盾构适应性论证与专项方案编制要点，盾构始发、掘进、接收、管片拼装、注浆施工、预制箱涵同步安装、掘进姿态管理、泥水管理、渣土管理、进舱管理、停机管理、测量管理、监控量测管理、运输管理等盾构施工管控要点。第6章“设备管理”主要介绍全生命周期管理，超大直径泥水盾构的配置、监造、转场维修、盾构施工供配电、组装与调试、设备状态监测、刀具管理、配件管理、维修保养及盾构拆机运输与存放等设备管控要点。第7章“风险控制”主要介绍危险源辨识方法与要求、常见风险源类型、危险源分级管控机制、重要危险源划分标准、危险源管控程序、危险源管控职责分工、危险源管控的主要内容，工程安全风险分级、风险识别、风险评定、风险管控、风险预警与应急响应、实施效果评估等风险控制要点。第8章“工程案例”主要通过上海长江隧道工程、扬州瘦西湖隧道工程、汕头海湾隧道工程、深圳春风隧道工程、深圳妈湾跨海通道工程等具体工程实例介绍超大直径泥水平衡盾构工程的工程概况、施工重难点、盾构适应性设计及其施工关键技术。全书深入浅出，理论与实践结合，图文并茂，可供深地工程超大直径泥水平衡盾构设计、施工与管理等科技人员学习参考。

序一

Preface 1

近年来，我国城市、交通、水利、水电、矿山等领域的地下工程蓬勃发展，取得了举世瞩目的成就，地下工程的机械化施工技术与高端装备也取得了长足的发展与进步。但随着工程建设的广泛、深入推进，地下工程建设面临许多艰、难、险、阻，如西部山区的极复杂艰险地质与环境条件，穿江越海的高水压、强渗透地层，大都市中心城区的复杂地面与土工环境等。在极复杂地质环境下的岩爆、软岩变形、岩溶、断层破碎带、突涌水、高水压、强透水等重大工程问题，给盾构/TBM施工装备、施工技术与管理带来了巨大挑战。突破制约极复杂艰险地质环境盾构/TBM隧道施工的关键核心技术，是我国隧道及地下工程快速、良性发展亟待解决的重大关键问题。

问渠那得清如许，为有源头活水来。由杜彦良院士领衔主编的《岩石隧道掘进机（TBM）设计施工管理关键技术》《盾构设计施工管理关键技术》《超大直径泥水盾构关键技术》《盾构施工重大风险控制》（极复杂艰险地质环境地下工程关键技术研究书系）这一套技术著作应运而生。

这是一套针对极复杂艰险地质环境、高水压、强渗透地层、都市复杂环境条件下盾构/TBM施工装备、施工关键技术与工程应用的技术著作。该套丛书围绕国内外盾构/TBM隧道的装备制造、工程施工及其关键技术问题，紧密结合近年来我国在盾构隧道和TBM隧道领域的重大工程，在系统阐述盾构/TBM的起源与发展、系统组成与设计、类型及选型、施工技术与管理的基础上，重点对极复杂艰险地质条件下、特殊地层与特殊环境条件下装备的地质适应性设计、施工关键技术、超大直径泥水盾构关键技术、盾构施工风险管控等进行了系统分析与研究；同时，对近年来盾构/TBM超前探测、智能感知、大数据分析与智能掘进等前沿技术进行了讲解；并通过一系列典型的工程案例介绍了盾构/TBM在不同类型特殊复杂地质下的应用及取得的成效。该套丛书系统阐述了盾构/TBM隧道领域的理论成果与技术进步，是一套理论与实践相结合的好书。

丛书图文并茂，资料翔实，不仅工程实用性强，且具有学术指导性，对从事盾构/TBM设计、施工、管理、教学、科研等有关的技术人员、教师及学生来说，是良师，亦为益友。相信本套丛书的出版，将对我国极复杂艰险地质环境下盾构/TBM装备制造与隧道施工技术起到重要的推动作用。

付梓之际，是为序。

中国工程院院士

中国铁道学会理事长

2023年7月

序二
Preface 2

随着“一带一路”倡议、新时代西部大开发等国家重大战略的实施，随着中国城市化水平不断提升及人民群众对美好生活的向往，一批跨流域调水、高速交通工程及城市地下综合工程正在兴起，我国复杂地质地下工程迅猛发展。盾构和岩石掘进机（TBM）是地下工程开发建设的智能化高端装备，与钻爆法相比，采用盾构/TBM施工具有高效、安全、环保、自动化程度高等显著优势，已成为我国重大地下工程建设的发展方向。但盾构法面临着“地层失稳、设备失效、姿态失准、操作失控”等重大工程问题；特别是穿江越海长大隧道采用超大直径泥水盾构施工时，会面临着“换刀难、出渣难、控制难”等重大施工难题；TBM法面临着隧道“变形、坍塌、突涌、卡机”等重大工程灾害。以上重大工程问题及灾害的发生，时常导致盾构/TBM“被卡、被困、被损”，甚至机毁人亡。长期以来，不仅国外对盾构/TBM核心技术全面封锁，国内优势企业也将自己掌握的极有限专业技术进行严格保密而形成行业壁垒，严重制约了我国重大超级工程的安全绿色建设。因此，全面突破盾构/TBM设计、施工与管理的成套关键核心技术，特别是超大直径泥水盾构的关键技术，是我国地下工程智能建造的迫切需要，是国家重大基础设施快速发展的迫切需要，是交通强国、水资源开发及城市地下综合体建设的迫切需要，更是国家安全保障的迫切需要。

“极复杂艰险地质环境地下工程关键技术研究书系”汇聚院士团队资源，由中国工程院杜彦良院士领衔主编。作者团队是盾构/TBM设计施工与管理领域的技术专家，积累了大量丰富的装备设计制造经验和工程施工经验，紧紧围绕极复杂艰险地质环境地下工程的重大工程问题，依托系列创新成果、发掘行业最新技术，致力于突破国外技术封锁，致力于打破行业技术壁垒。该书系是作者团队依托国家重大工程，通过承担多个国家级科研项目，在盾构/TBM法修建地下工程领域多年研究成果的全面总结，基本反映了我国盾构/TBM法建造地下工程的最新研究成果，是国内外首套全面总结盾构/TBM法关键理论技术、高端装备设计、施工技术与管理的学术技术丛书，可用于指导极复杂环境盾构/TBM法隧道的重大装备研发设计及施工与管理。

该书系理论与实践相结合，图文并茂、内容翔实、循序渐进、通俗易懂，具有较强的实用性与学术性，不仅能为中国盾构/TBM高端装备的研发设计、中国地下工程修建技术的持续快速发展提供技术支持，还能为中国盾构/TBM为代表的高端装备制造业的创新升级提供很好的借鉴建议，对我国深地、深海战略等地下工程的安全智能建造与创新发展具有重要的借鉴和促进作用。在该书系付梓成册之际，我谨以此序向该书系的作者祝贺。我相信，该书系的出版必将进一步推动我国乃至世界盾构/TBM技术的跨越式创新与发展。愿该书系在盾构/TBM设计、制造及其施工中发挥重要作用。

中国中铁股份有限公司党委书记

中国中铁股份有限公司董事长

2023年7月

前 言
Foreword

随着国家海洋战略、国家能源战略、区域经济一体化、国家大通道建设的逐步实施，穿江越海水下长大隧道建设技术日趋成熟，水下超大直径泥水平衡盾构隧道建设已成为水系发达地域交通发展的首选方案。目前，超大直径泥水平衡盾构隧道技术具有超大直径、超大埋深、超高水压、超长距离等“四超”特点，实现了多种复杂地质下的隧道安全环保与快速施工，已频繁应用于公路、铁路、城市轨道交通、给排水、管廊等各个领域。全面系统总结超大直径泥水盾构的关键技术，对指导后续超大直径泥水盾构工程的实施和促进国内超大直径泥水盾构领域的技术进步与发展具有非常重要的意义。

本书主要阐述超大直径泥水平衡盾构的概念及国内外典型工程，超大直径泥水平衡盾构的构造、选型、设计、施工管理、设备管理、工程安全风险控制等关键技术，并通过具体的工程案例介绍超大直径泥水盾构工程的工程概况、工程重难点、盾构地质适应性设计及其施工关键技术。

本书内容翔实，集理论性、学术性和工程实用性于一体，涵盖了超大直径泥水盾构的发展、构造、选型、设计、施工与管理等一系列内容。通过对本书的系统学习，读者对超大直径泥水盾构技术能做到知历史、明原理、识构造、会选型、懂设计、善管理、能实战；能较全面掌握超大直径泥水盾构的关键技术，以便能针对具体的超大直径泥水盾构隧道工程进行盾构地质适应性选型与针对性设计；能善于采用合适的盾构施工技术和科学的施工管理方法来应对复杂多变的地质环境。

本书在撰写过程中，得到了中国中铁股份有限公司党委书记、董事长陈云的亲切关怀，得到了中国铁道学会理事长、中国工程院卢春房院士及山东大学校长、中国工程院李术才院士的大力指导，得到了中铁隧道局集团及中铁十四局集团的大力支持，在此深表感谢！

本书参引了国内外相关领域大量的论文资料、学术著作和企业标准，在此向这些专家学者和相关单位表示诚挚的谢意！

修建超大直径盾构隧道工程既要面对大量世界级难题，也要敢于承接更多未知挑战，期望本书的出版能够给我国超大直径盾构的选型设计与施工管理提供新的参考和借鉴。

尽管付出了大量的心血，但受限于编者认知水平，书中不可避免地会出现错漏和不当之处，敬请广大同行批评指正。

中国工程院院士 杜彦良

2023年7月

目 录
Contents

第1章　超大直径泥水盾构发展概况

本章重点

盾构的分类方法，超大直径盾构的定义，国外超大直径泥水盾构典型工程、中国超大直径泥水盾构典型工程及国内外超大直径盾构/TBM工程概览。

1.1　超大直径泥水盾构概念

1.1.1　盾构分类

1. 按支护地层形式分类

盾构按支护地层形式主要分为自然支护式、机械支护式、压缩空气支护式、泥浆支护式、土压平衡支护式等5种类型，如图1-1所示。

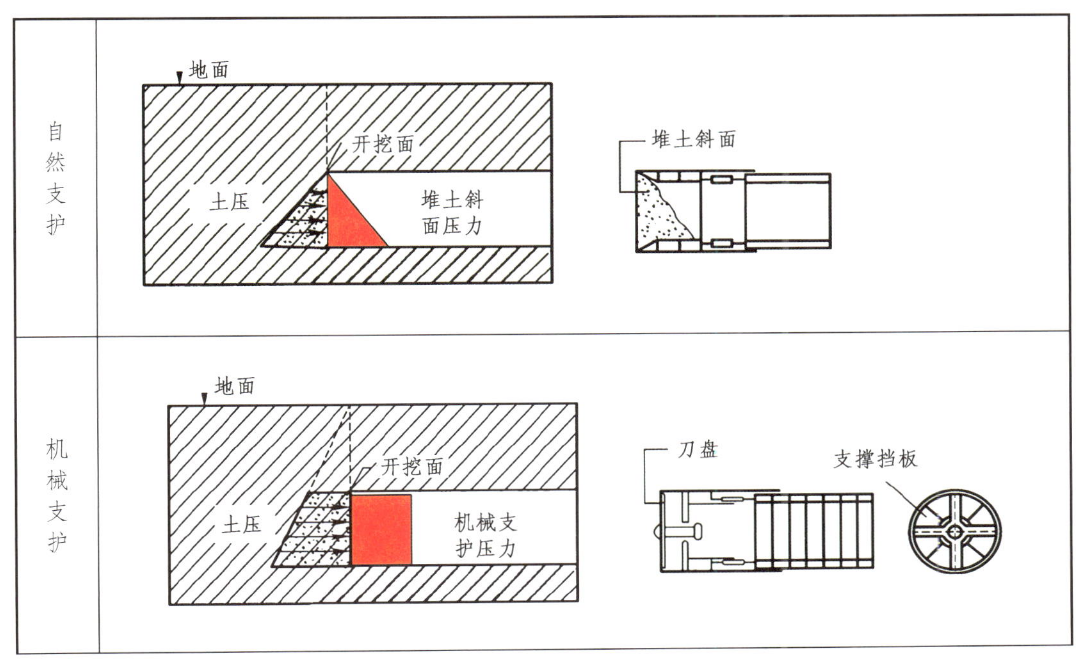

续表

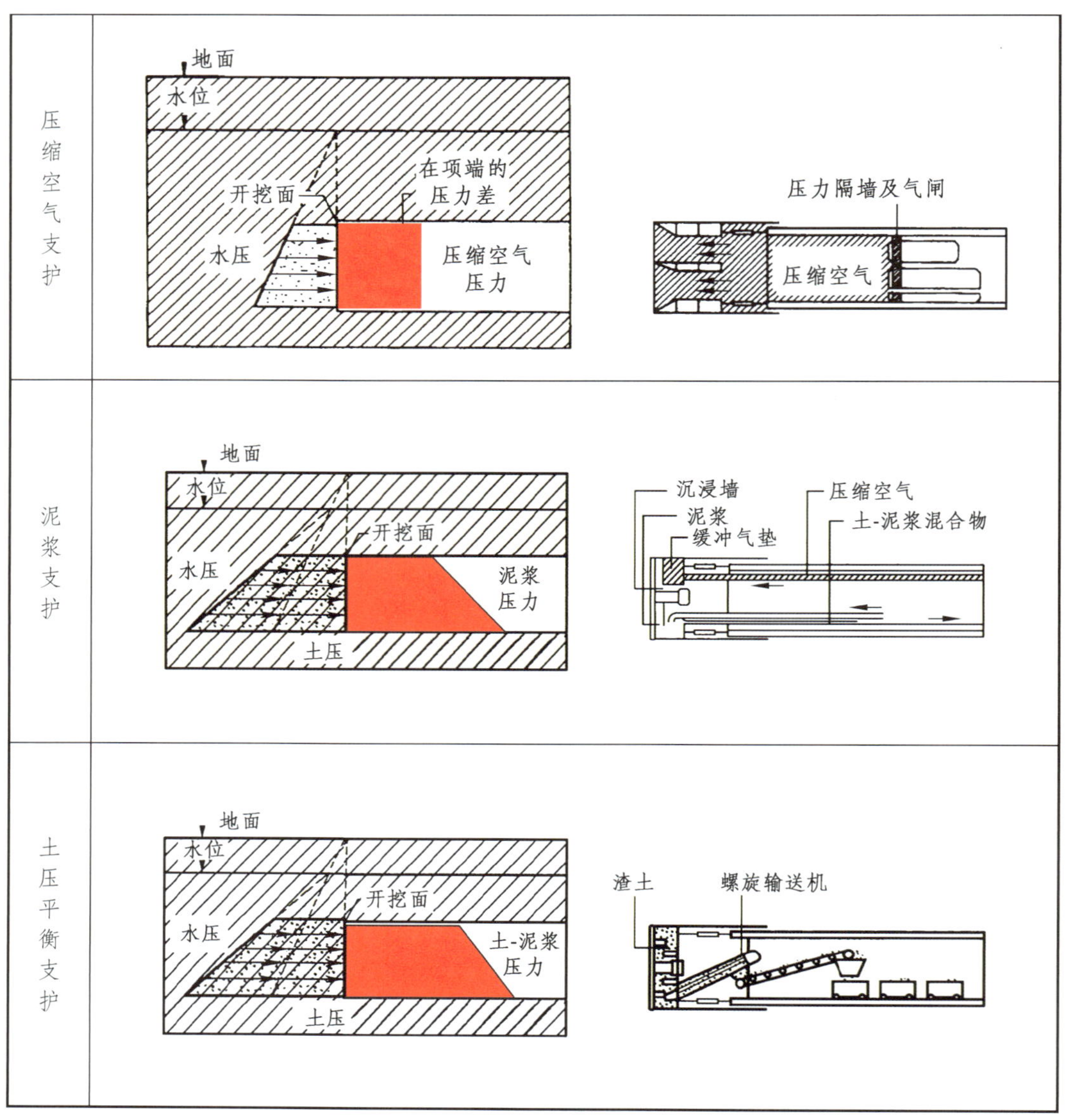

图 1-1　盾构按支护地层形式分类

2. 按断面形状分类

盾构根据其断面形状可分为单圆盾构(图 1-2)、复圆盾构(也称多圆盾构)、非圆盾构。其中：复圆盾构可分为双圆盾构（图 1-3）和三圆盾构（图 1-4）；非圆盾构可分为椭圆形盾构、矩形盾构（图 1-5）、类矩形盾构（图 1-6）、马蹄形盾构（图 1-7）、半圆形盾构、U 形盾构（图 1-8）等。

复圆盾构和非圆盾构统称为“异型盾构”。

图 1-2　单圆盾构

图 1-3　双圆盾构

图 1-4　三圆盾构

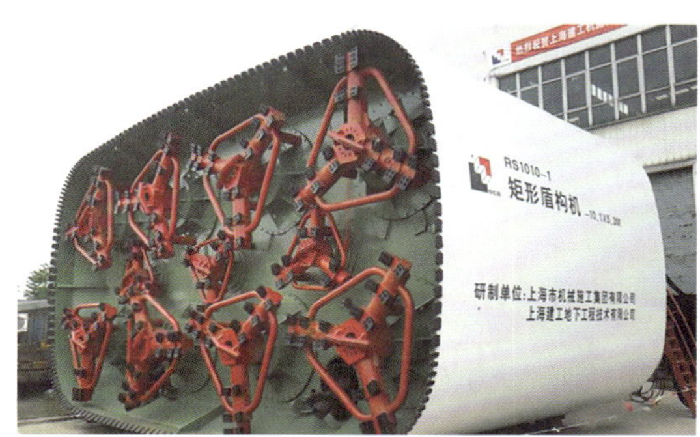

图 1-5　矩形盾构

图 1-6　类矩形盾构

图 1-7　马蹄形盾构

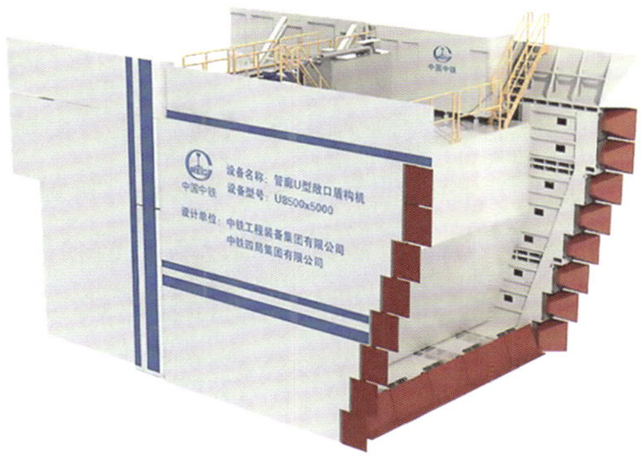

图 1-8　U 形盾构

3. 按直径大小分类

盾构根据其开挖直径 D 大小，主要划分为以下 5 大类：① 微型盾构（$D \leqslant 2$ m）；② 小型盾构（2 m $<D \leqslant 4.2$ m）；③ 中型盾构（4.2 m $<D \leqslant 10$ m）；④ 大型盾构（10 m $<D \leqslant 14$ m）；⑤ 超大直径盾构（$D>14$ m）。

4. 按工作模式分类

盾构按掘进模式可分为单一模式盾构、双模式盾构、三模式盾构和可变密度盾构。

5. 按开挖面与作业室之间隔板构造分类

盾构根据其开挖面与作业室之间隔板的构造可分为敞开式盾构和闭胸式盾构，如图1-9所示。

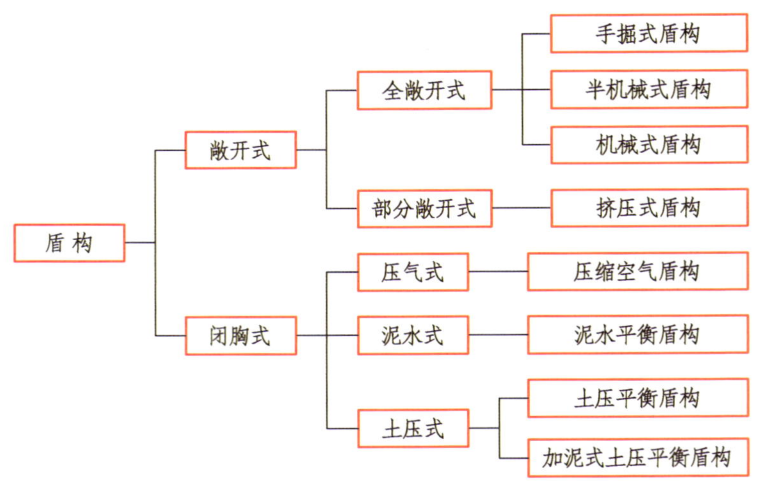

图 1-9 盾构按开挖面与作业室之间隔板构造分类

1.1.2 超大直径盾构的定义

盾构自1825年诞生以来，至今（2024年）已经有199年的发展历史。盾构法自引入我国以来，已被广泛应用于城市地铁、市政、电力等隧道工程中。中国幅员辽阔，大江、大河、大湖、大海等水系纵横，许多大城市沿江河湖海建设，甚至跨江河湖海而建。随着中国经济的飞速发展，城市交通、轨道交通、铁路、综合管廊跨江越海的需求急剧增多；与此同时，城市中越来越难以找出适合建设桥梁的空间。铁路方面，行车速度越来越高，为减少占地，单洞双线大断面隧道成为发展方向；公路方面，公路等级越来越高，车流量越来越大，必然导致公路隧道断面越来越大。在此形势下，跨江越海的大直径盾构隧道工程越来越多。

随着国家海洋战略、国家能源战略、区域经济一体化、国家大通道建设的逐步实施，穿江越海水下隧道建设技术日趋成熟，水下超大直径泥水盾构隧道建设已成为水系发达地域交通发展的首选方案。因此，越来越多的国内外盾构设备制造商和施工单位开始研发并使用超大直径泥水盾构修建超大断面隧道。

但对于超大直径盾构，国家和行业规范目前尚没有统一的划分标准，对于大小盾构的分界与定义并没有一个严格的规定，国内外只有少数几位学者及公司根据盾构尺寸对其进行了分类。

德国海瑞克股份公司按盾构直径D的大小将盾构分为8大类：

① $D \leqslant 250$ mm； ② $250\ \mathrm{mm} < D \leqslant 800$ mm； ③ $800\ \mathrm{mm} < D \leqslant 1\,800$ mm；④ $1\,800\ \mathrm{mm} < D \leqslant 3\,000$ mm；⑤ $3\,000\ \mathrm{mm} < D \leqslant 4\,200$ mm；⑥ $4\,200\ \mathrm{mm} < D \leqslant 7\,500$ mm；⑦ $7\,500\ \mathrm{mm} < D \leqslant 10\,000$ mm；⑧ $D > 10\,000$ mm。

国内学者傅德明、张凤祥、朱合华等按盾构直径 D，将盾构分为 6 大类：① 超小直径盾构（$D \leqslant 1.0$ m）；② 小型盾构（$1.0\ \mathrm{m} < D \leqslant 3.5$ m）；③ 中型盾构（$3.5\ \mathrm{m} < D \leqslant 6.0$ m）；④ 大型盾构（$6.0\ \mathrm{m} < D \leqslant 14.0$ m）；⑤ 特大型盾构（$14.0\ \mathrm{m} < D \leqslant 17.0$ m）；⑥ 超大型盾构（$D > 17.0$ m）。

国务院政府特殊津贴专家陈馈、王江卡、谭顺辉等按盾构直径 D，将盾构分为 5 大类：① 微型盾构（$0.2\ \mathrm{m} < D \leqslant 2$ m）；② 小型盾构（$2\ \mathrm{m} < D \leqslant 4.2$ m）；③ 中型盾构（$4.2\ \mathrm{m} < D \leqslant 7$ m）；④ 大型盾构（$7\ \mathrm{m} < D \leqslant 12$ m）；⑤ 超大型盾构（$D > 12$ m）。

中铁隧道局集团有限公司按盾构开挖直径 D 的大小将盾构分为 4 大类：① 小直径盾构（$D < 4.0$ m）；② 中等直径盾构（$4\ \mathrm{m} \leqslant D < 10$ m）；③ 大直径盾构（$10\ \mathrm{m} \leqslant D < 14$ m）；④ 超大直径盾构（$D \geqslant 14$ m）。同时，中铁隧道局集团有限公司还提出了“四超”盾构概念：随着科学技术的发展，盾构工程朝着超大直径（$D \geqslant 14$ m）、超大埋深（$H \geqslant 50$ m）、超长距离（$L \geqslant 5$ km）、超高水压（$P \geqslant 0.6$ MPa）的“四超”趋势发展。

根据国内外对大小盾构的分界，结合盾构开挖断面的变化引发土体应力、位移等相关参数的尺寸效应大小，我们将盾构划分为以下 5 大类：① 微型盾构（$D \leqslant 2$ m）；② 小型盾构（$2\ \mathrm{m} < D \leqslant 4.2$ m）；③ 中型盾构（$4.2\ \mathrm{m} < D \leqslant 10$ m）；④ 大型盾构（$10\ \mathrm{m} < D \leqslant 14$ m）；⑤ 超大型盾构（$D > 14$ m）。

综上所述，超大直径盾构是指盾构开挖直径大于 14 m 的盾构，所谓超大直径泥水盾构是指开挖直径大于 14 m 的泥水盾构。

1.1.3 国内外超大直径盾构工程概览

超大直径泥水平衡盾构起源于日本，发展于德国、法国，跨越式发展于中国。自从 1994 年全球第 1 台直径超过 14 m 的超大直径泥水平衡盾构（ϕ14.14 m）在日本东京湾海底公路隧道中得到应用以来，截至 2022 年年底，据不完全统计，全球超大直径泥水盾构隧道工程总数已超过 56 个（表 1-1）。此外，用于武汉两湖隧道（南湖段）的直径为 16.07 m 的超大直径泥水平衡盾构、用于深圳市望海路快速化改造工程的直径为 16.28 m 的超大直径泥水平衡盾构正在制造中；拟用于深圳机荷高速改扩建工程荷坳隧道施工的直径为 18.10 m 的超大直径泥水平衡盾构正在设计中；拟用于深圳至深汕合作区铁路工程施工的直径为 14.31 m 的超大直径泥水平衡盾构正在论证中。超大直径泥水平衡盾构及其施工隧道工程发展前景非常广阔。

表 1-1　国内外超大直径泥水盾构隧道工程一览（截至 2022 年年底不完全统计）

序号	年份	国家	盾构工程	盾构直径 /m
1	1994	日本	东京湾海底公路隧道工程	14.14
2	1997	日本	东京营团地铁 7 号线麻布站工程	14.18
3	1997	德国	汉堡易北河第四隧道	14.20
4	2001	荷兰	“绿心”双轨隧道（Groene Hart 双轨隧道）	14.87
5	2001	俄罗斯	莫斯科列夫特沃（Lefortovo）公路隧道	14.20
6	2004	中国	上海上中路越江隧道	14.87
7	2004	日本	东京地铁隧道	14.18
8	2004	俄罗斯	莫斯科银松森林（Silberwald）公路隧道	14.20
9	2006	中国	上海长江隧道	15.43
10	2006	中国	上海军工路隧道	14.87
11	2007	中国	南京纬七路长江隧道	14.93
12	2010	中国	杭州钱江隧道	15.43
13	2011	中国	上海长江西路隧道	15.43
14	2011	中国	南京纬三路隧道	14.93
15	2012	中国	上海虹梅南路隧道	14.93
16	2013	中国	扬州瘦西湖隧道	14.93
17	2015	中国	武汉三阳路隧道	15.76
18	2015	中国	香港屯门—赤鱲角海底接线隧道	17.63/14
19	2015	中国	珠海马骝洲隧道	14.93
20	2016	中国	上海北横通道	15.56
21	2016	中国	上海 A30 沿江通道	15.43
22	2017	中国	汕头苏埃通道海湾隧道	15.01/15.03
23	2018	中国	济南黄河隧道	15.76
24	2018	中国	南京长江五桥夹江隧道	15.46
25	2018	中国	上海周家嘴路隧道	14.93
26	2019	中国	深圳春风隧道	15.80
27	2019	中国	南京和燕路过江通道	15.03
28	2019	中国	珠海兴业快线（南段）隧道	15.76

续表

序号	年份	国家	盾构工程	盾构直径 /m
29	2019	中国	富阳秦望隧道	15.80
30	2019	中国	南京建宁西路过江隧道	14.50
31	2019	中国	深圳沿江高速下沉工程	16.10
32	2020	中国	温州轨交 S2 线瓯江北口越江隧道	14.93
33	2020	中国	杭州艮山东路过江隧道	15.01
34	2020	中国	杭州下沙隧道工程	15.10
35	2020	中国	佛山季华路西延线隧道	15.43
36	2020	中国	广州化龙隧道	15.10
37	2020	中国	上海机场联络线工程 3 标	14.05
38	2020	中国	广州珠海湾隧道	14.50
39	2021	中国	芜湖城南过江隧道	15.07
40	2021	中国	武汉和平大道南延隧道	16.03
41	2021	中国	长沙湘雅路过江隧道工程	15.01
42	2021	中国	北京东六环改造工程	16.07
43	2021	中国	深圳妈湾跨海隧道	15.53
44	2021	中国	上海机场联络线工程 2 标	14.02
45	2021	中国	上海机场联络线工程 7 标	14.02
46	2021	中国	上海机场联络线工程 11 标	14.04
47	2021	中国	杭州文一路提升改造二期工程	14.17
48	2021	中国	温州市域铁路轨道交通 S2 线越江隧道	14.93
49	2021	中国	上海嘉闵线隧道	14.05
50	2022	中国	上海机场联络线工程 5 标	14.05
51	2022	中国	上海机场联络线工程 8 标	14.04
52	2022	中国	武汉两湖隧道东湖段工程	15.094
53	2022	中国	杭州之江路输水管廊及道路提升工程	15.03
54	2022	中国	珠海隧道工程	15.01
55	2022	中国	珠海横琴杧洲隧道工程	15.01
56	2022	中国	金塘海底隧道	14.00

1.2 国外超大直径泥水盾构典型工程

1.2.1 日本东京湾海底公路隧道

盾构问世至今（2024 年）已有 199 年的历史，始于英国，发展于日本与德国，跨越式发展于中国。但在 20 世纪 60 年代前，盾构法施工技术并没有取得突破性发展。到了 20 世纪 60 年代后期，首先由日本继承和发展了盾构法施工技术，衍生出多种类型的盾构，并于 1994 年率先采用 8 台直径为 14.14 m 的超大直径泥水平衡盾构（图 1-10）施工海底公路隧道。

图 1-10 东京湾海底公路隧道 ϕ14.14 m 泥水平衡盾构

日本东京湾海底公路隧道于 1997 年建成，是跨海双向 4 车道公路隧道。盾构直径为 14.14 m，隧道长度为 9.1 km，被人工岛分为 4.6 km 和 4.5 km 两段，每段由 2 台盾构相向掘进约 2.5 km。隧道主要地质为软弱冲积、洪积黏性土层以及洪积砂层，最大水压 0.6 MPa。

日本的建设省从 1966 年就开始调查研究横贯东京湾的公路隧道工程，1976 年日本道路公团继续进行调查，于 1989 年着手建设该工程，1994 年开始盾构施工，1996 年 8 月完成全线工程。该隧道管片内径为 12.6 m，外径为 13.9 m。根据东京湾地质的特性，其刀盘上装有容易装卸的销钉式齿形刀具、超前刀具、外周保护刀具及侧面保护刀具，刀盘的支承采用中间支承方式。

就隧道建设而言，东京湾海底公路隧道无论从结构规模，还是从技术难度方面都有明显的特点，主要可归结为：超大直径（当时为世界第一）、浅覆土（人工地基处仅为 0.7D）、超高水压（0.6 MPa）、长距离（2 ~ 2.5 km）、短工期、强地震、恶天气。针对这些特点，衬砌设计采用了错缝拼装 1.5 m 宽、0.65 m 厚的管片（其中封顶块为纵向插入形式，此外还内衬了 0.3 m 厚的二次衬砌结构），长螺栓接头，以及管片混凝土抗渗和接缝密封止水等提高结构、接头刚度和改善接缝水密性能的技术措施。而盾构的设计、制造，围绕超大直径、长距离和超高水压的技术难题，从开挖面稳定性、刀盘耐磨和耐久性、主轴承处止水性、作业危险性等方面考虑，采用了 80 mm 厚的盾构壳体、4 道不锈钢盾尾刷、带有磨耗监测传感器并装有先行刀具（超硬度）的平板式刀盘、多段式带凸缘的氨基甲酸酯主轴承密封条以及自动化管片拼装系统等。

1.2.2　德国易北河第四隧道

2003 年建成的德国易北河第四隧道长 2.56 km，采用 ϕ14.20 m 超大直径泥水平衡盾构（图 1-11）施工，最大埋深 41 m，穿越地层为硬黏土和砾石。

盾构刀盘中心设计了 1 个独立的 ϕ3 m 中心刀盘，可单独旋转，并设有独立的泥水循环系统。该盾构是当时世界最大泥水盾构，首次采用常压换刀刀盘，作业人员可直接进入刀盘的 5 个轮辐，能够在常压条件下更换滚刀和切刀。

德国汉堡易北河第四隧道采用三车道设计（即两条主车道和一条排障车道），隧道开挖直径为 14.2 m，管片内径为 12.25 m，外径为 13.75 m。该隧道自 1995 年开工，从 1997 年 11 月开始使用盾构施工，于 2003 年完成。该盾构由海瑞克公司制造，能承受 50 m 的水压。

图 1-11　德国汉堡易北河第四隧道 ϕ14.20 m 泥水平衡盾构

1.2.3　荷兰绿色心脏隧道工程

2001 年投入盾构、2004 年贯通的荷兰绿色心脏（Groene Hart，绿心）双轨隧道长 7.1 km，采用 1 台当时最大直径的 ϕ14.87 m 超大直径泥水平衡盾构（图 1-12）施工，穿越地层为含水中砂。盾构由法国 NFM 公司制造，最高日进尺 24 m，最高周进尺 144 m，最高月进尺 596 m。荷兰绿心地区是由阿姆斯特丹、海牙、鹿特丹、乌德勒支等 4 大城市组成的绿色中心城市区。

图 1-12 荷兰绿心隧道采用的 ϕ14.87 m 泥水盾构

1.3 中国盾构法发展简史

超大直径盾构工程有利于集约利用地下空间和通道资源，满足人员、车辆、物流及能源等穿越江、河、湖、海、山、地、城等各类环境，也有利于安全、优质、高效应对复杂地质条件和环境条件下的地下空间开发利用。但超大直径盾构工程开挖断面大，洞身地层更复杂，对地层及环境影响更明显，风险控制难度更大；设备设计制造技术要求更高，密封可靠性和设备运行状况感知监测等需更先进的技术；泥水环流、渣土管理、注浆管理和物料供应等施工组织综合管控难度大，配套方案需求新；隧道位移控制、成型质量和文明施工常态化等标准高。目前，超大直径泥水盾构隧道技术可以用“大、深、高、长”4 个字描述，即具有超大直径、超深埋深、超高水压、超长距离等“四超”特点，实现了多种复杂地质下的隧道安全环保与快速施工，已成功应用于公路、铁路、城市轨道交通、给排水、管廊等各领域。

我国应用盾构施工技术始于 1953 年，但系统的开发、研究、设计、制造和施工是从 1962 年 2 月开始的。上海城建局隧道工程公司结合上海软土地层研制了 1 台直径为 4.16 m 的手掘式普通敞胸盾构，在两种有代表性的地层中进行掘进试验。1965 年 3 月，上海隧道工程设计院设计、江南造船厂制造了 2 台直径为 5.8 m 的网格挤压盾构，于 1966 年完成了 2 条平行隧道施工，隧道长 660 m，地面最大沉降达 10 cm。1966 年 5 月，中国第一条水底公路隧道——上海打浦路越江公路隧道工程采用由上海隧道工程设计院设计、江南造船厂制造的直径为 10.22 m 的网格挤压盾构施工，掘进总长度为 1 322 m，隧道于 1970 年年底建成通车。1973 年，上海采用 1 台直径为 3.6 m 的水力机械化出土网格盾构和 2 台直径为 4.3 m 的网格挤压盾构，在金山石化总厂修建了 1 条污水排放隧道和 2 条引水隧道。1980 年，上海市为进行地铁 1 号线试验段施工，研制了 1 台直径为 6.412 m 的网格挤压盾构，在淤泥质黏土地层中掘进隧道 1 130 m。1982 年 9 月，上海外滩的延安东路隧道开工；1984 年 12 月，采用上海市隧道工程公司设计、江南造船厂制造的直径为 11.3 m 的网格挤压水力出土盾构施工主体工程圆形隧道，工程于 1987 年建成，于 1989 年 5 月 1 日运营。

1987 年 12 月，上海造船厂制造出我国首台直径为 4.35 m 的加泥式土压平衡盾构（图 1-13），由上海市隧道工程公司于 1988 年 1—9 月成功应用于上海市南站过江电缆隧道工程，穿越黄浦江底粉砂层，掘进长度为 583 m。该盾构填补了我国加泥式土压平衡盾构制造的空白，1990 年获国家科技进步奖一等奖。

图 1-13　上海造船厂制造的 ϕ4.35 m 加泥式土压平衡盾构（1987 年）

继自主开发直径为 4.35 m 的加泥式土压平衡盾构后，1988 年，上海又自主开发研制了当时我国直径最大的新一代土压平衡式盾构——直径为 5.64 m 的土压平衡式盾构（图 1-14）。

图 1-14　上海自主研制的 ϕ5.64 m 加水型土压平衡盾构（1988 年）

1990 年，上海地铁 1 号线工程全线开工，18 km 区间隧道采用 7 台由法国 FCB 公司、我国沪东造船厂和上海隧道公司联合制造的 ϕ6.34 m 土压平衡盾构（图 1-15）。

图 1-15 法国 FCB 公司、我国沪东造船厂和上海隧道公司联合制造的 ϕ6.34 m 土压平衡盾构（1990 年）

1993 年，全长 18.24 km 的广州地铁 1 号线开工，于 1997 年 10 月通车。其中，8.8 km 区间隧道由日本青木公司建设施工，采用了 2 台 ϕ6.14 m 泥水盾构和 1 台 ϕ6.14 m 土压平衡盾构。盾构法在广州复合地层中的成功使用，结束了当时能否在广州市区复合地层中使用盾构法修建地铁隧道的争论，使盾构法在广州的地位得以确立，并为以后广州地铁大幅度采用盾构技术修建地铁隧道奠定了基础。在广州地铁盾构法施工过程中，大量技术难题的处理为在复合地层中的盾构施工积累了丰富的经验。

1995 年 12 月，上海地铁 2 号线开工建设。1996 年，上海地铁 2 号线 24.12 km 长区间隧道开始掘进施工，再次使用建设 1 号线时的 7 台土压盾构，并从法国 FMT 公司引进 2 台土压平衡盾构，由法国 FCB 公司、我国沪东造船厂和上海隧道公司联合制造 1 台的 ϕ6.34 m 土压平衡盾构（图 1-16）。2 号线共使用了 10 台土压平衡盾构施工。

20 世纪 90 年代，上海隧道公司自行设计制造了 6 台 ϕ3.8 ~ 6.34 m 土压平衡盾构，用于地铁隧道、取排水隧道、电缆隧道等，掘进总长度约 10 km。

1996 年，上海延安东路隧道南线工程 1 300 m 圆形主隧道采用从日本引进的 ϕ11.22 m 泥水盾构施工。

1998 年，上海黄浦江观光隧道工程购买国外二手 ϕ7.65 m 土压平衡盾构，经修复后性能良好，顺利掘进隧道 644 m。

2000 年 2 月，广州地铁 2 号线海珠广场至江南新村区间隧道采用上海隧道工程股份有限公司改制的 2 台 ϕ6.14 m 复合式土压平衡盾构，在珠江底风化岩地层中掘进。

图 1-16　法国 FCB 公司、我国沪东造船厂和上海隧道公司联合制造的 ϕ6.34 m 土压平衡盾构“开拓号”（1995 年）

2001 年以来，广州地铁 2 号线、南京地铁 1 号线、深圳地铁 1 号线、北京地铁 5 号线、天津地铁 1 号线先后从德国、日本引进 14 台 ϕ6.14 ~ 6.39 m 的土压盾构和复合式土压盾构，掘进地铁隧道 50 km。

2003 年，上海地铁 8 号线首次采用双圆盾构隧道新技术，从日本引进 2 台 ϕ6 520 mm × W11 120 mm 双圆形土压平衡盾构，掘进黄兴路站—开鲁路站 2.6 km 长的区间隧道。

从 2004 年开始，我国城市建设步伐进一步加快，为进一步缓解交通压力，许多越江隧道开始采用超大直径泥水盾构施工。主要典型工程有：上海沿江隧道、上海长江隧道采用 ϕ15.43 m 泥水盾构施工，上海上中路隧道采用 ϕ14.87 m 泥水盾构施工，北横通道采用 ϕ15.56 m 泥水盾构施工；汕头海湾隧道采用 ϕ15.03 m 泥水盾构施工；香港屯门隧道采用 ϕ17.63 m 泥水盾构施工；珠海马骝洲隧道采用 ϕ14.93 m 泥水盾构施工；深圳春风隧道采用 ϕ15.80 m 泥水盾构施工，深圳望海路隧道采用 ϕ16.28 m 泥水盾构施工；杭州钱塘江隧道采用 ϕ15.06 m 泥水盾构施工；扬州瘦西湖隧道采用 ϕ14.93 m 泥水盾构施工；南京纬三路长江隧道采用 ϕ14.96 m 泥水盾构施工；武汉地铁 7 号线三阳路隧道采用 ϕ15.76 m 泥水盾构施工；北京东六环工程采用 ϕ16.07 m 泥水盾构施工。

1.4 中国超大直径泥水盾构典型工程

1.4.1 上海长江隧道工程

上海长江隧道工程全长 8 955.26 m，包括浦东岸边段（试验段）、江中段和长兴岛岸边段 3 部分。其中：浦东段长 657.83 m，长兴岛段长 826.93 m，江中圆隧道段东线长 7 471.654 m、西线长 7 469.363 m。隧道段采用 2 台德国海瑞克公司 ϕ15.43 m 超大直径泥水盾构（图 1-17）施工，属当时世界最大直径泥水盾构。施工中重点突破了超大断面盾构隧道抗浮、超大直径泥水盾构开挖面稳定、超大直径衬砌结构设计、超大盾构始发与接收、超大断面盾构施工地面变形监测等关键技术。

图 1-17 ϕ15.43 m 超大直径泥水盾构

1.4.2 南京纬三路过江隧道工程

南京纬三路过江隧道采用 ϕ14.96 m 的超大直径泥水平衡盾构施工（图 1-18），该工程主要突破了水深 75 m 下的常压可更换式长距离掘进刀盘、刀盘伸缩、冷冻法更换盾尾刷及饱和气体压气作业技术难题。

图 1-18　南京纬三路过江隧道 ϕ14.96 m 泥水盾构（2010 年）

1.4.3　扬州瘦西湖隧道工程

扬州瘦西湖隧道工程采用 1 台直径为 14.93 m 的泥水盾构掘进施工，该工程具有高、难、险和新等特点：施工场区内有宋夹城遗址、北门遗址、迎恩桥和瘦西湖春江花月夜演艺广场等文物及建筑，对于地表沉降控制和环保要求高；在全断面硬塑膨胀性黏土地层下施工，泥浆分离难、弃浆难和处理难；盾构全程在市区施工，隧道易击穿和劈裂，严重威胁到了隧道和人员安全，施工风险高；应用了大直径盾构绿色再制造技术对原应用于南京长江隧道工程的盾构进行了地质适应性改造，技术新。施工中，施工单位针对全断面硬塑黏土地层，依托盾构适应性改造技术，综合运用盾构高效环流及出渣技术、泥水盾构开挖面稳定控制技术和盾构压气检修技术等一系列创新性技术，高效安全地通过了瘦西湖区域。

1.4.4　香港屯门隧道工程

香港屯门隧道于 2013 年开工，盾构隧道全长 3.0 km，盾构法施工长度为 800 m，采用德国海瑞克公司 ϕ17.63 m 超大直径泥水盾构施工，是当前世界最大直径泥水盾构（图 1-19），穿越淤积层、砂层。

1.4.5　武汉三阳路长江隧道工程

隧道全长 2 590 m，是世界首条公铁合建的盾构法隧道，采用 2 台德国海瑞克 ϕ15.76 m 超大直径泥水盾构（图 1-20）施工，突破了粉细砂、泥岩和砾岩复合地层盾构刀盘结泥饼、刀具磨损快、推进速度慢、江底盾尾刷更换等难题。

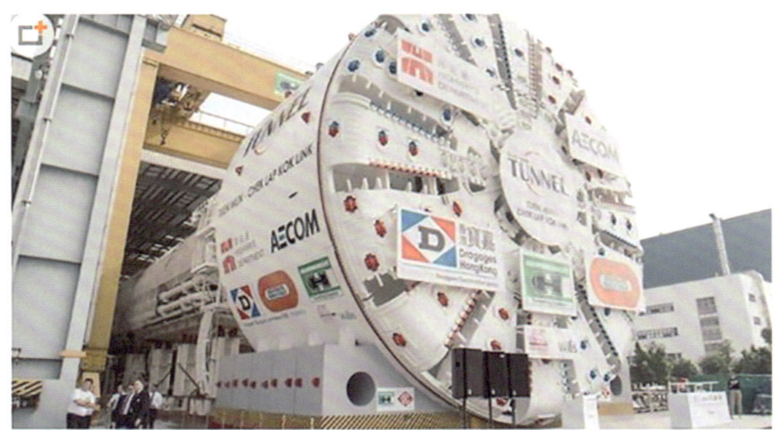

图 1-19 香港屯门隧道 ϕ17.63 m 泥水盾构（2013 年）

图 1-20 武汉轨道交通 7 号线三阳路长江隧道 ϕ15.76 m 泥水盾构始发（2015 年）

1.4.6 汕头海湾隧道工程

汕头海湾隧道东线采用德国海瑞克 ϕ15.01 m 常压刀盘超大直径泥水盾构施工，西线隧道采用中铁工程装备集团自主研制的 ϕ15.03 m 常压刀盘超大直径泥水盾构（图 1-21）施工；突破了补偿式高承压密封、推进油缸自动分组、刀具状态智能诊断、水舱可视化及极软极硬复合地层和基岩突起地层超大直径泥水盾构直接掘进技术。

图 1-21　汕头海湾隧道西线 ϕ15.03 m 泥水盾构（2017 年）

1.4.7　深圳春风隧道工程

隧道盾构段全长 3.58 km，区间隧道穿越 11 条破碎带，采用中铁工程装备集团自主研制的 ϕ15.80 m 常压刀盘泥水盾构（图 1-22）；突破了高水压环境（0.59 MPa）换刀、长距离硬岩掘进、破碎带快速出渣、下穿建筑物沉降控制技术。

图 1-22　深圳春风隧道 ϕ15.80 m 泥水盾构（2019 年）

第2章　超大直径泥水盾构构造

本章重点

超大直径泥水平衡盾构的刀盘、主驱动、盾体系统、推进油缸、舱体、管片拼装机、管片输送小车、管片吊运系统、连接桥、拖车、润滑密封系统、同步注浆系统、膨润土注入系统、泥水循环系统、水循环冷却系统、排污系统、压缩空气系统、通风系统、有害气体检测系统、安全消防系统、液压系统、动力供电系统、PLC控制系统及主控室、数据采集系统、地面监控系统、远程监控系统、通信系统、监视系统、激光导向系统等结构特点。

超大直径泥水平衡盾构根据换刀作业环境的不同，分为常压刀盘泥水平衡盾构和常规刀盘泥水平衡盾构两大类。常规刀盘超大直径泥水平衡盾构的构造与中小直径泥水平衡盾构类同，本章不再介绍。本章主要以汕头海湾隧道超大直径泥水平衡盾构为例，介绍常压刀盘超大直径泥水平衡盾构的主要构造。

该盾构为常压刀盘气垫式泥水平衡盾构，施工中采用膨润土悬浮液（俗称泥浆）作为支护材料。泥水平衡盾构平衡原理（图 2-1）是将泥浆送入泥水舱，在开挖面上形成不透水的泥膜，通过该泥膜平衡作用于开挖面的水土压力。气垫式泥水平衡盾构具备两个舱室：泥水舱和气垫舱。气垫舱中心线以上部分充满压缩空气，形成空气缓冲层，气压作用在气垫舱内的泥浆接触面上，由于接触面上气、液具有相同压力，因此只要调节空气压力，就可以确定和保持开挖面上相应的泥浆支护压力。

该盾构总长约 168 m，主机长度约 15.6 m，最小转弯半径 R = 1 000 m，共 1 节连接桥、5 节拖车和 1 套尾部拖动平台，整机总质量约 4 100 t。

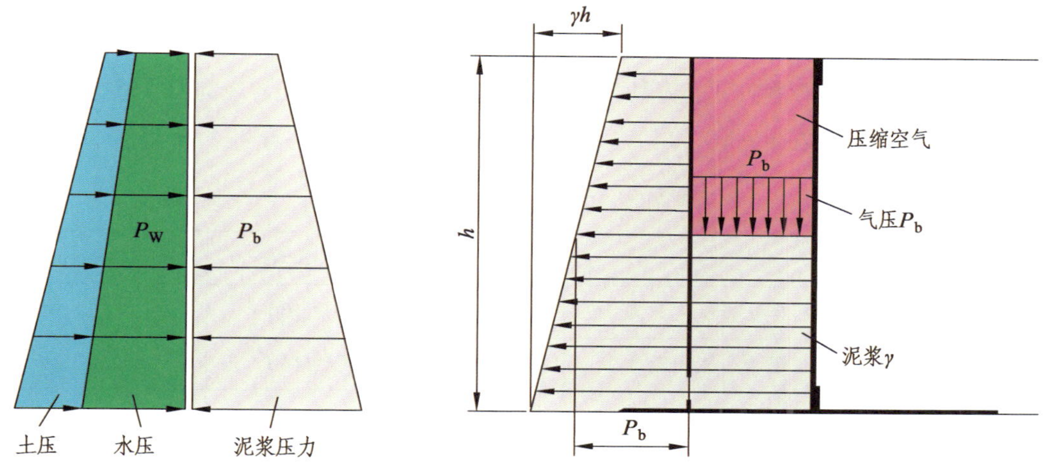

图 2-1　气垫式泥水平衡盾构平衡原理

2.1　刀盘

2.1.1　刀盘结构

刀盘采用常压可更换滚刀的刀盘结构（图 2-2），有利于高水压下的刀具更换，提高了换刀作业的安全性。

刀盘开挖直径为 15 030 mm，刀盘采用 6 主梁 +6 辅梁的结构形式，开口率为 28%。

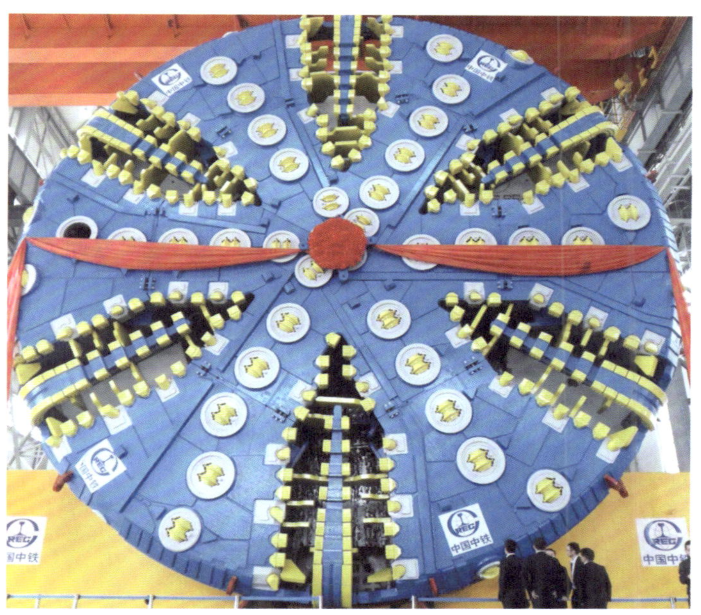

图 2-2　气垫式泥水平衡盾构常压刀盘

2.1.2 刀具配置

刀具采用立体式布置方式，刀具类型主要包括常压滚刀、刮刀、边刮刀、超挖刀等。刀具配置主要技术参数详见表 2-1。

表 2-1 刀具配置主要技术参数

名　　称	数量 / 把	质量 /kg	刀高 /mm
中心滚刀（单刃、常压可更换、双刀筒）	12	约 100	225
滚刀（单刃、常压可更换、双刀筒）	64	约 130	225
滚刀（单刃、常压可更换、单刀筒）	2	约 130	225
常压可更换刮刀	48	约 30	185
刮刀（带压可更换）	194	约 55	185
边刮刀（带压可更换）	36	约 60	185
超挖刀	1	约 130	超挖量 30 mm

常压刀具：滚刀可以实现与撕裂刀的互换，以适应不同的地质条件，同时，滚刀、部分刮刀可实现常压下更换，提高了工作人员换刀作业的安全性。

刮刀：合金采用银钎焊形式，硬质合金采用 KE13 材料，从刀盘边缘至中心安装部位为连续轨迹布置，同时刮刀错刃布置以利于砂质黏性土和全、强风化岩切削。刮刀分为常压刮刀和带压刮刀，两种刮刀间隔布置，在安装范围内轨迹连续；可更换常压刮刀可在刀梁内实现常压更换，提高了换刀作业的安全性。

边刮刀：边刮刀结构分为刀体、硬质合金和耐磨层，整体呈弧形。硬质合金采用 KE13 材料。边刮刀可清理外围开挖的渣土，同时可有效防止刀盘大圆环的直接磨损。边刮刀采用分块形式，分块刀具质量轻，降低了换刀工作的难度。

超挖刀：超挖刀具有仿形功能，可直接通过主控室控制超挖刀伸出量。

2.1.3 刀间距与常压刀具

1. 刀间距

刀盘共设计有 77 个滚刀刀具轨迹，中心滚刀的刀间距为 120 mm，正滚刀大部分刀间距为 100 mm，同时间隔布置有 80 mm 等小刀间距。具体间距尺寸如图 2-3 所示。

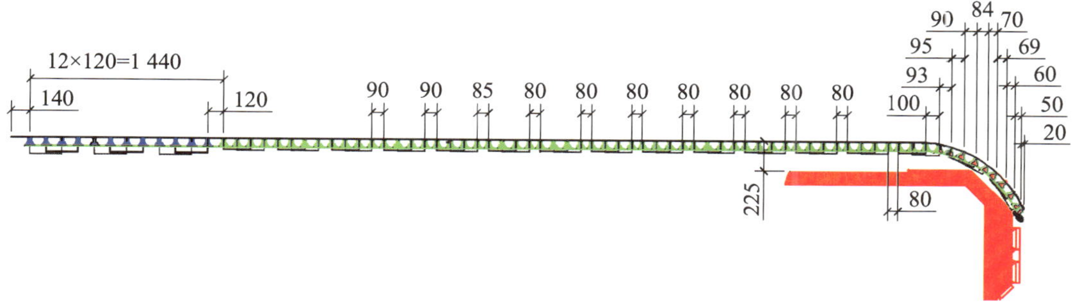

图 2-3　滚刀刀刃刀间距轨迹图（单位：mm）

2. 常压刀具

常压更换滚刀采用整体式圆形刀座设计，通过螺栓固定于滚刀刀筒上，并设有拉紧装置；常压更换刮刀采用螺栓销轴式固定于刮刀刀筒上，拆卸安装过程方便：如图 2-4 所示。

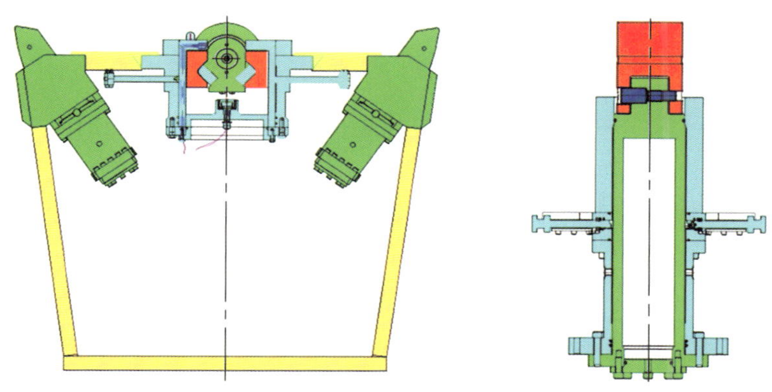

图 2-4　常压更换滚刀及常压更换刮刀安装

2.1.4　超挖刀

刀盘布置有 1 把液压超挖刀（图 2-5），超挖刀可以通过液压（图 2-6）实现行程和角度控制，可实现一定量的超挖。

2.1.5　刀盘耐磨

刀盘进行了耐磨设计。刀盘面板采用耐磨复合钢板全覆盖（图 2-7），刀盘外圈梁后部采用全环合金耐磨块（图 2-8），以有效提高刀盘整体耐磨性能。

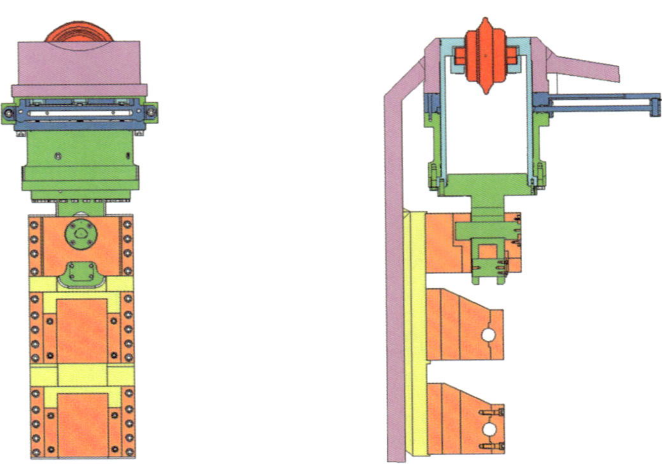

图 2-5 液压超挖刀示意图

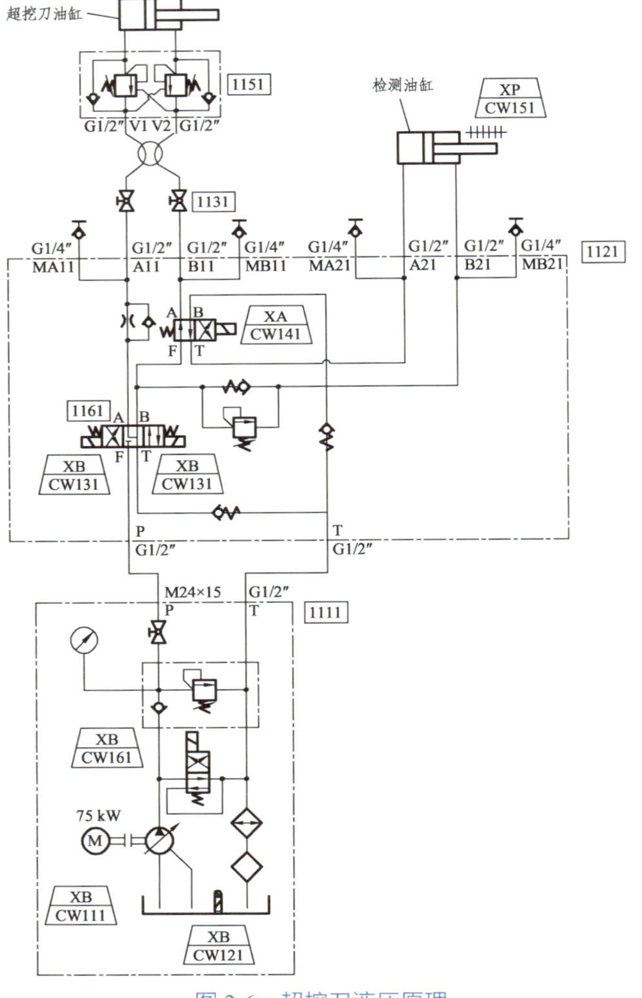

图 2-6 超挖刀液压原理

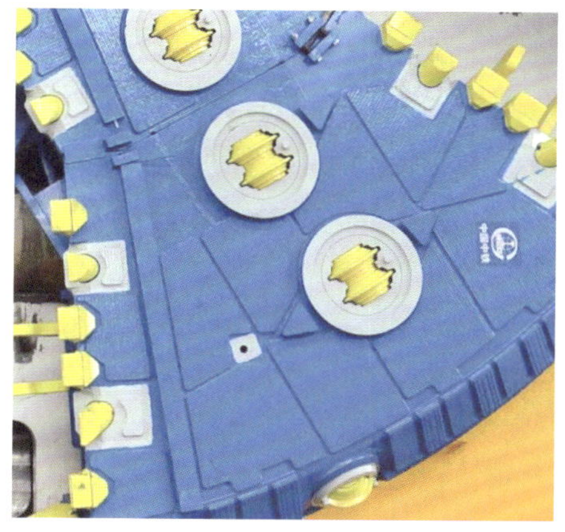

图 2-7 面板耐磨措施

图 2-8 大圆环耐磨措施

2.1.6 刀盘磨损检测

1. 全面板磨损检测

由于刀盘为常压可更换滚刀刀盘，刀梁为一个密闭腔体，刀盘的整体密闭性至关重要；因此，需要考虑可靠的面板磨损检测装置。在刀梁前面板和背面板设置有连续式磨损检测油道，如图 2-9、图 2-10 所示，可对面板磨损进行有效的监测。

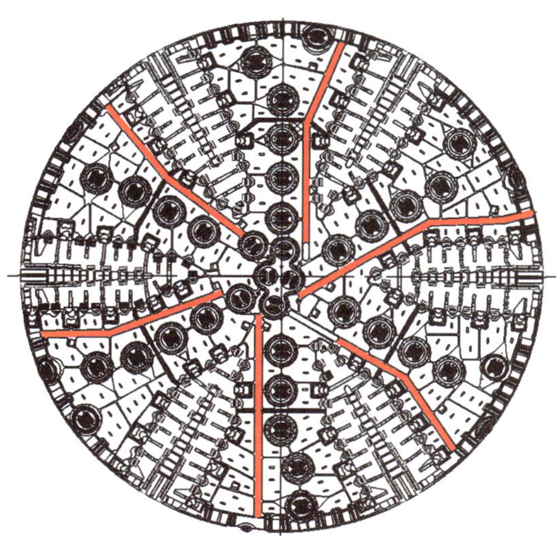

图 2-9 前面板磨损检测布置

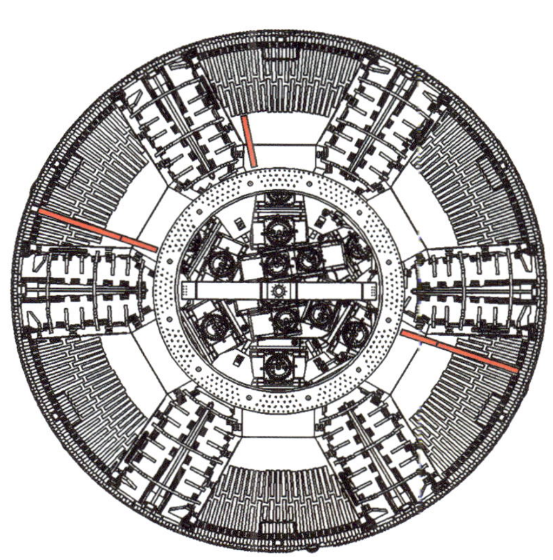

图 2-10 背面板磨损检测布置

刀盘前面板设置有 6 条连续磨损检测带，按照如图 2-11 所示的 3 个高度布置，每个检测带具备自己的供油源，以保证检测参数的可靠性。刀盘后面板上也设置有磨损检测带，可对后部面板磨损情况进行有效的检测。

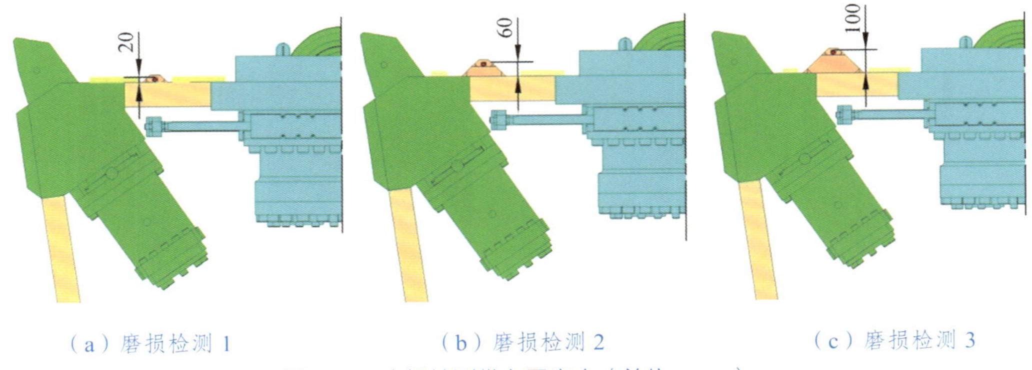

图 2-11 磨损检测带布置高度（单位：mm）

2. 滚刀磨损及旋转自动监测

为了更好地对刀具状态进行监控，盾构配置有刀具磨损自动监测系统。通过安装在刀箱上的电涡流传感器和磁性开关传感器分别测量滚刀实际磨损量和滚刀的转动，传感器布置如图 2-12 所示。在刀盘回转中心处配置有传感器集线器，负责向传感器供电，并将传感器信号转换为通信信号，集线器电源及通信总线通过电滑环和盾构控制系统相连，如图 2-13 所示。

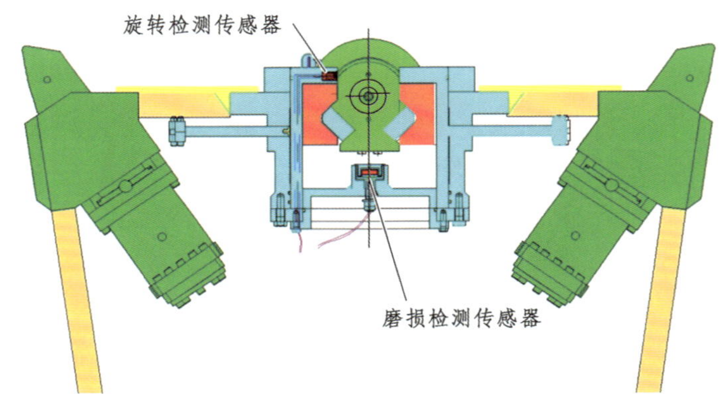

图 2-12 传感器布置

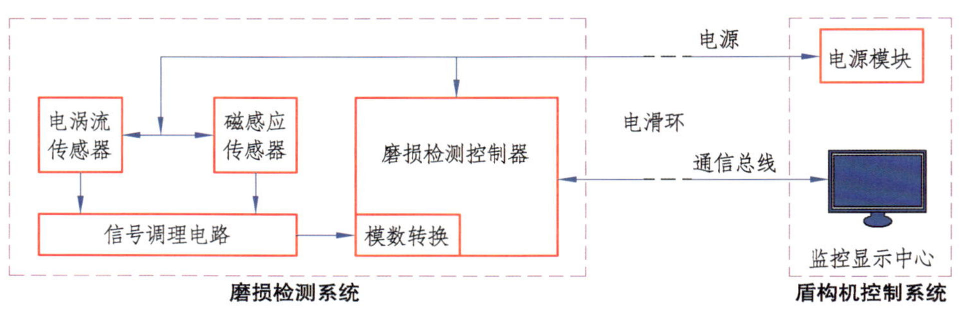

图 2-13 磨损检测系统流程

2.1.7　刀盘防泥饼

常压刀盘厚度较大，刀孔为封闭状，渣土流动性较差，特别是刀盘中心区域较大直径范围内无开口，进一步增加了泥饼形成的概率。因此，刀盘必须进行防泥饼设计。

1. 刀盘中心面板横向冲刷及刀盘开口冲刷

为解决刀盘中心区域大面积无开口、渣土滞留问题，刀盘中心面板区域设置有多路冲刷喷口，喷口方向为刀盘径向，既不会对掌子面泥膜造成损坏，又能有效解决渣土滞留问题，减小刀盘中心面板泥饼的形成概率。中心面板横向冲刷孔布置如图 2-14 所示。

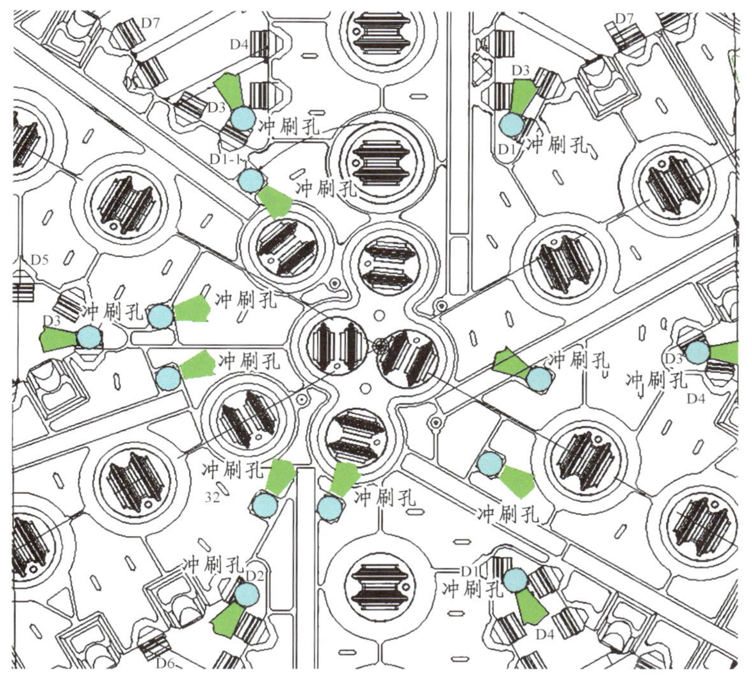

图 2-14　中心面板横向冲刷孔布置

同时，为防止由于刀盘开口不畅引起的刀盘泥饼，刀盘设置有相应的刀盘开口冲刷孔，可有效防止开口堵塞，降低刀盘泥饼形成概率。

2. 刀盘泥浆冲刷系统

刀盘泥浆冲刷系统（图 2-15）主要由 $P_{0.1}$ 泥浆泵、液动球阀、流量计、单向阀、手动球阀、分流块和管路等组成。刀盘区域的冲刷泥浆均由 $P_{0.1}$ 泥浆泵增压后供浆，$P_{0.1}$ 泥浆泵电机驱动功率为 355 kW，最大冲刷流量 1 500 m^3/h。刀盘上设置的冲刷喷口分别有 7 路中心面板冲刷、6 路刀梁开口冲刷、6 路周边面板冲刷和 7 路刀梁冲刷（预留），通过冲刷管路上的液动球阀开关实现中心面板、左侧和右侧共 3 个区域的切换和组合冲刷，提高冲刷针对性和地层适应性，降低常压刀盘中心结泥饼的概率。

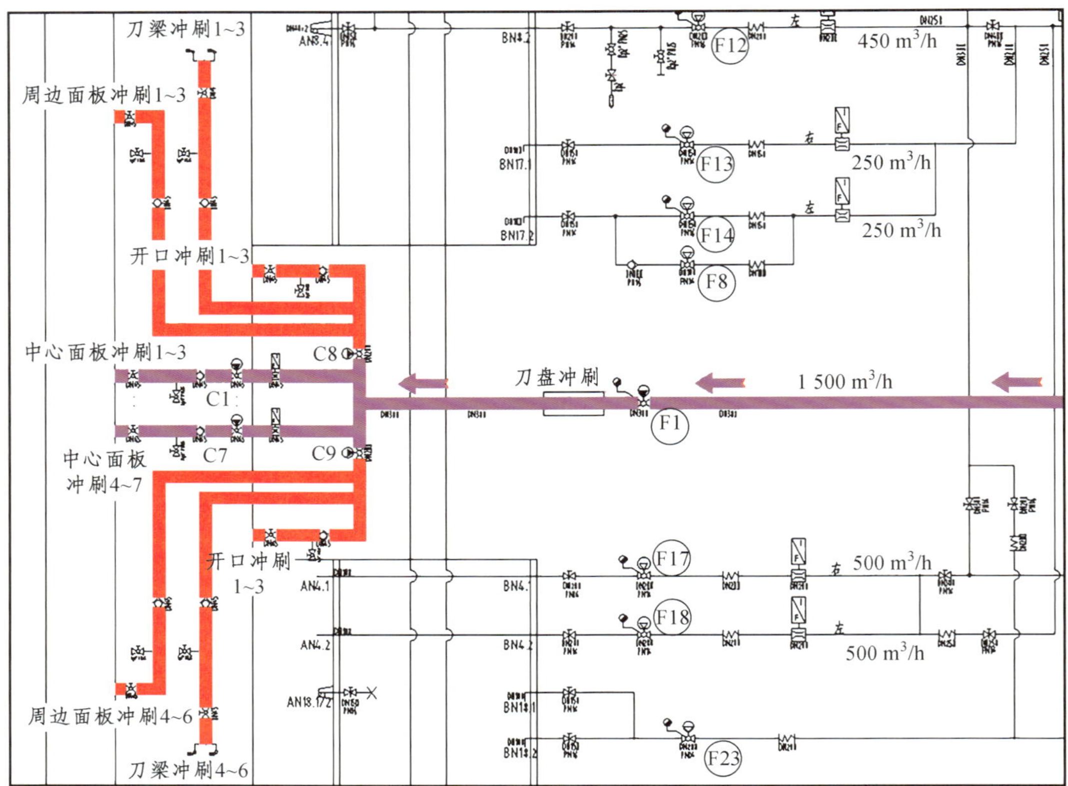

图 2-15　刀盘泥浆冲刷系统

2.2　主驱动

主驱动是盾构的最核心部件之一，其设计的可靠度对盾构整体可靠度至关重要。主驱动主要由驱动箱、主轴承、驱动单元、主驱动密封、相关结构环件等组成，如图 2-16 所示。主驱动设计能力应充分考虑工程地质条件要求，并预留一定的能力储备。

主驱动采用变频电驱形式。主轴承、密封、减速机、驱动单元均采用国际知名品牌，主轴承有效使用寿命≥ 15 000 h，性能可靠。为确保驱动单元运行安全可靠，盾构配置有扭矩限制器，当过载发生时，能快速有效反应，起到保护减速机、主轴承、小齿轮等关键部件的作用。主驱动具备伸缩摆动功能，以方便刀具更换。

该盾构的主驱动采用 7.6 m 进口轴承（德国 Rothe Erde），16 组变频电机驱动，驱动功率为 5 600 kW，额定扭矩为 45 450 kN · m，最大扭矩为 59 085 kN · m，脱困扭矩为 63 630 kN · m，最高转速为 2.25 r/min，其扭矩曲线如图 2-17 所示。

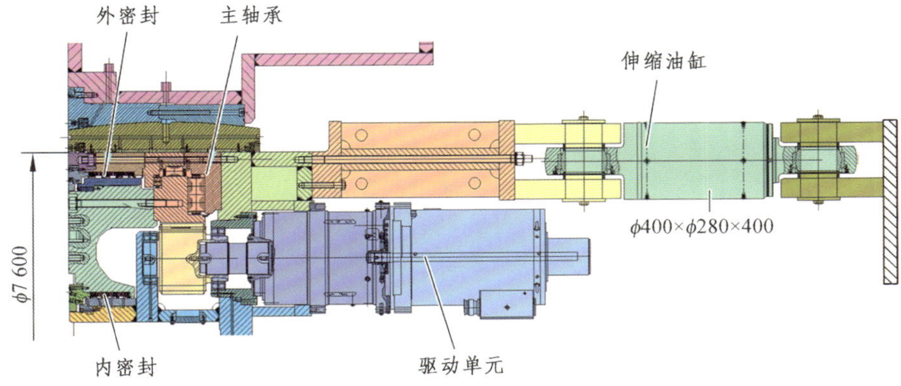

图 2-16　主驱动结构（单位：mm）

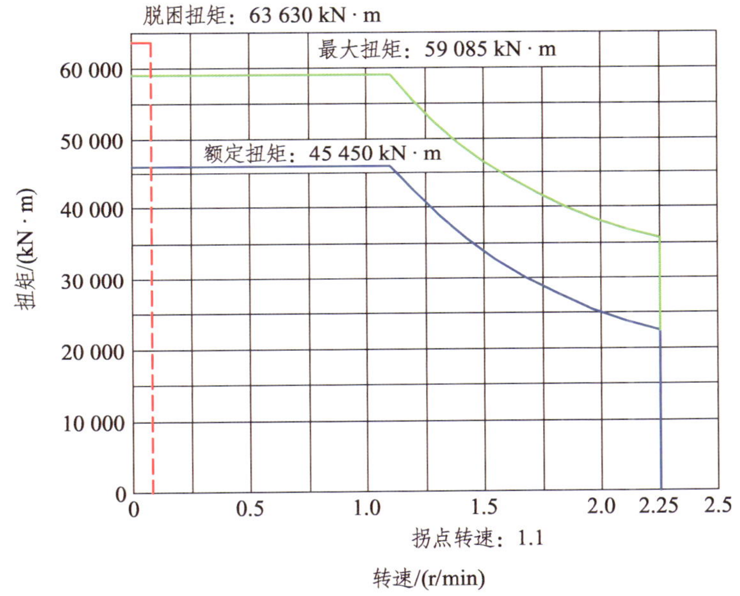

图 2-17　扭矩曲线

2.3　盾体系统

2.3.1　前盾与中盾

盾构采用前中盾焊接一体式结构，圆周方向上分 10 块，具体分块如图 2-18、图 2-19 所示。

前盾安装有主驱动、人舱、材料舱、泥水循环系统管路和人员舱前舱门等设备。前盾设置有泥水舱和气垫舱。为提高盾体的耐磨性能，在前盾切口处堆焊有整环的耐磨层。在泥水舱前隔板上设有被动搅拌棒，被动搅拌棒配合刀盘搅拌棒工作，可以对浆液进行有效的搅拌，以增强舱内浆液的均匀性。

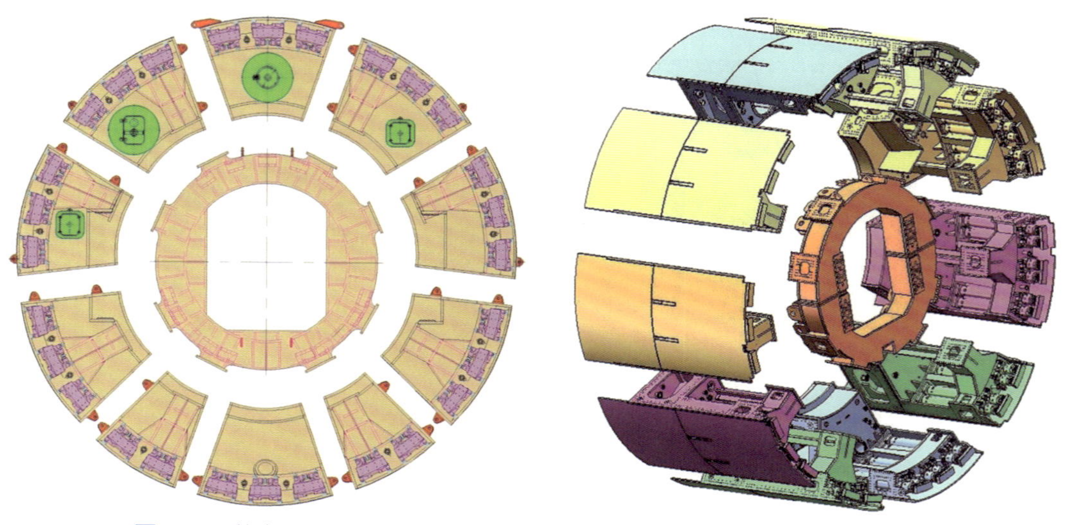

图 2-18　前中盾分块简图　　　图 2-19　前中盾分块三维效果

中盾上主要安装有推进油缸、伸缩油缸、管片拼装机及其他工作平台等。

为方便刀盘组装，盾体顶块的切口环单独成块，在刀盘组装后进行焊接，如图 2-20 所示。

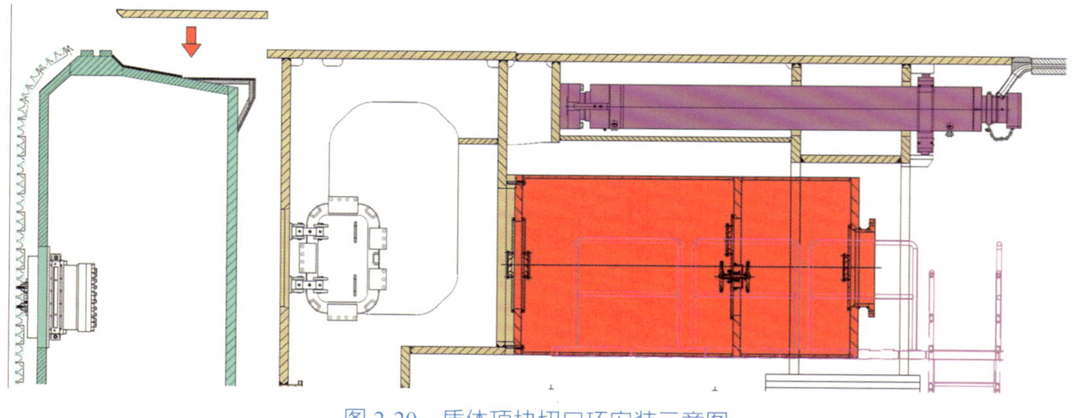

图 2-20　盾体顶块切口环安装示意图

2.3.2　尾盾

尾盾焊接在中盾后部，其上主要安装有盾尾刷、止浆板、盾尾间隙测量装置等部件。

尾盾圆周方向布置有注浆、油脂等管路。

与前、中盾相比，尾盾属于一个无支撑结构。为防止尾盾在运输过程中变形，尾盾内部焊接有临时支撑。

尾盾采用分块式结构，具体分块如图 2-21 所示。

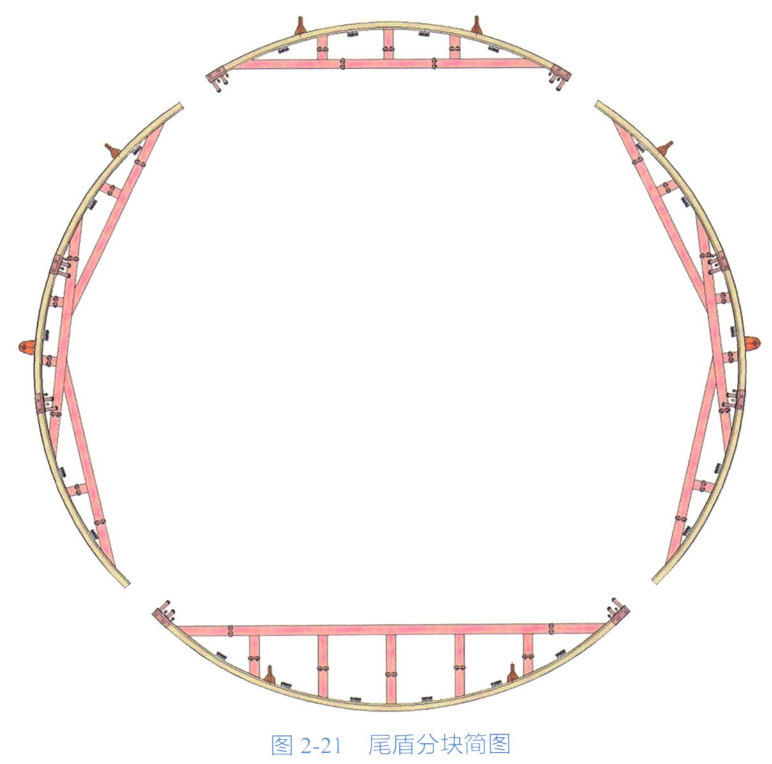

图 2-21　尾盾分块简图

注浆管采用内嵌式注浆管，同步双液注浆和同步单液注浆共用注浆通道，通道 8 备 8 用（图 2-22）。同时尾盾预留有 6 个二次注浆管路（图 2-23）。

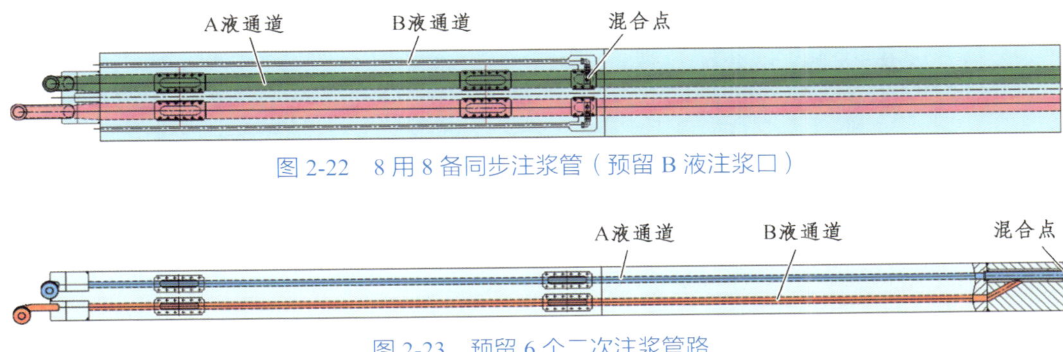

图 2-22　8 用 8 备同步注浆管（预留 B 液注浆口）

图 2-23　预留 6 个二次注浆管路

尾盾圆周方向布置有盾尾间隙测量装置，可实时检测盾尾间隙，为盾构姿态控制和管片选型等提供理论依据。

盾尾密封设置有5道钢丝刷，最后1道尾刷采用弧形钢板。尾刷腔内布置有盾尾油脂注入通道，可利用这些通道注入油脂形成可靠的密封油环，以保证盾尾密封的密封性能。同时，盾尾末端外侧还布置有1道止浆板，可有效防止砂浆前窜和地下水后窜影响注浆效果。前面可更换尾刷采用螺栓连接方式，洞内可实现2道尾刷的更换，具体布置如图2-24所示。

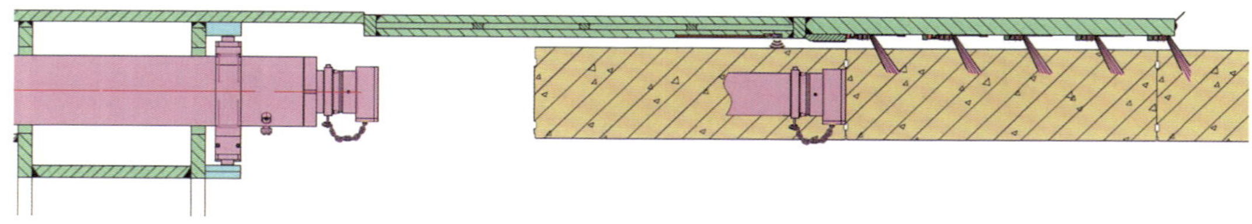

图2-24 盾尾密封布置

2.3.3 盾体平台

盾体内部布置有工作平台及爬梯（图2-25），人员能便捷地到达人舱、材料舱、中心舱、回转接头等部位，能方便人员对设备进行日常维护保养，同时方便人员进行换刀等作业。

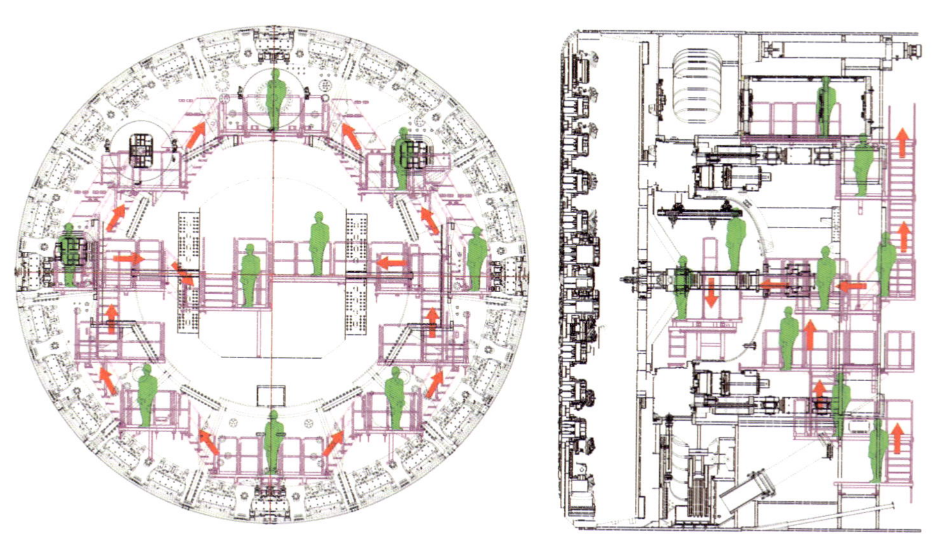

图2-25 盾体平台布置

2.3.4 超前加固孔

中盾圆周预留有18个倾斜式超前注浆孔，前盾隔板预留有6+2个水平式超前注浆孔，需要时可以利用这些通道对地层进行超前加固。地质超前加固孔分布如图2-26所示。

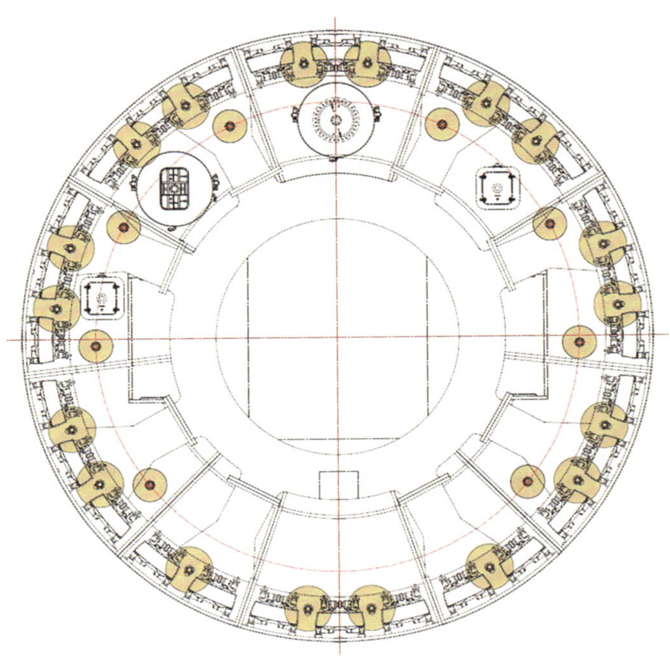

图 2-26 地质超前加固孔布置

2.3.5 泥浆门

泥浆门（图 2-27）位于气垫舱前隔板底部，当其关闭时，用于分离两室（泥水舱和气垫舱）。泥浆门采用后置式安装方式，利用气囊进行密封，方便在气垫舱内进行检查和维修工作。泥浆门设置有拔销油缸，在泥浆门开启后锁紧，避免泥浆门意外关闭。为监控泥浆门的开闭状态，提升油缸设置有行程传感器。

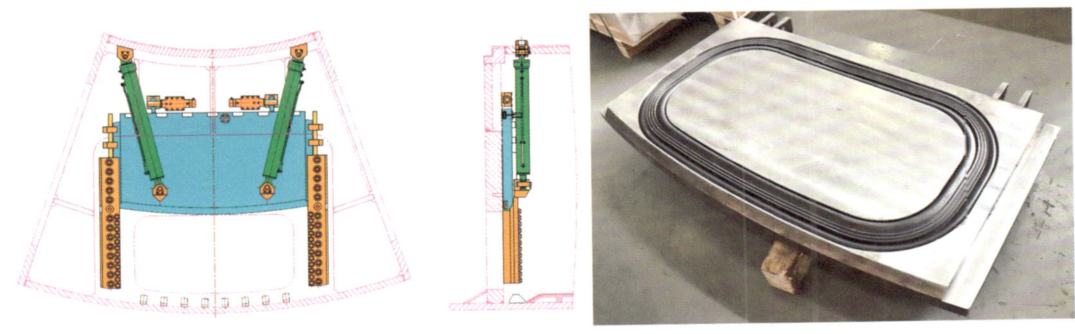

图 2-27 泥浆门示意图

泥浆门前方两侧设置有冲刷管路（图 2-28），以防止渣土在泥浆门前方沉积。

图 2-28　泥浆门冲刷实物图

2.3.6　破碎机

采用颚式破碎机（图 2-29），布置在前盾气垫舱底部。破碎机具有破碎和搅拌两种工作模式。破碎机采用液压油缸驱动，液压油缸安装有行程传感器，方便判断破碎机状态。破碎机关键销轴处设置有自动油脂润滑注入孔，可提高销轴可靠性。破碎机迎渣面焊接有耐磨复合钢板，以提高破碎机的耐磨性能。

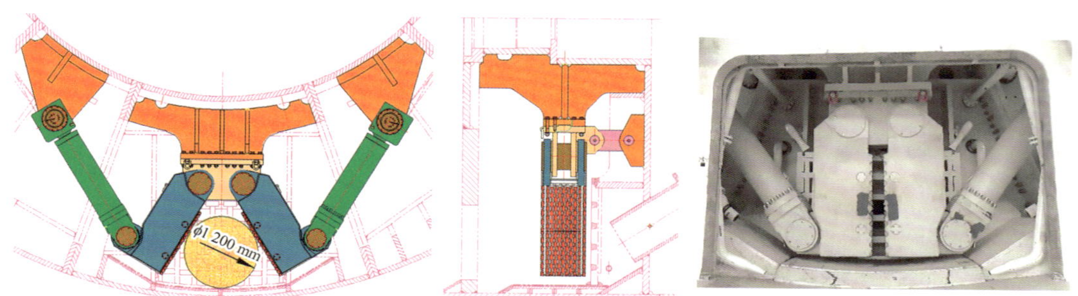

图 2-29　颚式破碎机示意图

2.3.7　格栅

破碎机后部设计有格栅（图 2-30），通过格栅对石块粒径进行选择，保证通过石块粒径满足排泥泵通过粒径要求，以降低堵泵概率。格栅正面焊有硬质焊接保护材料，以提高格栅耐磨性能。格栅前部和后部分别设计有 2 个冲刷喷口（图 2-31），可有效降低格栅堵塞概率。

图 2-30　格栅布置图

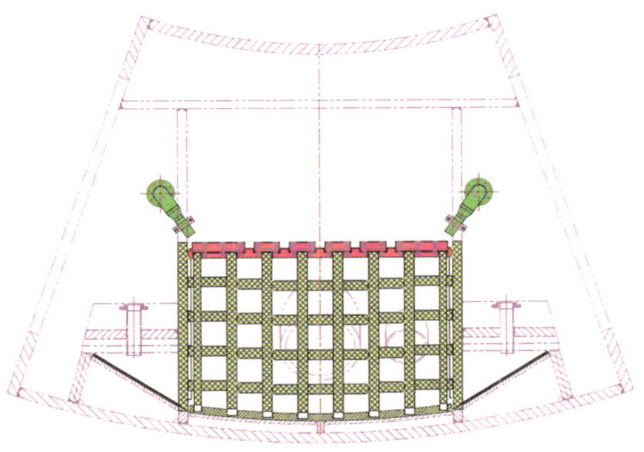

图 2-31　格栅冲刷示意图

2.4　推进油缸

2.4.1　推进油缸布置

推进油缸分布如图 2-32 所示，采用双缸规则布置，共设计 56 根油缸，推进油缸采用分组设计，分成 6 组（图 2-33）。在掘进时每组油缸能够单独控制，以更好地对盾构姿态进行调整和控制，通过调整每组油缸的不同推进速度对盾构进行纠偏和调向。

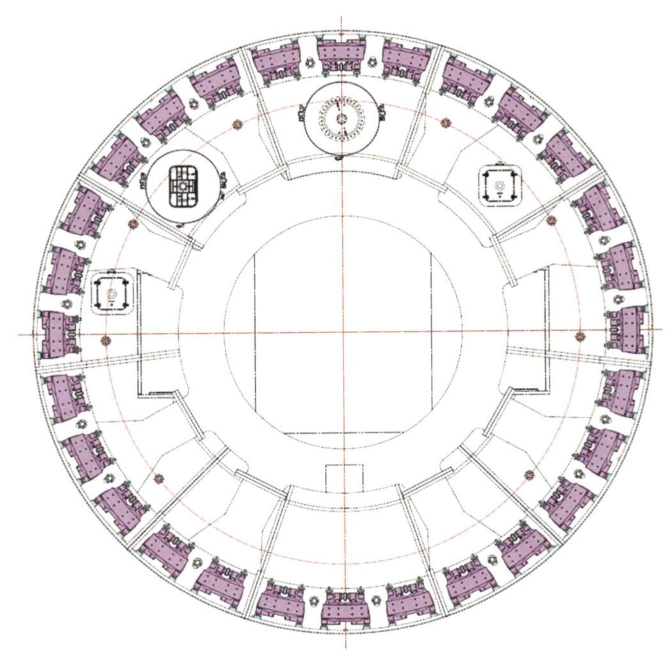

图 2-32　推进油缸分布示意图

每一分组油缸中均配置有行程传感器（图 2-33），可为盾构姿态提供相应的参考数据。在拼装模式下，每对油缸可以单独控制。推进油缸总推力拥有足够的能力（约为 222 200 kN）。

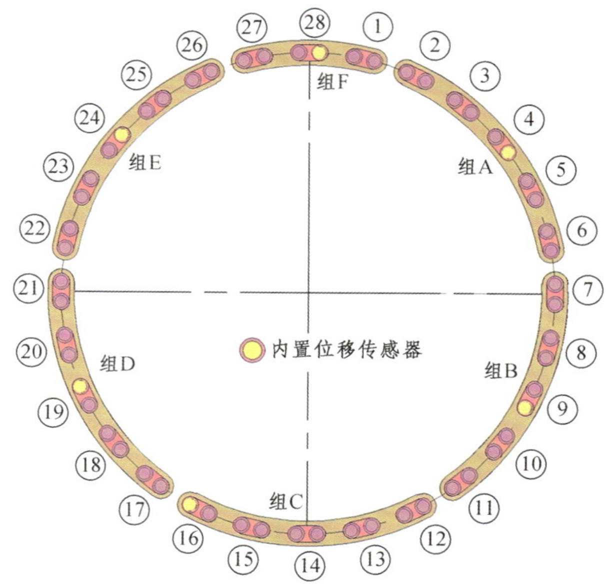

图 2-33 推进油缸分组及内置传感器示意图

推进油缸行程满足安装管片的需要。所有油缸撑靴都装配有安全链（图 2-34），避免坠落伤人。

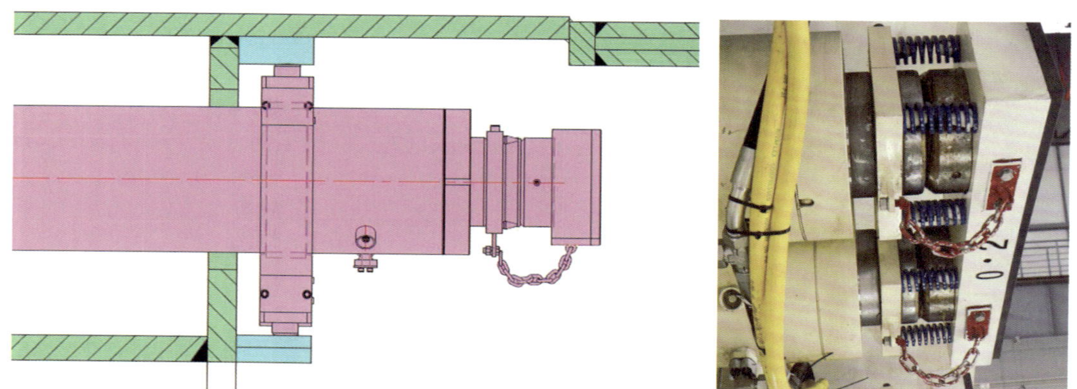

图 2-34 油缸撑靴装配安全链

2.4.2 推进油缸浮动支撑

推进油缸配置有液压浮动支撑，以减轻推进油缸在盾构掘进过程中因小曲线转弯而承受的侧向力。其结构形式如图 2-35 所示。

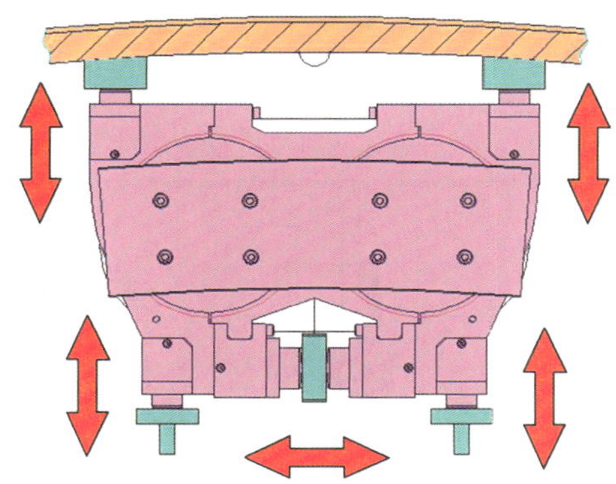

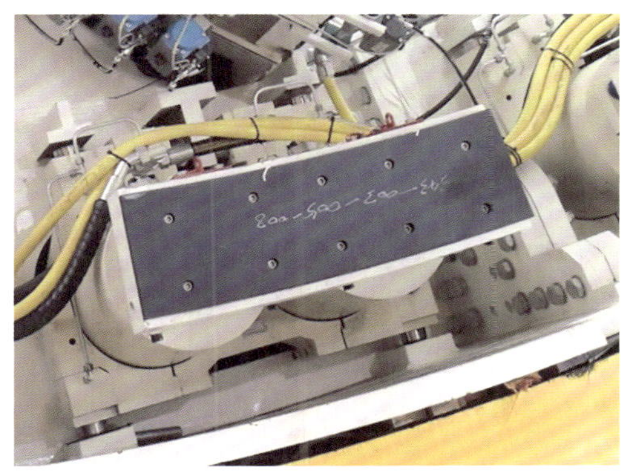

图 2-35　浮动支撑示意图

2.5　舱体

2.5.1　人舱

共设计有 2 个人舱，其结构如图 2-36、图 2-37 所示；分别布置于盾体的顶部、中上部，如图 2-38 所示；人舱实物照片如图 2-39 所示。

人舱压力等级满足盾构隧道工程的水土压力要求，为高效、安全地进行刀具检查和更换提供保障。人舱内部配置有压力元器件，可以实现主、副舱各自的加减压操作，同时可根据需要实现换气。进、排气口处设置有消声器，以减低内外环境的噪声。人舱内安装有声能电话，在带压条件下也能正常工作通话，并设置有应急照明装置，以保证施工安全。其中顶部人舱在过渡舱的前端封头外部设置 1 套对接接口，用于穿梭舱与人舱的对接。

1. 人舱主要附属设备

人舱的附属设备主要有：进入人舱的气压调节装置、压力表、时钟、温湿度表、椅子、照明（包括应急照明）、压力记录仪、暖气设备、电话机。

2. 人舱压力调节方式

人舱气压调节装置通过控制外部进气阀门及外部排气阀门一边进气一边排气，进气管路装有金属转子流量计，可观察人舱进入气体流量，外部装有压力表，可观测人舱内压力。

当人舱压力低于设定压力时，有以下 3 种调节方式：

① 加大进气流量；

② 减小排气流量；

③ 加大进气流量同时减小排气流量。

当人舱压力高于设定压力时，有以下 3 种调节方式：

① 减小进气流量；

② 加大排气流量；

③ 减小进气流量同时加大排气流量。

注意进气流量不能过小，以免影响人员呼吸。

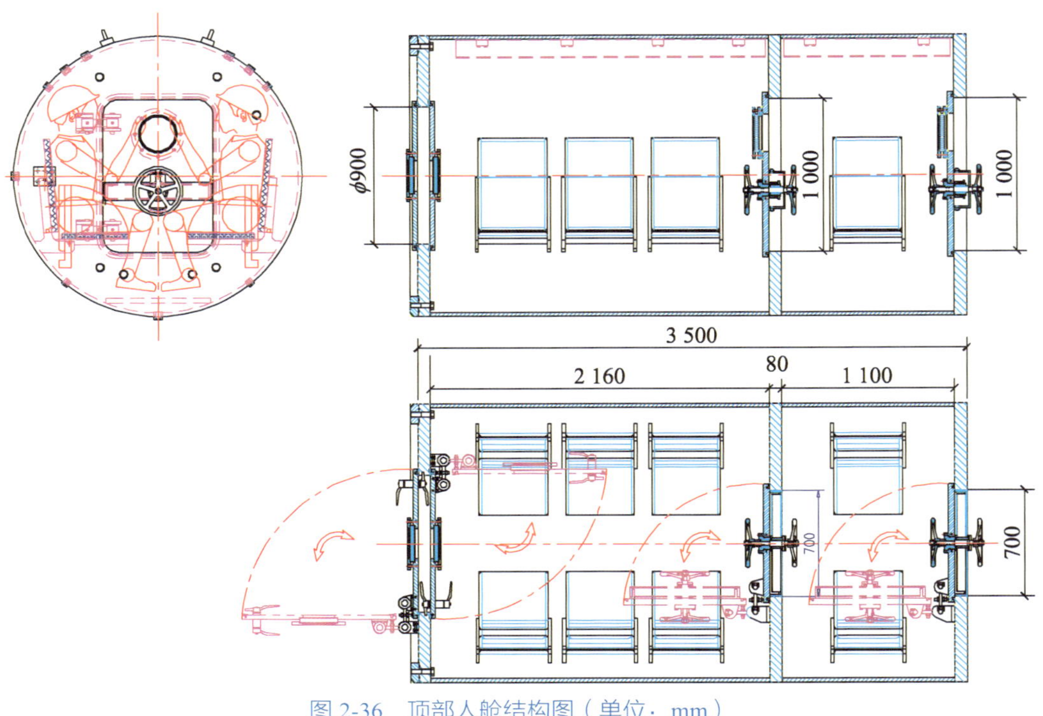

图 2-36　顶部人舱结构图（单位：mm）

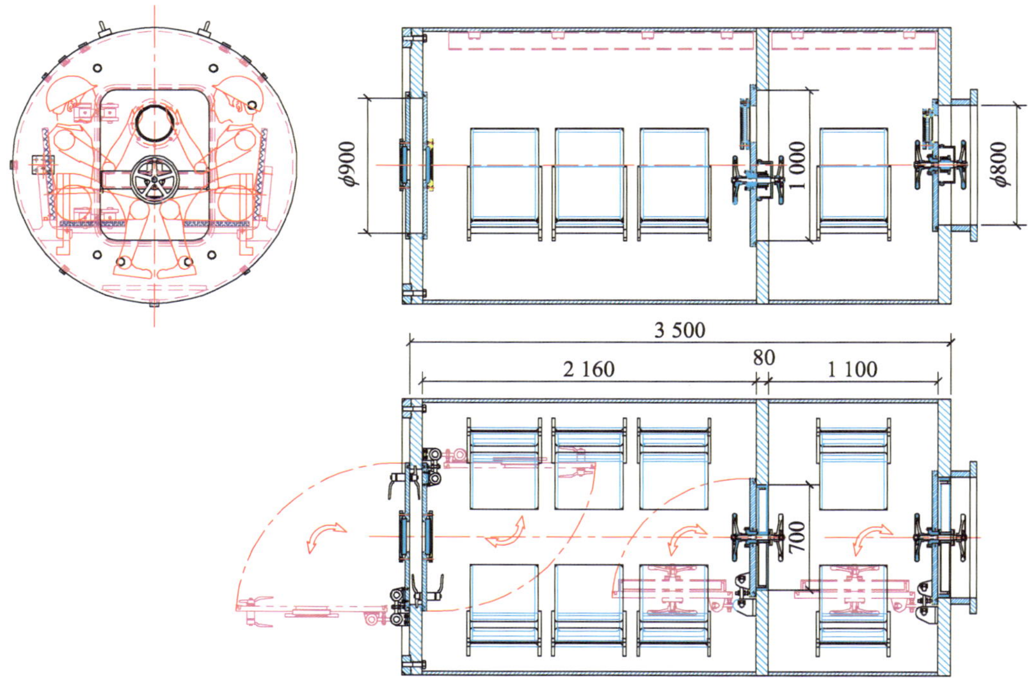

图 2-37　中部人舱结构图（单位：mm）

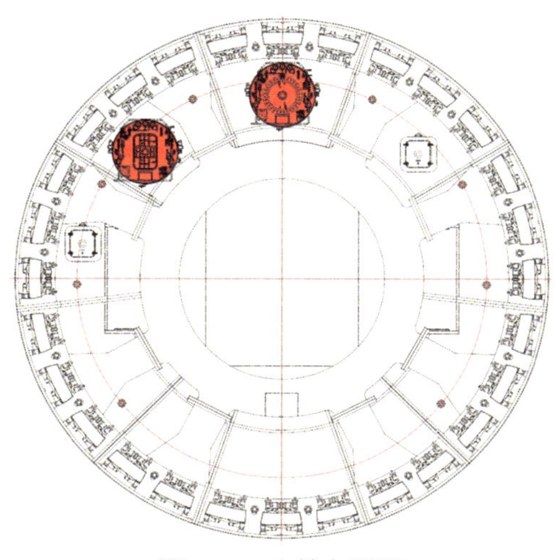

图 2-38　人舱布置图

图 2-39　人舱实物照片

2.5.2　材料舱

共设计有 2 个材料舱，分别布置于前盾中部两侧（图 2-40），材料舱压力等级满足盾构隧道工程的水土压力要求。材料舱（图 2-41）内部配置有压力元器件，可实现舱体的加减压操作。材料舱的主要作用是运送刀具、工具等物料，以提高进舱作业的效率。

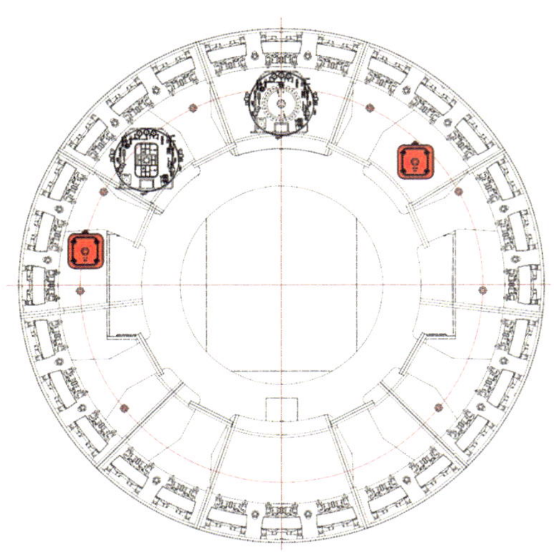

图 2-40　材料舱布置图

图 2-41　材料舱实物照片

2.5.3　中心舱

中心舱［图 2-42（a）］安装在主驱动内部，作为应急舱体。中心舱上布置有中心回转接头、物料通道、人员通道、平台以及各种水、电、气通道，如图 2-42（b）所示。

中心回转接头设置有泥浆通道、液压通道、电气通道。

中心舱上部设置有物料吊机，吊机具备横向及纵向移动功能，以方便换刀过程中的刀具转运及安装。

中心舱平台具备前后伸缩功能。

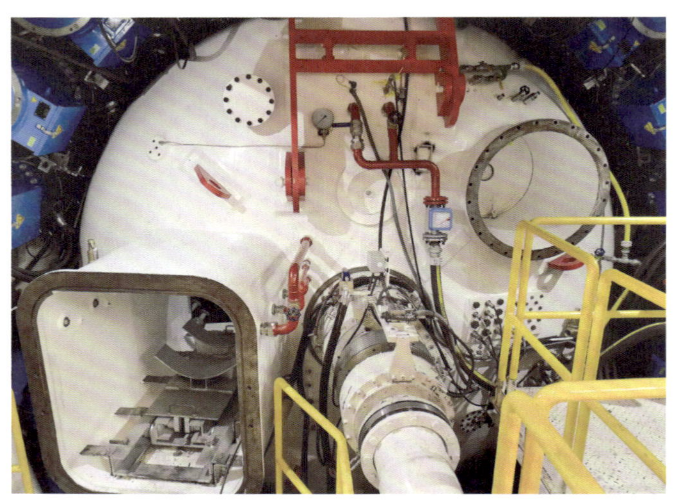

（a）实物图

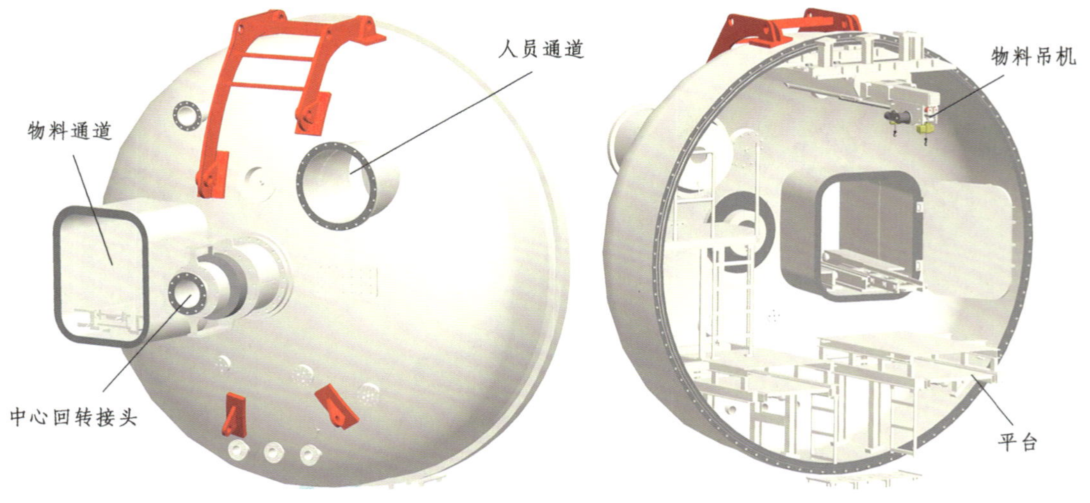

（b）三维图

图 2-42　中心舱

2.6　管片拼装机

管片拼装机（图 2-43）为中心回转式，采用液压驱动，驱动功率为（160+55）kW，具有 6 个自由度，能实现正反方向的旋转、前后行走、上下升降、左右摆动等动作。回

转角度为 ±200°，回转速度为 0 ~ 0.8 ~ 1.2 r/min，并可实现微调。所有动作可遥控，便于管片拼装司机观察和操作。

管片拼装机轴向油缸行程为 3 600 mm，举升油缸行程为 2 500 mm，能够实现洞内更换 2 道盾尾刷。

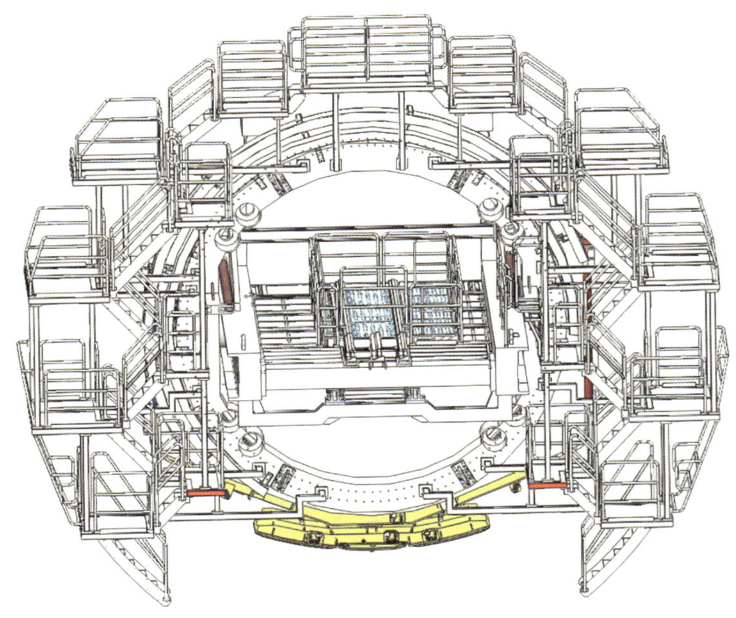

图 2-43　管片拼装机

管片拼装机托梁中部设置有举升平台（图 2-44），主要用于带压饱和作业时举升穿梭舱与人舱对接，以实现氦氧饱和作业的功能。

图 2-44　举升平台结构图

2.7 管片输送小车

管片输送小车（图 2-45、图 2-46）是管片输送系统的组成部分。为了保证管片拼装工作的连续作业和作业的安全性，在管片拼装系统中配备了管片输送小车。管片输送小车能够容纳一环管片。

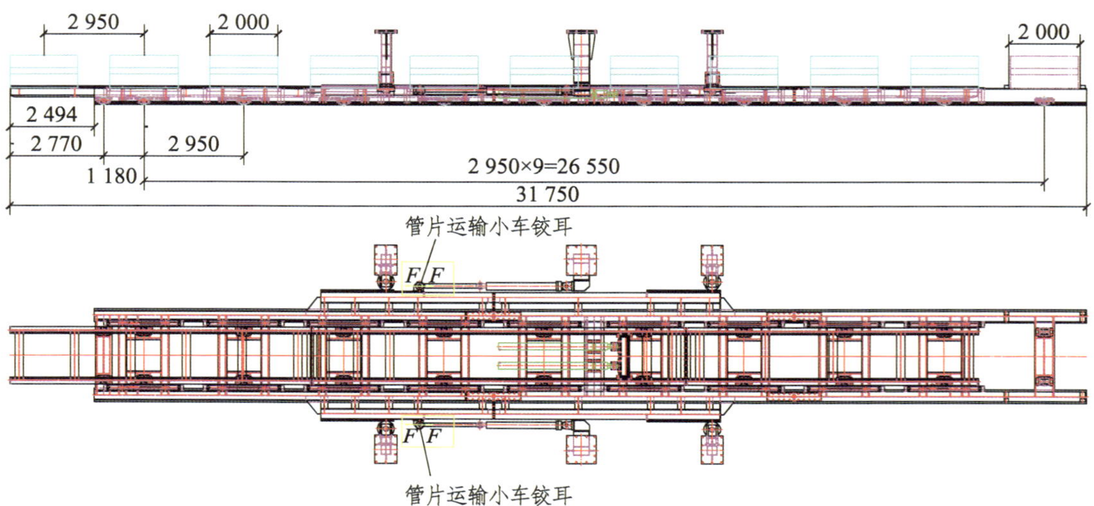

图 2-45 管片输送小车结构（单位：mm）

图 2-46 管片输送小车实物照片

2.8　管片吊运系统

2.8.1　双管片吊机

双管片吊机（图 2-47）采用双梁式吊机，其主要作用是将管片从胶轮车上卸载后，同时将 2 片管片吊运至单管片吊机处，吊机起升能力为 32 t（不含吊具）。双管片吊机还兼具吊运穿梭舱的作用，可将穿梭舱从运输胶轮车上吊运至一号拖车上。吊机前面配置有物料葫芦，负责刀具和后部轨排的吊运。

图 2-47　双管片吊机

2.8.2　单管片吊机

单管片吊机（图 2-48）采用双梁式齿轮齿条驱动式吊机，其主要作用是将管片吊运至管片输送小车上，吊机起升能力为 16 t（不含吊具），单管片吊机具有 ±90° 旋转功能。单管片吊机还兼具一号拖车尾部油脂桶及其他物料的吊运功能。

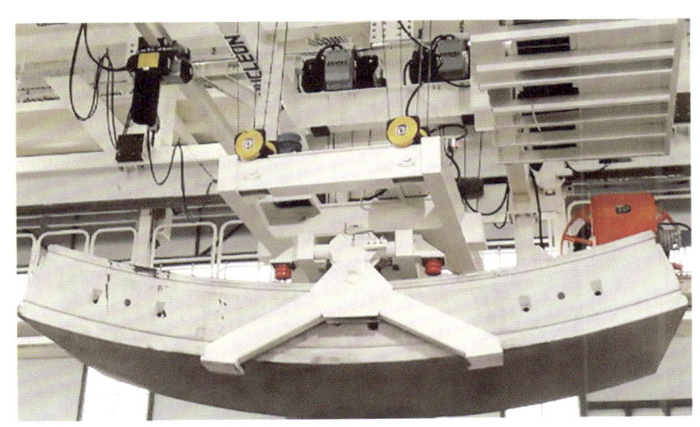

图 2-48　单管片吊机

2.8.3 箱涵吊机

箱涵吊机（图 2-49）和双管片吊机采用串式同轨道布置，其主要作用是将箱涵件从胶轮车上卸载，吊运至拼装区域进行拼装，吊机起升能力为 39 t（不含吊具），吊具具有 90° 箱涵翻身功能。箱涵吊机前部配置有单独物料葫芦，以负责其他物料的吊运。

图 2-49 箱涵吊机

2.9 连接桥

连接桥（图 2-50）的纵向长度满足 6 m 长度钢轨排延接及管片倒运要求，高度满足管片旋转、吊卸及箱涵翻身拼装空间要求。连接桥纵梁采用焊接桁架结构，以获得足够的刚度和强度，并减轻结构重量。连接桥纵梁中部和下部通过螺栓及支座安装管片吊机轨道梁。连接桥顶部布置有保压罐、储气罐、空压机、冷干机等设备及其管路。

图 2-50 连接桥实物照片

2.10　拖车

拖车的车体结构由 H 型钢和钢板拼接而成。车体的横断面尺寸可适应隧道最小水平曲线半径范围内的变化。拖车使用钢轮在轨道上行走的方式，轨道用可移动轨排及后部拖车轨排进行前后倒运拼接延伸。

2.10.1　一号拖车

一号拖车如图 2-51 所示。第三层配置有变频柜、变压器、高压开关柜等电气设备；第二层配置有主控室、变频水冷柜、变压器、液压油箱、自驱车等设备；第一层右侧布置有泥水循环用分流器 / 采石箱、$P_{0.1}$ 泵、$P_{0.2}$ 泵、$P_{0.3}$ 泵、$P_{2.1}$ 泵及其管路，左侧布置有液压泵站及其控制柜、B 液灌等设备，中间布置有 2 个砂浆罐及注浆泵，尾部平台布置有油脂注入系统。

图 2-51　一号拖车布置图

2.10.2　二号拖车

二号拖车如图 2-52 所示。其顶部布置有 2 个储气罐；底部右侧布置有工业水箱、加水系统及控制柜，底部左侧布置有膨润土注浆系统。

图 2-52　二号拖车布置图

2.10.3　三号拖车

三号拖车如图 2-53 所示。其顶部布置有 3 台空压机，底部右侧布置有水循环系统及其控制柜，底部左侧布置有休息室。

图 2-53　三号拖车布置图

2.10.4　四号拖车

四号拖车如图 2-54 所示。其顶部布置有 2 个电缆卷筒；底部右侧布置有污水箱及污水泵，底部左侧布置有维修间和收浆系统。

图 2-54　四号拖车布置图

2.10.5　五号拖车

五号拖车如图 2-55 所示。其顶部布置有换管装置的泥浆软管，在软管上部平台放置有 2 个二次风机；底部右侧布置有污水卷筒和工业水卷筒，底部左侧为换管装置，左侧底部还下挂 1 个集污箱，便于换管时污水的收集；中间布置有换管吊机。

图 2-55　五号拖车布置图

2.10.6　尾部风筒平台

尾部风筒平台如图 2-56 所示。其顶部布置有储风筒及其吊机系统，顶部后侧布置有单独的植筋吊机；底部右侧布置有应急发电机，底部左侧布置有厕所；中间布置有后部轨排吊机。

图 2-56　尾部风筒平台布置图

2.10.7　尾部拖动平台

尾部拖动平台（图 2-57）由 3 节小平台组成。平台布置在已拼好的箱涵两侧，左侧平台上布置 1 个砂浆拖泵。

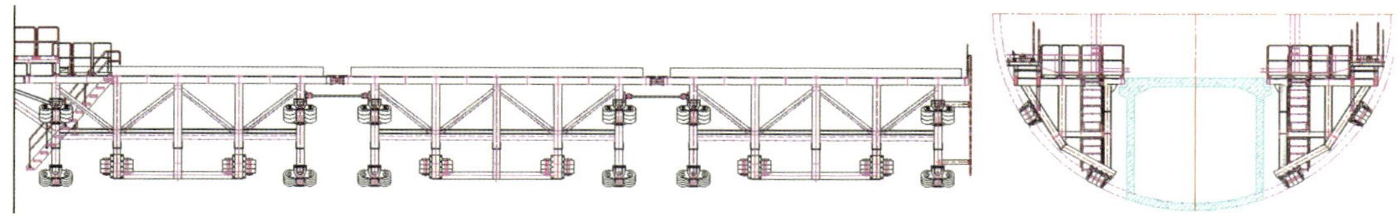

图 2-57　尾部拖动平台布置图

2.10.8 拖车行走钢轨排

拖车行走钢轨排由一号拖车下部的 19 个可折叠移动轨排（图 2-58）和 76 个（单边 38 个）后部拖车轨排（图 2-59）组成，两种轨排随着拖车向前行驶而前后拆装倒运，进而实现轨道的延伸。

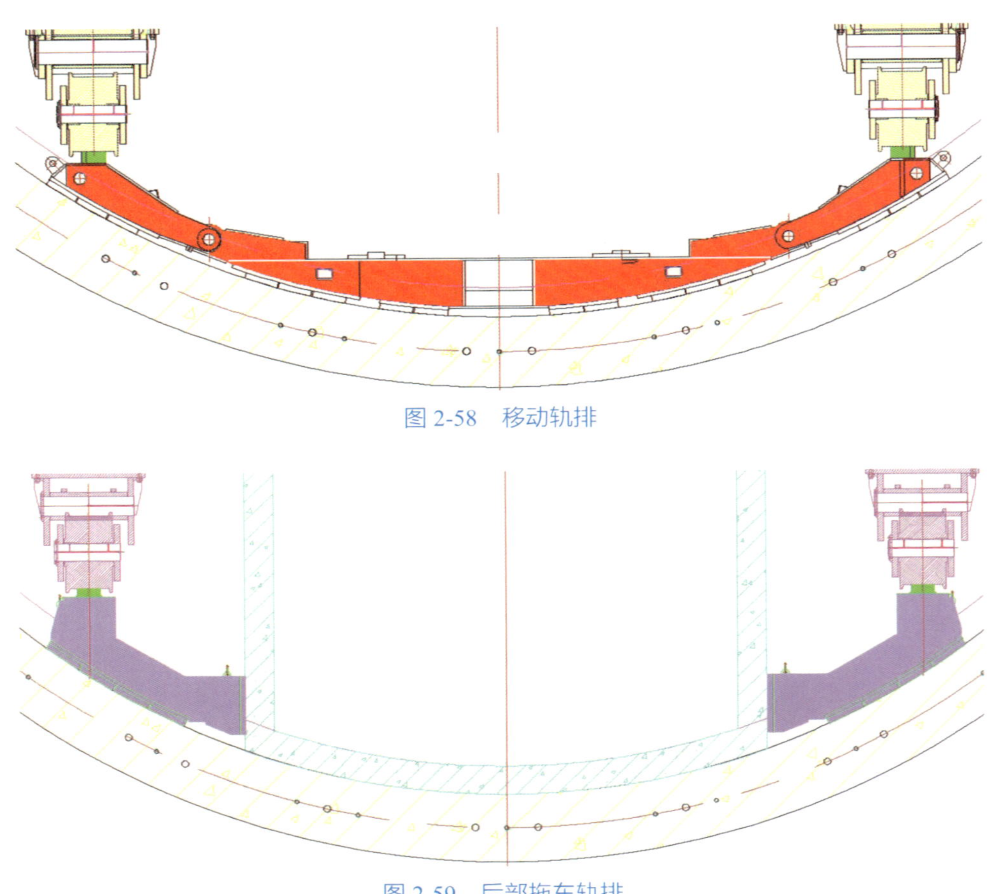

图 2-58 移动轨排

图 2-59 后部拖车轨排

2.11 润滑密封系统

2.11.1 齿轮油润滑系统

齿轮油润滑系统对轴承滚道、滚子、驱动小齿轮轴承、驱动小齿轮、驱动大齿圈等部件进行润滑和冷却，采用油浴润滑和循环喷淋系统。主轴承内的油可以被排出，齿轮油循环管路上安装有磁性过滤器和冷却器，以提高油品的清洁度和降低齿轮油温度。该系统具备油位、流量和温度的监测功能，取样操作简便。

2.11.2　主驱动密封系统

主驱动密封系统包括内外两套密封系统。外密封负责开挖舱方向的密封，内密封负责刀盘内部常压侧的密封。

1．外密封

外密封（图 2-60）把主轴承与外面承压的开挖舱隔开。其密封类型为大直径轴密封，共有多层唇形密封和 1 个迷宫密封，从而形成多个分隔的区域。密封作用在表面硬化处理过的耐磨圈上，该耐磨圈为第 1 层唇形密封提供了可变的接触面。

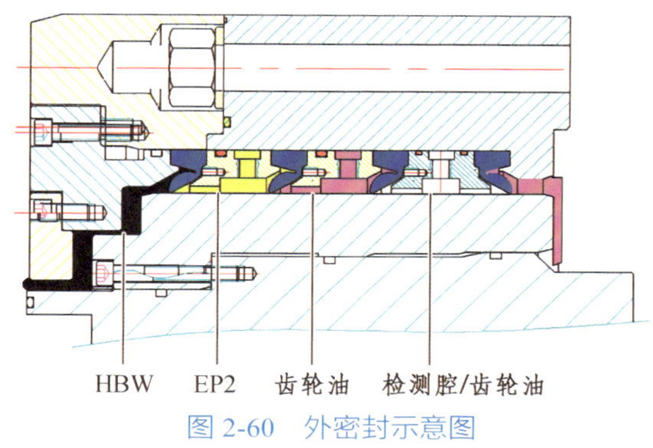

图 2-60　外密封示意图

外密封采用国际知名品牌，能够保证性能和质量。向齿轮箱一侧的密封为持殊的轴型密封，可以承受齿轮腔的压力。外层密封直接从主轴承前部安装以确保径向的系统偏差。密封附带有连续油脂润滑和泄漏监测系统。通过几个径向分布的注脂孔，油脂被注入密封腔里并充满整个环形腔体，这样的注脂方式可以在油脂腔内建立一种持续的压力作用。通过油脂分配泵，每条注脂管路补充的油脂量是稳定的。油脂注入量通过调节多点泵柱塞长度来控制。检测腔通过几个径向通道连接到盾体常压侧，可以方便地进行检测。

当水土压力≤ 0.6 MPa 时，前面 3 道腔体密封满足使用要求，第 4 道腔体为检测腔，齿轮室不加压。当水土压力 > 0.6 MPa 且≤ 1 MPa 时，第 4 道腔体需调整为齿轮沺加压腔，齿轮室也相应加压。这样外密封能满足 1 MPa 的承压能力。

2．内密封

内密封（图 2-61）由多层唇形密封和 1 个前导的迷宫密封组成，从而形成多个分隔的区域，通常情况下为常压密封，密封的润滑在日常维护时集中以半自动方式进行。内密封的设计与外密封设计一致，密封作用在表面硬化处理过的耐磨圈上，该耐磨圈为第 1 层唇形密封提供了可变的接触面。

内密封采用国际知名品牌，能够保证性能和质量。向齿轮箱一侧的密封为特殊的轴型密封，可以承受齿轮腔的压力。外层密封直接从主轴承前部安装以确保径向的系统偏差。

密封附带间断性和连续性油脂润滑和泄漏监测系统。

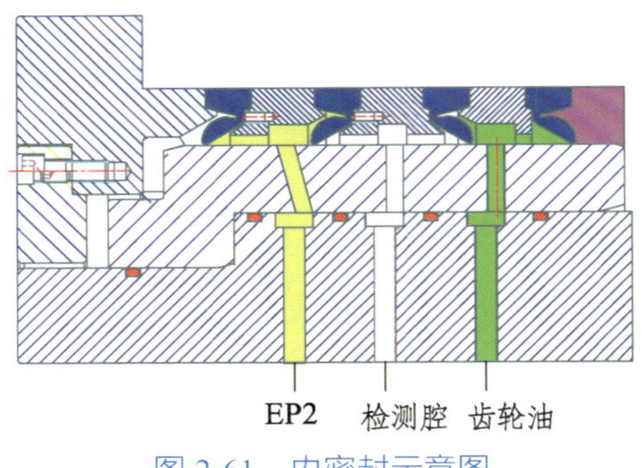

图 2-61 内密封示意图

刀盘腔体为常压模式且齿轮室不加压时，第 3 道腔作为检测腔，前 2 道需要间断性注油脂使唇口充分润滑，第 4 道腔作为齿轮油腔，维持一定高度油量，使后部 2 道唇口充分润滑。

刀盘腔体为常压模式且齿轮室加压在压力≤ 0.4 MPa 时，刀盘正面水土压力可达 1 MPa，前 2 道需要间断性注油脂使唇口充分润滑，第 4 道腔作为齿轮油腔，维持一定高度油量和压力以支撑第 4 道密封。

若出现正面水土压力达 1 MPa，齿轮室加压且压力≤ 0.4 MPa，刀盘腔已不具备常压模式，需要旋转刀盘进舱修理的情况，则第 3 道腔体需调整为齿轮油加压腔，齿轮油腔能进行相应加压，前面 2 道腔体采用递减方式减压，以保证内密封满足 1 MPa 的承压能力。

2.11.3 盾尾油脂系统

盾尾油脂系统的作用是通过与盾尾密封（图 2-62）配合，抵抗外部压力。盾尾油脂系统主要包括气动柱塞泵、气动球阀、压力传感器以及其他控制元件等。

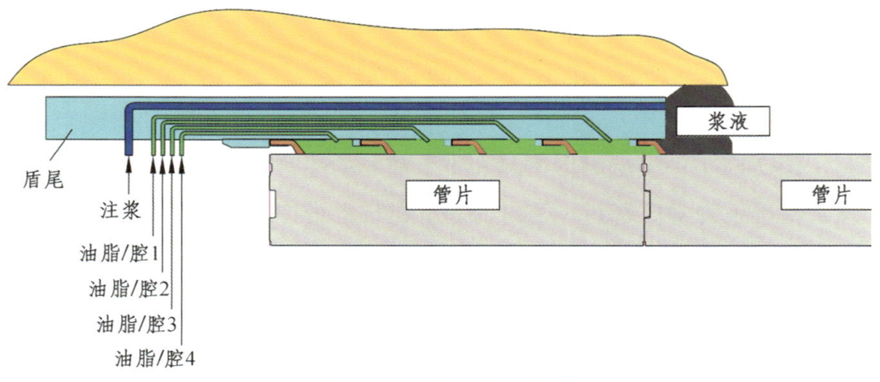

图 2-62 盾尾密封示意图

气动柱塞泵安装在拖车的油脂泵站（图 2-63）上，其作用是将油脂桶里的油脂注入尾刷形成的密封腔里。如果润滑油脂桶已空，则油脂泵会自动停止动作并发送报警信号到主控制室。

每路油脂的注入都通过气动球阀控制，每路都装有压力传感器。自动控制时，盾尾油脂分配集散口（图 2-64）可以通过压力及时间控制注入量并循环动作，时间可以在上位机上通过可编程控制器（PLC）预先设置，各注入口在控制室内均有压力显示。

图 2-63　油脂泵站

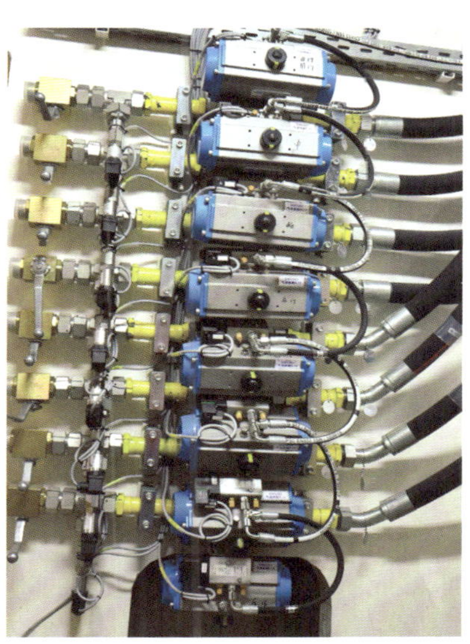

图 2-64　盾尾油脂分配集散口

2.12　同步注浆系统

同步注浆系统如图 2-65 所示。系统配置有 4 台注浆泵，每台泵有 2 个出口，使用 8 根注浆管。为了实现自动注浆的功能，在管路的注入端安装了压力传感器，用于检测注浆压力。

同步注浆系统操作可分为手动与自动两种方式。

在管路上配置有专用水清洗装置，系统可以通过半自动开关开启相应阀门清洗注浆管路。同步注浆系统的操作需要注意以下事项：

（1）开启砂浆罐下料口气动闸阀时，需要开启清洗水进行清洗，避免闸板磨损导致泄漏。

（2）任何情况下使用完水玻璃液泵（B 液泵）后都必须开启水路进行管路的彻底清洗，否则极易造成管路堵塞。

（3）在倒浆泵使用过程中，仍然需要进行管路清洗，及时添加清洗水进行泵送洗管。

图 2-65　同步注浆系统

2.13　膨润土注入系统

膨润土注入系统的作用主要是将高黏度膨润土注入泥水舱内部用于置换泥浆，使掌子面形成有效泥膜，减小地层的透水性；既可将高黏度膨润土注入壳体背部，以减小盾构掘进时的推进阻力，也可在带压进舱时用于制作高强度和稳定性强的泥膜；在临时停机情况下，可用膨润土填充注浆管路进行清洗从而减少管路堵塞现象。

该系统主要由 2 台 ZJB-12 注浆泵、1 个 10 m^3 卧式搅拌罐、传感器、气动球阀等组成。罐体放置在二号拖车处。

2.14　泥水循环系统

2.14.1　泥水循环原理

泥水循环系统的进排泥管路直径设计为 DN500 mm，设计进泥流量为 2 700 m^3/h，排泥流量为 3 200 m^3/h。泥水循环原理如图 2-66 所示。

2.14.2　进排泥泵及管路

1. 泥浆泵设计

据盾构隧道工程的地质情况和掘进距离配置进泥泵和排泥泵。泥浆泵（进泥泵和排泥泵）功率均为 1 100 kW，其实物照片如图 2-67 所示。

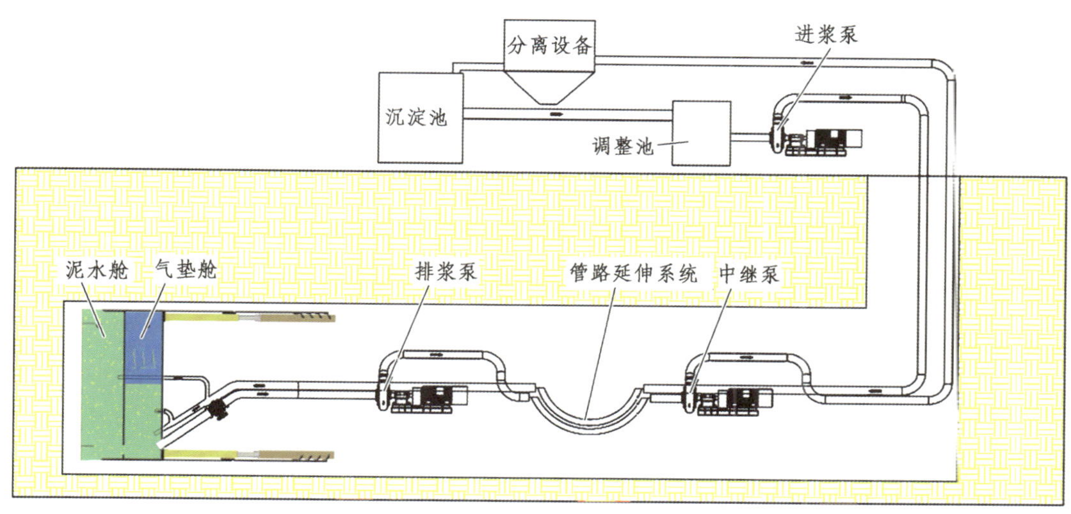

图 2-66　泥水循环原理

图 2-67　泥浆泵实物照片

2. 泥水系统管路设计

泥浆钢管采用 Q345B 材质，所有钢管均采用加强壁厚设计，其中主进泥管壁厚 16 mm，主排泥管壁厚 25 mm；管路布置尽量减少弯头数量，避免 90° 急转弯设计，所有弯头均采用内部焊接耐磨网格、外包加厚钢板的耐磨设计。

2.14.3　管路延伸系统

泥浆管需要随着掘进距离的增加不断向前延伸，因此，需要设计管路延伸装置。由于进排泥管的管径较大，不能使用类似水管卷筒的装置进行管路延伸，因此配置了一种卧式软管式管路延伸装置（图 2-68），可周期性地增加隧道内泥浆管。

拖车中部设置有泥浆管吊机，用于泥浆管路的吊装与转运，如图 2-68 所示。

图 2-68 管路延伸装置

2.14.4 泥水循环系统工作模式

泥水循环系统工作模式主要分为旁通模式、掘进模式、逆冲洗模式、保压模式、管路延伸收浆模式和主机段小循环模式等。

模式转换必须按照如图 2-69 所示的模式转换图进行。

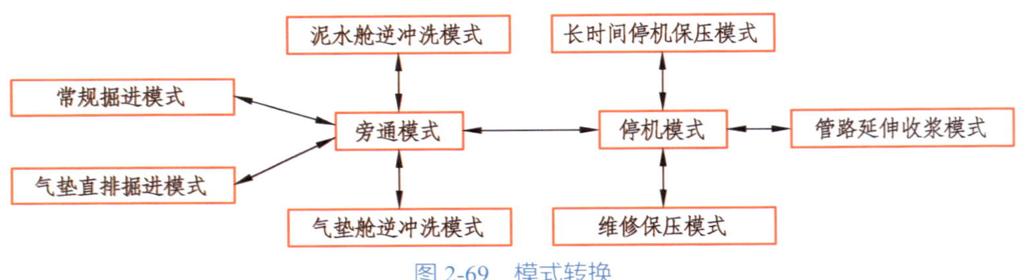

图 2-69 模式转换

1. 旁通模式

旁通模式（图 2-70）是泥水循环系统的中间过渡模式。掘进之前盾构主司机依靠调节进泥泵和排泥泵的转速来控制进泥管和排泥管的压力，直到达到泥水循环的最佳流量，同时将隧道内的排泥泵 / 进泥泵同步调整至需要的转速和流量。

2. 掘进模式

掘进模式需通过旁通模式切换，通过调节进 / 排泥泵转速达到要求的流量和压力，此流量和压力与推进速度和地质条件相适应。掘进模式分为常规掘进模式和气垫直排掘进模式两种。

（1）常规掘进模式。

常规掘进模式泥水循环如图 2-71 所示。在常规掘进模式下，气垫压力通过泥浆门（主）和连通管（副）传递，排泥口位于气垫舱底部，泥浆液进入刀盘、泥水舱和气垫舱，掘进模式需要至少开启前方 3 根进泥支路。该掘进模式只能经由旁通模式才可切换。

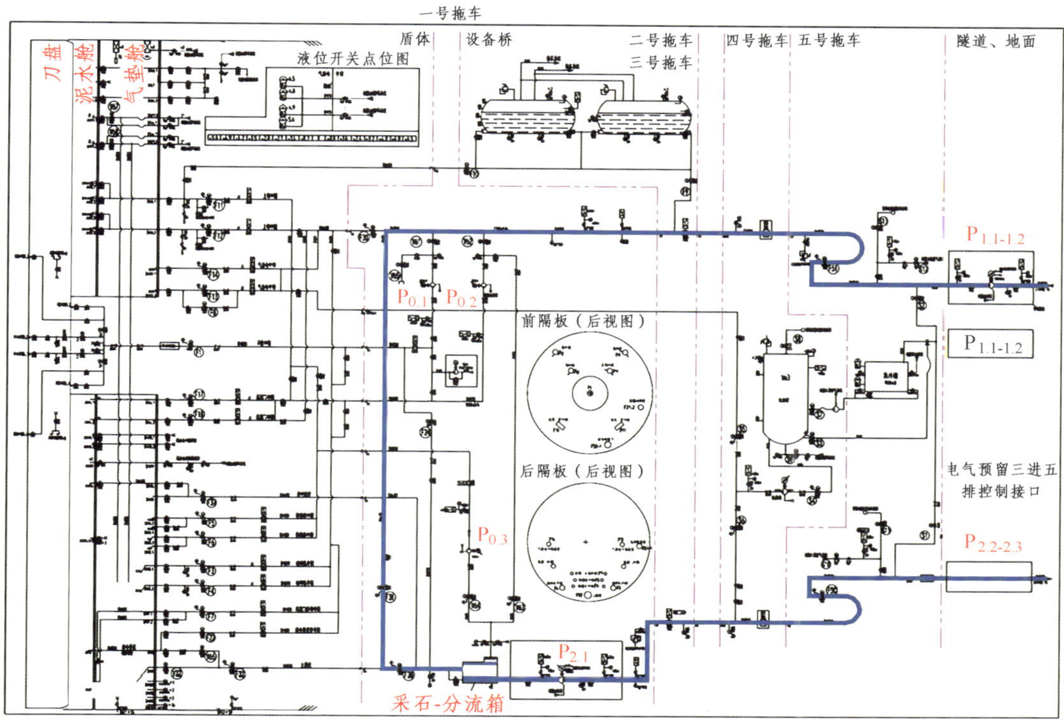

图 2-70　旁通模式泥水循环示意图

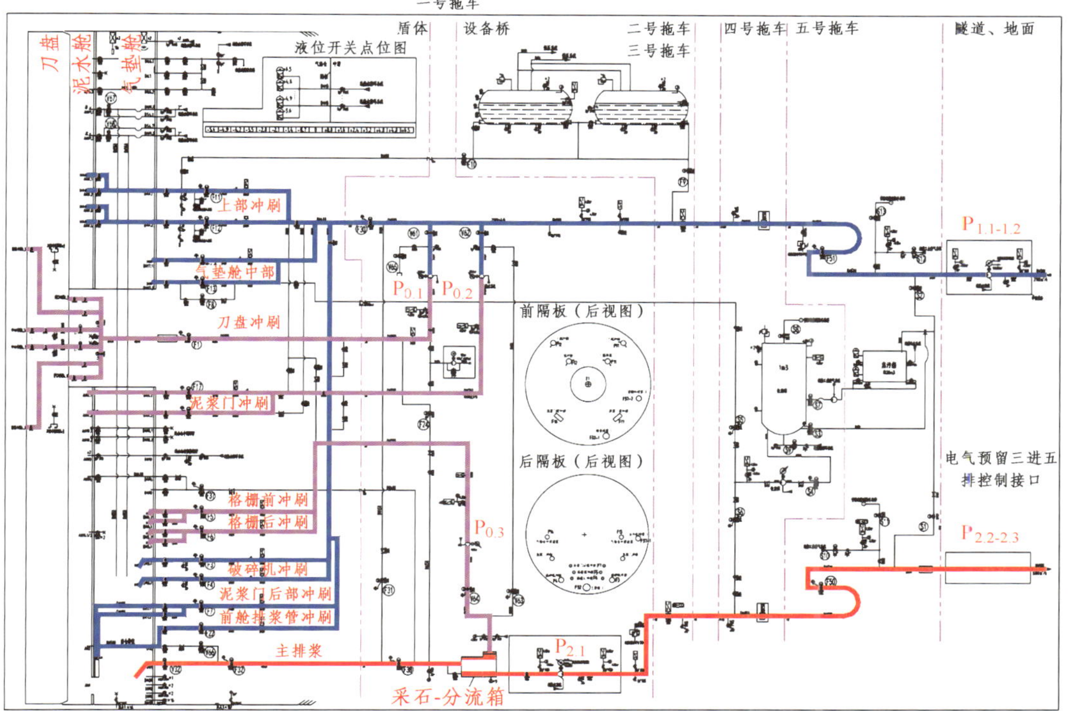

图 2-71　常规掘进模式泥水循环示意图

（2）气垫直排掘进模式。

气垫直排掘进模式泥水循环如图 2-72 所示。在气垫直排掘进模式下，气垫压力只通过连通管传递，排泥口位于泥水舱底部，泥浆液主要进入刀盘区域和泥水舱，少量进入气垫舱，掘进模式需要至少开启前方 3 根进泥支路（包括必须开启的 1 根气垫舱进泥支路）。该掘进模式也只能经由旁通模式才可切换。

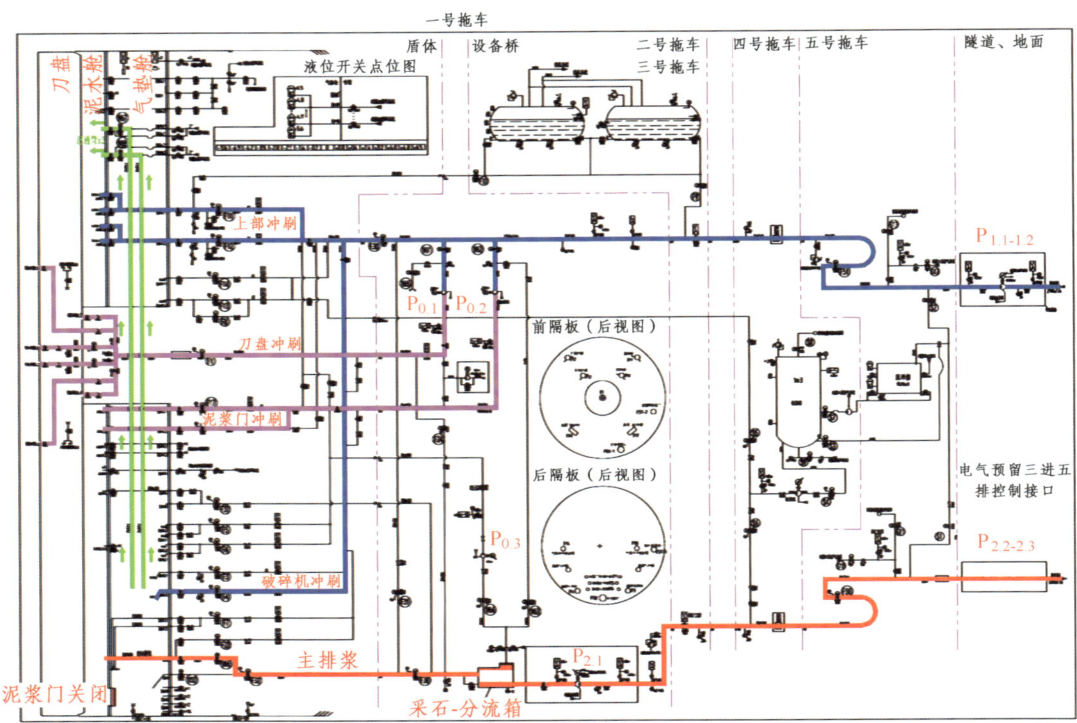

图 2-72　气垫直排掘进模式泥水循环示意图

3. 逆冲洗模式

（1）气垫舱逆冲洗模式。

气垫舱逆冲洗模式泥水循环如图 2-73 所示。在常规掘进模式下，当 $P_{2.1}$ 泵前方管路堵塞或气垫舱底部渣土滞排时，使用气垫舱逆冲洗模式进行疏通。逆冲洗排泥管能够实现浆液排放，可实现持续逆向冲洗直至堵塞管路疏通。

（2）泥水舱逆冲洗模式。

泥水舱逆冲洗模式泥水循环如图 2-74 所示。在泥水舱直排掘进模式下，当 $P_{2.1}$ 泵前方管路堵塞或泥水舱底部渣土滞排时，使用泥水舱逆冲洗模式进行疏通，也可实现持续逆冲洗直至堵塞管路疏通。

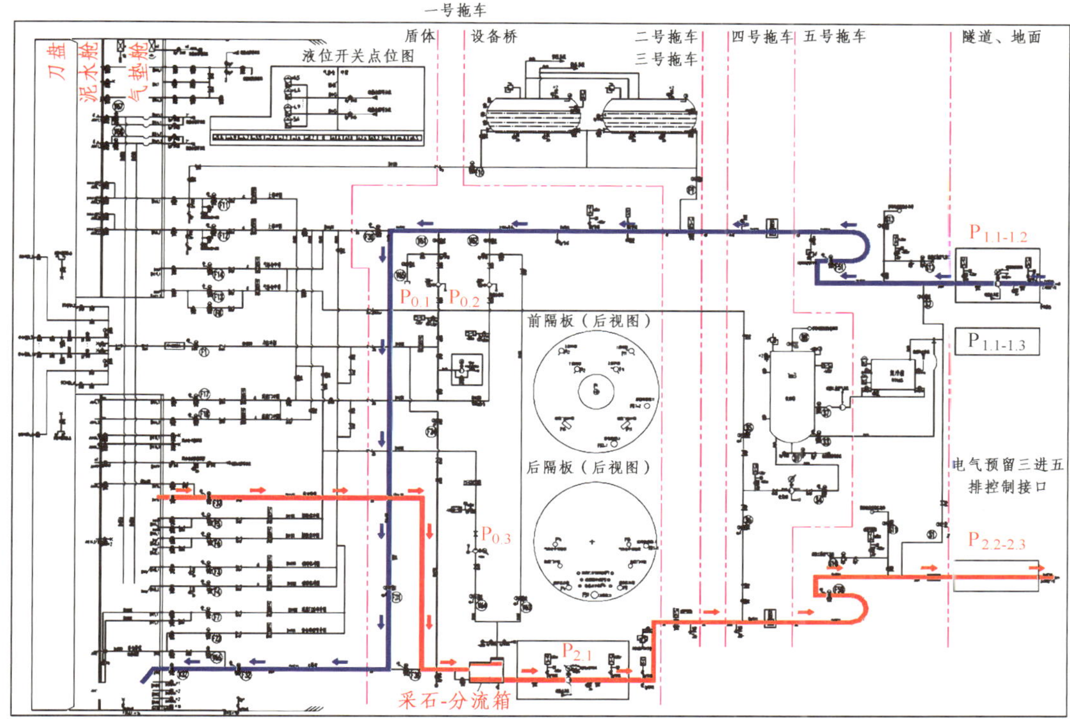

图 2-73　气垫舱逆冲洗模式泥水循环示意图

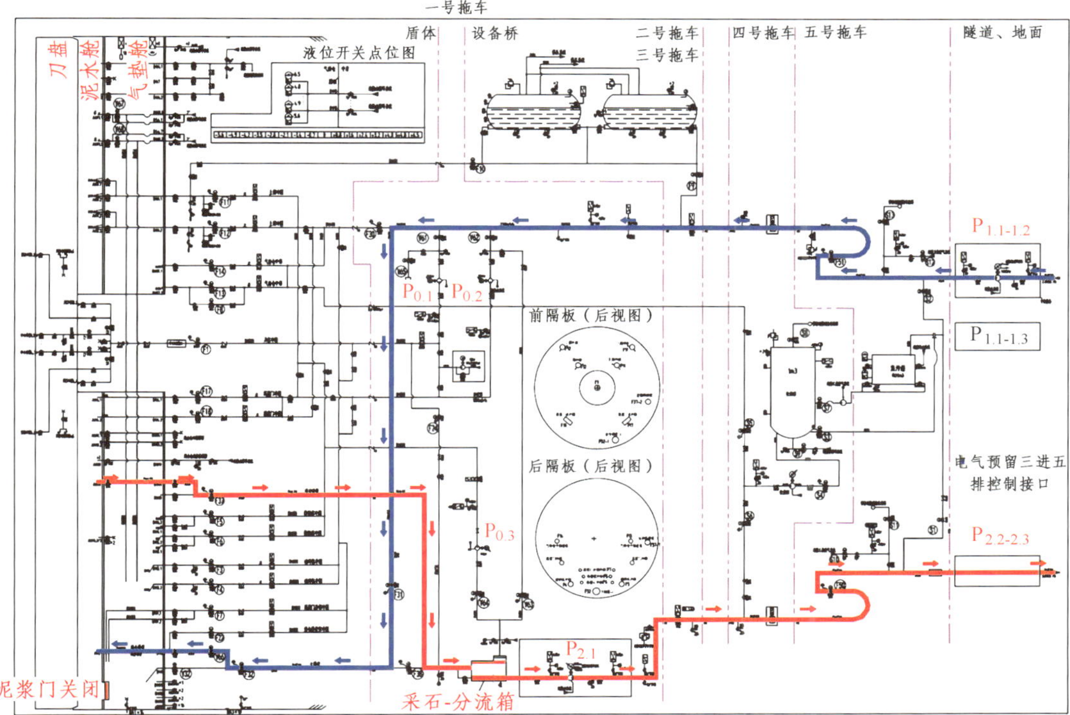

图 2-74　泥水舱逆冲洗模式泥水循环示意图

4. 保压模式

（1）长时间停机保压模式。

长时间停机保压模式泥水循环如图 2-75 所示。泥水盾构在长时间停机情况下，运行长时间停机保压模式。在该模式下系统时刻对气垫舱液位进行监测和控制，既监测掌子面泥浆的损失，又可进行泥浆的补充。

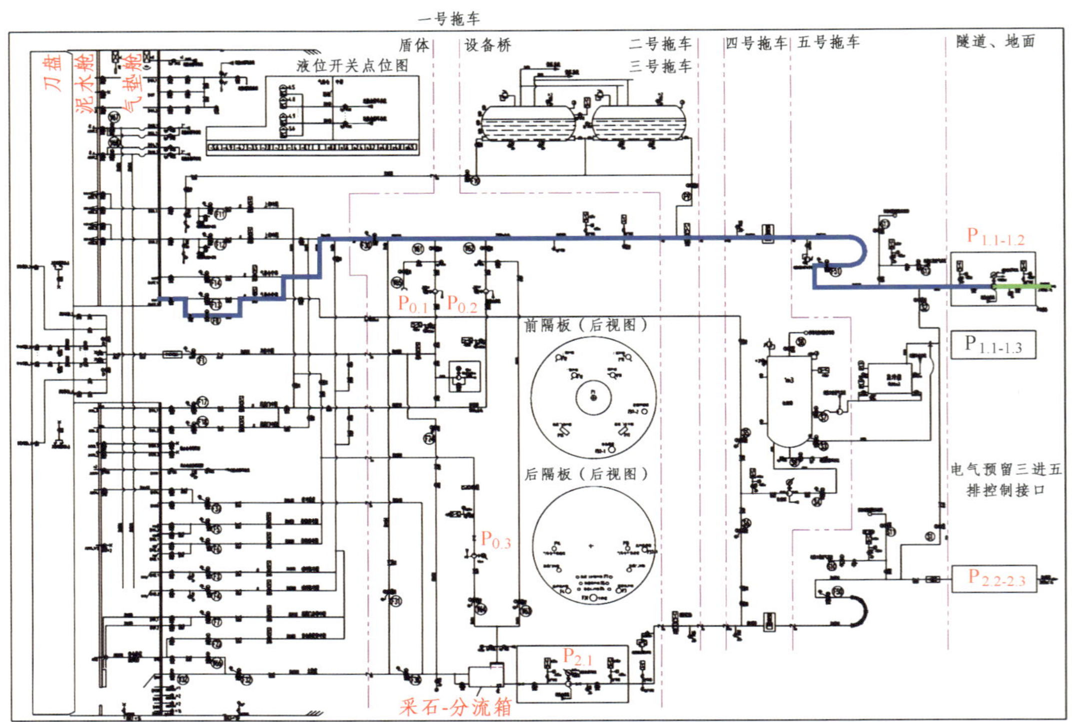

图 2-75 长时间停机保压模式泥水循环示意图

长时间停机保压操作步骤为：泥水循环系统已停止运行；所有的进泥、排泥、旁通球阀都处于关闭状态；气垫舱补浆低液位和高液位设定完成；泥浆管最大允许流量设定完成；决定补浆动作进泥管压力值设定完成；气垫舱泥浆液位正常；气体保压系统工作正常；将预选按钮旋转至长时间停机保压模式挡位；系统运行长时间保压模式，程序自动执行补浆动作。

（2）维修保压模式。

维修保压模式泥水循环如图 2-76 所示。操作人员常压在气垫舱内维修部件时，泥浆门关闭，气垫舱与泥水舱不再连通，此时采用保压罐保证泥水舱压力的稳定，同时也能对泥水舱泥浆进行补充。

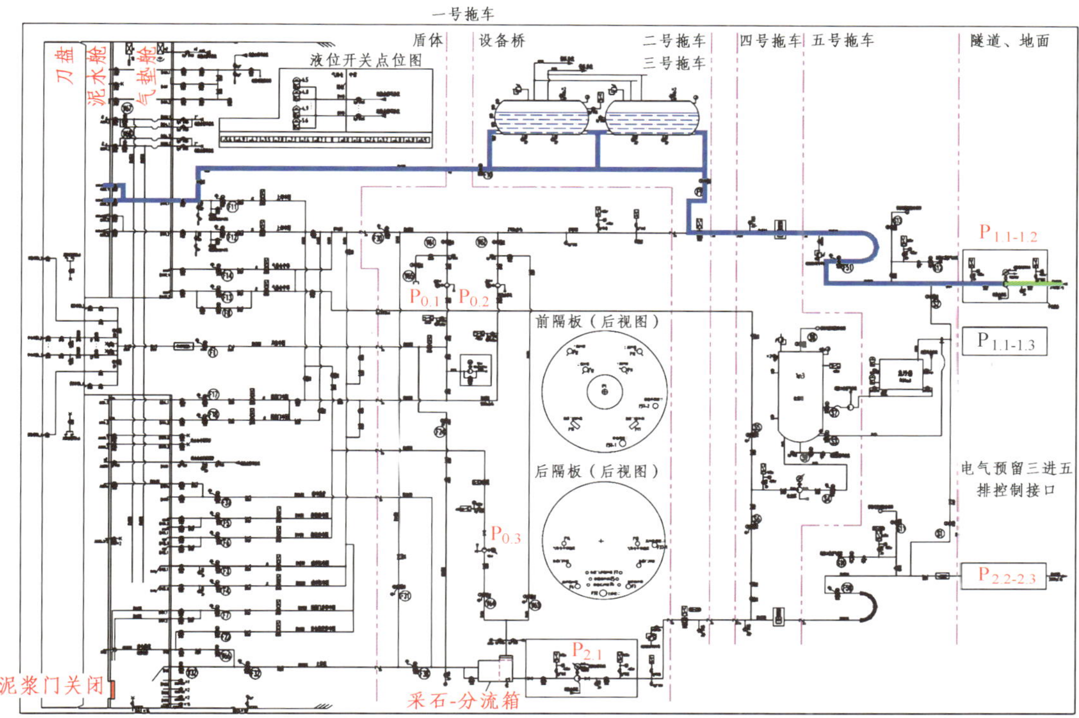

图 2-76　维修保压模式泥水循环示意图

5. 管路延伸收浆模式

在泥水盾构施工中，需通过延伸装置周期性地对进 / 排泥管路进行加长，同时需要对泥浆管内的泥浆进行处理。管路延伸收浆模式（图 2-77）可将主进 / 排泥管道内的泥浆快速排送至气垫舱内，泥浆被有效地回收利用并实现了泥浆的零泄漏、零污染。

6. 主机段小循环模式

主机段小循环模式泥水循环如图 2-78 所示。在主机段小循环模式下，$P_{0.2}$/$P_{0.3}$ 泵从分流器引浆，回打入泥水舱 / 气垫舱内，可额外增加约 1 500 m³/h 的进泥冲刷量和排泥流量，以增大泥水舱 / 气垫舱内浆液循环力度，提高携渣能力，降低渣土滞排现象。

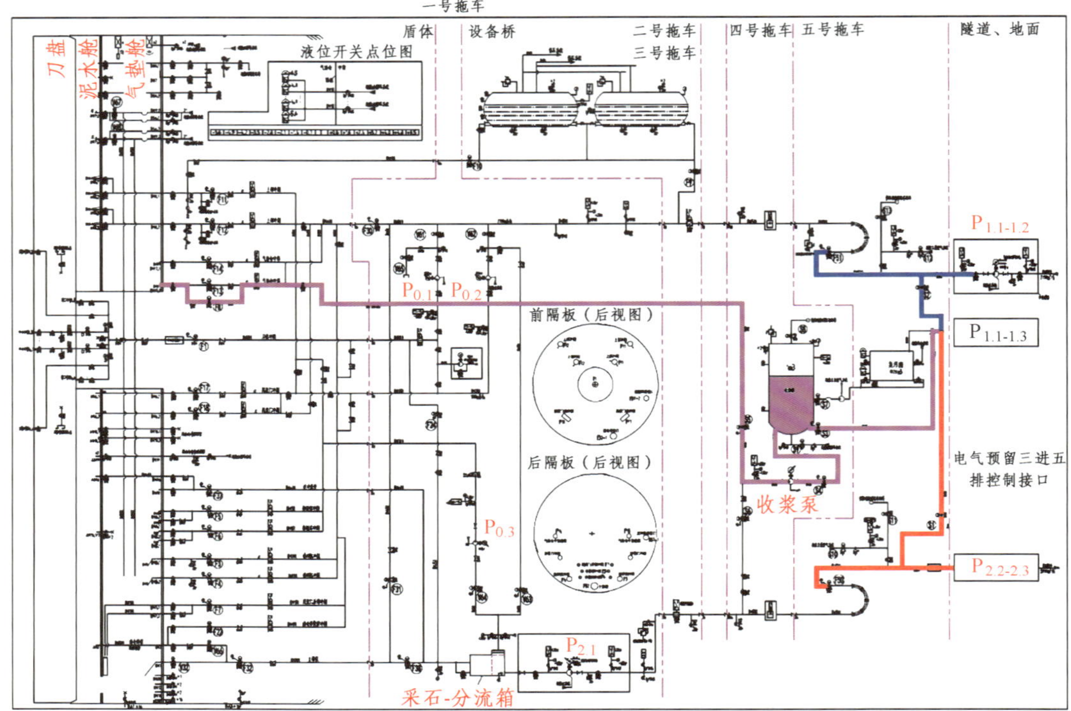

图 2-77　管路延伸收浆模式泥水循环示意图

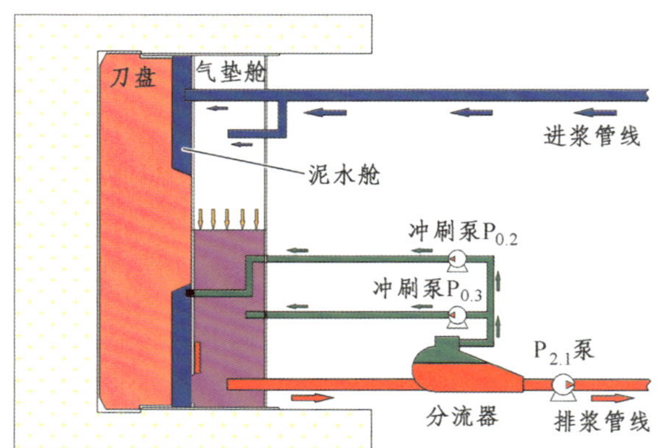

图 2-78　主机段小循环模式泥水循环示意图

2.15　水循环冷却系统

冷却系统包括闭式冷却系统和开式冷却系统。

闭式冷却系统是通过一台离心水泵对闭式循环系统进行加压循环，对设备的关键部件进行冷却。闭式循环中的冷却介质为加防冻液的软水。

开式冷却系统采用洞外的工业水通过冷却器对液压系统进行冷却，同时通过中间热交换器对闭式循环系统中的软水进行冷却。

外循环水配有水管延伸卷筒，可实现自动延伸及自动盘卷。系统配置有进、回水水管卷筒，水管卷筒能够容纳 40 m 软管，并配有报警装置。

2.16　排污系统

隧道内会因为清洗设备或其他原因而产生污水，为了保持隧道整洁，专门设计了一套污水排放系统（图 2-79）。该系统主要由 2 台气动隔膜泵、1 台 110 kW 渣浆泵、污水箱、球阀和污水管卷筒（40 m、DN200、PN25）等组成。主机和拖车配置有气动隔膜泵，可将隧道中的污水输送到拖车上的污水箱中，污水在箱中经过沉淀，再由渣浆泵将污水排出洞外。在主机区域配置了 2 台潜水泵，应急情况下可以通过管路闸阀切换直接通过污水管排出洞外。

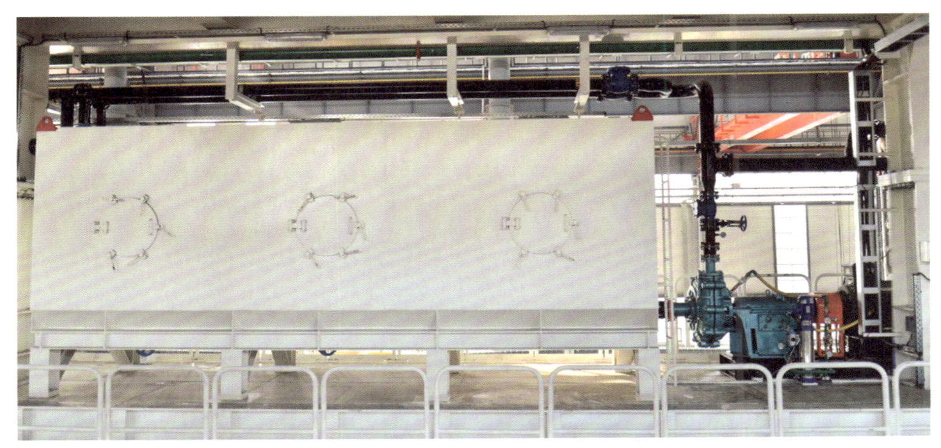

图 2-79　排污系统实物图

2.17　压缩空气系统

压缩空气系统由工业空气系统和气体保压系统组成。

2.17.1　工业空气系统

工业空气系统（图 2-80）主要由空气压缩机（水冷式）、压缩空气储气罐、空气 A 级与 B 级过滤器等组成，为盾构用气设备提供压缩空气。

压缩空气进入每个系统前都经过三联件，使压力调整到系统所需要的值，同时润滑各个部位的气动元件。

图 2-80　工业空气系统

2.17.2　气体保压系统

气体保压系统（图 2-81）主要由 3 台 23.1 m³/min、4 个 8 m³ 的压缩空气储气罐、气源处理组件、减压阀、气动控制器、气动压力变送器、气动执行器、气动定位器、气动调节阀等元器件组成。

图 2-81　气体保压空压机

气体保压系统采用德国萨姆森（Samson）公司制造的全气动压力调节装置，主要元件是 1 用 1 备 2 套比例积分（PI）调节器，此套系统为全气控装置，在电网断电时系统仍能正常工作。图 2-82 所示为 Samson 系统进排气阀。

系统配备的双气路，具备滤清和干燥压缩空气功能，可以使压缩空气达到作业人员呼吸的要求。正常供气采用盾构上的空压机，在带压进舱时，为确保舱内人员安全，拖车上预留有紧急气源或电源的安放位置。

图 2-82 Samson 系统进排气阀

2.18 通风系统

隧道的通风采用洞外压入式通风，将拖车上的通风管直接与主风管连接，将洞外新鲜空气送入主机区域。

在后配套上配有软管储存器及其吊装机构。隧道的通风方式为压入式通风，主风机在洞口外，通过风管将新鲜空气送到盾构后配套后部。综合考虑稀释有害气体、供氧、散热和漏风率等诸多因素确定通风量的大小，以确保空气中污染物浓度不会对人体造成危害，同时提供新鲜空气的能力需满足人体需要。系统配置 2 台 37 kW 的二次风机，负责将储风筒区域的新鲜风输送到主机区域。

2.19 有害气体检测系统

盾构配置有 15 个固定式气体检测仪（图 2-83）和 1 个便携式气体检测仪（图 2-84），其中固定式 CH_4 检测仪、H_2S 检测仪、CO 检测仪、CO_2 检测仪和 O_2 检测仪各 3 个，分别放置于盾体、一号拖车前部及换管装置处，用于监测盾构机掘进时隧道内气体情况，如发生问题，整机报警并视情况进行紧急断电；便携式气体检测仪用于带压作业时，检测人舱内部的 CH_4、CO、CO_2 和 O_2 气体情况，并具备声光报警功能。

图 2-83　固定式气体检测仪

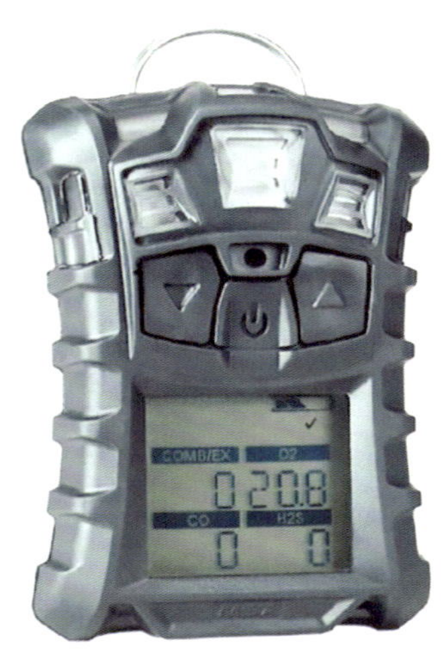

图 2-84　便携式气体检测仪

2.20　安全消防系统

盾构上引起火灾的安全隐患主要有施工中动用明火（如电焊、割枪等）引起易燃物着火，电气部件触头开关产生火花引起火灾，发热设备及电气部件等散热不良过热引发着火，作业人员不良行为（如吸烟等）引起火灾，等。

考虑到以上因素，在电气元器件的选用上采用具有优良防火性能的产品，电缆采用具有耐油耐磨阻燃的橡胶材料，以加强各发热设备及电气部件的冷却散热，同时每节拖车及盾体内分别布置有手提式干粉灭火器或手提式二氧化碳灭火器。

2.21　液压系统

盾构的液压系统主要包括主驱动伸缩液压系统、推进液压系统、管片拼装机液压系统、同步注浆液压系统、辅助液压系统、循环冷却液压系统、超挖刀液压系统、破碎机液压系统、泥水球阀液压系统等。

2.21.1　主驱动伸缩液压系统

主驱动伸缩液压系统主要是为刀盘主驱动的伸缩动作提供液压源，系统采用力士乐 A4VSO40 高压柱塞泵，可以实现换刀时刀盘的后退动作，并且为主驱动的反扭动作提供压力油。

2.21.2　推进液压系统

推进液压系统为盾构提供向前掘进的动力。为提高设备的方向调节功能及纠偏能力，对推进液压系统进行特殊设计，采用多个比例减压阀实现推进系统任意分组和多种模式的功能。推进油缸可实现自由分组单独控制，具有自由分区模式、默认分区模式、低速控制模式等 3 种模式，可针对不同的掘进工况选择不同的控制模式，便于盾构在复杂地层中的调向和纠偏。

推进液压系统泵采用世界知名品牌力士乐 A11VO130 高压柱塞泵，最高压力可达 35 MPa，并且使用知名品牌西门子（SIEMENS）或 ABB 高能效电机驱动、高压高能效组合方式，让盾构在顺畅推进的同时，大大降低功耗。系统设计有大流量回路，可使推进油缸在管片安装模式下快速伸缩，提高管片拼装效率。为减小大流量在阀上的压力损失，系统设计有很多大流量插装阀通流，每组控制阀组设有安全阀，保证推进油缸工作压力安全稳定。

推进液压系统配置的推进油缸规格较大，为保证油缸的平稳运行，在每根推进油缸周边布置有若干调整油缸。在盾构推进油缸受偏载时，调整油缸可起到补偿保护作用。

2.21.3　管片拼装机液压系统

管片拼装机液压系统通过电液比例多路阀控制回转运动、平移及提升缸的伸缩动作，速度无级可调，以提高管片的拼装精度，实现快速拼装。回转驱动减速机带有机械制动装置，同时，系统中的平衡阀带有自锁功能，电机平衡制动模块的使用能有效降低因管片质量较大而引起的超越负载的影响，以保证回转运动的安全可靠性。

泵采用世界知名品牌力士乐 A4VSO250 工业高压柱塞泵和 A10VO140 柱塞泵提供管片拼装机的动力源。执行元件采用力士乐 A6VM107 电机驱动，两档排量：低负载时切换到小排量，以提高旋转速度；高负载时，电机大排量运转，以提供大扭矩输出；且都是比例调速，电机大排量时可以给管片拼装机提供较大扭矩，使管片拼装机自如旋转。

管片拼装机的提升动作采用比例多路阀控制，每根提升油缸可以通过遥控手柄单独控制伸缩，可以保证动作的平稳性、连续性和准确性，并且油缸两腔设有自锁式它控平衡阀，其具有双向液压锁和平衡阀的组合功能，可以解决负向负载和锁紧保持问题。

2.21.4　同步注浆液压系统

同步注浆泵是阀控式混凝土泵（图 2-85），设计上通过比例调速控制注浆泵液压油缸的运动速度，来达到调节同步注浆量的目的。注浆泵控制阀组（图 2-86）两侧各有 1 个节流阀，调节其开口大小可以控制注浆泵主推油缸的换向时间。

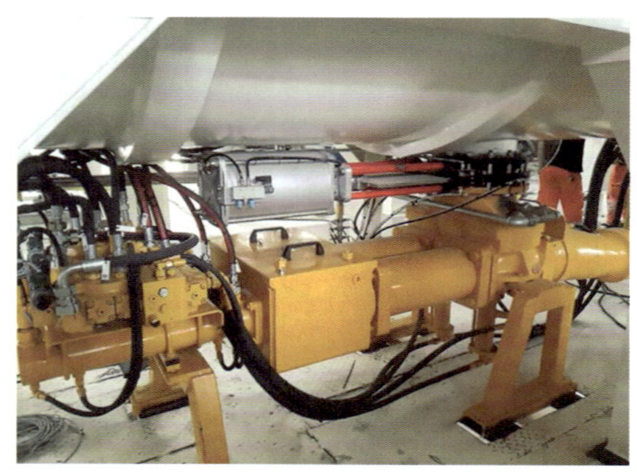

图 2-85　同步注浆泵

图 2-86　注浆泵控制阀组

2.21.5　辅助液压系统

辅助液压系统主要为管片小车、后配套拖拉、管路延伸装置电机、换管吊机等系统提供动力源。

管片小车的举升运动对同步性要求较高，系统采用分流集流阀进行流量平均分配；小车迁移控制阀组中设有平衡阀，以此保证保压性能。

后配套拖拉油缸采用主动拖拉控制方式，在拖动后配套过程中，油缸被动伸出，当伸出量达到设定值时，系统主动供油将油缸缩回。

2.21.6　循环冷却液压系统

循环冷却液压系统的主要作用是对泵站油箱中的液压油进行循环过滤和冷却，以保证盾构液压系统的正常运行。冷却器采用板式水冷换热器，冷却效率高，可根据实际情况增减板片。油箱上装有液位传感器及温度传感器，在主控室的上位机上设有液位及温度报警。

系统上设置有专门的加油口，往油箱加油时，通过加油口加油，可以对液压油进行过滤，以保证初装油的洁净度。

2.21.7　超挖刀液压系统

超挖刀液压系统采用独立的泵站（图 2-87），以避免主液压系统受到超挖刀系统污染的可能。为使超挖刀具有仿形功能，系统在盾体回路中增设了一个检测油缸，利用检测油缸位移信号得出超挖刀的位移量。系统设计有顺序阀，可自动消除测量累积误差。

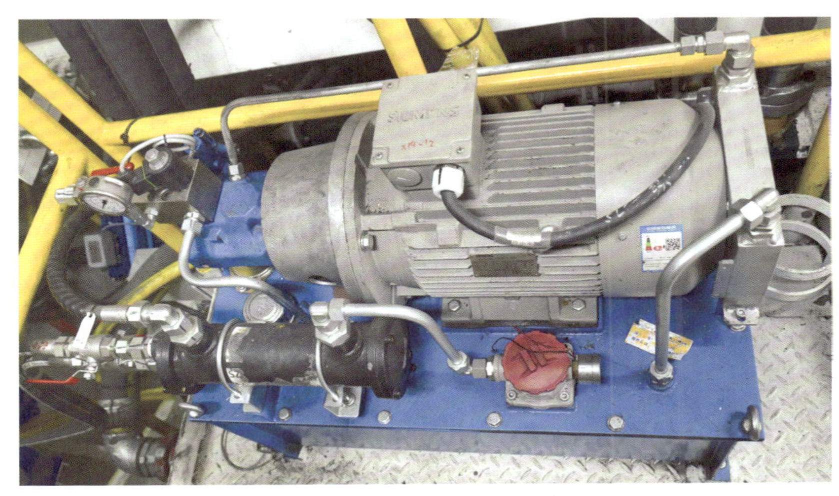

图 2-87　超挖刀液压泵站

2.21.8　破碎机液压系统

破碎机液压系统采用变量泵、油缸以及控制阀块组成开式控制回路驱动破碎机颚板动作，以实现破碎压力及破碎频率的控制。

液压泵采用力士乐工业高压柱塞泵单泵单电机单边控制形式，最高压力可达 42 MPa，在油缸做破碎动作时，高压油源能够给油缸提供较大的挤压力，以达到破碎高强度岩石的目的。系统采用压力控制方式，低压驱动破碎机油缸，高压破碎，同时，泵采用带功率限制的远程压力控制方式，这样，既能满足使用要求，又大大降低了功耗，达到了节能的目的。系统共有手动模式、自动模式和摆动模式等 3 种工作模式。

由于破碎机油缸的工作环境比较恶劣，为避免其他液压系统的污染，破碎机液压系统采用独立的液压泵站。

破碎机系统在破碎过程中会产生较大冲击力，破碎机液压控制阀采用大流量先导液动阀，以有效控制换向造成的冲击和提高换向灵敏度，并避免卡阀现象。

2.21.9　泥水球阀液压系统

泥水球阀（图 2-88）液压系统为泥水球阀的开启关闭提供可靠的动力，并且在断电的紧急情况下，可以自动关闭泥水管路中输入输出的管路，开启旁通管路，以保证紧急断电情况下泥水舱处于保压状态。

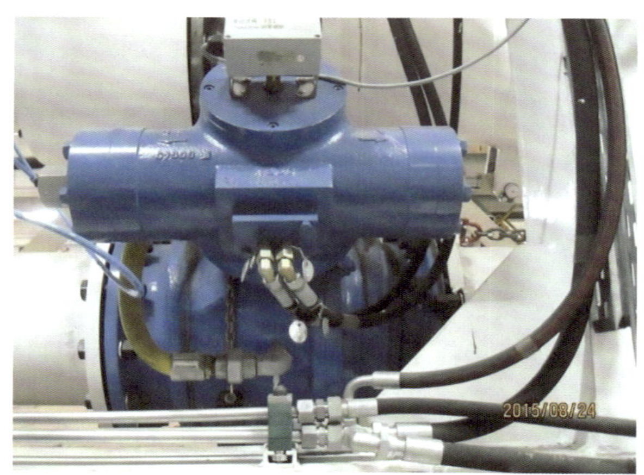

图 2-88 泥水球阀

2.22 动力供电系统

2.22.1 动力供电系统回路

动力供电系统由高压电缆、高压开关、变压器、低压配电柜等组成。

隧道高压供电电压等级为 10 kV，刀盘驱动电机和排泥泵电机驱动电压等级为 690 V，其他设备驱动电压为 400 V，控制系统供电电压为 230 V AC、24 V DC 等。盾构工作电压规格参考表 2-2。

表 2-2 盾构工作电压规格

项目	电压等级	供电相数	频率 /Hz
隧道供电	10 kV	三相	50
动力电源	0.69/0.4 kV	三相	50
控制系统（电源）	220 V AC	单相	50
控制系统（控制）	24 V DC	直流	
照明电源	24 V AC	单相	50

2.22.2 高压电缆卷筒

为方便施工，实现电缆的顺利延伸，盾构上配置有带自动排缆装置的高压电缆卷盘（存储量长 400 m），如图 2-89 所示。同时，在电缆的收、放通道上安装有导向滑轮，操作便捷。

图 2-89　高压电缆卷筒

2.22.3　变压器

变压器放置在后配套拖车，为 2500（AN）+2500（AN）+2500（AN）+2000（AF）+2000（AF）干式变压器。

变压器的高压保护借助于变压器配置的温度传感器及高压开关柜的断路器来实现。

变压器基本参数：初级电压 10 kV；二级电压 0.69/0.4 kV；频率 50 Hz；保护等级不低于 IP55。

2.22.4　主配电柜

配电柜位于后配套拖车上，安装在便于操作的位置，通过总线控制并驱动附近区域的设备。所有配电柜的防护等级不低于 IP55。

2.22.5　无功功率自动补偿系统

设备配置无功功率自动补偿系统（图 2-90），补偿控制器自动控制补偿电容组的投切，可以确保功率因数≥ 0.9，并在箱式变电站柜门上显示。

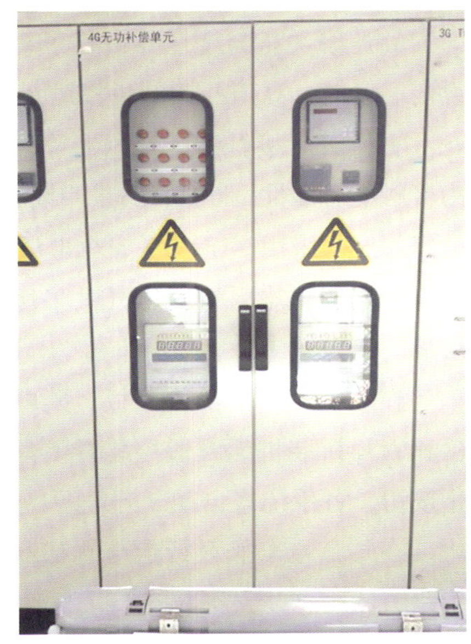

图 2-90　无功功率自动补偿单元

2.22.6 照明

照明采用日光灯，分布于整个设备范围的人行通道、重要工作位置、盾体等处，并配置应急照明装置。在设备停电后，系统可自动切换到应急照明，持续时间不小于 1 h。

2.22.7 应急发电机系统

在洞外高压供电中断的情况下，由洞内应急发电机系统保证隧道照明，甚至隧道排水的供电；盾构后配套系统上配有应急发电机，集成静音箱，能够满足盾构隧道排水、照明和保证盾构安全的需要。

发电机具备停电检测和自动启动功能，也可切换至手动运行模式；在市电停电或更换高压电缆时，为需要继续运行的设施提供后备电源。

2.22.8 接地

盾构的主要接地系统与所有拖车连接，所有拖车上都有合理的接地极，从而使盾构形成一个等电势区域，以提高人员与设备的安全性。

2.22.9 保护和紧急停机

在主控制室的操作面板上，刀盘等设备都设置有本地和现场切换的联锁开关，以防止设备操作的不安全性。

在主控制室配置有不间断电源设备（UPS），保证设备在紧急停电时提供≥ 20 min 的应急供电，以便操作人员关闭数据采集系统电脑。

高压开关柜与变压器进行了相应的联锁，当变压器绕组短路、绝缘损坏或温度超过设定温度时，高压开关的脱扣线圈将动作，以保护变压器。

在开关、接触器、变压器等电器件上加装透明防护板，既方便观测，同时也降低人为接触的可能性；照明回路采用漏电保护断路器，灯具采用三防灯，对人身安全进行防护；电磁阀用电采用 24 V DC 安全电压。

配电柜供电系统配电开关采用具有漏电、短路、接地等保护的高性能开关，以保证人员的安全。

在主控制室的操作面板、配电柜、刀盘现场控制盒（人舱内）、管片小车现场控制盒和管片拼装机无线遥控装置上都设置有紧急停止按钮。在紧急情况下，可按下紧急停止按钮，各系统将自动断开电源，以保证人员的安全。

在每节拖车靠人行走道侧都配备紧急停止按钮。在紧急情况下，按下该类紧急停止按钮，低压总开关将断开，除照明和工控外，其余电气设备将处于停电状态。

2.23　PLC 控制系统及主控室

2.23.1　PLC 控制系统

控制系统的核心部分为西门子可编程控制器（PLC）系统，对主要功能进行控制。它安装在带有远程接口的操作台上。该 PLC 系统与操作室的工业计算机相连接，工业计算机实时显示当前掘进机的状态。所有软件都可以防止未授权的登录。

此可编程控制器还管理着指令和安全装置，包括联锁装置。

为防止瞬时峰值电流过大对电网造成冲击，PLC 还可以控制各功率较大电机分步启动。

可编程控制器的配置考虑了必要的冗余，使得可编程控制器运行更加可靠。

常用的 PLC 控制系统采用集中控制模式，拖车之间控制线缆较多，且多次拆装，故障率较高，也不便于拆装机。PLC 控制系统以拖车及控制对象为依据，采用分布式输入输出（I/O）控制，采用此种控制方式可有效减少拖车之间线缆的连接，在盾构分体始发时减少延长线缆的数量，同时，降低设备的电气故障率，并能一定程度上减少设备拆装机的时间，间接降低和减少项目施工成本和时间。

2.23.2　主控室

主控室（图 2-91）的防护等级为 IP55，70 dB 噪声防护。主控室装有门窗，并安装有空调。主控室包括所有的遥控设施及用于安全操作与环境安全的显示器。通过这些显示界面，操作人员可对相应的系统进行操作和监控。主控室还装有所有操作参数指示装置。

按钮键可以控制所有功能。控制面板的布置符合人体工程学原理。

图 2-91　主控室

2.24 数据采集系统

盾构配有数据采集、处理以及传输系统，能实时地显示当前时刻盾构的各类数据（图 2-92），为盾构施工提供有效参考。同时，在工业电脑上也可以对盾构进行设置。系统还配置报警系统的功能，能实时显示当前设备存在的故障，便于维保人员进行维修处理。工业电脑数据同步显示，并具有互换性，互为备份，可防止因工业电脑故障而造成设备停机。设备采用的数据采集系统可将每日的掘进数据以数据文件的形式自动保存，可通过曲线和表格等形式实现对设备掘进状态和参数的分析。

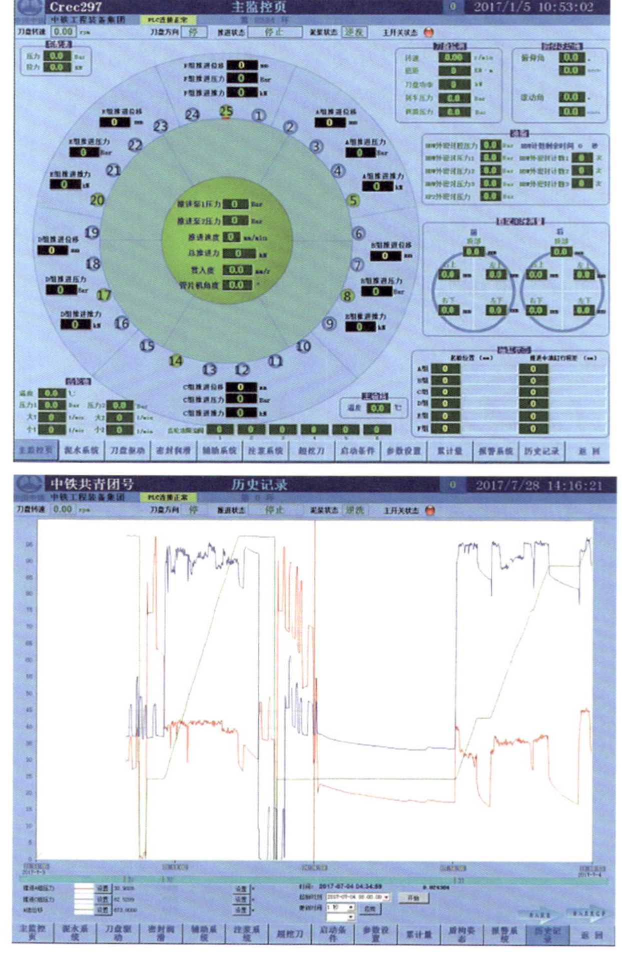

图 2-92　数据采集系统界面

在主控制室配置有 UPS，保证设备在紧急停电时提供≥ 20 min 的应急供电，以便操作人员关闭数据采集系统电脑。

数据采集系统由以下部件组成：安装在主控制室里的工业电脑、安装在主控制室里的以太网交换机、西门子专用软件、基于 C# 的可视化上位机软件。

2.25　地面监控系统

地面监控系统（图 2-93）将盾构的各种掘进参数实时地传输给地面，并可对历史数据进行存档、分析。它主要由服务器计算机和光端机组成。

图 2-93　地面监控系统

服务器通过由光端机连接的光纤线路组成的工业以太网以对象链接与嵌入的过程控制（OPC）接口形式读取 PLC 的数据，同时将数据实时地传输给局域网内登录该服务器的客户端。

地面监控系统提供强大的数据分析功能。所有历史数据均可导出为纯文本和电子表格（Excel）文档等常用数据文件。可以查看和打印任意指定历史时间的曲线图、故障信息及多种形式的数据报表。

2.26　远程监控系统

2.26.1　远程监控的基础条件

远程监控的基础条件如下：

（1）隧道至地面监控室的通信光纤需架设完毕，并且调试通信正常。

（2）地面监控室需接入互联网。

（3）架设有公网固定 IP 的中心服务器：系统需要有公网 IP 的中心服务器。

2.26.2　远程监控框架

图 2-94 所示为远程集中监控系统总览图，盾构配有地面监控系统，装有本地服务器软件的个人计算机配备有双网卡，1 个网卡接隧道盾构 PLC 的网络，1 个网卡接入全球互联网。本地服务器读取盾构状态数据参数，并通过互联网将盾构状态数据参数传回至盾构制造商总部的中心服务器。中心服务器通过维护本地服务器列表，即可按盾构台号管理多台盾构。远程客户端通过设置中心服务器地址即可访问并显示对应台号的盾构状

态。为照顾观看习惯，远程客户端界面一般做到和盾构人机交互（HMI）界面一模一样。为安全起见，一般需禁掉远程客户端的写入 PLC 的权限。有条件的业主可以自己部署中心服务器。

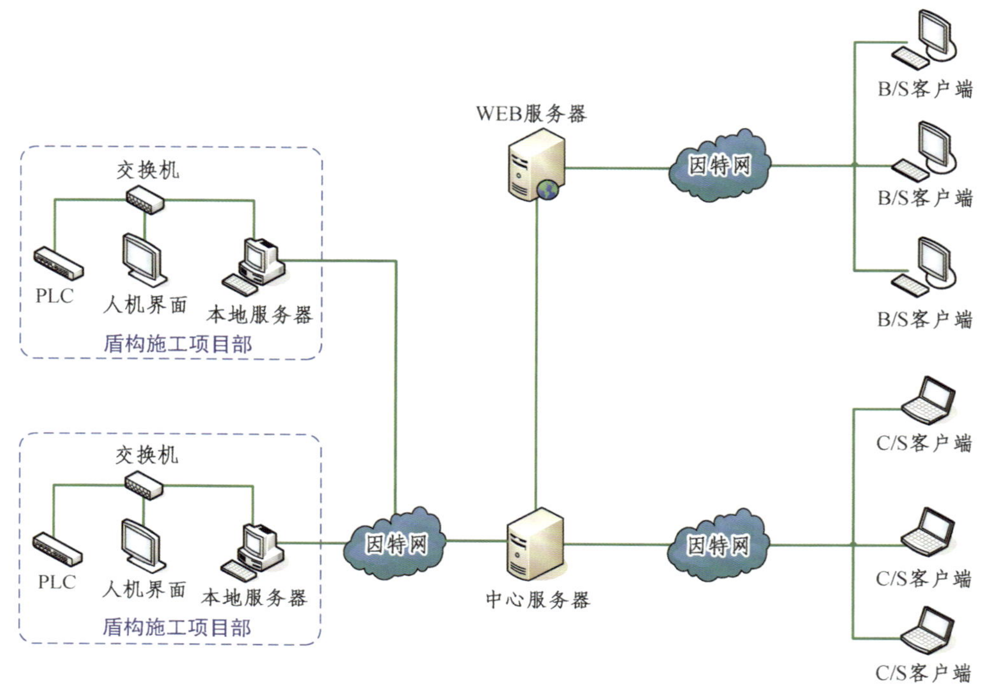

图 2-94　远程监控总览图

2.26.3　远程监控系统基本功能

（1）实时监控：目前所有远程监控界面均和盾构操作界面完全一致，参数变化和实际操作情况完全一致。

（2）自由切换：远程监控系统可在所有接入该系统的设备间自由切换。切换界面可显示工地、城市、掘进环号、设备状态等，如图 2-95 ～图 2-97 所示。

（3）账户管理：通过账户管理功能划分不同权限，分层管理，实现总公司→各工程局→各工程处→各项目部的远程监控台数 / 查看数据范围内容的划分。

（4）历史数据传输及分析：上位机、地面监控、历史数据查看工具等均配备有历史数据分析功能，可对数据进行曲线图和历史记录的查看分析。尤其是曲线图可对最多 6 条变量曲线进行比例缩放、左右拖放、手动设定等，是历史数据工作趋势的主要获取方式，如图 2-98 所示。

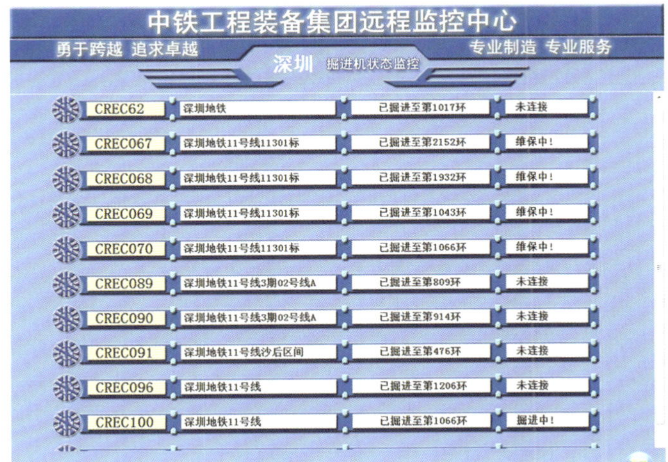

图 2-95 远程监控中心设备总览画面

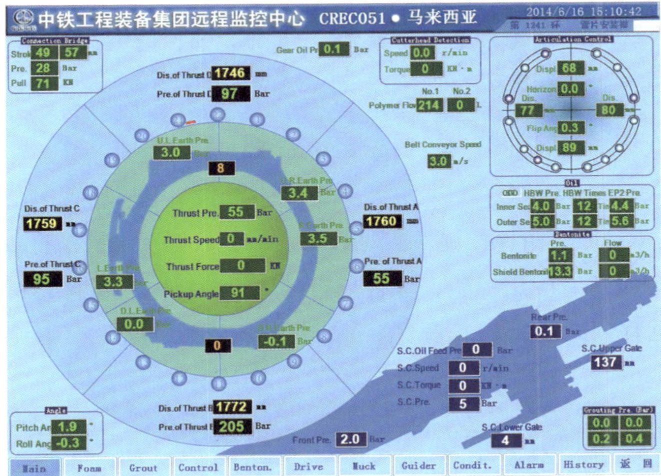

图 2-96 远程监控中心显示设备运行画面

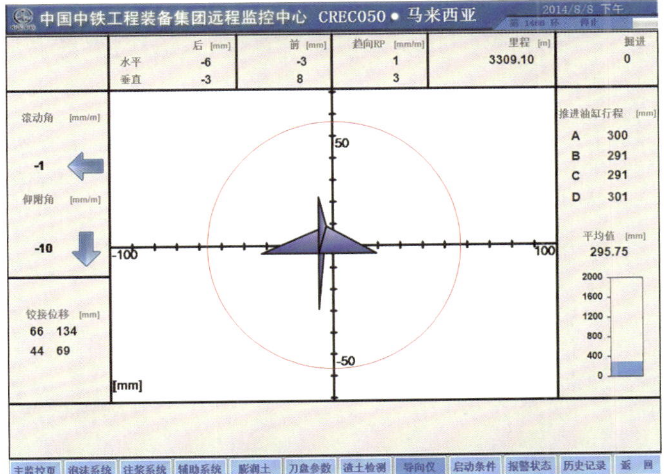

图 2-97 远程监控中心显示设备运行导向系统界面

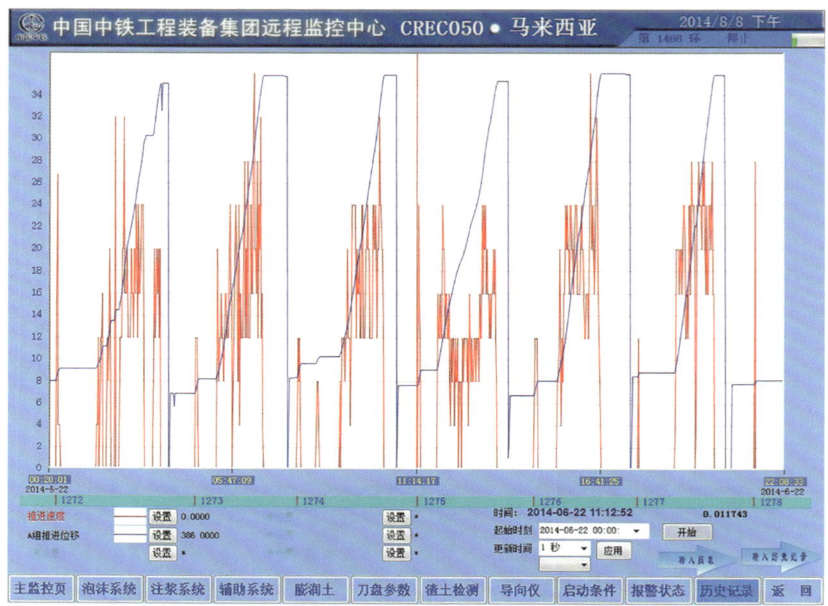

图 2-98 设备运行历史曲线图示例

（5）远程故障诊断：由操作界面实时数据、历史数据及报警信息（图 2-99），结合盾构制造商的设备制造、应用经验，综合分析可对设备做远程故障诊断。通过架设专用路由器，可直接远程调试诊断 PLC 程序。

中国中铁工程装备集团远程监控中心 CREC098 • 南昌　2014/8/8 下午

报警变量	PLC变量	地址	注释	时间
db50_3_3	I17.0	=.TC1_23/7.5	TC1-注浆泵过滤器堵塞	2014/8/8 下午 03:39:31
db50_2_1	I40.1	=.TC2_11/4.4	TC2-油箱回油过滤器1堵塞	2014/8/8 下午 03:39:31
db50_0_4	I67.2	=.TC1_22/3.7	TC1-管片安装机紧急停止动作	2014/8/8 下午 03:39:31
db50_20_7	I4.3	=.TC1_16/3.5	DTR-多点泵油脂桶高	2014/8/8 下午 03:39:31
db50_27_7	I49.3	=.TC3_23/2.2	二次注浆液液位低	2014/8/8 下午 03:39:31
db50_31_2	I13.4	=.TC1_23/21.4	注浆B液1路变频器故障	2014/8/8 下午 03:39:31

报警历史　报警确认

主监控页　泡沫系统　注浆系统　变频驱动　辅助系统　盾尾密封　启动条件　报警系统　累计量　历史记录　返 回

图 2-99 设备运行历史报警记录示例

2.27　通信系统

在主机及后配套系统上安装有防爆电话（分别安装在人舱内外）、声能电话（分别安装在人舱内外）及普通电话。防爆电话及普通电话采用分机号模式通话，并与地面连接，地面电话能直接联系到盾构上人员，在泥水分离站安装有分机，方便泥水站与盾构上的作业人员沟通；声能电话位于人舱，可实现对讲机功能。设备上还有声光报警装置，包括管片安装旋转报警及管片拼装机抓取状态报警等。

2.28　监视系统

主控室内安装有监视系统（图 2-100），其彩色显示器可多画面同时显示或者单独全屏显示，用以即时监视各施工区域的工作情况，摄像头的防护等级不低于 IP55。

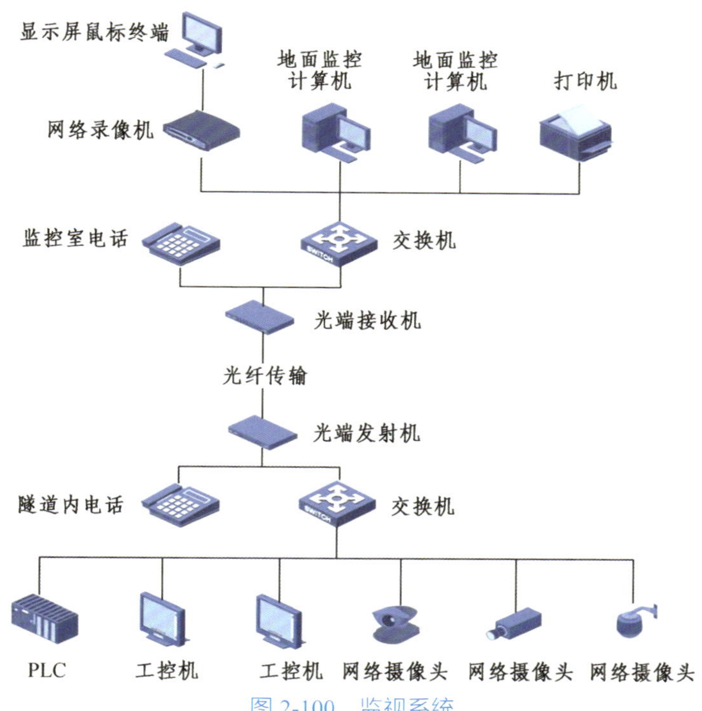

图 2-100　监视系统

2.29 激光导向系统

盾构激光导向系统配备中文和英文两种操作界面，方便中方和外方人员操作。导向系统包括测量设备、软件、电脑和显示器。隧道线路和导向系统设置参数由密码保护。显示器可每数秒更新信息。导向系统在主控室内为用户提供盾构相对于隧道设计轴线的详细偏差信息，便于主司机及时纠正盾构的姿态。

第3章　超大直径泥水盾构选型

本章重点

盾构选型总则、选型原则、选型步骤与依据等盾构选型方法，盾构选型需解决的稳得住、掘得进、排得出、耐得久等四大关键问题。

3.1　盾构选型方法

盾构法施工主要依靠盾构设备这个载体。因此，盾构选型是施工成败的一个重要环节，是盾构法施工的关键，是盾构法施工的重中之重。

盾构选型的风险主要体现为盾构选型失误，刀盘选型、开口率设置、刀具配置与刀型选择不合理，泥水环流系统等设计不合理。

影响盾构选型的因素主要有：工程地质和水文地质条件、岩土性质，开挖面稳定性能，隧道埋深、地下水位，隧道的断面，环境条件、沿线场地 [地下及附近管线、地面建（构）筑物及其结构特性]，衬砌类型，工期、造价等。

3.1.1　盾构选型总则

盾构选型总则是：一个中心、两个基本点、三个依据、结合具体工程实际解决四个关键问题。如图 3-1 所示，一个中心是以开挖面稳定为中心；两个基本点是以地质条件为基本点，以环境条件为基本点；三个依据是以地层粒径、渗透系数、地下水压为基本依据；解决四个问题是要综合考虑具体工程实际，确保所选择的盾构能解决“稳得住、掘得进、排得出、耐得久”四个最根本的关键问题。

3.1.2　盾构选型原则

盾构法施工是采用盾构进行机械化施工，因此，盾构选型是关键，是关系盾构隧道工程成败的重中之重。盾构选型应从安全可靠性、技术先进性、经济合理性等三个方面进行综合考虑，所选择的盾构要能尽量减少辅助工法并确保开挖面稳定和适应围岩条件，

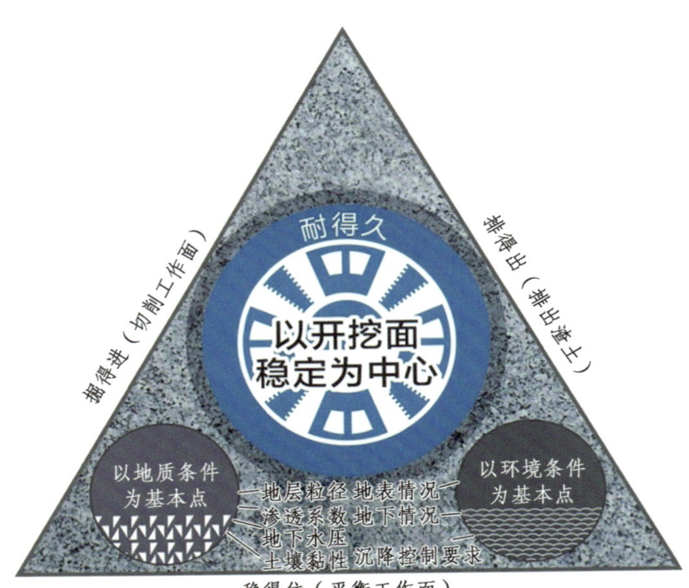

图 3-1　盾构选型总则示意图

同时还要综合考虑以下因素：

（1）可以合理使用的辅助施工法，如降水法、气压法、钢套筒、冻结法和注浆法等。

（2）满足本工程隧道施工开挖断面、长度和横纵曲线线形的要求。

（3）后配套各系统、各辅助设备与盾构的开挖能力等相关参数相匹配。

（4）盾构施工的地质水文、周边环境、人文环保等。

盾构选型的原则是安全可靠性、技术先进性、经济合理性相结合，其首要原则是安全可靠性第一，即以确保开挖面稳定为中心。为此，应注意地质条件（地层粒径、渗透系数、地下水压、土壤黏性），同时应充分明确场地条件、竖井周边的环境条件、施工线路上的地上及地下建（构）筑物条件、特殊场地条件等环境条件（地表建筑物情况、穿越水系情况、地下管线情况、沉降控制要求等）所要求的功能，在此基础上，必须连同技术先进性和经济合理性等因素一并考虑，才能选择出合适的盾构。如果盾构选型错误，就不得不采用多余的辅助工法，甚至还可能造成重大安全质量事故。

不同形式的盾构，其所适应的地质范围是不同的，盾构选型总的原则是安全可靠性第一，以确保盾构法施工的安全可靠；在安全可靠的情况下再考虑技术的先进性，即技术先进性第二；然后再考虑盾构的价格，即经济合理性第三。盾构施工时，施工沿线的地质条件和环境条件可能变化较大，在选型时一般选择适合于施工区大多数地质环境的机型。

盾构选型时主要遵循以下 6 条原则：

（1）应对工程地质、水文地质和隧道穿越的环境条件有较强的适应性，首先要满足施工安全的要求，以确保盾构施工时沉降在可控范围。

（2）安全可靠性、技术先进性、经济合理性相统一，在安全可靠的情况下，再考虑技术先进性，采用最适宜、最先进的技术，采用信息化、智能化技术，最后再考虑经济合理性。

（3）满足隧道外径、长度、埋深、施工场地、周围环境等条件。

（4）满足安全、质量、工期、造价及环保要求。

（5）后配套设备的能力与主机配套，满足生产能力与主机掘进速度相匹配要求，同时具有施工安全、结构简单、布置合理、易于维护保养、易于拓展再应用的特点。

（6）盾构制造商的知名度、业绩、信誉和技术服务。要求专业制造、专业服务。只有专业制造，才能确保制造出的盾构技术先进、质量可靠；只有专业服务，才能为盾构施工提供经验丰富、服务专业的技术服务人员。技术先进，施工才能更安全，施工效率才能更高，施工质量才能更可靠；质量可靠，才能保证工期；经验丰富，才能应对隧道工程风险；服务专业，才能提供及时的技术支持和备件供应。

根据以上原则，对盾构的形式及主要技术参数进行研究分析，以确保盾构法施工的安全、可靠，选择最适宜的盾构和选择最佳的盾构施工方法。盾构选型是盾构法施工的关键环节，直接影响盾构隧道的施工安全、施工质量、施工工艺、施工成本及施工工期。为保证盾构隧道工程的顺利完成，对盾构的选型工作应非常慎重。

3.1.3　盾构选型步骤

盾构选型主要按以下 6 步进行：

（1）在对地质条件、周围环境条件、工期要求、经济性等充分研究的基础上选定盾构类型。根据岩土的强度、自稳性和地下水情况对敞开式、闭胸式盾构进行比选。

（2）在确定选用闭胸式盾构后，根据地质条件（地层粒径、渗透系数、地下水压、土壤黏性等）、环境条件（地表建构筑物情况、地面水系情况、地下管线情况、沉降控制要求等）及可采用的辅助施工方法等因素对土压平衡盾构和泥水平衡盾构进行比选。

（3）在确定选定泥水平衡盾构情况下，根据开挖直径、地质条件、掘进长度等，选择采用常规刀盘（图 3-2）还是常压换刀刀盘（简称常压刀盘，图 3-3）。

（4）在土压平衡盾构和泥水平衡盾构都不能满足开挖面稳定要求时，考虑分段采用不同类型盾构或选择多模式盾构。

（5）根据详细的地质勘探资料，对盾构整机及各主要功能部件进行选择、计算和进行针对性设计；根据地质条件确定盾构主要技术参数。主要应根据工程的重难点进行针对性设计，对于泥水盾构主要包括刀盘驱动形式、主轴承密封形式、刀盘结构形式、刀具种类与配置、盾构承压能力、沉浸墙结构设计与泥浆门形式、排渣系统的选择、进排泥泵输送能力及进排泥管直径等；重点进行高效破岩针对性设计、防磨损针对性设计、防泥饼针对性设计、防滞排针对性设计等。盾构主要技术参数在选型时应进行详细计算，主要包括刀盘直径、刀盘开口及开口率、刀盘转速、刀盘扭矩、刀盘驱动功率、推力、掘进速度、送排泥管直径、送排泥泵功率和扬程等。

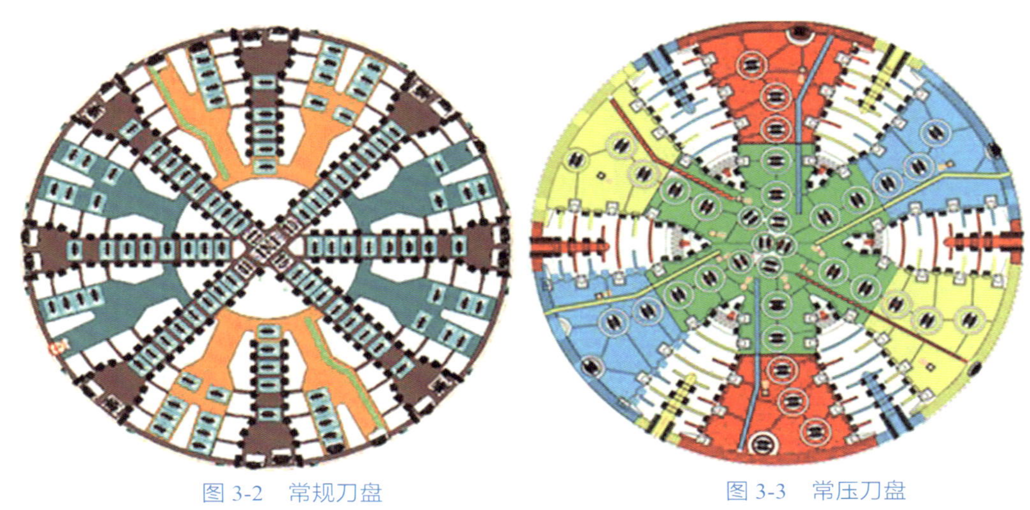

图 3-2 常规刀盘 图 3-3 常压刀盘

（6）根据盾构的设计性能、设计参数及辅助工法，选择与之相匹配的盾构后配套施工设备。

3.1.4 盾构选型依据

盾构选型的 3 个基本依据是地层粒径、渗透系数和地下水压。

1. 依据地层粒径选型

土压平衡盾构和泥水平衡盾构与地层粒径的关系如图 3-4 所示。图中左边蓝色区域为黏土、淤泥质土及细砂区，是土压平衡盾构最适用的颗粒级配范围；右边黄色区域为粗砂及砂砾区，是泥水平衡盾构最适宜的颗粒级配范围。从图 3-4 中可以看出：土压平衡盾构最适应的地层粒径范围为 0.2 mm 以下（蓝色区域），最多可以上延到约 1.5 mm（灰色区域）地层粒径范围；而泥水平衡盾构的粒径适应范围下起 0.01 mm，上至 80 mm（黄色区域）。

土压平衡盾构主要适宜于粉土、粉质黏土、淤泥质粉土和粉砂等黏稠土壤地层施工，在黏性土层中掘进时，由刀盘切削下来的土体进入土舱后，再由螺旋输送机输出，并在螺旋输送机内形成压力梯降，以保持土舱压力稳定；细颗粒含量多，渣土和易性、流动性较好，容易充满土舱每个部位，能够在螺旋输送机内形成土塞效应，在土舱中可以建立压力来平衡开挖面的水土压力。一般来说，当岩土中粉粒和黏粒的总量达到 30% 时，宜选用土压平衡盾构；否则选择泥水平衡盾构比较合适。粉粒的绝对大小通常以 0.075 mm 为界。

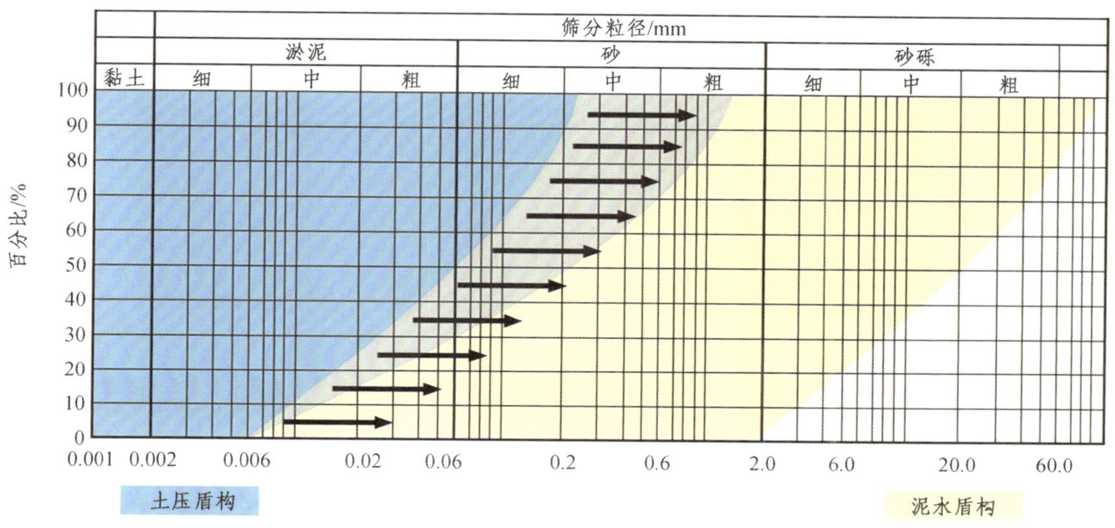

图 3-4　盾构类型与地层粒径关系曲线

应特别注意的是：在依据地层粒径进行盾构选型时，应结合工程的具体情况确定。虽然土压平衡盾构和泥水平衡盾构适应的地层粒径不同，如图 3-4 所示，在不进行渣土改良的情况下，土压平衡盾构主要适用于地层粒径范围为 1.5 mm 以下的黏土、淤泥、砂质地层，在不使用添加剂时，泥水平衡盾构适用的地层粒径范围为 0.01 ～ 80 mm 的淤泥、砂、砾石、卵石等地层；但若土压平衡盾构进行渣土改良或泥水平衡盾构使用适当的添加剂，则土压平衡和泥水平衡盾构适应的地质范围是一样的，如图 3-5 所示。

在实际工程中，地层软硬不均，黏性颗粒含量不同，粒径大小不一，选择盾构没有明显的界定，只是施工工效高低和施工成本大小不一样的问题，应进行综合分析和比选。

2. 依据渗透系数选型

如图 3-6 所示，根据欧美的盾构施工经验：当地层的渗透系数小于 10^{-7} m/s 时，宜采用土压平衡盾构；当地层的渗透系数大于 10^{-4} m/s 时，宜采用泥水平衡盾构；当渗透系数为 10^{-7} ～ 10^{-4} m/s 时，既可采用泥水平衡盾构，也可采用土压平衡盾构。

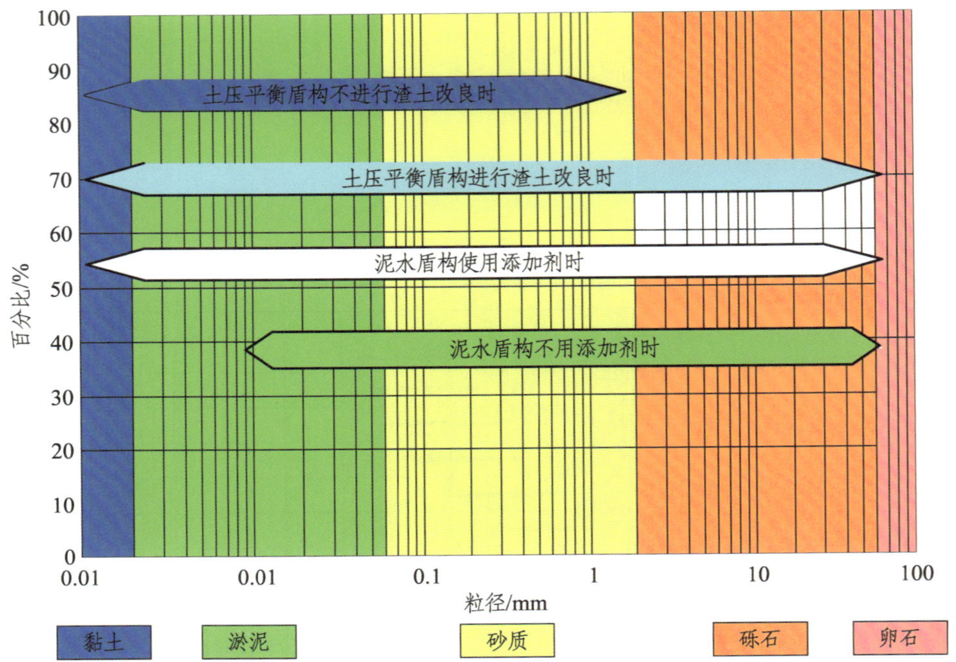

图 3-5　盾构类型与地层粒径实际应用范围关系

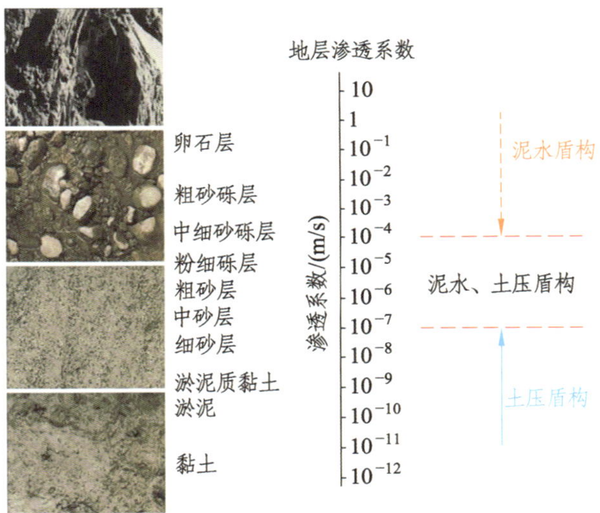

图 3-6　盾构类型与地层渗透系数关系

应特别注意的是：在依据渗透系数进行盾构选型时，应考虑具体的工程地质情况。根据日本的盾构施工经验，当地层中黏土含量不足 10% 时，泥膜很难形成，开挖面易坍塌，这时，不宜采用泥水平衡盾构，宜选择土压平衡盾构在有效的渣土改良情况下施工。如我国成都地铁盾构隧道穿越的地质黏土含量极少，特别是有些标段几乎不含黏土，泥膜形成较困难，因此虽然其渗透系数较大（大于 10^{-4} m/s），但由于黏土含量极少，使用泥水平衡盾构具有一定风险，较适宜采用土压平衡盾构施工。

3. 依据地下水压选型

土压平衡盾构的工作原理是需要土舱的压力与开挖面水土压力达到动态平衡，这个动态产生的原因是开挖面压力发生了波动或者出渣的变化导致土舱压力发生变化。土舱是有压力的，但是在螺旋输送机的排渣口位置压力是常压，所以，从土舱到螺旋输送机的出口必然是一个压力降低的过程，在开挖面压力保证得到平衡的同时，渣土的压力也需要在排出的过程中平稳下降，最终控制到达排渣出口的压力。如果出口压力大于大气压，就会发生螺旋输送机喷涌现象。

图 3-7 所示是在土压平衡模式下，土舱和螺旋输送机内渣土压力的变化过程。

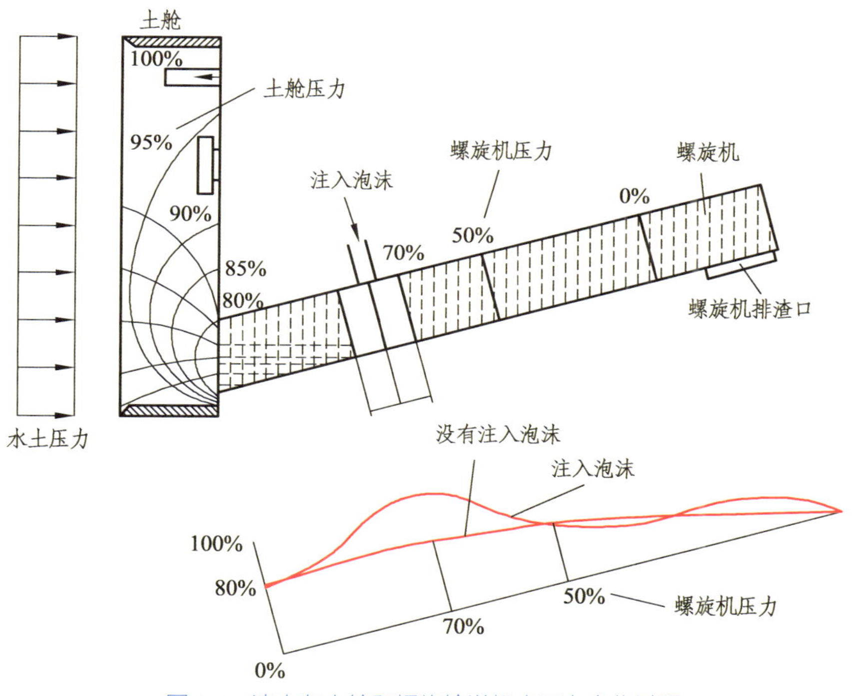

图 3-7　渣土在土舱和螺旋输送机内压力变化过程

从图 3-7 中可以看出，随着渣土不断从土舱排出，渣土压力在螺旋输送机进口时会降至约 80%；在到达螺旋输送机前部的泡沫注入区域时，如果没有注入泡沫，将会降至约 70%；如果注入泡沫，这一区域的压力将会升至 100%，从而起到“土塞”的作用，防止渣土中水的流失；螺旋输送机中的压力再逐步下降，在出口处降到常压，然后顺利排至皮带输送机上。为了达到这一理想的压力变化过程，在设计螺旋输送机时，就需要首先确定盾构的最大工作压力，然后根据土舱的设计计算出渣土进入螺旋输送机时的压力变化，再根据螺旋输送机每个螺距能够实现的压力降数值和螺距的数量来使这个压力能够在通过螺旋输送机排出的过程中逐步降低至常压。

一般来说，每个螺旋输送机设计的保压能力是 0.3 MPa。根据图 3-7，假设开挖面的最大工作压力为 0.3 MPa，螺旋输送机进口处的压力则为 0.24 MPa，如果每个螺距能够实现 0.02 MPa 的压力降，那么渣土就需要经过 12 个螺距的长度后才能够把压力从 0.24 MPa 降至常压后排出到皮带输送机上。如果土舱的压力为 0.35 MPa，那么从这个螺旋输送机排出时排渣口的压力就是 0.05 MPa，这时候螺旋输送机就会发生喷涌。因此，根据地下水压进行选型时，一般地，当地下水压小于 0.3 MPa 时，宜采用土压平衡盾构；当地下水压大于 0.3 MPa 时，宜采用泥水平衡盾构。

土压平衡盾构采用螺旋输送机出渣，地层的压力经过土舱、螺旋输送机逐步衰减后，需要在到达螺旋输送机排渣口前压力降为大气压，否则就会发生喷涌。而泥水平衡盾构前有泥浆护壁形成动态泥膜防止地层中水的流失，后有排泥泵动态控制液位进行保压出渣，所以泥水平衡盾构对高水压、高渗透性的地层，具有土压平衡盾构不具备的优势。

无论是地层粒径还是地层渗透系数，对土压平衡盾构的限制比对泥水平衡盾构的限制均要大，其根本原因是土压平衡盾构的压力平衡介质是渣土，出渣方式是螺旋输送机。如果渣土的粒径太大、渗透系数太高就会造成两个后果：一是开挖面地层水的流失，不能建立压力平衡；二是螺旋输送机喷涌，不能正常出渣。

应特别注意的是：在依据地下水压进行盾构选型时，应考虑具体工程的地质情况。一是当水压大于 0.3 MPa 时，如因地质原因需采用土压平衡盾构，则采用二级螺旋输送机。二是当渣土改良效果不能满足土塞效应时，在地下水丰富时，即使地下水压小于 0.3 MPa，也不宜采用土压平衡盾构。因为在这类地层中采用盾构法施工时，虽然地下水压小于 0.3 MPa，但若采用土压平衡盾构，则盾构在该地层中掘进时，渣和水处于分离状态，渣土在螺旋输送机内无法阻塞减压，无法形成土塞效应，即使采用双螺旋输送机，一旦螺旋输送机舱门开启出渣，依然会在水压的作用下发生螺旋输送机喷涌，导致开挖面压力无法稳定。若采用保压泵，虽然可以稳定开挖面压力，但螺旋输送机输出来的渣土含有大量的大粒径石块，保压泵无法处理，渣土同样无法排出。

3.2 盾构选型关键问题

盾构选型的目的是必须确保所选择的盾构能解决“稳得住、掘得进、排得出、耐得久”4 个最根本的关键问题。

3.2.1 稳得住

盾构法施工必须以开挖面稳定为中心。盾构的开挖面稳定机构可分为敞开式和密闭式两种，这两种盾构对解决开挖面稳定问题的方法是不同的。

如图 3-8 所示，敞开式盾构是依靠开挖面土体的强度（自然支护）或利用安装在盾构前面的挡土机构（机械支护）来确保开挖面稳定的。

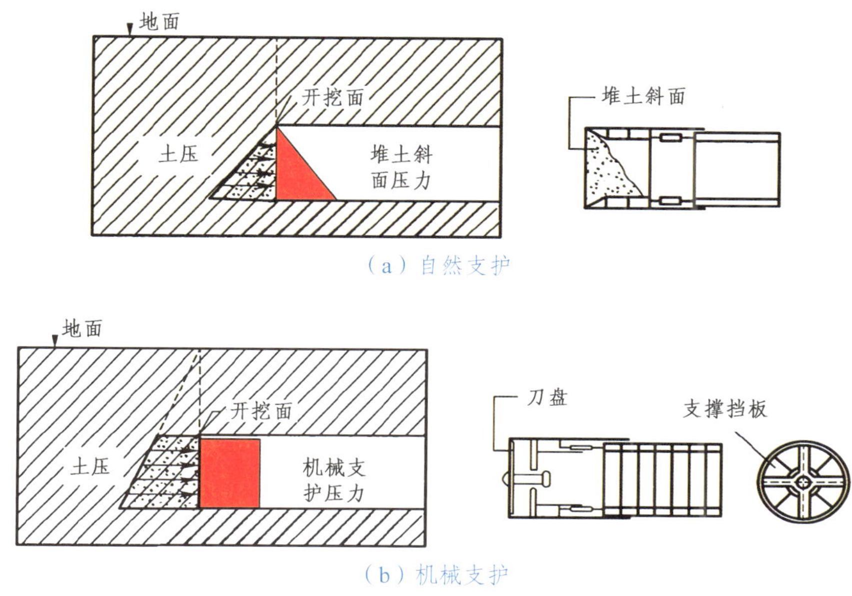

图 3-8　敞开式盾构开挖面稳定示意图

如图 3-9 所示，密闭式盾构是通过土压力（土压平衡盾构）或泥水压力（泥水平衡盾构）来抵抗开挖面释放的荷载以保持开挖面稳定的。

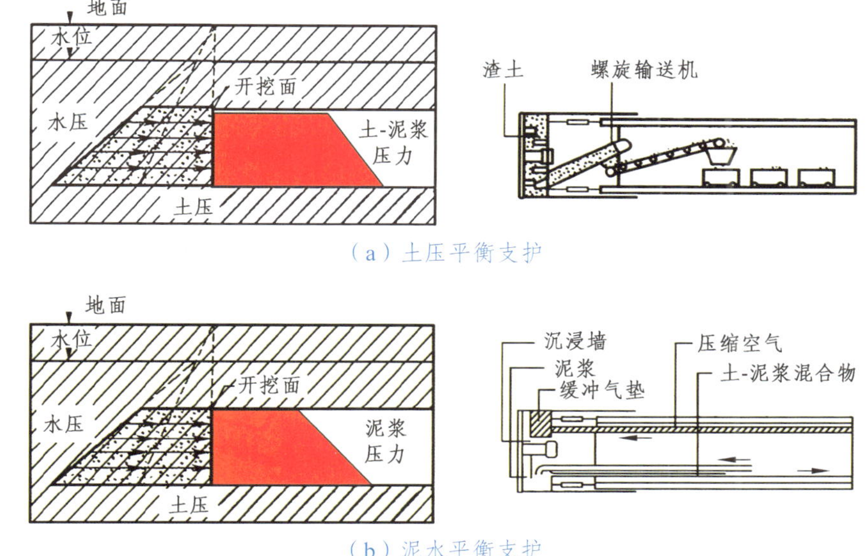

图 3-9　密闭式盾构开挖面稳定示意图

1. 敞开式盾构开挖面的稳定

敞开式盾构利用开挖面的土体改良或安装在盾构前面的挡土机构来确保开挖面的稳定，在开挖面稳定的前提下，盾构向前掘进。

（1）开挖面土体改良。

开挖面土体改良工法主要包括压气法、降水法、化学注浆法等，并可根据各工程的具体情况结合使用一些辅助施工方法。

① 气压法：以滞水性有压气效果的地基为对象，利用压缩空气的排水挡土效果来防止开挖面涌水及防止开挖面坍塌的方法。该工法设备比较简单且容易进行压力管理，故以前在敞开式盾构中应用最多。然而因其是在高压室内作业，故存在作业环境及作业效率等问题；另外，由于该法在地层不同时必须制定防漏气、防喷发及防缺氧空气的溢出对策，所以现在已经基本被淘汰。

② 降水法：降低地下水位法是沿隧道的线路，从地上利用井点工法及深井工法排出开挖面处的地下水来加固地基，也有在隧道内利用井点等降低地下水位的工法。

③ 化学注浆法：在土体空隙处，强制注入化学浆液以提高地基的止水性和强度，从而保持开挖面稳定的一种方法。该工法施工性好，还可以只改良限定的范围，故应用较多。注入施工有两种：一种是先于盾构掘进注入，另一种是伴随着盾构掘进在隧道内注入。

（2）挡土机构。

敞开式盾构挡土机构由活动前檐、移动挡土板以及推进油缸组成。首先是将设在盾构前端的挡土前檐切入土体中，这样边防止开挖面坍塌边掘进；然后在已开挖处设置移动挡土板，边用挡土油缸撑住边向前推进。

2. 密闭式盾构开挖面的稳定

密闭式盾构平衡开挖面的原理主要是土压平衡与泥水平衡。

图 3-10 所示为土压平衡原理。土压平衡盾构开挖面的水土压力是通过盾构推进速度和螺旋输送机排渣速度的变化来调节土舱里的渣土堆聚量从而达到开挖面平衡的。为了达到较好的开挖面平衡效果，土舱里的渣土需要有足够的黏性和流动性。

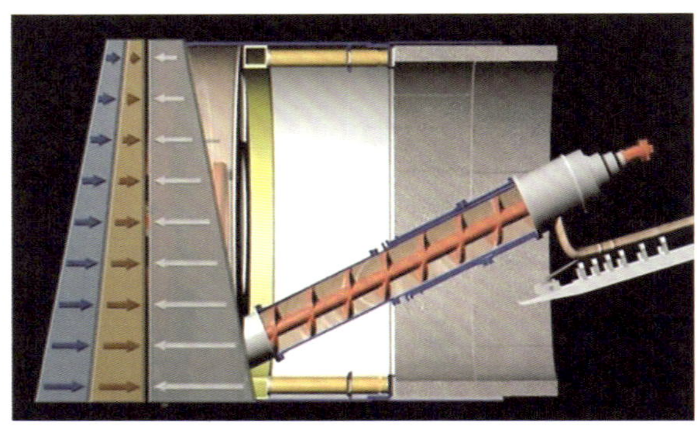

图 3-10　土压平衡原理

图 3-11 所示为泥水平衡原理。泥水平衡盾构开挖面水土压力是通过盾构调压舱的压缩空气压力来进行平衡的。为了达到较好的平衡效果，泥水舱里的渣土同样需要有足够的黏性和流动性。

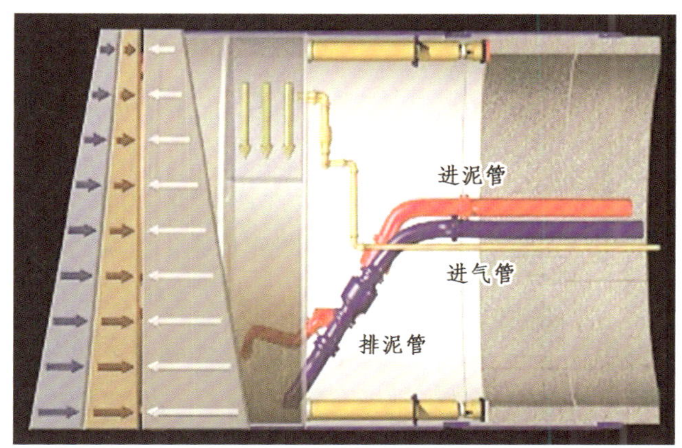

图 3-11　泥水平衡原理

那么，哪一种平衡方式更有利于开挖面的稳定呢？显然是泥水平衡。因为泥水是均布的连续体，能够提供均布的面状应力来平衡地层土水压力，且由于气压调节的快速、精确，压力平衡调节可以达到 0.01 MPa 级别。而土压平衡盾构压力调节的媒介是土舱里的渣土，由于土颗粒之间存在空隙，它所提供的是点状的支撑应力，显然不如泥水的面状应力更有效；由于渣土提供的是点状的支撑应力，且具有滞后性，调压精度一般只能达到 0.1 MPa 级别。因此，泥水平衡盾构在开挖面稳定方面比土压平衡盾构具有先天优势。

（1）土压平衡盾构开挖面的稳定。

土压平衡盾构开挖面稳定机理如下：

● 在已开挖的渣土中加入添加剂，通过刀盘及搅拌棒的强制搅拌，将渣土改良成具有塑性流动性及止水性的渣土。

● 渣土充满土舱及螺旋输送机内，利用盾构推进油缸的推力对渣土加压，保持开挖面的土压及水压平衡。

所以，为了使土压稳定地作用于开挖面，可以在确保开挖面稳定的状态下顺利地排出渣土。同时，为了确保渣土的塑性流动性及止水性，必须做好渣土改良。

一般来说，当被开挖的渣土含有 30% 左右的细微颗粒且颗粒级配良好时，只搅拌就可以确保渣土的塑性流动性。但是，当砂及砾石含量较多，且颗粒级配不好时，就必须在渣土中注入膨润土或黏土等添加剂进行混拌，调整颗粒级配，有时也添加泡沫、膨润土或高分子材料来改良渣土的特性进行开挖；特别是当颗粒级配不好，只添加泡沫及高分子材料得不到理想的改良效果时，有时也同时添加膨润土及黏土等造泥材料进行综合改良。

① 黏性土地层开挖面稳定机理。

首先，在粉质砂层和砂质粉土层等黏性土地层中，由刀具切削下来的渣土一般比原地层强度低，具有塑性流动性。即使是黏着力大、不易流动的土，由于刀盘和螺旋输送机的搅拌作用，以及向土舱内注水等，也可使之具备流动性。就止水性而言，因黏性土的渗透系数较小，止水性非常好。

其次，必须使土舱内的渣土具有一定压力，以便与开挖面的水压力和土压力相抗衡。配合掘进速度，通过调整螺旋输送机的转矩、转速以及排土闸门的开度，使开挖土量和排土量平衡，以保持土压力的稳定。一般都在土舱内壁布置土压力传感器来控制开挖面压力。但应注意，有时因流动性差而无法准确测量土舱内的土压力。

另外，如土舱内渣土过多，黏性土将会压密固化，开挖、排土均无法进行，此时需注入添加剂。通过向土舱内注入水、空气、膨润土、泡沫或泥浆等添加剂，并连续搅拌，可以提高土体的塑流性，确保渣土顺利排出。

② 砂性土地层开挖面稳定机理。

由于砂性土和砂砾土的内摩擦角大，土的摩擦阻力大，故难以获得好的流动性。当切削下来的渣土充满土舱和螺旋输送机时，将使切削刀具转矩、螺旋输送机转矩、盾构推进油缸推力增大，甚至使开挖、排土无法进行。另外，此类地层渗透系数大，仅靠土舱和螺旋输送机内的土塞效应不可能完全止水，在开挖面水压高时，螺旋输送机排土闸门处易出现喷涌现象。因此，对这类地层，通常采用给开挖面或土舱内注入添加剂和加装搅拌棒进行强制搅拌等方法，以使开挖土具有流动性和止水性。与黏性土地层一样，对于砂性土地层，通过控制开挖量和排土量来平衡开挖面的水压力、土压力，亦可达到保持开挖面稳定的目的。

③ 特殊条件下开挖面稳定机理。

互层地层开挖面稳定：城市的地基土多呈互层状态，开挖面也几乎都是互层的。由于互层地层中各土层的开挖释放力不同，就产生了以哪一层的土压力作为控制压力的问题。一般认为以释放荷重最大的那一层来决定控制压力较为合适。此时，释放荷重小的地层将被动受压，但一般情况下地层被动受压能力很强，所以不会出现被动破坏。

软土地层开挖面稳定：软土地层的静止压力和主动土压力相差甚微，如以主动土压力控制，压力稍一降低，就有可能产生主动破坏。因此，最好是加大预留压力，即适当提高控制压力。但软黏土加压过度，会使前方地表隆起，同时扰动土体进而出现后续沉降，这一点应引起注意。

④ 大断面盾构开挖面稳定。

大断面盾构的开挖面可能会出现大的变形、地表沉降等问题。由于开挖面的变形与开挖半径的 4 次方成正比，故当开挖半径增大到 2 倍时，变形将达 16 倍。因此，在研究大断面盾构开挖面稳定的同时，还需深入研究其变形的问题。

⑤ 土压平衡盾构的 3 种掘进模式。

土压平衡盾构一般具有 3 种掘进模式，即敞开模式、局部气压模式和土压平衡（EPB）模式。如图 3-12 所示，每种掘进模式对应不同的开挖面稳定机理和地质适用条件。

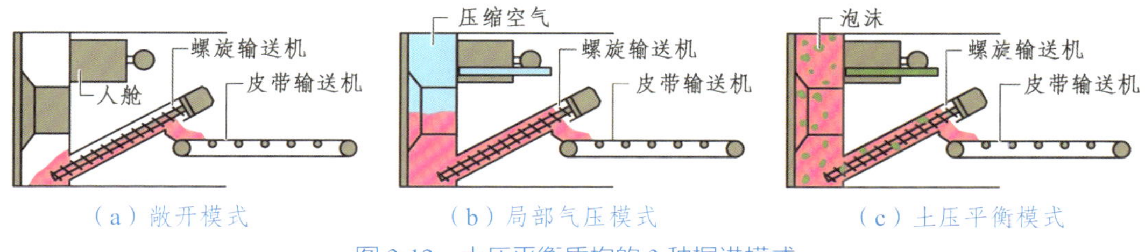

（a）敞开模式　（b）局部气压模式　（c）土压平衡模式

图 3-12　土压平衡盾构的 3 种掘进模式

a. 敞开式。

若开挖面是稳定性较好且含地下水较少的岩层，则土压平衡盾构可采用敞开式掘进，既无须调整土舱压力，也可在短时间内保证开挖面不失稳，土体不坍塌。在该模式下，盾构切削下来的渣土被螺旋输送机立即排出土舱，故土舱基本处于清空状态，掘进中刀盘和螺旋输送机所受反扭力较小；此时，以滚刀破岩为主，采用高转速、低扭矩和适宜的螺旋输送机转速推进。同步注浆时，浆液可能渗流到盾壳与周围岩体间的空隙甚至刀盘处，为避免此类现象的发生，可采取适当增大浆液黏度、缩短浆液凝结时间、调整注浆压力、管片背后补充注浆等方法来解决。

b. 局部气压模式。

局部气压模式也称半敞开式。若开挖面具有一定自稳性，例如围岩稳定但富含地下水的地层、施工断面上除局部失压崩溃外大部分围岩稳定的地层，可以采用半敞开式快速掘进。在该模式下，暂时停止螺旋输送机出土、关闭螺旋输送机出土闸门，使土舱的下部充满渣土；同时向开挖面和土舱中注入适量的添加材料（如膨润土、泥浆或添加剂）和压缩空气，使土舱内渣土的密水性增加，也使添加材料在压力作用下渗进开挖面地层，并在开挖面上产生一层致密的“泥膜”；通过气压和泥膜阻止开挖面涌水和坍塌现象的发生，再控制螺旋输送机低速转动以保证在螺旋输送机中形成“土塞”，可安全快速地通过不良地层。掘进中，土舱尚有一定的空间（渣土仅充满土舱的 2/3），可通过向土舱内输入压缩空气与渣土共同支撑开挖面和防止地下水渗入。

此外，在上软下硬地层中施工时，也多采用这种模式。施工时，以滚刀破岩为主破碎硬岩，以齿刀、刮刀为主切削土层。在河底段掘进时，则需要添加泡沫剂、聚合物、膨润土等改善渣土的止水性，以使土舱内的压力稳定平衡。

c. 土压平衡模式。

对于开挖地层稳定性不好或富含地下水的软质岩地层，则采用土压平衡（EPB）模式。在该模式下，盾构以齿刀和切刀为主切削土层，以低转速、大扭矩推进，并将刀盘开挖下来的渣土填满土舱；利用刀盘后面及隔板上各自焊接的搅拌棒强制混合土舱内渣土，并借助盾构推进油缸的推力通过隔板进行加压，产生泥土压力。该压力可通过土压传感器进行测量，并通过控制推进力、推进速度、螺旋输送机转速来控制，以保证掘削土量与排渣量相对应，并使得土舱内的渣土压力与隧道开挖面上的水、土压力实现动态平衡。

⑥ 影响开挖面稳定的因素。

a. 土舱内土压力、地层压力和水压力。

盾构必须保持填充在土舱内的泥土压力，并不断调节排土量，以便能平衡开挖面的地层土压力和水压力。该过程可分为 3 种情况：当土舱内的土压力大于地层压力和水压力时，地表隆起；当土舱内的土压力小于地层压力和水压力时，地表下沉；当土舱内的土压力与地层压力和水压力平衡时，地表保持稳定。

b. 螺旋输送机排土量。

排土量一般通过调节螺旋输送机的转速和出土闸门的开度予以控制。

c. 泥土流动性。

为了保证开挖面的稳定，应使切削下来的土砂具有塑性流动性和止水性，并使土砂确实充满土舱内。

⑦ 渣土改良剂。

用于土压平衡盾构渣土改良的外加剂主要有膨润土、黏土、泡沫剂和水，特殊地层施工时用聚合物和分散剂来改善渣土和易性。

a. 制泥材料。

为了使渣土具有良好的流动性和止水性，必须有 30% 左右的微细颗粒。如开挖土中微细颗粒不足，则需注入膨润土、黏土等制泥材料，以补充微细颗粒的不足。制泥材料的浓度和注入量根据开挖土的级配、不均匀系数等确定。

b. 泡沫剂。

向开挖面或土舱内注入用特殊气泡剂制成的剃齿状气泡，以使开挖土获得流动性、止水性。在砂性土和砂砾土地层中，气泡发挥了支承作用，增加了开挖土的流动性；而在黏性土地层中，气泡起着界面活性剂的作用，防止了开挖土附着于土舱内壁。另外，由于微细气泡置换了土颗粒中的孔隙水，因而可提高其止水性。泡沫的注入量与制泥材料一样，也是根据开挖土的级配、不均匀系数决定的。

c. 水。

向高黏性的渣土中注水，可在增加其流动性的同时，降低其黏着性，防止开挖土附着于刀具或土舱内壁。

⑧ 渣土改良系统。

对于土压平衡盾构来说，稳得住的关键就是渣土改良系统设计要合理。稳得住就是要能有效支护正面及切口环顶部土体，以确保开挖面稳定。盾构施工要以开挖面稳定为中心，有效的渣土改良是降低刀具磨损、增加开挖面稳定、保证出土顺畅、降低掘进时刀盘扭矩和盾构推力的最好方法之一。要想开挖面稳得住，必须具有实用且有效的渣土改良系统。渣土改良系统主要有泡沫系统、膨润土系统、加泥系统、聚合物系统、加水系统等。

泡沫注入系统常用于细颗粒比例较高的土壤，如黏土，主要用来提高渣土的流动性、保水性及止水性；具体来讲就是使改良后的渣土具有更好的可排性，能降低刀盘扭矩、减少地层中水的流失和减小结泥饼的风险。

膨润土注入系统常用于细颗粒比例较低的土壤，如砂卵石地层，主要用来增加土壤中细颗粒的比例，使土体具有更好的流动性和不透水性；其作用也是使渣土具有更好的可排性、降低刀盘扭矩和减少地层中水的流失。在注入时一定要使用较好的材料，掌握膨化时间，以达到添加效果。

聚合物注入系统适用于非黏性土，常用于含水较丰富的砂卵石地层，主要用来黏结水分，减少水土分离，增加土的黏性；其体现出来的作用也是使渣土具有更好的可排性、降低刀盘扭矩和减少地层中水的流失。

加水系统是在采取各种化学（泡沫、膨润土、聚合物等）材料改良后，无法满足正常掘进时采取的一种利用物理原理进行渣土改良的方法。它利用高压水切割刀盘背面形成的泥饼，同时冲洗刀盘刀具刀箱，以使其达到正常的开口率，同时增加渣土的流动性。

（2）泥水平衡盾构开挖面的稳定。

泥水平衡盾构开挖面稳定机理如下：

● 在开挖面形成一层不透水的泥膜，让泥水压力有效地作用在开挖面上。

● 随着泥浆向开挖面的土体中渗透，泥浆中的细颗粒成分进入土体的空隙中，增加了土体的强度。

● 调节气垫舱气压（直接控制型泥水平衡盾构是调节送泥泵转速），给泥水舱的泥浆施加压力，可控制开挖面的土压及水压。

所以，为了确保开挖面的稳定，就必须设定合适的开挖面泥水压力；与此同时，为了使该压力产生有效作用，还必须管理好泥浆的品质。泥浆品质的管理项目有泥水密度、渗透系数、黏度、过滤特性、含砂量等。

① 泥膜形成机理。

泥水平衡盾构是利用泥水舱中具有适当压力的泥浆，使其在开挖面形成泥膜，支承隧道开挖面的土体，并由刀盘切削土体表层的泥膜，与泥水混合后，形成高密度的泥浆，然后由排泥泵及管道把泥浆输送到地面进行分离处理。

泥水平衡盾构在泥水舱中产生适当压力泥浆，并形成弱透水性泥膜，利用泥水压力来抵抗开挖面土压力和水压力。在泥水平衡盾构开挖面稳定机理中，泥膜的形成是至关重要的。当泥水压力大于地下水压力时，泥水按达西定律渗入土壤，形成与土壤间隙成一定比例的悬浮颗粒，并被捕获积聚于土壤与泥水的接触表面，泥膜就此形成。随着时间的推移，泥膜的厚度不断增加，渗透抵抗力逐渐增强。当泥膜抵抗力远大于正面土压时，产生泥水平衡的效果。

② 泥膜形成的基本要素。

泥水平衡盾构施工时稳定开挖面的机理为：以泥水压力来抵抗开挖面的土压力和水压力以保持开挖面的稳定，同时控制开挖面变形和地基沉降；在开挖面形成弱透水性泥膜，保持泥水压力有效作用于开挖面。从泥水平衡理论中可以看出，在泥水平衡盾构法施工中，尽快形成弱透水的泥膜是一个相当关键的环节。

在开挖面上，随着加压后的泥水不断渗入土体，泥水中的砂土颗粒填入土体孔隙中，可形成弱透水的泥膜。而且由于泥膜形成后减小了开挖面的压力损失，泥水压力可有效地作用于开挖面，从而可防止开挖面的变形和崩塌，确保开挖面的稳定。因此，在泥水平衡盾构施工中，控制泥水压力和控制泥水质量是两个最重要的课题。

为了保持开挖面稳定，必须可靠而迅速地形成泥膜，以使压力有效地作用于开挖面。

泥膜形成的基本要素主要有泥水密度、含砂量及渗透系数、泥水黏性、泥水压力、掘进速度等。

泥水密度：为保持开挖面稳定，即把开挖面的变形控制到最小限度，泥水密度应比较高。从理论上讲，泥水密度提高能使泥水屈服值升高，同时能使泥膜的稳定性增强。实验证明高密度泥水可以产生高质量的泥膜，泥水密度最好能达到开挖土体的密度。但是，大密度的泥水会引起泥浆泵超负荷运转以及泥水处理困难；而小密度的泥水虽可减轻泥浆泵的负荷，但因泥粒渗走量增加，泥膜形成慢，对开挖面稳定不利。因此，在选定泥水密度时，必须充分考虑土体的地层结构，在保证开挖面稳定的同时也要考虑设备能力。一般地，泥水密度为 1.05 ~ 1.30 g/cm^3。

关于含砂量及渗透系数：Muller 等人将开挖面的过滤形态分为以下 3 种类型，如图 3-13 所示。

类型 1：泥水几乎不产生渗透，只形成泥膜。类型 2：土体孔隙大，泥水全部渗走，不产生泥膜。类型 3：介于类型 1 和类型 2 之间，即泥水渗走的同时也形成泥膜。

类型 1 的过滤形态多发生在渗透系数小的黏性土层中；类型 2 则多出现在渗透系数大的砂砾层中；类型 3 多在砂质土层中发生。

如果泥水向土体过量渗透，不仅泥水压力不能有效作用于开挖面，而且会引起土体孔隙水压力上升，有效应力下降，这对开挖面稳定是不利的。因此，对渗透系数大的砂质土、砂砾石层，必须采取措施以加速泥膜的形成。

在强透水性土体中，泥膜形成的快慢与掺入泥水中砂粒的最大粒径以及含砂量（砂粒质量 / 黏土颗粒质量）有密切关系，这是因为砂粒具有填堵土体孔隙的作用。为了充分发挥这一作用，砂粒的粒径应比土体孔隙大且其含量应适中。

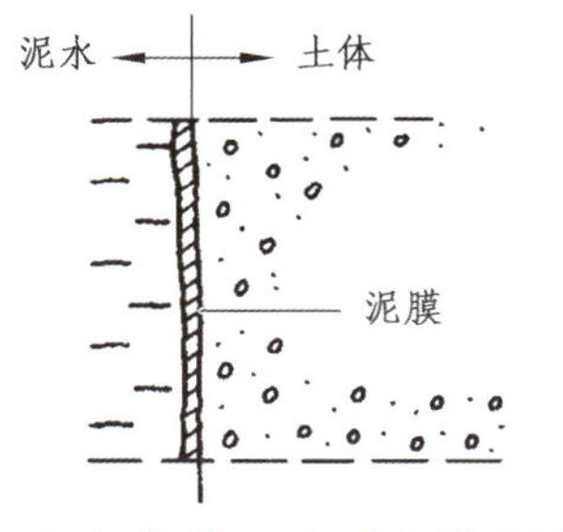

（a）类型 1：细砂上形成泥膜

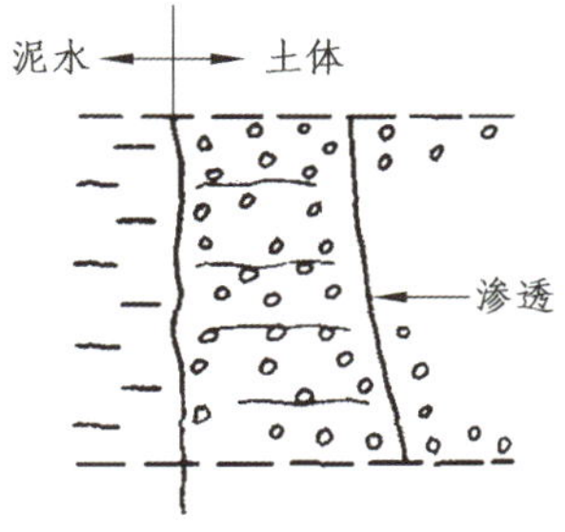

（b）类型 2：向粗颗粒中渗透，无表面过滤

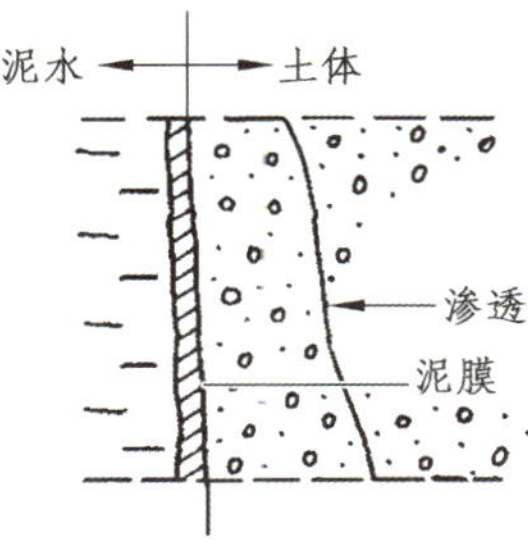

（c）类型 3：既能渗透又能过滤

图 3-13　泥水在开挖面土体中的贯入过滤

实验表明，当土体渗透系数 $k = 5\times10^{-3}$ m/s，而砂粒的最大粒径为 0.84 mm 时，还不能防止渗漏，直到最大粒径为 2.0 mm 时，约经 10 s，渗漏量才趋于稳定，泥膜形成。

研究表明，砂粒含量（m_s/m_c）与过滤水量的关系如下：随着 m_s/m_c 的增加，成膜性越来越好，当 $k = 2\times10^{-3}$ m/s、$d_s > 0.42$ mm 时，只要 m_s/m_c 大于 0.1，即可形成泥膜，过滤水量随之变小。

泥水黏性：为了收到以下效果，泥水必须具有适当的黏性。具有适当黏性的泥水，具有如下作用：

防止泥水中的黏土、砂粒在泥水舱底部沉积，保持开挖面稳定。

提高黏性，增大阻力，防止逸泥。

使开挖下来的弃土以流体输送，经泥水处理设备将泥水分离。

任何流体均具有一定黏性。如水和甘油等在外力作用下随即出现变形、流动，属牛顿体；而泥水则属塑性的宾汉体，屈服值为 *YV*。此 *YV* 值是衡量流体持续运动所需应力、泥水的过滤特性、沉降特性的重要指标。因此，用 *YV* 值来控制黏性是适当的。但 *YV* 值的测定相当复杂。现场施工时的测定很简单，在黏性不太大的范围内常使用与 *YV* 值有一定相关关系的范内尔黏性值。此值是以泥浆自漏斗状的容器中完全流出所用时间来评价其黏性的，它所表示的是一种似黏性（500 mL 清水的范内尔黏性是 19 s）。通常所用的保持开挖面稳定所必需的范内尔黏性值见表 3-1。

表 3-1　开挖面稳定所需的范内尔黏性值

开挖土质	范内尔黏性值（500 mL）/s	
	地下水影响小	地下水影响大
夹砂粉土	25 ～ 30	28 ～ 34
砂质黏土	25 ～ 30	28 ～ 37

续表

开挖土质	范内尔黏性值（500 mL）/s	
	地下水影响小	地下水影响大
砂质粉土	27 ~ 34	30 ~ 40
砂	30 ~ 38	33 ~ 40
砂浆	35 ~ 44	50 ~ 60

泥水压力：虽然渗透体积随泥水压力上升而上升，但它的增加量远小于压力的增加量，故泥水平衡盾构通过增加泥水压力来提高作用于开挖面的有效支承压力。特别地，在高质量泥水条件下，增加泥水压力会提高开挖面的稳定性。在决定泥水压力时主要考虑开挖面的水压力、土压力以及预留压力。

土体一经盾构开挖，其原有的应力即被释放，并将产生向应力释放面的变形。此时，为控制地基沉降、保持开挖面稳定，必须向开挖面施加一个相当于释放应力大小的力。

泥水平衡盾构是用泥水压力来抵消开挖面的释放应力的，但在决定泥水压力时，必须考虑开挖面的水压力、土压力和预留荷载。

水压力即指开挖面的孔隙水压力，根据事前的地质勘探，可准确地得到。但有些地区的地下水位随季节变幅较大，因此，在研究泥水压力时，必须考虑施工季节这一因素。

为了在开挖面形成泥膜，必须使泥水压力高于地下水压力，以使泥水向土体中渗透，并填充土体中的孔隙。但如果开挖面泥水流入土体，则可能引起泥水压力降低，以致引起开挖面失稳。因此，在决定泥水压力时，一般还需在水压力、土压力的基础上再加一部分预留压力。此预留压力多采用 10 ~ 20 kPa。

掘进速度：泥水平衡盾构处于正常掘进状态时，刀具并不直接切削土体，而是对刀盘正面已形成的泥膜进行切削。在切削后的一瞬间，又形成了下一层泥膜。由于盾构刀盘转速是一定值，而且盾构推进速度最大能力又受到一定限制，因此掘进速度只和切入土体的深度有关，而和泥膜无关。但是当泥水平衡盾构在不正常掘进状态时，特别当泥水质量和泥水压力达不到设计要求时，泥膜需经过较长时间才能形成，这样就约束了掘进速度。高质量泥水形成泥膜的时间为 1 ~ 2 s。

理想的泥膜是既可以快速填充土壤里的缝隙，达到防止地下水流失目的，又要成膜速度快，在刀盘切削的同时在土壤里形成有足够厚度的泥膜，如图 3-14 所示。

泥膜的形成还受到其他多种因素影响，如泥水具有抑制土体塌方和泥水劣化的机能、具有一定的温度和压力稳定性、不易受盐分和水泥等电解质影响、对细菌和有机物具有免疫及不变化等性质。

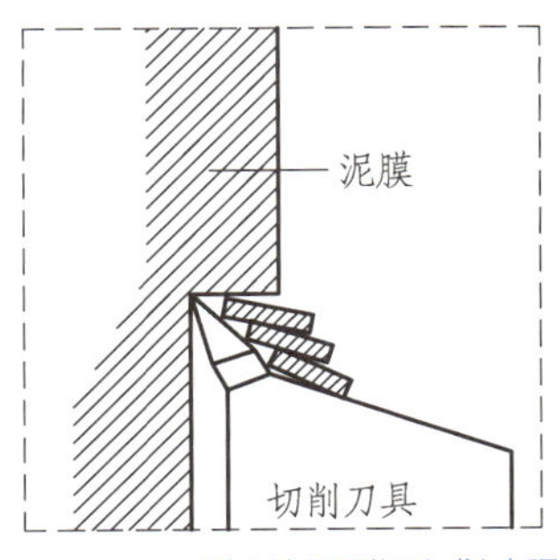

图 3-14　理想的泥膜形成过程

3.2.2　掘得进

掘得进就是刀盘结构形式与刀具布置应具有地质针对性，刀盘结构设计要合理，刀具选用及空间布置要合理，刀盘刀具系统要具备快速有效开挖正面土体的能力。

超大直径泥水盾构的刀盘主要分为常规刀盘和常压刀盘两类。

常压刀盘的基本思路是将刀盘设计为外部受压的压力容器，人员在刀盘内部常压下通过操作特殊设计的换刀装置进行换刀作业。与常规刀盘在压缩空气下带压换刀（图 3-15）相比，采用常压刀盘，作业人员在刀盘的空心辐臂内常压换刀（图 3-16），可有效降低高水压环境下的换刀作业风险。

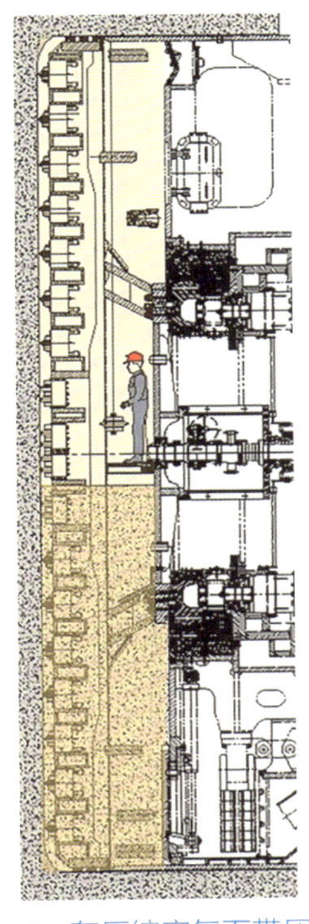

图 3-15　在压缩空气下带压换刀

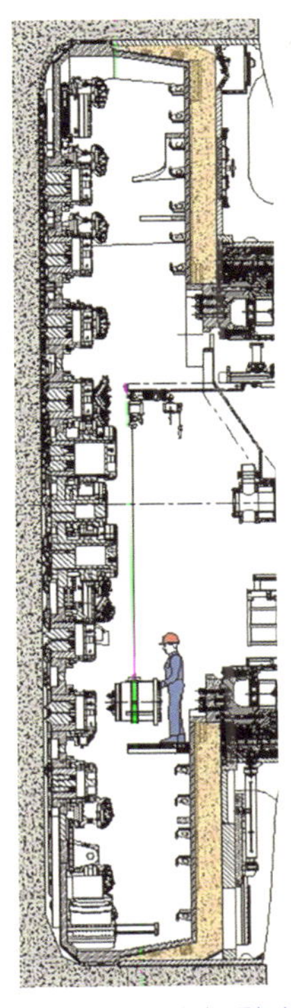

图 3-16　在刀盘的空心辐臂内常压换刀

1. 常压刀盘的优缺点

（1）常压刀盘的优点。

与常规刀盘相比，常压刀盘具有以下优点：

① 降低施工风险。对于高水压、大埋深盾构施工，不用开舱就可以实现刀具的检查与更换。

② 减小掘进风险。配备了滚刀旋转监测系统，能够及时发现刀具的失效问题，降低了掘进风险。

③ 保证冲刷。刀盘冲刷管路基本都布置在中心锥位置处，方便更换与修复，保证冲刷流量。

（2）常压刀盘的缺点。

与常规刀盘相比，常压刀盘存在以下缺点：

① 刀盘开口率小。常压刀盘的刀筒、刀箱需要较大的内部空间，因此刀盘的开口率小，特别是在刀盘的中心位置无法开口，刀盘易结泥饼。

② 破岩能力弱。常压刀盘需要较大内部空间，滚刀布置较少，刀间距较大，不利于破岩。

③ 不利于排渣。常压刀盘比常规刀盘要厚要重，导致泥水舱排渣通道加长，易滞排。

④ 刀具易二次磨损。常压刀筒处于一个封闭状态，刀具切削的渣土容易通过刀具与刀筒之间的间隙进入刀筒内，因刀筒积渣导致刀具二次磨损。

2. 常压刀盘的局限性

（1）中心无开口。如图 3-17 所示黄色区域，由于常压刀盘是中空设计，刀盘中心部位作为刀具最密集的区域和连接所有辐臂的通道，这部分结构是不能设计开口的。所以，一般在刀盘中心 4 ~ 5 m 直径的区域没有开口。如果在容易结泥饼的地层中使用这样的刀盘，就会更容易结泥饼。尽管已经有了成功的处理措施，但是仍然会影响掘进速度，同时还要产生额外的费用。

（2）并不是所有的刀具都可以在常压下更换。滚刀均可在常压下更换，但刮刀只有部分正面刮刀可以在常压下更换，边刮刀和部分正面刮刀只能带压更换。这就意味着即使采用了常压刀盘，往往也需要进行带压换刀作业，只是带压作业的频率和时间大大降低了而已。

（3）滚刀刀间距受限。如图 3-18 所示，由于常压换刀的刀具需要设置双闸门，而闸门的开闭是需要空间的，再加上刀盘辐臂内的空间也有限，因此在刀盘中心需要布置的刀具尤为密集，目前的技术水平一般只能做到中心滚刀的刀间距为 120 mm、正面滚刀的刀间距为 90 ~ 100 mm。尽管这样的刀间距对大多数围岩也是可掘的，但是相比常规刀盘可以做到正面滚刀 80 mm 的刀间距，其破岩能力就有很大的差距了。

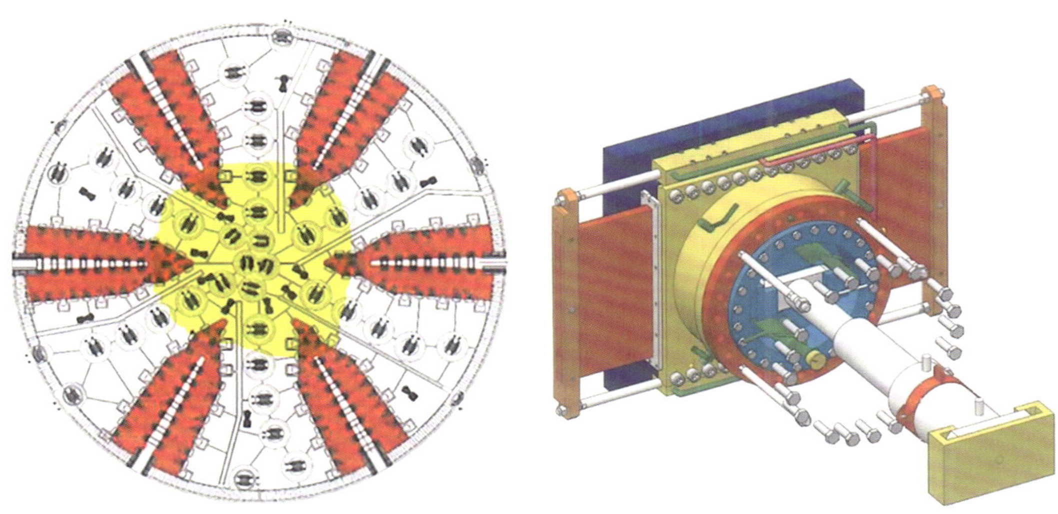

图 3-17 常压换刀刀盘开口设计图　　图 3-18 常压可更换刀具的闸门系统

（4）刀盘厚度大、重量大。这需要主驱动提供更大的扭矩来克服刀盘厚度和重量产生的额外扭矩，制造成本高。刀盘辐臂除了需要承受开挖产生的复杂荷载外，还需要完全隔绝压力，不能有任何泄漏，结构制造的成本就增加了。另外，还需要闸门、刀筒这些常规刀盘没有的设计，进一步增加了制造成本。

（5）盾构直径的限制。在目前的技术条件下，只有较大直径的泥水盾构才能采用常压换刀刀盘。目前世界最小直径常压刀盘盾构是中俄东线天然气管道长江盾构穿越工程所采用的泥水盾构，刀盘采用直径为 7.95 m 常压刀盘，承压能力 1 MPa，设计了 46 把可常压更换的刀具，可实现高水压下常压换刀作业。

3. 刀盘类型的选择

常压换刀刀盘是为了解决较大直径泥水盾构在高水压条件下需要频繁、安全、高效更换刀具问题而发明的，还不能取代常规刀盘。它们各有优劣，需要视具体盾构隧道工程而定。

综合来说，常规刀盘较适应于以黏土或泥岩为主的或容易实现地面加固的大直径项目，以及适应于水压小、开挖面较稳定、以硬岩地层为主的项目；对于以裂隙水为主，围岩稳定性较好的盾构隧道，可以预先选好多个换刀点，采用常规刀盘可以较大地提高掘进效率。常压换刀刀盘则主要适应于大直径、高水压（大于 0.55 MPa）、长距离（大于 2.5 km）和刀具更换频繁的项目。

4. 常压刀盘的针对性设计

（1）刀盘刀具耐磨设计。滚刀、刮刀、边缘刮刀及相关的刀箱、刀座配置相关耐磨材料保护；可常压更换的滚刀上安装磨损探测装置；沿刀盘主臂布置磨损探测装置以监测刀盘钢结构的磨损。

（2）防堵塞设计。刀盘中心区域设计中心冲刷，以冲刷刀盘外表面；在滚刀刀箱上设置冲刷系统，以确保密封和闸门正常工作；在换刀过程中滚刀与刀筒同时抽回，即使滚刀被黏性渣土包住，滚刀和刀箱作为一个整体也可以快速得到更换。

（3）刀具状态监测。每把滚刀上安装滚刀旋转监测系统，可实时监测刀具运转情况；泥水舱内配置摄像头和发光二极管（LED）灯，实时监测舱内情况。

3.2.3 排得出

对于超大直径泥水盾构，排得出就是泥水循环系统的设计要合理，排渣系统要能确保刀盘刀具开挖下来的渣土动态快速排出。盾构施工效率不仅取决于刀盘刀具系统的开挖效率，渣土是否能够快速动态排出也至关重要，因此在盾构选型设计时应当充分考虑选择合理的排渣系统。目前，超大直径泥水平衡盾构主要有以下3种排渣系统（图3-19～图3-21）。

图3-19为舱内破碎方式。破碎效率为3～4次/min，破碎效率一般。其主要缺点是舱内负载高，破碎不及时，易导致舱底滞排。

图3-20为舱内破碎机+舱外辊齿破碎机的舱内外分级破碎方式，能有效降低舱内破碎负载，外加舱外高效快速破碎，破碎效率高。其主要优点是对大粒径渣石能及时破碎，在舱外对小粒径渣土再进行高效破碎，可缓解舱内滞排，有效降低堵管卡泵风险。

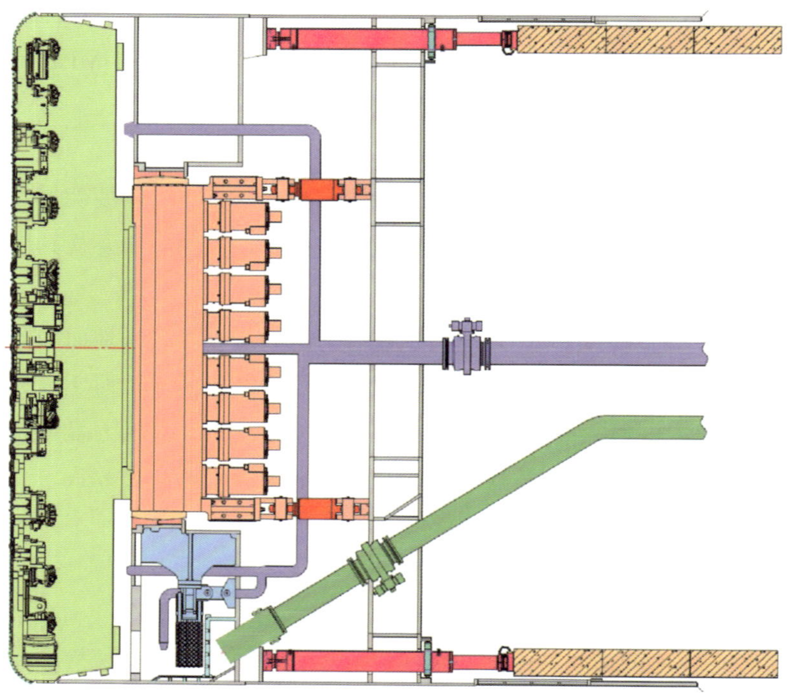

图3-19 舱内破碎机

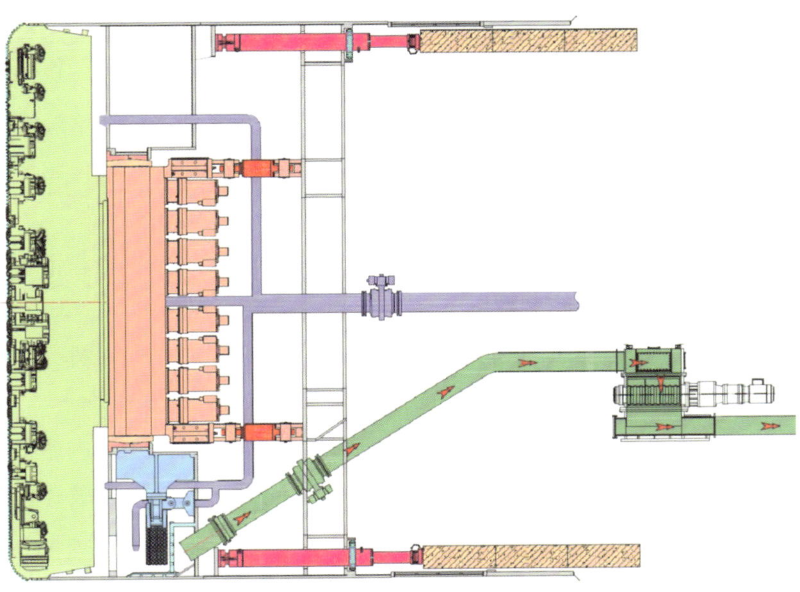

图 3-20　舱内破碎机 + 舱外辊齿破碎机

图 3-21 为螺机直排 + 舱外颚式破碎机方式，主要适应于破碎带大岩块地层。该方式设置有高承压螺旋输送机 + 舱外破碎机 + 排浆管；舱外破碎效率为 4 ～ 6 次 /min，破碎效率较高。其主要优点为：通过螺旋机直接伸入泥水舱排渣，可有效对大渣块进行输送，有利于大粒径渣块排出，能有效降低舱内滞排概率；外置破碎机维修方便。

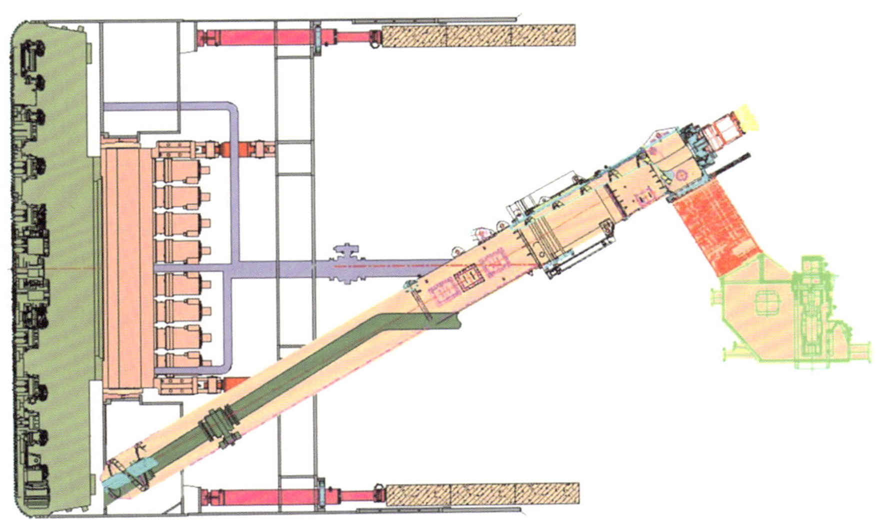

图 3-21　螺机直排 + 舱外颚式破碎机

根据地质条件合理选择排渣系统。对于泥水盾构，渣土在刀盘及泥水舱中心区易结泥饼，渣土易堆积在泥水舱底部，渣土在排泥管内易堵塞、大块岩块易卡排泥泵，泥饼、堵舱、滞排、堵管、卡泵等现象时有发生。气垫式泥水盾构存在输送盲段及浆液有效循环量少的缺点，在含大块岩块的地层中掘进时，掌子面剥落的大块岩块极易造成主机段滞排。特别是常压换刀刀盘的泥水盾构，其舱内输渣距离较长，堵舱滞排发生的风险更为突出。在“排得出”方面，泥水盾构应高度重视以下方面：

（1）根据地质条件合理选择刀盘开口率。

（2）合理选择刀盘开口限径尺寸，将较大的脱落岩块挡在刀盘前方，在掌子面利用刀具充分破碎，以减小堵舱滞排概率。

（3）为了消除气垫式泥水盾构的输送盲区段，避免主机段滞排，根据地质条件，必要时，需设计一根直接伸入前舱的辅助排泥管。

（4）在断层破碎带等含大块岩块的地层中掘进时，可采用舱内舱外分级处理技术，在舱外增设破碎机，即采用图 3-20 所示的舱内破碎机 + 舱外辊齿破碎机舱内外分级破碎方式。

（5）为降低舱内滞排，减小进舱维修破碎机概率，可采用图 3-21 所示的螺机直排 + 舱外颚式破碎机方式，以有效提高施工效率。在控制刀盘进渣尺寸和围岩强度不太高的前提下，舱内破碎机 + 舱外辊齿破碎机比螺机直排 + 舱外颚式破碎机效率更高。应该注意的是，应对舱内破碎机油管进行防磨损保护设计，以避免大岩块损坏破碎机油管，以保证破碎机功能正常。

（6）强化冲刷系统设计。气垫式泥水平衡盾构应对堵舱滞排采用的主要措施之一是冲刷系统设计。冲刷系统设计主要分为以下 5 个部分，分别解决各自部位的堵塞问题，从而最终到达顺畅排渣的目的。

① 刀盘冲刷。

从地面上进来的膨润土可以通过中心回转接头泵送到刀盘区域，分别在刀盘后部、刀盘开口和中心区域设置冲刷点，防止刀盘中心和开口结泥饼。

② 泥水舱冲刷。

气垫式泥水平衡盾构的泥水舱冲刷系统如图 3-22 所示。在隔板的上部和中部两侧，可以设置向下的冲刷点，在搅拌、混合泥水舱里的膨润土和渣土的同时，把混合后的泥浆导向下部的开口。

③ 隔板开口冲刷。

隔板下部的开口是泥水平衡盾构最容易发生渣土沉积、堵塞、滞排的区域，所以在开口的两侧各设计一个大流量的冲刷口，扰动开口位置的渣土并使之向开口后方流动。

④ 气垫舱底部冲刷。

气垫舱底部也是容易发生渣土聚积、堵塞的区域，所以在底部区域的两侧各设置一个大流量的冲刷口，冲刷这一位置的渣土并使之向碎石器、格栅方向流动。

图 3-22　气垫式泥水平衡盾构的泥水舱冲刷系统

⑤ 碎石器、格栅冲刷。

碎石器的作用是破碎渣土里的大石块，使之可以用泥浆泵和管道排出到地面上，但是碎石器破碎大石块是需要时间的。此处的冲刷就是保证在破碎期间排泥流量的连续以及石块在破碎后第一时间被泥浆带走，防止堆积造成堵塞。当然，在没有岩石的地层里，盾构就不需要安装碎石器，而是用搅拌器代替，但是其目的也是相同的，即防止渣土在此处沉淀堆积造成堵塞。格栅的作用是限制进入排泥管渣土的粒径，在碎石器没有破除到可以通过格栅时石块不能进入排泥管。冲刷格栅就是为了防止石块在格栅前沉淀下来，堵在格栅前部，造成排渣不畅。

通过这一系列的冲刷，可达到防止刀盘结泥饼、防止泥水舱结泥饼、使渣土和膨润土充分混合均匀、防止隔板开口堵塞、防止气垫舱底部区域堵塞、防止碎石器和格栅堵塞的目的，最重要的是通过冲刷口方向的设置和排泥管的抽吸作用，使泥水舱内的泥浆向隔板开口流、隔板开口的泥浆向碎石器流、碎石器的泥浆向格栅流、格栅的泥浆向排泥口流，从而形成一个单向的、持续的排渣通道，以有效解决“排得出”的难题。

3.2.4　耐得久

耐得久就是盾构的关键部件要具有高可靠性，以适合长距离复杂地质及复杂环境隧道施工。盾构关键部件的高可靠、长寿命，是确保盾构“耐得久”的基本前提，主要体现在刀盘刀具高可靠、长寿命设计，主轴承的高承载能力、高可靠性、高密封性能与长寿命设计，主驱动减速机高可靠性设计，盾尾密封的可靠性设计，破碎机、排泥泵的高可靠性与耐磨性设计。

盾构各系统设计应考虑长时间恶劣环境下的使用、更换、维保等工作。首先考虑是否满足地层、地下水及周边环境的可靠性、稳定性设计；满足后才进一步考虑耐久性、耐磨性；从采用新材料、新技术、新工艺上进行设计创新；各系统设计全寿命周期相匹配。由于工艺、技术、材质等问题无法满足要求时，设计过程中应考虑便于更换、便于维保、成本低、节约时间、提高工效等因素。

第4章　超大直径泥水盾构设计

本章重点

超大直径泥水盾构的设计边界条件及刀盘、主驱动系统、盾体、推进系统、管片拼装机、泥水循环系统、注浆系统、水循环系统、通风系统、保压系统、高效物料转运系统、供电系统等设计要点。

4.1　盾构设计边界条件

盾构设计主要应满足工程地质、水文地质条件，预制件规格尺寸及安装，始发及到达等边界要求。具体如下：

（1）项目工程地质情况。

项目工程地质情况直接影响盾构类型选择、刀盘选型、主驱动参数配置、泥水循环系统配置、破碎系统能力、注浆系统参数配置、保压系统参数配置等。

（2）项目水文地质条件。

项目水文地质条件直接影响盾构类型选择、整机承压能力、密封系统配置、推进系统配置、管片拼装机参数配置、泥水循环系统配置、注浆系统参数配置、保压系统参数配置、水循环系统配置等。

（3）项目线路情况。

隧道长度直接影响盾构关键系统使用寿命、通风系统配置、水系统配置及出渣系统配置等，隧道坡度影响推进系统能力、吊机系统能力、流体系统各类箱体/罐体容积等，隧道曲线半径影响盾构整机转弯能力等，隧道埋深影响开挖直径，刀盘是否偏心设计等。

（4）项目周边环境情况。

项目是否下穿重要建（构）筑物，是否下穿河流，是否下穿重要交通线路，是否过桩等情况也会影响盾构设计。

（5）始发及到达相关边界条件。

始发井尺寸及深度、始发方式，接收井尺寸及深度，是否在洞内拆机等影响盾构大件尺寸、重量等。

（6）预制件尺寸、安装及运输。

管片规格尺寸、分块、搭接量、连接形式、密封挤压力直接影响管片拼装机参数配置、推进系统设计；是否配置箱涵件，箱涵件规格尺寸，是否同步拼装直接影响后配套拖车结构设计和吊机能力设计；管片及箱涵运输车尺寸、编组影响拖车结构及净空设计。

（7）其他要求。

地区准入标准、当地海拔、电压信息、洞内管线布置、客户特殊要求等也影响盾构设计。

4.2 刀盘设计

4.2.1 刀盘选型设计

刀盘是整个盾构最前端的关键部件，是和地层情况联系最紧密的部件，刀盘的设计和地层的水文地质情况息息相关。

目前，超大直径盾构刀盘主要分为常规刀盘和常压刀盘。常压刀盘主梁内部为中空结构，换刀人员可以在刀梁内部常压环境下实现刀具的更换，如图 4-1 所示。

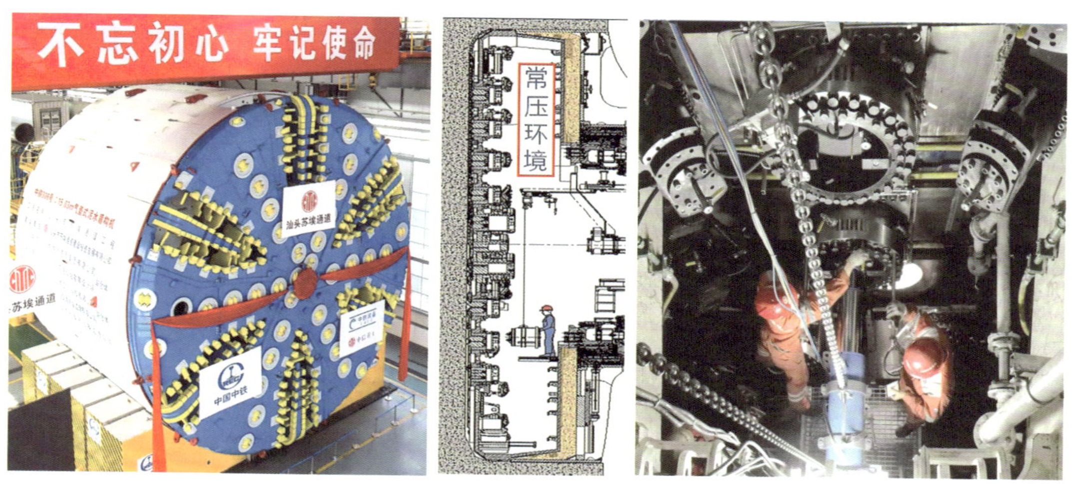

图 4-1 常压刀盘及常压换刀

常规刀盘（图 4-2）与常压刀盘（图 4-3）优缺点对比见表 4-1。

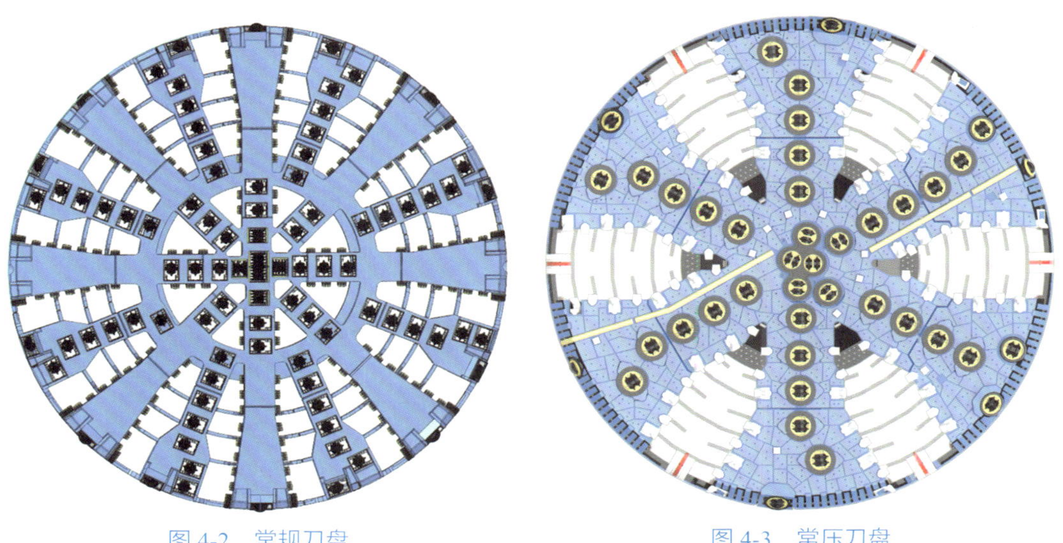

图 4-2　常规刀盘　　　图 4-3　常压刀盘

表 4-1　常规刀盘与常压刀盘优缺点对比

比较项目	常规刀盘	常压刀盘
破岩能力	刀具数量多，破岩能力强	刀具数量少，破岩能力一般
换刀频率	刀盘开口均匀，渣土流通性好，刀具二次磨损少	中心实心区域大，面板宽度大，渣土流动较差，刀具二次磨损大
检查刀具	带压或饱和检查刀具，难度较大，时间较长	通过旋转检测和温度检测，可实时监测刀具情况
排渣功能	刀盘中心开口率大，渣土流动通畅	刀盘中心开口率小，面板宽度大，刀盘厚度大，渣土流动较差，易结泥饼
换刀环境	带压换刀，作业环境差，效率低，风险大	常压换刀，作业环境较好，效率高，安全性好

常规刀盘由于其刀间距小，更利于高强度岩石的破岩，其开口率更大、开口更均匀，更利于渣土流动，有利于降低刀盘结泥饼的概率和避免刀具二次磨损，有利于提高盾构施工效率。但是常规刀盘检查和更换刀具需要人员带压进入开挖舱，换刀作业环境差、风险高，同时带压作业效率低，采用饱和作业换刀成本高，在高水压和不稳定地层中进舱换刀具有较高施工风险。

常压刀盘由于检查和更换刀具均在刀盘主梁内部的常压环境下进行，安全性好，主要应用于高水压、换刀作业较频繁及掌子面稳定性较差的地层施工。

4.2.2 刀盘结构设计

刀盘结构件是保证整个刀盘所能承受强度和刚度的基础，根据不同的地层强度情况和刀具选择要求，刀盘结构形式各不相同，针对硬岩、软硬不均、砂卵石等复合地层一般选用配置滚刀的复合刀盘（图 4-4），针对土层、砂层等软弱地层一般选用配置切刀的软土刀盘（图 4-5）。

图 4-4 复合刀盘

图 4-5 软土刀盘

超大直径盾构刀盘由于结构尺寸大，在设计时要重点考虑刀盘运输和吊装的便捷性。一般来说，对于直径大于 10 m 的刀盘都需要进行分块设计，如图 4-6、图 4-7 所示。

图 4-6 常压刀盘分块形式

图 4-7 常规刀盘分块形式

由于超大直径盾构刀盘结构尺寸大，掘进时承受的荷载大，因此要重点考虑刀盘结构的应力和变形，需要对刀盘进行刚度、强度分析。在进行刀盘刚度、强度分析时，主要考虑均匀荷载（图 4-8）和偏载（图 4-9）两种极限工况。

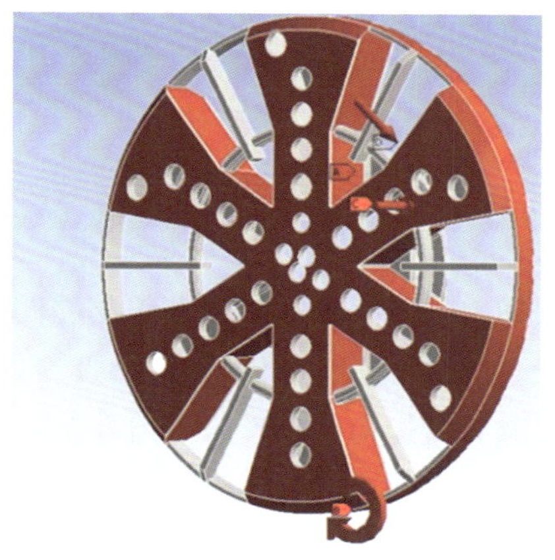

图 4-8　均匀荷载加载情况

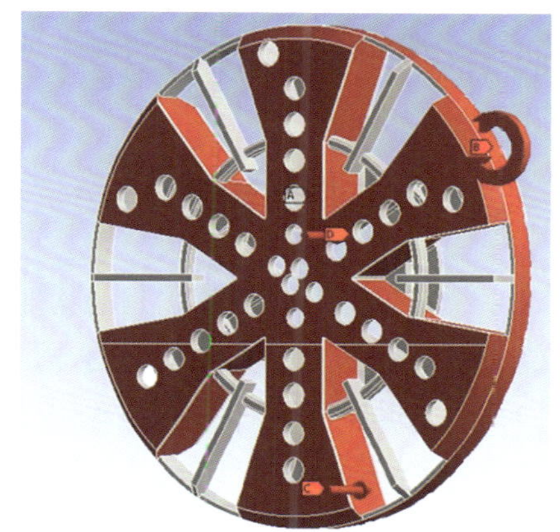

图 4-9　偏载加载情况

（1）均匀荷载。

主要考虑刀盘在均一地层中掘进时所承受的工作荷载。

① 刀盘结构承受的所有刀具最大掘进反推力。

② 刀盘承受的最大水土压力。

③ 主驱动额定扭矩。

④ 刀盘自重。

（2）偏载。

主要考虑刀盘在软硬不均地层中掘进时所承受的偏载。

① 刀盘结构承受的某区域 1/3（可以根据实际情况进行调整）刀具最大掘进反推力。

② 刀盘承受的最大水土压力。

③ 主驱动额定扭矩。

④ 刀盘自重。

4.2.3　刀具布置原则

超大直径盾构刀盘刀具的布置方式一般采用对称布置。当同轨迹出现多把刀具情况时，要尽可能满足与刀盘中心对称，其目的是减少刀盘所受的不平衡力，从而减小主驱动受到倾覆力矩的可能性。刀具布置具体原则如下：

（1）刀具布置遵循内少外多原则，以保证各个区域刀具的磨损基本一致。

（2）刀具伸出刀盘面板的高度应保证渣土的流动，以有效防止刀盘面板与开挖面间产生泥饼。

（3）刀具的布置应充分考虑刀盘的受力性能，力求刀具径向荷载的合力通过刀盘的中心，从而使主轴承受力状况良好。

（4）刀盘直径一般应考虑刀具磨损后开挖直径仍大于盾构切口环的直径，以保证盾构姿态的调整。

4.3 主驱动系统设计

驱动系统（刀盘驱动装置）是盾构非常重要的一部分，在盾构掘进作业过程中，主驱动承受来自刀盘的轴向力、径向力和倾覆力矩，同时需要将电机的巨大回转力矩传递给刀盘。主驱动各个零部件工作的稳定性直接影响刀盘运动平稳性、使用寿命、施工进度等许多方面。

4.3.1 主驱动功能设计

驱动系统主要由驱动电机或液压电机、行星齿轮减速器、驱动小齿轮、驱动大齿轮及主轴承、传动受力环、驱动箱、密封装置、扭矩限制器等组成，支承盾构正面水土压力，以一定的切削扭矩和转速带动刀盘回转切破岩土。盾构主驱动各重要组成部分如图 4-10 所示。

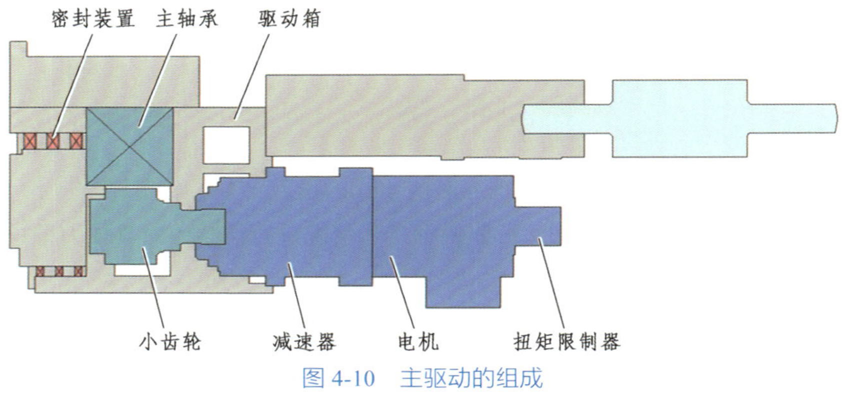

图 4-10 主驱动的组成

超大直径泥水盾构为适应硬岩、软硬不均、黏性地层掘进，主驱动一般具有伸缩功能（图 4-11）或伸缩摆动功能（图 4-12）。伸缩功能是利用主驱动后部伸缩油缸同步平移，从而实现刀盘的伸缩动作；摆动功能是利用主驱动后部伸缩油缸行程差，以及主驱动外周球铰结构跟随转动，从而实现刀盘的摆动动作。

伸缩摆动功能的主要作用如下：

（1）解决新刀安装空间问题。在盾构掘进中刀具存在磨损或异常损坏问题，这就导致旧刀具外形尺寸小于新刀具，在更换刀具过程中，新刀具就无法安装到位，利用刀盘后退可以为新刀具安装预留空间。

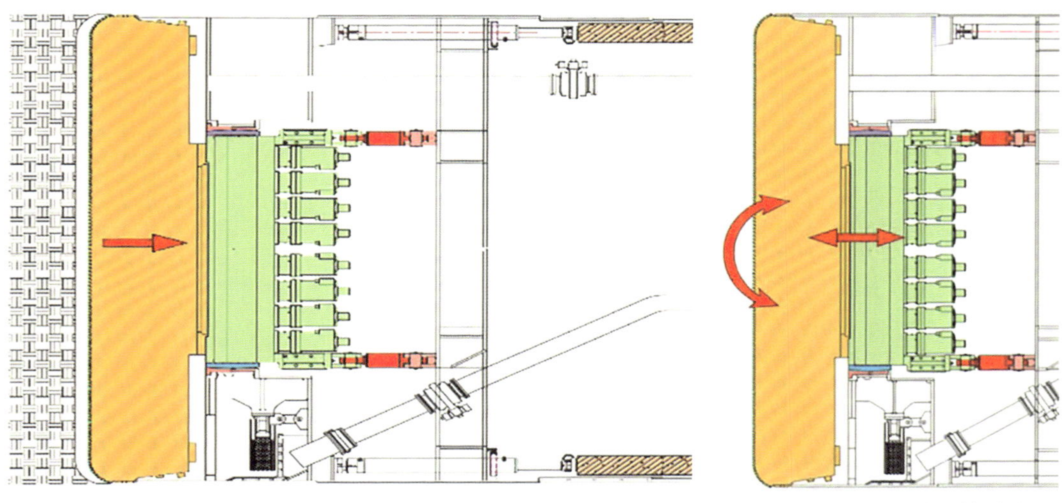
图 4-11　伸缩功能动作　　图 4-12　伸缩摆动功能动作

（2）实时监控刀盘负载数据并联锁保护。利用伸缩油缸，可以实时监控刀盘负载，同时可对负载设置联锁保护值，从而保护刀盘和主轴承。

（3）适应软硬不均地层。主驱动伸缩油缸承受着刀盘开挖力，在软硬不均地层中掘进时伸缩油缸具备一定的吸震缓冲作用。

（4）刀盘后退利于溜渣、降低刀盘结泥饼概率。在黏性地层中掘进，刀盘容易结泥饼，利用刀盘定期后退有利于刀盘前部渣土流动，降低结泥饼概率。

4.3.2　主驱动主参数设计

刀盘的旋转需主驱动（图 4-13）提供驱动扭矩，通过采用多套驱动单元联合输出，每套驱动单元通过减速机、小齿轮与主轴承齿圈啮合将扭矩传递给刀盘，从而实现刀盘旋转切削掌子面。

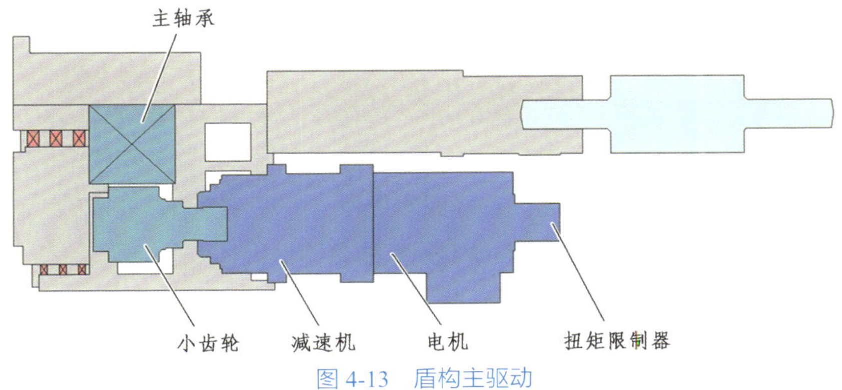

图 4-13　盾构主驱动

主驱动扭矩计算比较复杂，刀盘在地层中掘进时所需的扭矩一般包含：

① 刀具切削扭矩 T_1。

② 刀盘前端面由于渣土摩擦产生的摩擦力矩 T_2。

③ 刀盘背面的摩擦力矩 T_3。

④ 刀盘大圆环的摩擦力矩 T_4。

⑤ 舱内的搅拌力矩 T_5。

⑥ 刀盘的主轴承旋转阻力矩 T_6。

⑦ 刀盘受推力荷载产生的反力矩 T_7。

⑧ 密封装置所产生的摩擦力矩 T_8。

主驱动配置扭矩应足够克服上述扭矩之和，并设计一定富余量。国家标准《全断面隧道掘进机　泥水平衡盾构机》（GB/T 35019—2018）有详细的刀盘扭矩计算方法。

刀盘扭矩计算一般也采用以下经验公式进行估算：

$$T = \alpha D^3 \tag{4-1}$$

式中：T——刀盘驱动扭矩（kN · m）；

α——扭矩系数，一般地，超大直径泥水盾构 $\alpha = 8 \sim 12$（直径越大，取值越小）；

D——刀盘开挖直径（m）。

4.3.3　主驱动密封设计

超大直径泥水盾构主驱动密封一般有两种形式：唇形密封（图 4-14）和指形密封（图 4-15）。唇形密封适应转速高，承压能力一般；指形密封适应转速低，承压能力高。

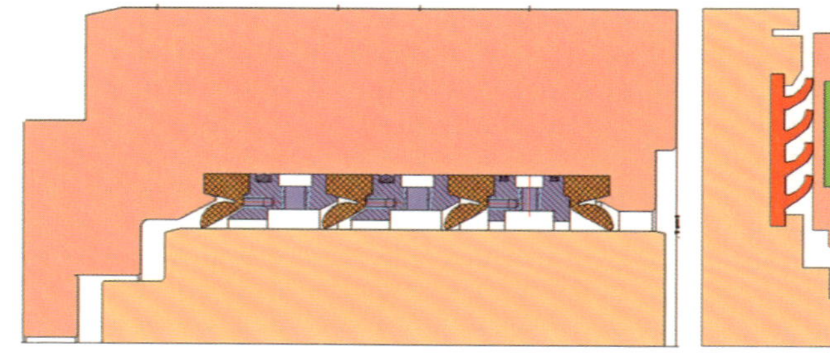

图 4-14　唇形密封

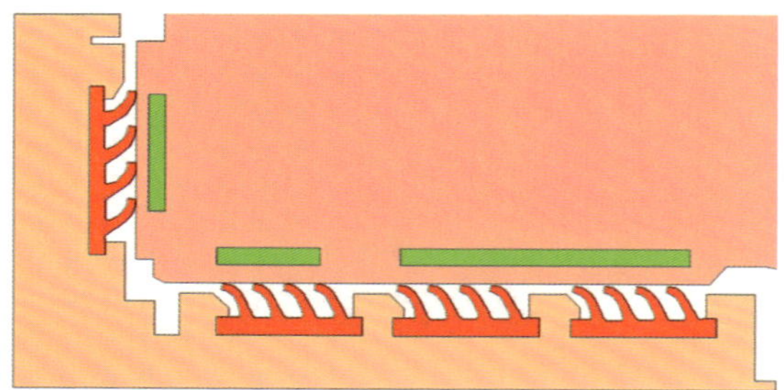

图 4-15　指形密封

为提高唇形密封承压能力，超大直径泥水盾构一般采用多道（4 道及以上）唇形密封或采用驱动箱压力补偿技术，来提高密封系统的整体承压。

驱动箱压力补偿技术就是通过对驱动箱内部加压，为唇形密封提供背压，从而提高整套密封系统的承压能力。如图 4-16 所示，对于 4 道唇形密封的主驱动系统，在开挖舱水土压力较低的情况下，F4 腔和 F5 腔为常压状态，当开挖舱水土压力较高时，对 F4 腔和 F5 腔提供压力补偿，从而提高密封系统的整体承压能力。

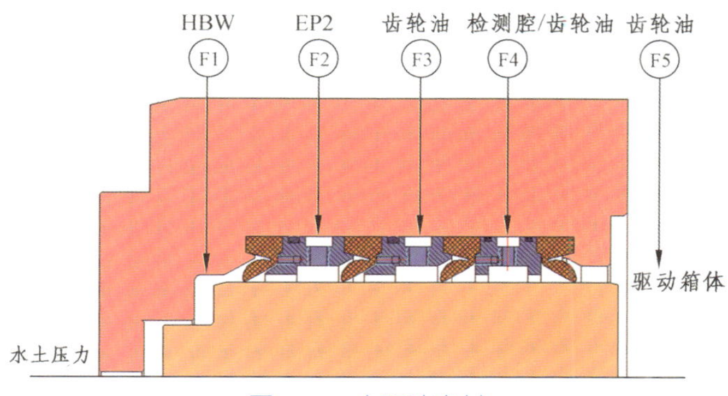

图 4-16　主驱动密封

4.4　盾体设计

4.4.1　盾体结构设计

盾体对开挖后还未衬砌的隧道段起着临时支护作用，承受周围的水土压力，将地下水挡在盾壳外部；同时盾体作为刀盘、主驱动、管片拼装机等主要部件的支撑结构。其结构设计显得尤为重要。

1．结构形式设计

一般情况下，超大直径盾构隧道转弯半径较大，考虑到设备的可靠性，主机不设置铰接机构，采取前中尾盾焊接形式。但是超大直径盾构结构尺寸大，整机重量大，运输组装可能存在超高、超宽、超重等现象，因此需要对盾体进行分体式设计。直径越大，分块数量越多。一般来说，15 m 级以下采用盾体 8 分块形式（图 4-17）；针对 15 m 级以上超大直径盾构，前中盾圆周方向分为 10 块（图 4-18），尾盾分为 4 块。

图 4-17　15 m 级以下采用盾体 8 分块形式

图 4-18　15 m 级以上采用盾体 10 分块形式

2. 盾体直径设计

盾体直径设计一般从管片外径、盾尾密封、盾体板厚、加工制造误差和地质情况等方面进行综合考虑。

（1）尾盾直径。

尾盾直径 D_w 计算公式如下：

$$D_w = D_0+2(X+t_w) \tag{4-2}$$

式中：D_w——尾盾直径（m）；

D_0——管片外径（m）；

X——盾尾刷容刷量（m）；

t_w——尾盾板厚（m）。

超大直径盾构由于管片错台量、结构变形更大，因此相对于常规盾构需要考虑更大的盾尾刷容刷量，超大直径盾构盾尾刷容刷量一般为 0.09 ~ 0.13 m。直径越大，转弯半径越小的设备盾尾刷容刷量越大。

（2）中盾直径。

中盾直径 D_z 计算公式如下：

$$D_z = D_w+2y \tag{4-3}$$

式中：D_z——中盾直径（m）；

y——盾体单侧台阶值（加工制造误差）（m）。

超大直径盾构加工制造尺寸控制难度大，公差带更大。

（3）前盾直径。

前盾直径计算公式如下：

$$D_q = D_z+2y \tag{4-4}$$

式中：D_q——前盾直径（m）；

y——盾体单侧台阶值（加工制造误差）（m）。

超大直径盾构盾体单侧台阶取值范围一般为 12.5 ~ 20 mm，直径越大，取值也越大。如 15 m 级超大直径盾构盾体单侧台阶一般取值为 15 mm。

3. 舱内部件设计

气垫式泥水平衡盾构具有泥水舱和气垫舱，在气垫舱下部设置破碎机或搅拌器。

一般来说，在岩层、软硬不均、砂卵石等复合地层中一般配置颚式破碎机（图 4-19）。颚式破碎机通过油缸驱动，带动颚板动作，从而对石块进行破碎。

在砂层、土层等不产生大石块的地层一般配置搅拌器（图 4-20）。搅拌器的高速转动对气垫舱底部渣土进行扰动，从而使渣土堆积较少，以降低舱内滞排。

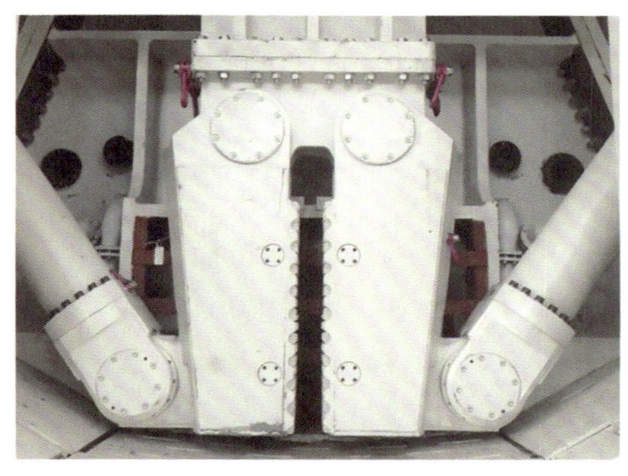
图 4-19　颚式破碎机

图 4-20　搅拌器

4. 盾体刚度、强度分析

盾体作为主机主要承载部件，受力极为复杂，盾体结构刚度、强度需满足外部最大荷载和内部最大荷载工况。其荷载来源主要包括：

① 刀盘开挖破岩力。

② 刀盘掘进扭矩。

③ 开挖舱水土压力。

④ 盾体外部圆周水土压力。

⑤ 推进系统推力。

⑥ 后配套拖拉力及上下坡分力。

⑦ 盾尾密封刷反力及油脂反力。

⑧ 刀盘、主驱动、管片拼装机重量。

⑨ 盾体本身重量。

4.4.2　盾尾密封设计

超大直径盾构隧道埋深大，水土压力较高，盾尾密封设计时需要考虑较高的承压能力。盾尾密封系统（图 4-21）是通过多道盾尾刷和盾尾刷之间填充的盾尾油脂进行密封承压的。一般情况下，超大直径盾构的盾尾刷数量不少于 4 道。

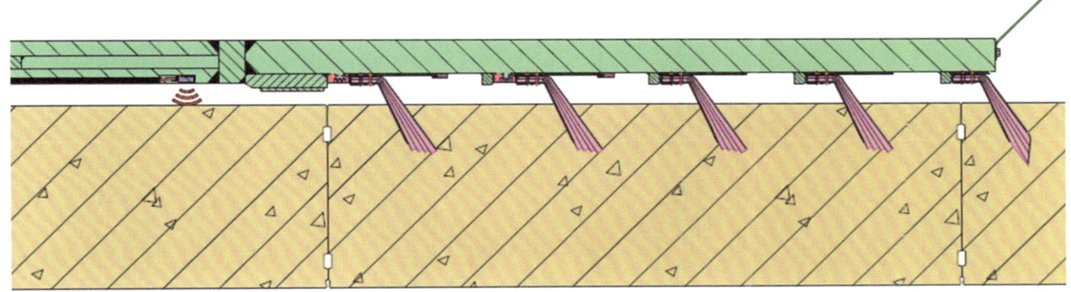
图 4-21　盾尾密封系统

4.5 推进系统设计

4.5.1 总推力设计

盾构总推力设计必须考虑的主要阻力包括：

① 刀盘刀具开挖力 F_1。

② 开挖面的水土压力 F_2。

③ 盾体摩擦力 F_3。

④ 后配套拖拉力 F_4。

⑤ 尾刷摩擦力 F_5。

推进油缸总推力配置应足够克服上述阻力之和，并设计一定富余量。国家标准《全断面隧道掘进机　泥水平衡盾构机》（GB/T 35019—2018）有详细的推进系统总推力计算方法。一般也采用以下经验公式进行估算：

$$F = kA \tag{4-5}$$

式中：F—推进系统所需总推力（kN）；

k——开挖面积（m^2）；

A——单位面积推力比，一般取值在 1 100 ~ 1 300 kN/m^2 之间，水土压力越高取值越大。

4.5.2 推进油缸设计

推进油缸布置主要根据管片分度及纵向螺栓孔位置确定，其布置原则是不与管片骑缝，尽量避免单缸形式。超大直径泥水盾构为方便姿态调整，推进分组一般分为 6 组（图 4-22）。

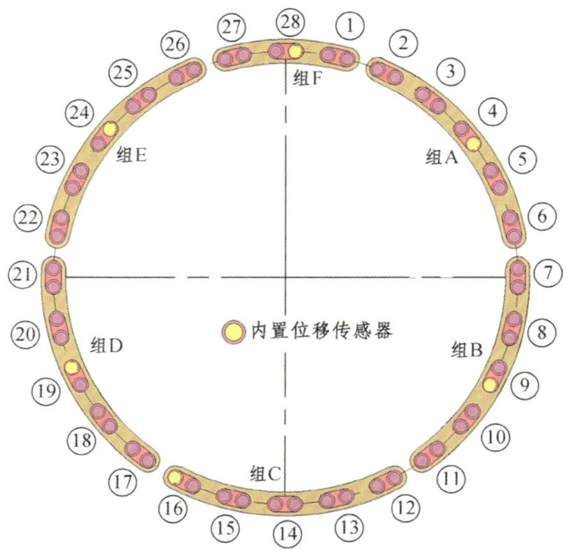

图 4-22　推进油缸分组示意图

为保护推进油缸和管片，推进油缸一般设计浮动支撑机构（图 4-23）。通过在每组推进油缸后部设置可归中控制的小油缸，从而实现在掘进时推进油缸随盾体姿态跟随摆动，在拼装管片时自动归中。

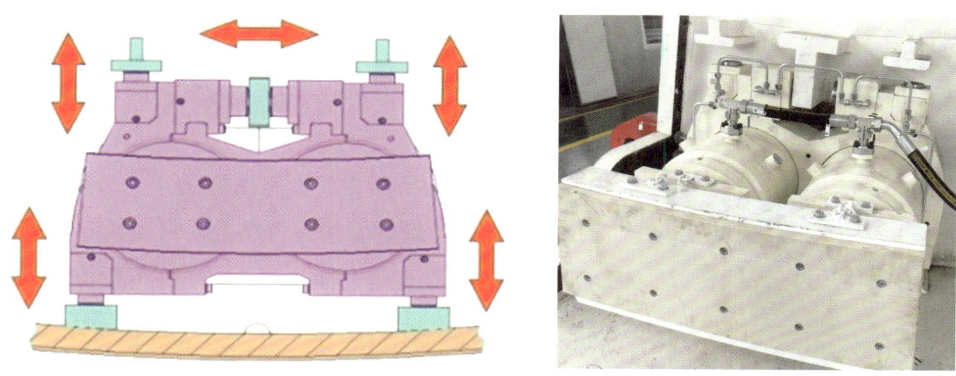

图 4-23　推进油缸浮动支撑机构

4.6　管片拼装机设计

超大直径盾构管片拼装机一般采用主梁式结构（图 4-24），管片抓取方式为真空吸盘式。管片拼装机设计边界条件主要包括：

管片特征参数：外径 / 内径、环宽、分块尺寸、重量，管片密封挤压力，以及管片分块螺栓孔及定位销相关尺寸等。

使用地海拔：影响真空吸盘吸附力。

图 4-24　主梁式管片拼装机

管片拼装机设计一般包括回转支承选型设计、驱动设计、真空吸盘设计、提升油缸（红蓝缸）设计等。

4.6.1 回转支承选型设计

回转支承的作用是为回转架的旋转提供支撑。回转支承承受的荷载有轴向荷载、径向荷载、倾覆扭矩、回转扭矩。回转支承要结合这 4 种荷载进行选型设计。4 种荷载的主要来源分别如下：

（1）轴向荷载：管片拼装时向后压紧管片的挤压力，上下坡时的重力分力。

（2）径向荷载：回转架、红蓝油缸、抓举头、管片重力，管片拼装时顶紧盾壳的推力。

（3）倾覆力矩：回转架、红蓝油缸、抓举头、管片重力产生的相对于回转支承中心的扭矩。

（4）回转力矩：抓举头和管片拼装时的旋转力矩。

4.6.2 驱动设计

管片拼装机回转力矩一般是通过电机和减速机提供，电机和减速机提供的最大回转力矩按照管片位于最大回转半径时计算，设计时要考虑拼装机旋转时的最大线速度，不宜过快。

4.6.3 真空吸盘设计

真空吸盘需具备 3 个转动方向的微调动作，即前后俯仰、左右转动、左右摆动，如图 4-25 所示。前后俯仰、左右转动分别由调整油缸驱动，左右摆动通过拼装机提升油缸（红蓝缸）与伸缩臂配合实现。

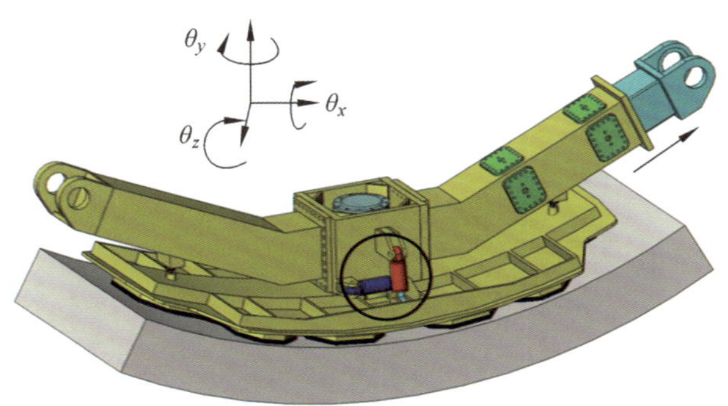

图 4-25 真空吸盘自由度示意图

国家标准《全断面隧道掘进机 盾构机安全要求》（GB/T 34650—2017）对真空吸盘式管片拼装机的安全系数提出“抓取安全系数不应小于 2.5”的要求，并且提出“断电情况下，真空吸盘式管片拼装机应保证仍能吸持管片的时间不应小于 20 min”的保压要求。安全系数的大小主要取决于真空吸盘对于管片内壁的吸附面积，即密封条围绕行程的面域（图 4-26），面域越大，安全系数越大。设计时，需要考虑项目所在地的海拔。

图 4-26　真空吸盘吸附面积示意图

4.6.4　提升油缸设计

提升油缸也称为红蓝缸，红蓝缸除了承受管片提升的作用力外，还承受管片拼装时的回转扭矩。提升力主要考虑管片在 6 点钟位置的向上拉力，以及在 12 点钟位置的向上举升力，如图 4-27 所示；回转扭矩主要考虑在 3 点钟、9 点钟位置拼装最大块管片，以及管片密封挤压力所产生的扭矩，如图 4-28 所示。

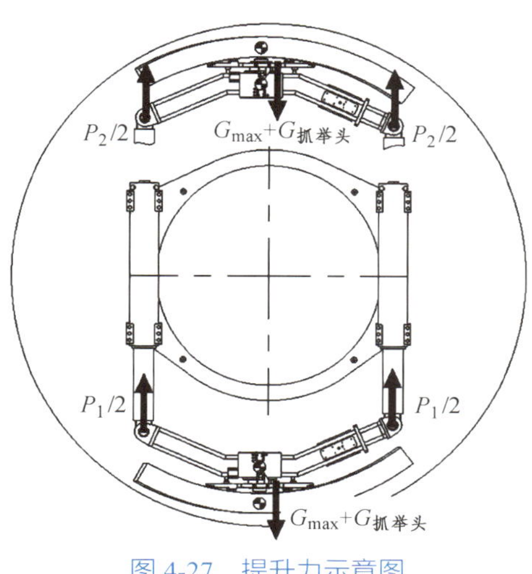

图 4-27　提升力示意图

图 4-28　回转扭矩示意图

4.7 泥水循环系统设计

4.7.1 泥水循环系统设计计算

项目所需泥水循环系统的计算主要涉及主进泥流量、主排泥流量；为了调节局部流量或者实现定点定量冲刷，还会涉及支路冲刷流量计算。本节主要对泥水循环系统的主要参数设计提供一种常见计算方法，具体如下：

1. 开挖渣土量

开挖渣土量 Q 计算如下：

$$Q=\frac{60Ak_1V_s}{1\,000} \tag{4-6}$$

式中：Q——开挖渣土量（m^3/h）；

A——隧道开挖截面积（m^2）；

k_1——土体含泥率，以体积百分数表示（%）；

V_s——设计推进速度（mm/min）。

2. 进泥浓度

进泥浓度 C_1 计算如下：

$$C_1=\frac{\gamma_1-1}{\gamma/1\,000-1}\times 100 \tag{4-7}$$

式中：C_1——进泥浓度，以体积百分数表示（%）；

γ_1——土体流变参数，由过滤试验、流变试验及其他因素决定；

γ——开挖面上的土体密度（kg/m^3）。

3. 排泥流速

流入管路内泥水的流动式样因粒径、比重、流速而异。若粒径、比重变大，则在水平管内由重力不同而产生管内上下部浓度差，形成不均质流动。若流速小，则会产生粒子沉淀；若高速运动，则粒子会因跃动而形成混流，接近均质流动。

由杜朗德临界沉淀流速计算排泥管流速 V_2。

$$V_L=F_L\sqrt{2gD_2(\gamma/1\,000-1)} \tag{4-8}$$

式中：V_L——临界沉淀流速（m/s）；

F_L——粒子浓度和粒径的常数；

g——重力加速度（m/s^2），取 9.8 m/s^2；

D_2——排泥管通径（由输送流量和最大渣土粒径确定）（m）；

γ——开挖面上的土体密度（kg/m^3）。

排泥管路流速 V_2，按 $1.2V_L$ ~ $1.25V_L$ 选取，即：

$$V_2 = 1.2V_L \sim 1.25V_L$$

4. 排泥流量

排泥流量 Q_2 计算如下：

$$Q_2 = 900\pi D_2^2 V_2 \tag{4-9}$$

式中：Q_2——排泥流量（m^3/h）；

D_2——排泥管通径（由输送流量和最大渣土粒径确定）（m）；

V_2——排泥流速（m/s）。

5. 进泥流量

进泥流量 Q_1 计算如下：

$$Q_1 = Q_2 - Q \tag{4-10}$$

式中：Q_1——进泥流量（m^3/h）。

6. 排泥浓度

排泥浓度 C_2 计算如下：

$$C_2 = \frac{C_1 Q_1 + 100Q}{Q_2} \tag{4-11}$$

式中：C_2——排泥浓度，以体积百分数表示（%）；

C_1——进泥浓度，以体积百分数表示（%）。

排泥浓度的适宜范围为 1.30 ~ 1.40。

一般泥浆浓度超过 1.40 时，输送很困难。为了降低浓度，需增大管径，加大流量，需从式（4-8）重新再次计算。

7. 进泥密度

进泥密度计算如下：

$$\gamma_1 = 1 + C_1(\gamma/1\,000 - 1) \times 100 \tag{4-12}$$

式中：γ_1——进泥密度（kg/m^3）；

C_1——进泥浓度，以体积百分数表示（%）。

8. 排泥密度

排泥密度 γ_2 计算如下：

$$\gamma_2 = 1 + C_2(\gamma/1\,000 - 1) \times 100 \tag{4-13}$$

式中：γ_2——排泥密度（kg/m^3）；

C_2——排泥浓度，以体积百分数表示（%）。

9. 进泥流速

进泥泵为满足对开挖面加压所需的流量，常采用加大管径、减小流速的措施减少压力损失。为制造采购方便，进泥管通径一般与排泥管通径相同。

进泥流速 V_1 计算如下：

$$V_1 = \frac{Q_1}{15\pi D_1^2} \tag{4-14}$$

式中：V_1——开挖时的进泥流速（m/s）；

D_1——进泥管通径（由开挖舱开挖量确定）（m）。

4.7.2 泥水循环系统主要模式

泥水循环系统工作模式（图 4-29）主要分为掘进、逆冲洗和辅助模式三大类，包括掘进模式、逆冲洗模式、旁通模式、维修保压模式、长时间停机保压模式等。

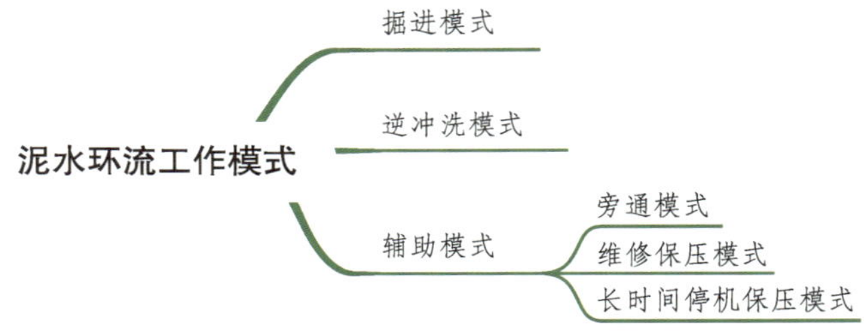

图 4-29 泥水循环系统工作模式架构

泥水环流系统各模式转换有着独特的运行规则，在满足“稳得住”的情况下，各模式间需要切换，以实现掘进机运行的需求。不按照规则运行将出现施工风险，造成设备损坏。例如，掘进模式不能直接切换为逆冲洗模式，停机状态也不能直接切换为掘进模式和逆冲洗模式，必须依靠旁通模式作为过渡。泥水环流系统各模式切换流程如图 4-30 所示。

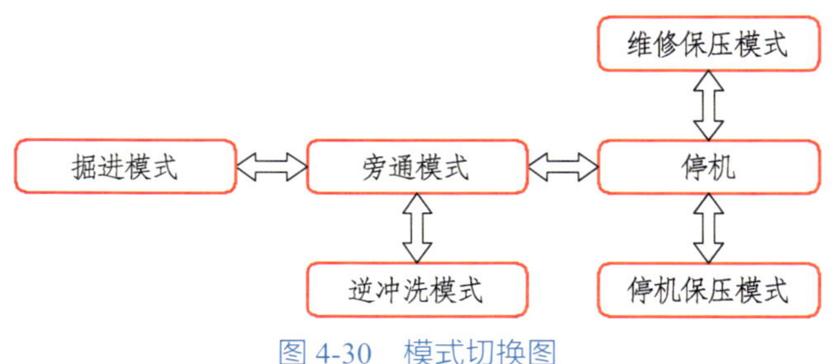

图 4-30 模式切换图

4.8 注浆系统设计

4.8.1 注浆系统的作用及分类

注浆系统的主要作用是填充盾构掘进后管片与地层空隙、稳定管片、减小地表沉降。注浆系统分为同步注浆系统（图 4-31）和二次注浆系统（图 4-32）。其中，同步注浆系统又分为同步单液注浆系统和同步双液注浆系统。

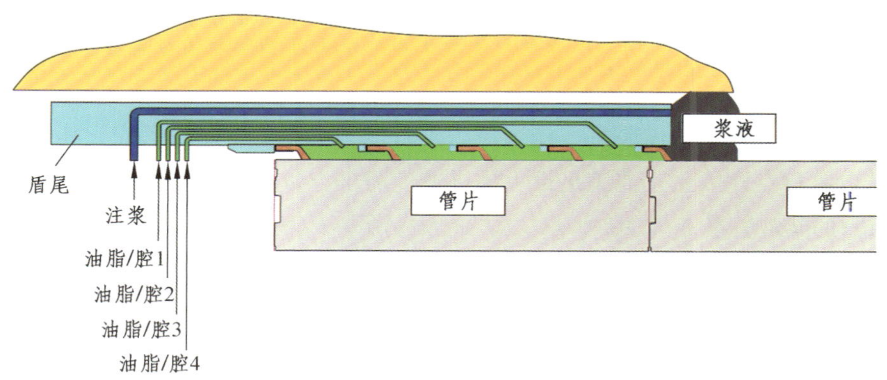

图 4-31　同步注浆系统示意图

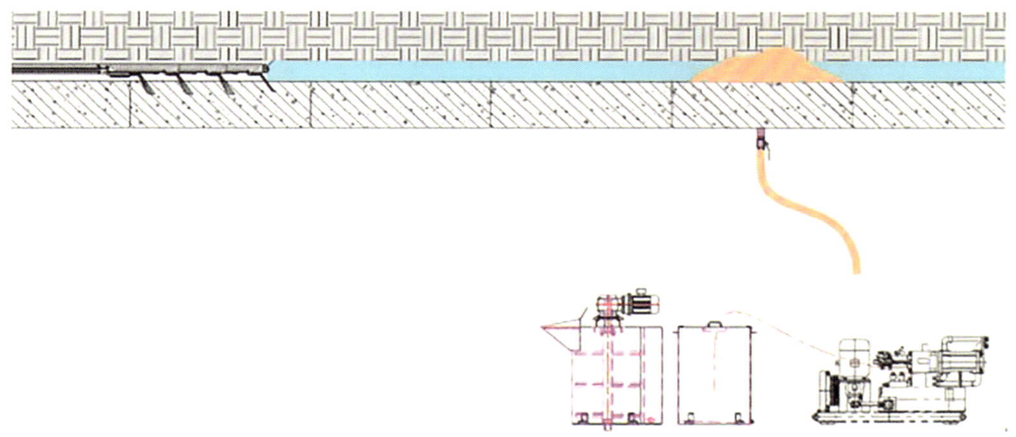

图 4-32　二次注浆系统示意图

1. 同步单液注浆系统

单液浆主要是水、水泥和砂按照一定比例配制出的浆液，其特点如下：

优点：材料来源丰富、造价低廉、浆液配制简单、注入工艺简单、操作方便等。

缺点：砂浆凝固时间较长，在渣土中浆液容易流失，易沉淀析水，强度增长慢，且稳定性较差。

2. 同步双液注浆系统

双液浆主要是由水泥浆（含有少量的缓凝剂）和水玻璃按照一定的比例配制出的。双液浆克服了单液砂浆凝结时间长且不能控制等的缺点，提高了注浆的效率，常用于富水地层中的隧道注浆施工。

3. 二次注浆系统

当同步注浆效果不好或管片发生漏水、上浮或下沉时，需要从管片预埋孔处进行管片二次注浆。二次注浆采用双液浆，分 A 液与 B 液，A 液成分就是单液浆的成分，B 液主要成分是水玻璃。

4.8.2 同步注浆系统计算

同步注浆系统主要由砂浆罐、注浆泵、压力传感器等辅助元件组成。其中注浆泵配置需满足单泵单点注入，且需满足最大推进速度需求方量，罐体配置一般来说需满足掘进 1 环所需的浆液方量。

同步注浆系统主要计算边界条件有：隧道开挖直径、隧道管片外径、管片宽度、推进速度。

1. 单位注浆量

单位注浆量按以下公式计算：

$$Q=\frac{\pi}{4}(D_s^2-D_0^2)v\alpha \tag{4-15}$$

式中：Q——单位注浆量（m^3/h）；

D_s——隧道开挖直径（m）；

D_0——隧道管片外径（m）；

v——推进速度（m/h）；

α——填充系数。

2. 环注浆量计算

$$Q_{环}=\frac{\pi}{4}(D_s^2-D_0^2)\ L\alpha \tag{4-16}$$

式中：L——管片宽度（m）。

同步注浆系统配置需满足单位注浆量及环注浆量的要求。

4.9 水循环系统设计

4.9.1 水循环系统的组成及作用

水循环系统由以下 4 个部分组成：

（1）外循环部分：带走盾构工作时产生的热量，为盾构提供水源。

（2）内循环部分：用于齿轮油、变压器、主驱动变频柜、主驱动电机减速机、泥浆泵变频柜、排浆泵电机壳体、空压机、冷干机、液压泵站等部件的冷却。

（3）清洗水部分：用于设备上的分散用水以及各种清洗作业、泥浆泵冲刷等。

（4）污水处理部分：用于处理管片清洗、注浆管清洗和设备清洗等产生的工业污水。

4.9.2 水量计算

在盾构掘进过程中隧道作业产生的热量主要有电气系统产生的热量、液压系统产生的热量、传动及密封产生的热量、流体系统（空压机、齿轮油系统等）产生的热量、作业人员产生的热量等。

在盾构掘进过程中隧道作业产生的热量分别由通风及水流带走。一般来说，通风带走热量部分包括电气、液压部件发热功率的 10%，传动系统发热功率的 10%，环流系统摩擦产生热的小部分（可忽略），人员热量的 100%；循环水带走热量部分包括电气、液压部件发热功率的 90%，传动系统发热功率的 90%，空压机发热功率的 100%。

设备需求水量按下式计算：

$$Q=\frac{1\,000qA}{C\Delta T} \tag{4-17}$$

式中：q——循环水带走设备发热功率（kW）；

A——热功当量 [kJ/（kW·h）]；

C——水比热容 [kJ/（kg·℃）]；

ΔT——循环水温差（℃）。

4.10 通风系统设计

4.10.1 通风系统的作用

盾构施工一般采用洞外压入式通风，将洞外的新鲜空气输送到盾体及后配套区域，带走污浊空气，为工作人员提供新鲜空气，带走隧道热量，降低工作环境温度。

隧道通风的主要作用是散热。由于盾构装机功率有将近三分之一的功率变为热量，因此，通风散热就成了施工必不可少的保障，而通风供氧则成了附带满足的功能，同样也必不可少。由于除了人员呼出的二氧化碳气体外，几乎没有其他污染，所以盾构隧道通风可只考虑散热和供氧。

盾构本身还有水冷却系统带出热量，泥浆从管道排走的过程也会带出大量切削热，实际上通风风流所带出的热量仅占盾构产生总热量的一小部分，但这并不是说通风的作用无足轻重。实际上，通风是散热的最终手段，可带出机件和人员向空气中散发的热量。

4.10.2 通风系统计算

隧道通风系统（图 4-33）包括一次通风和二次通风系统。一次通风系统由洞外风机和一次风管组成，通过洞外风机持续向盾构输送新鲜空气；二次通风系统由储风筒、二次风机和二次风管组成，通过二次风机持续向盾构前部输送新鲜空气，保证设备区域良好的空气环境。

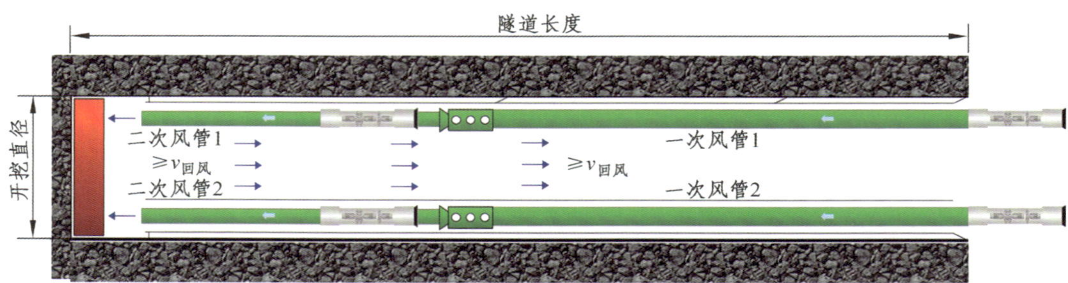

图 4-33　隧道通风示意图

通风计算可参照我国国家标准《全断面隧道掘进机 敞开式岩石隧道掘进机》（GB/T 34652—2017）、《金属非金属矿山安全规程》（GB 16423—2006）及其他国家的标准如英国《隧道机械安全要求》（BS EN16191—2014）、瑞典《地下工程通风规范》（SIA 196）和英国《建筑行业中隧道开挖作业的健康和安全操作规范》（BS6164）等的相关要求。

1. 二次通风计算

二次通风主要计算边界条件有：隧道管片内径、二次风管总长度、二次风管直径。

二次通风系统计算包含二次风机供风量和供风压计算。

（1）二次风机供风量计算。

隧道通风量，按照隧道内同时工作的最多人数、允许最小风速等条件逐个进行检验，采用其中的最大值。

① 按照洞内回风风速进行计算：

$$Q_1 = \frac{\pi D^2}{4} v_{回风} \tag{4-18}$$

式中：D——隧道有效内径（m）；

Q_1——按最小回风速度计算二次通风量（m^3/min）；

$v_{回风}$——隧道最小回风风速（m/min）。

② 按洞内同一时间最多人计算：

$$Q_2 = Q_{呼吸} N \tag{4-19}$$

式中：$Q_{呼吸}$——每人每分钟供风标准（3 m^3/min）；

N——隧道内同时工作的最多人数。

根据上述两种计算，选取最大值。

注：对于超大直径盾构而言，二次通风一般采用双风管方案，因此单个风机风量满足上述计算值的1/2即可。

（2）二次风机供风压计算。

二次风机供风压计算包括静压 P_m、动压 P_v 和局部阻力 P_j 计算。

① 静压 P_m 计算：

$$P_m = \frac{\lambda v^2 \rho}{2D} L \tag{4-20}$$

式中：λ——摩擦阻力系数（0.018 ~ 0.02）；

v——风速（m/s）；

ρ——空气密度（kg/m^3）；

D——风管直径（m）；

L——通风距离（m）。

② 动压 P_v 计算：

$$P_v = \frac{v^2 \rho}{2} \tag{4-21}$$

③ 局部阻力 P_j 计算：

$$P_j = \frac{v^2 \xi \rho}{2} \tag{4-22}$$

式中：ξ——局部阻力系数。

④ 总风压 P 计算：

$$P = P_m + P_v + P_j \tag{4-23}$$

设备二次风机选型需满足计算风量及风压的相关要求。

2. 一次通风计算

一次通风主要计算边界条件有：隧道管片内径、隧道总长度、一次风管直径。

一次通风系统计算同样包含一次风机供风量和供风压计算。

（1）一次风机供风量计算。

一次风机供风量计算与二次风机供风量计算相同，除此之外需要考虑一次通风末端与二次通风进口的漏风率，以及长距离输送一次风管的平均漏风率。由此可得一次风机进风风量：

$$Q = \frac{Q_1 / (1-\beta_1)}{(1-\beta_2)^{\frac{L}{100}}} \tag{4-24}$$

式中：Q_1——按最小回风速度计算的二次通风量（m^3/min）；

β_1——一次通风末端与二次通风进口漏风率（1% ~ 3%）；

β_2——一次风管平均漏风率，约 0.5%；

L——隧道长度（m）。

对于超大直径盾构而言，一次通风有单 / 双风管两种方案，若隧道进风采用双风管方案，则单个风机风量满足上述计算值的 1/2 即可。

（2）一次风机供风压计算。

一次风机供风压计算同样包括静压 P_m、动压 P_v 和局部阻力 P_j 计算，计算方法与二次风机供风压类同。

设备一次风机选型需满足计算风量及风压的相关要求。

4.11 保压系统设计

4.11.1 保压系统的作用

超大直径泥水平衡盾构一般采用气垫式，而保压系统则是气垫式泥水平衡盾构支撑开挖面的压力来源，其气压平衡原理如图 4-34 所示。

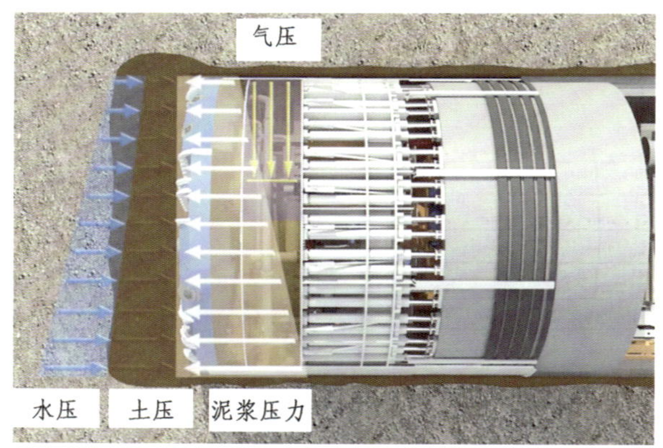

图 4-34 气垫式泥水平衡盾构气压平衡示意图

保压系统采用压缩空气来动态平衡泥水舱内的泥水支护压力和地层中的水土压力。在盾构掘进过程中，由推进速度、进浆与排浆泵转速、地层突变等各种原因引起的泥水液位变化，只需通过保压系统的自动调节功能，就可以快速补偿泥水支护压力的变化，由此达到稳定开挖面的目的。

对于超大直径盾构而言，为更好地稳定开挖面支护压力，保压系统采用 1 用 1 备设计。系统运行时，根据气垫舱的气压设定值与气压实测值之间的差值，通过控制进、排气阀门的开口度进行控制：当气压实测值低于设定值时，进气阀打开，并且根据实测值与设定值之间的偏差大小，使进气阀具有相应的开度，当实测值达到设定值时，进气阀关闭；反之亦然。

4.11.2　保压系统计算

保压系统主要由进排气阀、空压机、储气罐、辅助元件等组成。

保压系统主要计算边界条件有：隧道开挖直径、泥水支护压力、推进速度、进 / 排浆泵流量等。

进排气阀通流能力设计计算如下：

1. 进气阀门通流能力

进气阀门需满足设备掘进过程中进浆突然停止、持续排浆情况下，开挖面支护压力的稳定。进气阀门通流量：

$$Q_{进气}=Q_{排浆}(P_a+P_{泥}) \tag{4-25}$$

式中：$Q_{排浆}$——通过排浆管路排出泥浆的体积流量（m^3/min）；

P_a——大气压力（MPa）；

$P_{泥}$——盾构需要维持的压力（MPa）。

2. 排气阀门通流能力

排气阀门需满足设备掘进过程中排浆突然停止、持续进浆情况下，切口环处支护压力的稳定。排气阀门通流量：

$$Q_{进浆}=Q_{排浆}(P_a+P_{泥}) \tag{4-26}$$

式中：$Q_{进浆}$——通过进浆管路排出泥浆的体积流量（m^3/min）。

3. 空压机能力

空压机需满足在设备掘进过程中，进浆流量瞬时停止时，切口环处支护压力的稳定。空压机流量：

$$Q=\frac{\pi D_s^2}{4}(P_a+P_{泥}) \tag{4-27}$$

式中：D_s——隧道开挖直径（m）。

4.12　高效物料转运系统设计

超大直径泥水盾构施工工序多，物料转运极为烦琐，高效的物料转运将大大提高项目施工效率。超大直径泥水盾构物料转运主要包括管片、箱涵、泥浆管路、刀具和油脂桶等的转运。

4.12.1　管片转运系统设计

超大直径盾构管片吊运流程如图 4-35 所示。超大直径盾构单环管片数量多，同时需要 2 台管片运输车将管片运输至拖车下部。盾构配置管片吊机和管片小车对管片进行转运，管片吊机具备旋转功能，管片运输装置具备一环管片的储备空间。

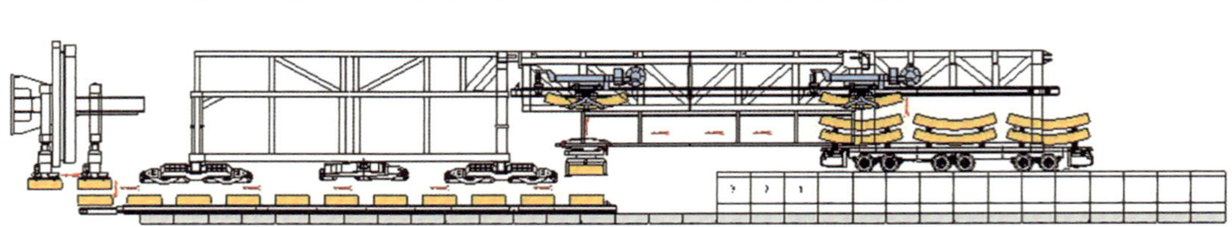

图 4-35 管片吊运流程示意图

1. 管片吊机结构形式确定

根据盾构上下坡度，确定吊机行走驱动方式：5% 以下坡度使用摩擦轮驱动，5% 以上坡度使用齿轮齿条和摩擦轮共同驱动。摩擦驱动方式需配置制动夹轨器进行驻车制动。

2. 管片吊机工效计算

管片吊机的行走速度、升降速度、抓取方式等需要重点考虑施工工效，同时要和隧道管片运输车进行匹配。管片吊机工效规划如图 4-36 所示，在正常掘进时，为充分保证管片供应和工序衔接，管片的吊运过程不能影响管片的拼装供应。

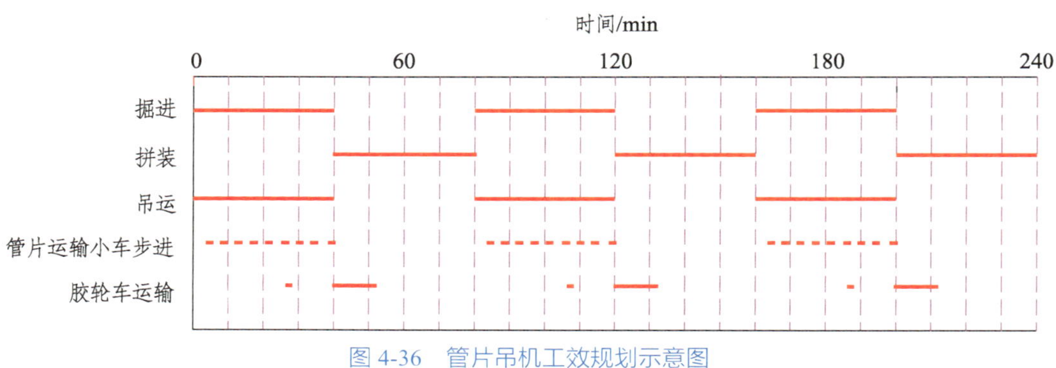

图 4-36 管片吊机工效规划示意图

4.12.2 箱涵转运系统设计

超大直径盾构隧道主要应用于公路隧道和铁路隧道领域，盾构隧道开挖断面为圆形，需要在隧道底部铺设结构，一般采用预制箱涵件。箱涵件根据是否为整体式分为中间箱涵件和整体箱涵件。一般情况下，盾构设计需要考虑设备在掘进过程中具备箱涵件同步拼装的能力，从而提高施工效率。

箱涵件通过胶轮运输车从井口运输到 2 号或 3 号拖车处，利用箱涵件吊机抓取并进行箱涵的同步拼装（图 4-37、图 4-38），盾构预留多块箱涵件的拼装空间，箱涵吊机形式需根据具体箱涵尺寸及结构特点进行针对性的设计选型。

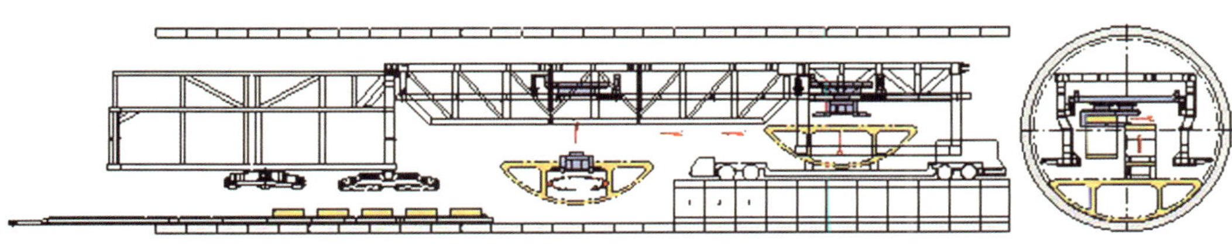

图 4-37 整体式箱涵件水平吊装示意图

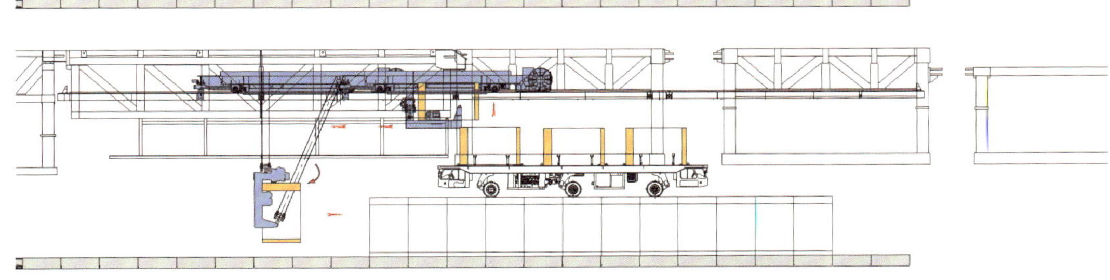

图 4-38 中间箱涵件翻身式吊装示意图

1. 箱涵吊机结构形式确定

箱涵吊机行走驱动方式设计选型与管片吊机类似。

根据箱涵高度，确定箱涵吊机类型：高箱涵使用翻转式吊机，低箱涵使用 C 型钩吊机。其中：低箱涵开口朝前使用前抓 C 型钩形式，开口朝侧面采用侧抓回转式 C 型钩吊机或卡爪回转式吊具。

2. 箱涵吊机工效计算

箱涵吊机的行走速度、升降速度等需要重点考虑施工工效，同时要和隧道管片运输车进行匹配。

3. 管片吊机、箱涵吊机联锁设计

管片吊机和箱涵吊机采用双轨道串式布置，两者之间的联锁是防撞限位联锁。其联锁方式有激光防撞联锁、十字限位防撞联锁、机械防撞联锁等。

管片吊机和箱涵吊机尾部均设计有物料吊机，可利用物料吊机对刀具、油脂桶等进行吊装转运。

4.12.3 预留饱和穿梭舱运输通道

饱和带压技术是在常规带压技术的基础上结合饱和潜水技术发展而来的。操作人员居住在具有饱和气体的地面生活舱内，在需要带压进舱作业时，人员进入临时穿梭舱，通过穿梭舱转运至盾构上并与设备人舱对接，实现操作人员带压进舱的目的。

超大直径盾构设计时，需要考虑预留穿梭舱运输通道，具备将运输车上的穿梭舱转

运至人舱对接的位置，以便实现紧急情况下带压进舱作业。穿梭舱运输如图 4-39、图 4-40 所示。

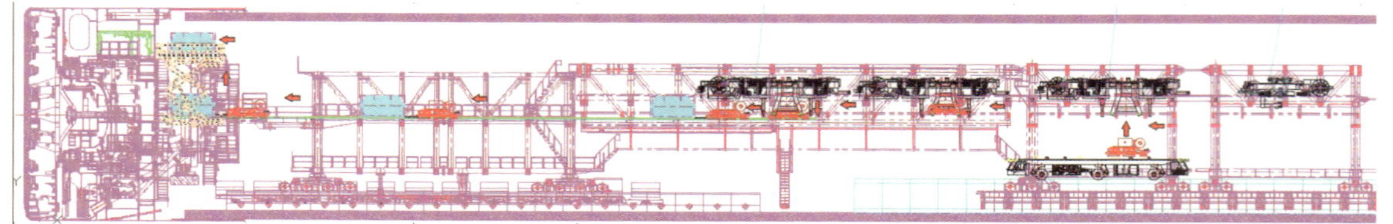

图 4-39 穿梭舱运输流程示意图

图 4-40 饱和穿梭舱运输

4.13 供电系统设计

4.13.1 电气系统概述

超大直径泥水盾构的电气系统可分为供配电系统和控制系统两部分。

供配电系统主要负责电能的分配、设备的电气保护等功能。盾构刀盘驱动电机旋转切削开挖面地层，电动机驱动液压泵为推进、管片拼装、注浆、辅助系统等提供压力油源，以及后配套水泵、风机、空压机等辅助设备的正常运行，都是消耗巨量电能的过程。为保证超大直径泥水盾构连续可靠运行，对其供配电系统提出了较高的要求。

超大直径泥水盾构的控制主要基于 PLC 控制器，通过数字量和模拟量的输入输出来控制盾构的整个掘进过程。传感器对温度、流量、压力等信号进行采集，通过 PLC 的输入信号模块进行信号读取，中央处理器（CPU）对输入信号进行逻辑运算，经继电器、变频器、放大板等传输到执行部件进行相应动作，最终实现盾构各系统间的联动。

4.13.2 供配电系统设计

供配电系统主要指超大直径泥水盾构供电回路、盾构上的电源转换、二次分配等。典型的泥水盾构供配电系统如图 4-41 所示。

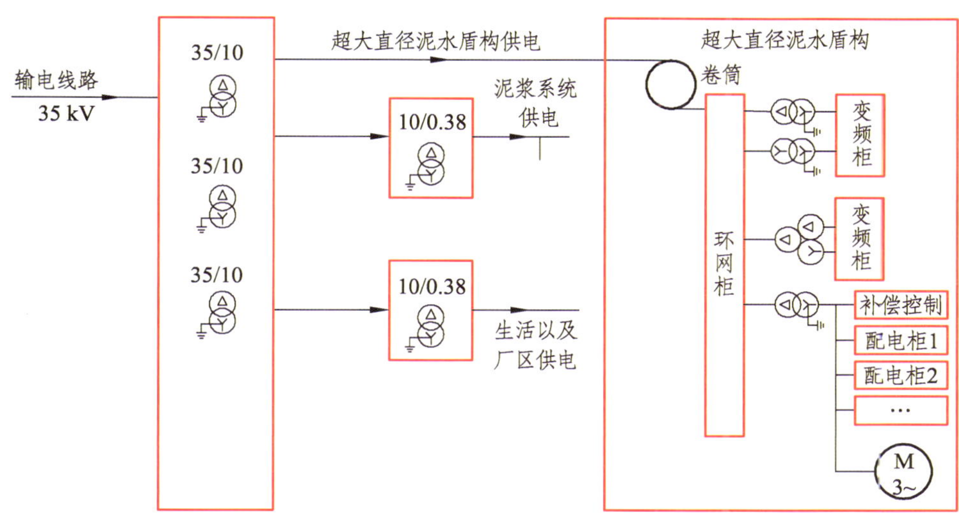

图 4-41　典型泥水盾构的供电系统

1. 电压等级的划分

提供给施工现场的输电线路电压等级国内一般为 35 kV，国外一般为 20 kV。由于盾构整机负荷较大（1 000 kV·A 以上），如果直接采用低压供电，电缆将承受巨大的供电电流，且压降过大造成设备无法正常工作，故盾构通常采用高压 10 kV 供电。超大直径泥水盾构供电多采用 690 V 和 400 V，这就需要使用降压变压器将 10 kV 转化为 690 V 和 400 V，以便给超大直径泥水盾构供电。

在进行超大直径泥水盾构电气系统设计时，通常在拖车上设置 4 台变压器，以满足设备的用电需求。其中：两台变压器经降压后输送至刀盘驱动变频柜，用于给主驱动提供电能；由于排浆泵所需功率较大，为其单独设置一台变压器，用于超大直径泥水盾构的排浆工作；另一台变压器则满足设备上其余电机和主控室工作的电能需求。

除了配置相应的变压器外，还需要建设相应的配电房，安装配置高压开关柜、避雷装置以及计量柜等辅助配套设备。

在计算施工工区用电容量时，除考虑超大直径泥水盾构用电容量外，还应考虑以下内容：

（1）超大直径泥水盾构施工的洞口布置有一次通风系统，用于给隧道内盾构施工区域提供新鲜空气，二次通风为级联风机，采用变频器进行驱动，需要根据配置的具体功率考虑供电容量。

（2）泥水盾构在运行时需要外部供应工业用水，施工洞口附近应配置蓄水池、水泵等供水装置。需要根据配置的具体功率考虑供电容量。

（3）泥水盾构工区会配置盾构维修以及材料加工车间，应考虑足够的用电容量。

（4）搅拌站用电容量。

（5）工区办公生活用电容量。

（6）由于施工工区多处于偏远地区，工区还建议配置应急发电机用于应急供电，应急供电范围应包含生活用电、隧道照明、一次通风等。

2. 无功功率自动补偿系统

由于超大直径泥水盾构的负载大部分为电动机，电动机属于感性负载，在运行时会导致电网功率因数降低，需要通过电容进行补偿以改善电源质量，提高功率因数。电容补偿可单独设置电容补偿柜（图 4-42），也可以集成到箱式变电站内部。国内常见的做法是直接集成到箱式变电站内部，采用补偿电容器在低压端集中补偿的方法，利用无功功率自动补偿控制器对无功功率进行自动补偿。无功功率自动补偿系统可实时监测系统的功率因数，通过控制接触器投切电容组达到动态补偿功率因数的目的，一般要求补偿后的功率因数不低于 0.9。

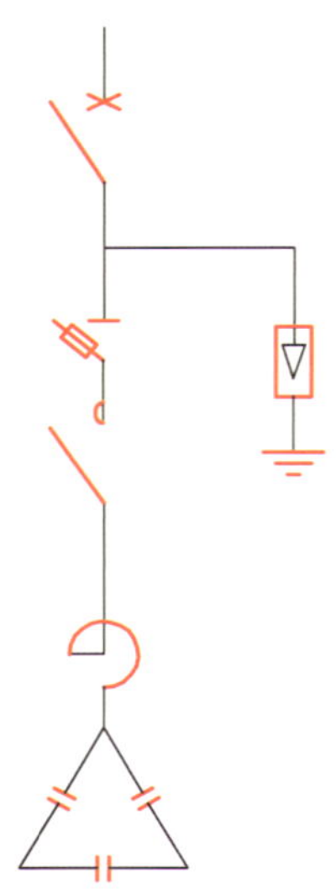

图 4-42　超大直径泥水盾构的补偿控制

电容补偿装置不单纯是电容，往往在电容的前端串联电抗器配合使用。串联电抗器的目的是防止电容和用电系统发生串并联谐振，导致谐波放大使电容过电流而损坏。同时，串联电抗器还可以起到限制浪涌电流的作用。补偿容量一般为配电系统总容量的 30% ~ 40%。对于主驱变频驱动系统，由于变频器本身功率因数很高，通常不需要额外电容补偿装置。

3. 配电系统保护

配电系统保护部件如图 4-43 所示。

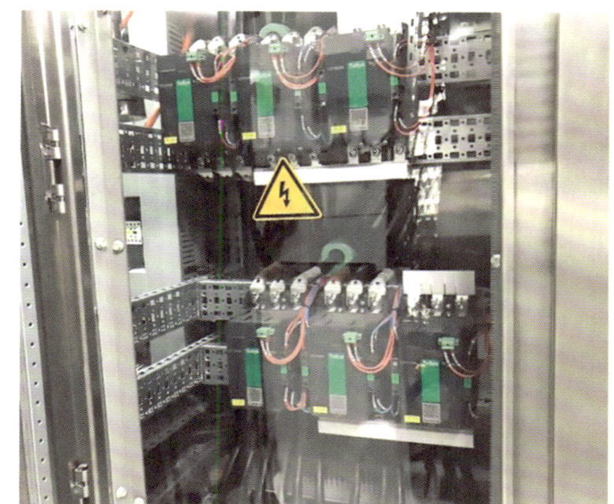

图 4-43　配电系统保护部件

超大直径泥水盾构的变压器将电压转化为设备电压后，一般在箱式变电站经过框架断路器将电源进行二次分配，将电能分配给各配电柜。电流较大回路多采用框架断路器形式，电流较小的开关设备多采用塑壳断路器。

4. 应急发电机系统

在盾构向前掘进过程中，若突发电网断电情况，不仅会造成盾构的异常停机，洞内黑暗密闭的环境也会对工作人员造成安全隐患。因此，通常在超大直径盾构设备上设有应急发电机组，应急发电机组平时处于停机等候状态，在外部供电中断情况下，应急发电机组将自动启动向盾构提供应急供电，以满足临时照明、保压等基础用电需求。

4.13.3　控制系统设计

1. PLC系统

PLC 是可编程逻辑控制器的简称，是实现数据采集、逻辑运算和控制的主要部件。PLC 系统（图 4-44）主要由 CPU、通信模块、信号模块组成。其中，PLC 系统的核心部件是 CPU。

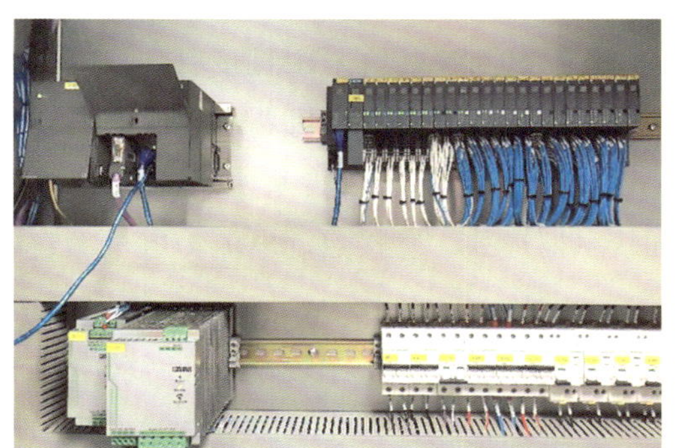
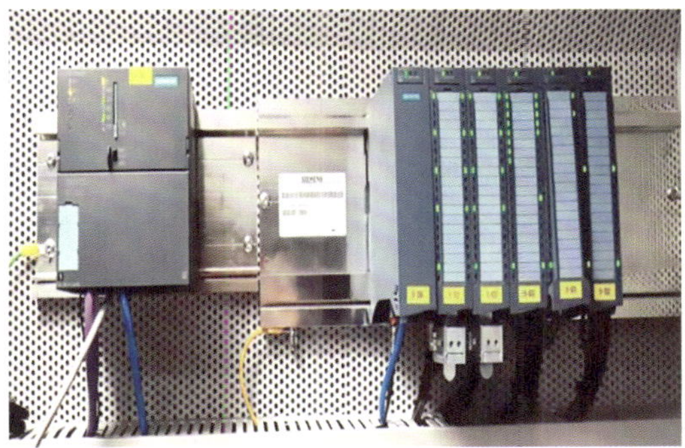

图 4-44　PLC 主站组成

控制系统结构形式有集中式 IO 和分布式 IO 两种。集中式 IO 是指将所有的 IO 模块集中到一处，所有的传感器通过线缆将信号传送到相应的信号模块；分布式 IO 是指根据现场实际情况，在传感器集中区域单独布置信号模块，传感器信号就近接入相应的信号模块。由于传感器具有就近接入、减少电缆、简化布线等优点，目前分布式 IO 形式基本取代了集中式 IO 形式。

泥水盾构上常用的工业现场总线（图 4-45）有两种：PROFIBUS 工业总线及 PROFINET 工业现场总线。有时这两种现场总线同时混合使用。

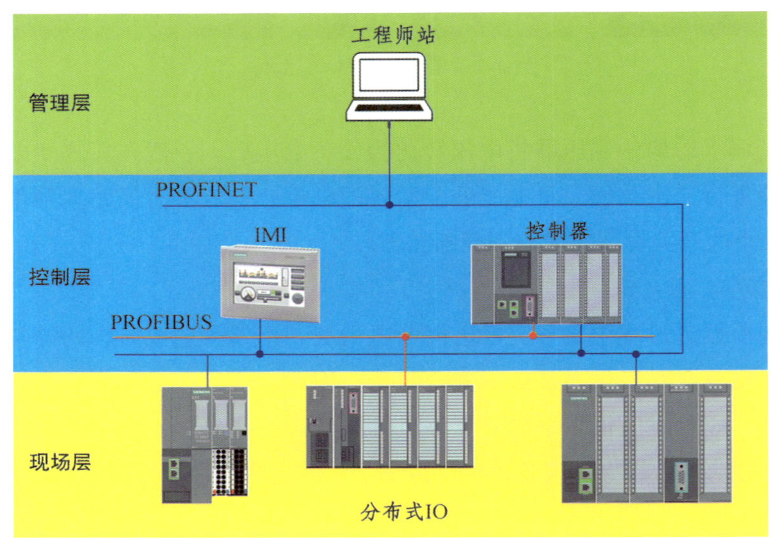

图 4-45　工业现场总线

2. 电机启动

电动机提供设备的动力输出，电动机启停控制设计是电气控制最为常见的设计。电动机启动方式主要有直接启动、星三角启动（图 4-46）、软启动（图 4-47）、变频启动（图 4-48）。按照通用盾构设计要求，电机功率小于 30 kW 时宜采用直接启动，电机功率大于或等于 30 kW 时宜采用软启动或星三角启动，对于需要电动机调速应用的场合则应采用变频器控制。

（1）直接启动：采用电动机保护断路器加接触器形式，直接启动电流为电机额定电流的 5 ~ 7 倍。

（2）星三角启动：降压启动的一种方式，应用普遍。启动电流为直接启动电流的 1/3，启动转矩也为直接启动转矩的 1/3。星三角启动也采用电动机保护断路器加接触器的形式，但是有星角切换回路。

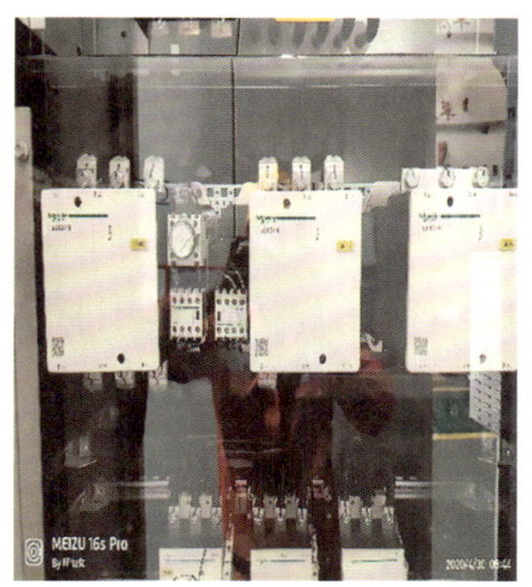
图 4-46　星三角启动

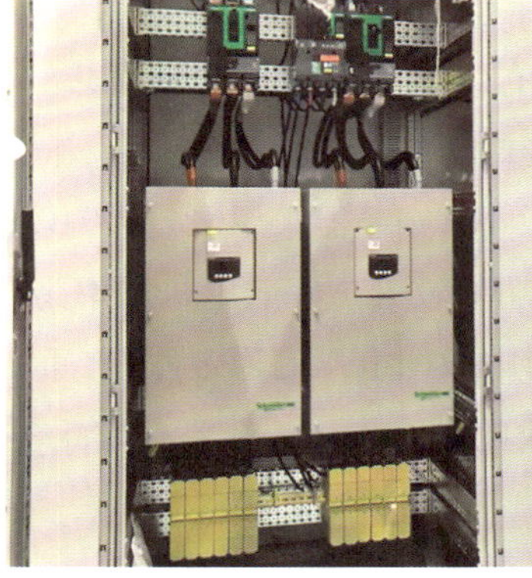
图 4-47　软启动

图 4-48　变频启动

（3）软启动：采用软启动器启动电动机，输出电压可控，通过控制输出电压逐渐升高，相当于以降压启动形式启动电动机。软启动可设置启动参数，按照设置的参数进行启动。常见的软启动方式有斜坡升压启动、斜坡恒流启动、阶跃启动等。

（4）变频启动：变频器具备软启动器的所有功能，同时具备调速功能。对于需要调速控制的电动机，可通过变频器实现调速。如盾构上所用二次风机、泥浆泵电机等，均可通过变频器实现调速控制。

3. 刀盘驱动

刀盘由多个同种类型规格的电机共同驱动。目前，超大直径泥水盾构刀盘电机均采用变频驱动以实现刀盘转速无级可调。刀盘旋转时要求各个电机输出的转矩一致，即需要考虑电机同步性问题。由于超大直径泥水盾构刀盘电机功率大都在 300 kW 及以上，数量也较多，需求变压器容量较大，在设计时往往等分为两组进行同时驱动（图 4-49）。

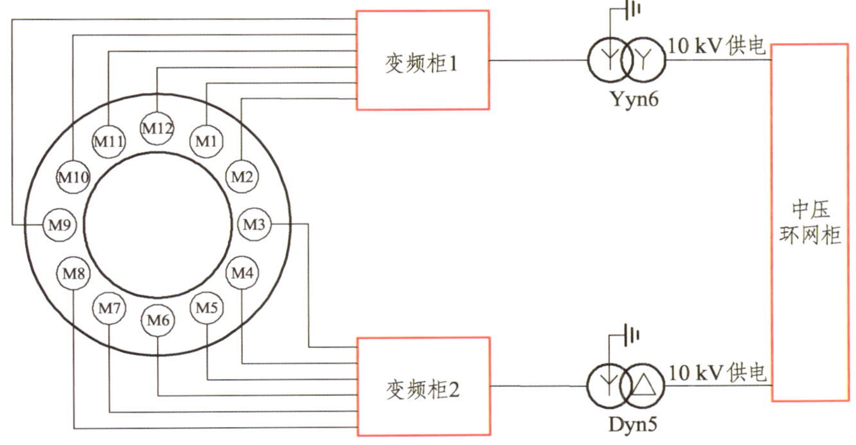

图 4-49　刀盘控制系统构成

刀盘主驱动每个电机对应一个独立的变频器。为保证同步性，每个电机、变频器参数需保持一致，控制方式一般有主从控制和速度控制。目前开环速度控制是主流控制方式，即通过实时通信，对每个变频器同时发送启停命令，同时给定控制速度（控制频率），使每个电机按照同一频率运行。同时变频器采用滑差控制弱化电机特性曲线，确保同步性。

由于超大直径盾构排浆泵功率较大（一般电机功率为 1 100 kW），采用变频器驱动时电网谐波含量较大，不仅会影响盾构电压的稳定性，严重时甚至会影响电网系统的稳定。为降低谐波污染，针对功率较大的排浆泵，变频器采用如图 4-50 所示 12 脉波的连接形式。

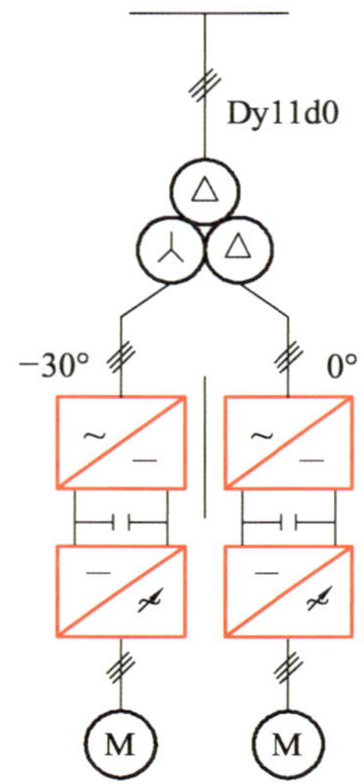

图 4-50 12 脉波整流的连接形式

第5章　超大直径泥水盾构施工管控

本章重点

超大直径泥水盾构工程的地质补勘与环境调查、优化设计、总体方案优化比选、盾构施工土建配套工程等盾构施工前置工作要点，盾构适应性论证与专项方案编制及报批程序要点，技术管理响应体系，盾构始发、盾构掘进、盾构接收、管片拼装、注浆施工、预制箱涵同步安装、掘进姿态管理、泥水管理、渣土管理、进舱管理、停机管理、测量管理、监控量测管理、运输管理等盾构施工管控要点。

超大直径泥水盾构施工全过程管控涉及项目前期投标、盾构设备选型及适应性论证分析到盾构隧道贯通接收全过程。盾构施工项目总体施工过程管控流程的主要内容包括前置工作、盾构选型与适应性论证、盾构施工掘进与质量管理等方面，具体如图 5-1 所示。

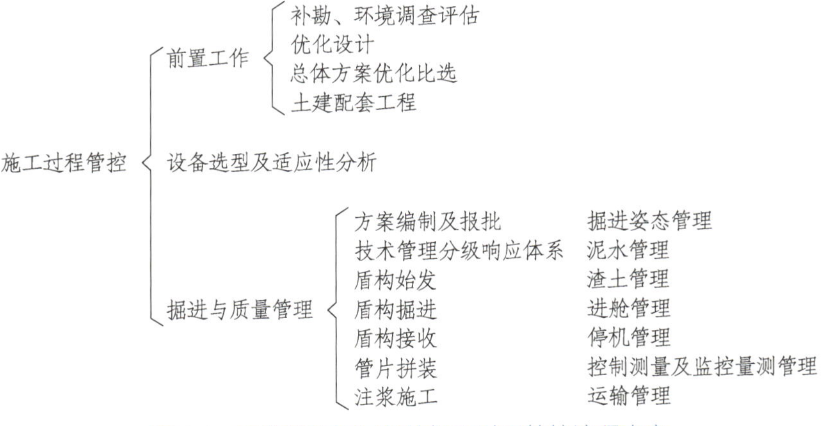

图 5-1　盾构施工项目总体施工过程管控流程内容

5.1 前置工作

盾构施工前置工作主要包括地质补勘、环境调查评估，优化设计，总体方案优化比选，土建配套工程。地质补勘、环境调查评估工作是基础，重点要明确盾构施工边界条件。根据工程建设模式分阶段开展优化设计工作，促进项目更好地实现工程安全质量、工期、成本控制目标。提前进行工程总体筹划，对重大方案进行比选优化、总体把控。

5.1.1 地质补勘与环境调查评估

项目进场后由项目经理组织地质补勘工作。要求项目全面深入调研工程建设地质水文条件及周边环境，对盾构施工影响范围内的重要建（构）筑物进行安全评估，为盾构设备选型及适应性分析、危险源辨识与风险评估、重大施工技术方案的确定等提供基础依据，并将相关结果及存在的问题，以书面形式报送建设、设计、监理等相关单位。

1. 工程地质调查及补勘

工程地质调查前应先对工程地质初勘、详勘资料进行收集与研究，调研工程周边地形地貌条件、岩土体工程地质特征、地质构造、工程水文地质条件、可能存在的不良工程地质、类似地质盾构掘进遇到的问题及对应的解决措施，形成工程地质调查报告。

根据工程地质特性及盾构施工管控需要，以地质详勘和地质调查为基础，制订地质补充勘察方案，有针对性地对盾构隧道沿线地质进行补充勘察。

盾构隧道沿线补充勘察部位主要包括但不限于始发 / 接收端头、不良地质段、重要建（构）筑物 / 管线段、规划进舱点、疑似地下障碍物段、联络通道段及其他附属结构区段等。根据不同部位的补勘目的有针对性地进行补充勘察，形成工程地质补勘报告。工程地质补勘重点详见表 5-1。

表 5-1 工程地质补勘重点

序号	勘察部位	勘察目的	勘察重点
1	始发 / 接收端头	端头加固、盾构始发 / 接收	土体渗透系数、地下水压、孔隙率、侧压力系数等
2	不良地质段	高黏地层	黏性矿物含量、颗粒分析
3		抛填石	岩块分布范围、块径、抗压强度
4		破碎带 / 断裂带	位置、宽度、破碎特性、与地下水活动关系等
5		岩溶区	溶洞分布范围、尺寸、填充情况
6		基岩凸起	分布范围、完整性、风化程度、抗压强度

续表

序号	勘察部位	勘察目的	勘察重点
7	不良地质段	孤石	分布范围、块径、完整性、风化程度、抗压强度
8	重要建（构）筑物/管线段	上穿/下穿/侧穿	隧道影响范围内的地层承载力/抗压强度/岩石质量指标（RQD）、渗透系数、孔隙率
9	规划进舱点	常压进舱	岩层厚度、抗压强度、RQD、风化程度、渗透系数、孔隙水压
10		带压进舱	地层分布、侧压力系数、孔隙率、渗透系数、孔隙水压
11	疑似地下障碍物段	近接施工、建（构）筑物遗址、堤坝、战争区等	疑似地下障碍物情况确认、障碍物辨识、分布范围
12	联络通道及其他附属结构区段	地层加固、开挖支护	土体渗透系数、地下水压、孔隙率、侧压力系数等

2. 工程环境调查评估

（1）施工环境调查范围。

项目进场后开展对工程沿线涉及盾构施工重要风险的环境要素进行全面调查评估，全面梳理工程沿线和盾构掘进施工影响范围内的重要建（构）筑物、管线、道路、轨道交通、地下障碍物等关键环境要素，形成项目盾构掘进施工重要环境要素调查表。调查表主要包括但不限于环境要素类型、环境要素名称、环境要素特性、产权单位、使用状态、使用时间、所处位置、与隧道空间关系、地质情况、敏感程度等。

（2）施工环境调查内容。

盾构掘进施工涉及重要环境要素主要为（不限于）沿线重要建（构）筑物、既有线、管线。重点调查建（构）筑物/管线等结构形式、地下基础形式、使用时间、使用/运行情况、产权单位等基本信息。

（3）施工环境安全评估。

根据项目盾构掘进施工重要环境要素调查表筛选识别需进行安全评估的重要建（构）筑物，形成重要建（构）筑物安全评估清单，评估清单内容主要包括建（构）筑物类型、名称、概况、评估目的及需要评估内容。与具备相应资质的第三方技术服务单位签订技术服务合同，对重要建（构）筑物进行安全评估，形成重要建（构）筑物安全评估报告。评估报告内容主要包括对建（构）筑物进行检测、建模及计算，评估内容及依据、既有建（构）筑物现状及控制标准分析，盾构施工对建（构）筑物影响预测、风险控制措施，评估结论及建议，等。

5.1.2 优化设计

为实现工程的安全质量、合同工期、投资控制等目标，项目应根据承包模式、建设特点，分阶段科学合理进行初步设计和施工图设计等方案优化，尤其是设计 - 采购 - 施工总承包模式（EPC）合同施工图设计出图阶段的优化设计更是工程成本的主要控制手段。

1. 优化设计目的

（1）优化设计应有助于创造更切合实际的施工条件，并有助于推动工程的科研创新，以推动更多的新技术、新工艺、新材料、新设备的应用。

（2）通过不断调整设计、改进施工图设计方案或施工方法等，达到既保证产品使用功能和质量标准，又能实现安全可控、节约投资、高效实施的目的，创造更好的经济效益和社会效益。

（3）不同阶段优化设计的目的有所不同，标前（一般为初步设计）优化设计主要目的一方面是结合企业优势和既有资源进行“定制”设计，另一方面是要将清单内容和技术措施“做足”；标后（一般为施工图设计）优化设计主要是结合各方面调查成果对技术措施进行“精准”设计，将设计“做优”。即：标前“定制”设计 +“做足”，标后“精准”设计 +“做优”。

（4）EPC 合同一般采用固定总价合同，工程一旦中标，总承包单位就要按投标阶段建设单位批准的概算指标进行进一步的施工图设计。工程成本控制的主要手段就是限额设计和优化设计。限额设计是将建设单位批准的概算和工程内容分解到各专业，从而实现对设计标准、规模、功能及概算指标等方面的全面控制，其目标主要是防止工程造价超出建设单位审定的概算指标及最大可能保证总承包单位的合理利润。而优化设计是对限额设计目标的深化，它在保证限额设计目标的前提下，通过对规定的各项标准、施工流程、施工工艺、材料价格等一系列因素进行分析，优化设计方案来降低成本，从而增加总承包单位的利润空间。

2. 优化设计原则

（1）优化设计的原则是不降低设计标准、不影响使用功能，并确保安全可靠，满足工程质量、合同工期、投资成本控制的目标。

（2）在项目初步设计阶段即成立由有专业施工、设计经验的专家和工程经济学专家组成的优化设计管理小组，力争提前介入，配合设计院及业主，对隧道结构、环境风险控制等设计方案进行优化，并在施工图阶段和施工阶段持续跟进，及时提出优化设计措施。在初步设计阶段对线路、隧道结构形式等方面进行优化，在施工图阶段要对结构的细节和有利于施工的方面进行优化设计。

（3）EPC 项目应充分梳理建设各方在优化设计工作中的责任、义务、利益关系及可进行优化设计的内容和方向，要明确设计权责，在过程中一定要占据主导地位。尤其是应充分考虑设计方的权利与责任，不仅要明确设计节点和设计报批的控制目标，更要明确双方利益关系，形成 EPC 施工单位、设计院利益共享、风险共担的共赢机制。

（4）EPC 合同在施工图设计优化时，原则是在满足业主对建设项目最基本的功能、标准、规模要求下进行限额设计，从而降低施工成本。在施工图设计中，规定的各项标准、施工工艺、施工流程和材料价格等一系列因素，都会影响项目成本投入，将这些因素和分析都考虑充分，并渗透到施工图设计中。在施工与经济结合的前提下进行充分论证，在保证安全和质量的前提下节约成本，对施工方案进行优选，选出最合理的设计方案。

3. 优化设计的实施程序

（1）应明确优化设计管理流程，根据项目的建设管理模式、建设环境、合同条件、施工图、规范和标准、政府部门要求等，对工期、安全、质量、环保等进行综合分析，确定优化设计的类别和项目，并测算出增减的工程量和预算。

（2）在设计单位提供电子版图纸后，由项目总工程师组织工程部、设备部、工经部等部门对设计图纸进行内部审核。项目部技术部门进行内部审核优化后测算的工程成本仍高于行业平均标准时，应请专业设计咨询人员 / 单位依据合同条款进行专项设计优化。

（3）项目部形成的优化设计方案应先向企业技术负责人汇报，未经企业技术负责人组织或委托组织审核批准，不得擅自执行。

（4）对于确定的优化设计内容要先与设计院进行充分沟通，获得设计院认可后，再通过监理向业主提出优化设计的内容和预算费用，并进行跟踪落实。

（5）优化设计经设计院、监理和业主认可后，应立即完善设计变更程序，然后实施设计变更优化和计价，并最终形成设计变更的资料闭合。

4. 初步设计阶段优化的主要内容

（1）优化设计的主要内容包含：隧道选线、管片结构形式、端头加固方法、盾构穿越特殊地层辅助措施以及盾构通过敏感环境的保护方案等内容。

（2）在投标前，应成立标前组提前介入，从初步设计阶段开始，就全面参与工程设计，密切跟踪工程的选线、位置、工程地质、水文地质、周边环境、隧道结构形式、盾构选型等基本情况，了解设计意图，并协助建设单位和设计单位完善设计方案，使设计能够融入本单位成熟的先进工法、施工技术和既有设备，并且要准确详尽地了解建设单位对项目的具体要求，从而更精准地实现优化设计。对于建设单位未在招标文件中明确的事项应尽可能通过答疑方式进行明确，并收集书面资料，为后续沟通做铺垫。

（3）隧道选线优化。

① 首先应对隧道选线进行优化，根据环境调查、地质勘察结果，充分考虑工程造价和平竖曲线等影响，采取线路平面避让、纵断面起伏避让等设计方案，尽量减少隧道施工对敏感环境的影响，降低不良地质对施工的影响。

② 对于无法避开的建（构）筑物，应对其产权单位、埋深、结构形式、建设年代、

沉降控制标准等基础资料进行详细调查，根据分析结果对比判断影响程度，采取安全可靠、技术可行、经济合理的设计方案（如地面加固、托换等）。

（4）管片结构形式设计优化。

① 根据隧道直径、长度、埋深、工程地质、水文地质等情况，结合本单位现有的盾构直径，优化管片的内径、厚度和宽度。

② 根据隧道使用功能、实际地质条件、穿越地面环境条件等确定合理配筋率、二次注浆孔的数量和位置。荷载差异较大时，可采用分段配筋方案。

对始发、到达环管片进行特殊设计，增加二次注浆孔数量，在管片内、外（负环）弧面预埋拉紧钢板，考虑在洞门环外弧面及端面预埋洞门连接钢板。

③ 针对盾构隧道轴线控制的最小转弯半径和最大坡度要求，对管片采用标准环 / 通用环等结构形式进行优化设计。根据盾构推进油缸的设置情况，优化管片螺栓孔的设置分度、管片分块数量以及楔形量。

（5）预制箱涵结构形式设计优化。

Π 形预制箱涵结构不稳定，且后期需重新填充，增加施工工序，对设计采用 Π 形的箱涵优化为封闭型箱涵。

（6）端头加固方法设计优化。

应根据工程特点、地质和水文情况、周边环境、始发接收空间大小、施工场地是否有地面加固条件等，优化设计尽量采用安全、经济的端头加固方式，必要时可采用非加固方式始发或接收，确保盾构始发和接收的安全。

（7）盾构穿越特殊地层设计优化。

① 针对盾构穿越的极硬极软地层、软硬不均、大孤石、液化软土层、灰岩溶洞、高承压水断层破碎带等特殊地层，应有专项设计，采用的工程措施应安全可靠、技术可行、经济合理。

② 根据隧道埋深分析盾构穿越地段的风险，优化设计是否需要采用工程措施降低或者避开特殊地质风险。

5. 施工图设计阶段优化的主要内容

中标后，项目部应尽快组织技术人员进行图纸会审，积极与建设单位、设计单位对接，推动设计优化和变更设计。

（1）管片设计优化：应根据管片混凝土强度和抗渗等级要求，优化管片混凝土配合比，并针对管片侧面防水凹槽的数量和凹凸设置，优化防水材料和传力衬垫。为方便施工，应对管片内弧面的管片型号牌、拼装标记、螺栓孔及手孔位置等进行设计优化。

（2）端头加固设计优化：应结合盾构选型和始发、接收方式，对照设计图中给出的端头加固方式优化加固范围、深度、注浆压力、注浆量、水泥掺量等设计参数。

（3）穿越建（构）筑物保护设计优化：应对设计图采取的洞内与洞外相结合的加固

措施进行优化，并应细化施工监控量测项目和内容，密切跟踪，及时反馈，不断调整、优化设计参数。

（4）盾构穿越特殊地层设计优化：根据不同的特殊地层情况，对盾构刀盘刀具配置、盾构隧道的轴线、沉降控制标准、转弯半径等进行优化设计，并做好盾构穿越特殊地层过程中的应对措施。

6. 其他

采用新技术、新材料、新工艺、新设备，以达到减少投资、加快施工进度、保证施工安全和质量的目的。

5.1.3　总体方案优化比选

超大直径盾构施工项目场地要求大，部分项目受施工环境、外部环境等因素制约较多，需要在项目策划阶段对项目总体方案进行优化比选，确定项目施工重大方案。项目总体方案优化比选由项目经理负责，项目总工程师组织讨论形成决议后纳入项目施工组织设计按流程报批。总体方案优化比选包括但不限于盾构组装始发、泥水处理、物料运输、不良地层处理等影响项目施工风险控制、主要资源配置、施工进度的重大方案决策。重大方案比选优化内容参考表 5-2。

表 5-2　重大方案比选优化参考

序号	主要事项	边界条件	方案比选	资源配置要求
1	预制构件来源（管片、箱涵）	施工单位自供 / 区域内无预制构件厂 / 外购成本高	自建预制构件厂	根据建厂方案配置
		甲供 / 区域内有预制构件厂且综合指标较好	外购	—
2	泥水处理选址	施工场地狭小 / 离居民区较近，存在噪声扰民	施工场地外	—
		施工现场满足布置要求且距居民区较远	施工场地内	—
3	盾构组装始发	盾构井长度、内部结构尺寸满足要求	整体始发	—
		盾构井长度不满足要求	分体始发 / 部分	分体始发管线
4	泥水处理	外部环境不满足弃浆条件或者弃浆成本高	设备处理（零排放）	泥水分离设备（根据地层情况选配）+ 浓缩罐 + 压滤机 / 离心机
		施工现场附近存在较大弃浆场地或交通便利、运距较短、弃浆外运成本低	废浆外弃	泥水分离设备（根据地层情况选配）+ 弃浆罐车 / 弃浆泵及管路

续表

序号	主要事项	边界条件	方案比选	资源配置要求
5	物料运输	明挖隧道具有敞开段直通地面条件且盾构始发前已完工，具备车辆直接从地面进入盾构隧道条件	水平运输	管片运输车、箱涵运输车、砂浆运输车
		隧道具有敞开段直通地面条件，在盾构始发前暂未完工，后期具备运输车辆直接从地面进入盾构隧道条件	垂直运输（前期） 水平运输（后期）	隧道内外管片运输车箱涵运输车、砂浆运输车＋井口垂直运输门吊（前期）
		无敞开段直通地面，物料运输从工作井吊运	垂直运输	隧道内外管片运输车、箱涵运输车、砂浆运输车＋井口垂直运输门吊
6	盾构掘进	不良地层掘进（如孤石、基岩凸起、岩溶区、破碎带等）	直接掘进通过	—
			预处理后掘进通过	根据预处理方案确定
		穿越重要建（构）筑物、管线、既有线等	直接掘进通过	—
			预处理后掘进通过	根据预处理方案确定
7	始发/接收洞门围护结构	设计验算洞门范围玻璃纤维筋混凝土地连墙满足结构安全要求	建议采用玻璃纤维筋围护结构洞门（全玻璃纤维筋/单层玻璃纤维筋＋单层钢筋）	—
		设计验算洞门范围玻璃纤维筋混凝土地连墙不满足结构安全要求	钢筋混凝土围护结构洞门	—
8	接收方式	到达端头具备加固条件且加固效果满足设计要求	端头加固接收	—
		到达端头不具备加固条件或因地层原因不能确保加固效果满足设计要求	水中接收	—
		到达端头无法加固，干式接收、水中接收无法实施	密闭接收（钢套筒、混凝土结构密闭）	—

5.1.4　盾构施工土建配套工程工期

超大直径盾构施工土建配套工程按照功能划分可分为盾构组装、掘进、接收三大部分。盾构组装及始发配套土建工程主要包括盾构始发井及后配套段结构、始发井端头加固、地面盾构组装及吊装场地、刀盘焊接场地、井下始发基座及导台和上下井通道等；盾构掘进配套土建工程主要包括泥水处理厂、预制构件（管片、箱涵）存放场、砂浆搅拌站、循环水池、门吊基础（垂直运输系统配套土建）；盾构接收及拆机配套土建工程主要包括盾构接收井、接收井端头加固、盾构拆机场地、盾构接收导台等。

盾构始发井及其他土建配套工程施工应与盾构选型设计制造及进场组装同步进行，接收井土建配套工程应在盾构掘进过程中适时组织施工，盾构进场组装、始发和接收前应提前组织完成相关配套土建工程。

1. 参考控制工期

盾构配套土建结构始发井以一倍洞径（1D）埋深、30 m 深为例初步确定相关配套土建工程参考工期。其中：2 台盾构始发井施工配套土建施工周期 14 个月（端头加固在端头围护结构施工完成后进行，用时 2 个月），单台盾构始发井配套土建施工周期 12 个月（端头加固用时 1.5 个月）；配套土建完成后开始始发 / 接收导台和圆弧导台施工，用时 15 d；循环水池按照 1 000 m^3 容量设计实施，用时 15 d（混凝土）；泥水处理厂与配套土建同步施工，用时 5 个月；门吊基础及组装在配套土建工程完成后开始施工，用时 1.5 个月；砂浆拌和站施工用时 2 个月；管片生产考虑生产龄期及强度在盾构掘进前至少 3 个月开始；盾构组装施工周期 2.5 个月，拆机 1.5 个月。分别以 2 台和 1 台盾构始发井为例，超大直径盾构施工关键配套土建工期见表 5-3、表 5-4。

表 5-3　超大直径泥水盾构施工关键工作工期（2 台盾构始发基坑）

序号	关键工作	工期 / 月																																		
		1	2	3	4	5	6	7	8	9	10	11	12	13	14	15	16	17	18	…	N	$N+1$	$N+2$	$N-1$	$N-2$	$N-3$	$N-4$	$N-5$	$N-6$	$N-7$	$N-8$	$N-9$	$N-10$	$N-11$	$N-12$	$N-13$
1	始发端头加固																																			
2	始发配套土建工程																																			
3	始发导台与圆弧导台																																			
4	循环水池																																			
5	泥水处理厂																																			
6	管片生产																																			
7	砂浆拌和站																																			
8	始发门吊基础及组装																																			
9	盾构组装																																			
10	盾构掘进																																			
11	接收井土建																																			
12	接收导台																																			
13	接收端头加固																																			
14	接收门吊基础及组装																																			
15	盾构拆机																																			

注：本表要求工期以30 m深、2台盾构始发基坑为例；“N”表示盾构贯通时间，“$N+1$”表示贯通后下1个月，“$N-1$”表示贯通前1个月，“$N-2$”表示贯通前2个月，以此类推。

表 5-4　超大直径泥水盾构施工关键工作工期（1 台盾构始发基坑）

序号	关键工作	工期 / 月																													
		1	2	3	4	5	6	7	8	9	10	11	12	13	14	15	16	…	N	$N+1$	$N+2$	$N-1$	$N-2$	$N-3$	$N-4$	$N-5$	$N-6$	$N-7$	$N-8$	$N-9$	$N-10$	$N-11$
1	始发端头加固			—	—																											
2	始发配套土建工程	—	—	—	—	—	—	—	—	—	—	—	—																			
3	始发导台与圆弧导台													—																		
4	循环水池													—																		
5	泥水处理厂										—	—	—																			
6	管片生产													—	—	—	—	—														
7	砂浆拌和站												—	—																		
8	始发门吊基础及组装												—	—																		
9	盾构组装														—	—	—															
10	盾构掘进																—	—	—													
11	接收井土建																					—	—	—	—	—	—	—	—	—	—	—
12	接收导台																					—										
13	接收端头加固																													—		
14	接收门吊基础及组装																					—	—									
15	盾构拆机																			—	—											

注：本表要求工期以30 m深、1台盾构始发基坑为例；“N”表示盾构贯通时间，“$N+1$”表示贯通后下1个月，“$N-1$”表示贯通前1个月，“$N-2$”表示贯通前2个月，以此类推。

2. 管控要点

土建配套工程施工相关作业内容及管控要点见表 5-5。

表 5-5 土建配套工程管控要点

序号	配套土建工程名称		作业内容	管控要点	备注
1	盾构组装始发配套土建工程	始发端头加固	地连墙、三轴搅拌桩、高压旋喷桩、钢筋混凝土盖板施工	加固效果检查、地基承载力验算、沉降监测及控制	有资质单位验算
2		吊装场地刀盘焊接场地	场地布置、测量放点、地基加固、场地硬化、门吊基础施工	地基承载力、结构承载力	有资质单位验算
3		盾构始发井及后配套段主体结构	主体钢筋混凝土结构施工，相关预埋钢板、孔洞预留	结构尺寸、空间净空	
4		始发导台	始发导台结构施工，相关预埋件、孔洞预留预埋	预埋件检查、结构承载力验算，结构尺寸、坡度及轴线控制	
5		圆弧导台	结构尺寸位置确定与施工	结构尺寸坡度及轴线控制	
6		洞门钢环	洞门钢环分块组装	定位检查、钢环背后密实度检查	
7		延长洞门	精准定位分块组装	接缝连接质量检查防止漏浆	
8		洞门凿除	脚手架搭设、洞门凿除、渣块清理	自上而下、分层分区、净空及平整度检查	
9		反力架	精准定位分块组装	反力架受力验算、精准定位、连接质量检查	
10	盾构掘进配套土建工程	泥水处理厂土建	泥水处理设备选型，场地选址及布置，测量放点，土建结构施工，相关预埋件、孔洞预留预埋	地基承载力验算	
11		渣土坑土建	测量放点，渣土坑及门吊基础结构施工	结构承载力验算	
12		预制构件存放场	场地布置、测量放点、场地硬化	地基承载力验算	
13		砂浆搅拌站土建	场地布置，测量放点，结构施工，相关预埋件、孔洞预留预埋	地基承载力验算	

续表

序号	配套土建工程名称		作业内容	管控要点	备注
14	盾构掘进配套土建工程	循环水池	循环水池位置规划，结构布置及施工，相关预埋件、孔洞预留预埋	结构尺寸、预留预埋	
15		门吊基础	门吊基础结构设计、现场测量放点、结构施工、预埋预留	基础及结构承载力验算、轴线标高控制	垂直运输门吊
16	盾构接收及拆机配套土建工程	接收井	主体钢筋混凝土结构施工，相关预埋钢板、孔洞预留	结构尺寸、空间净空	
17		接收导台	洞门圈坐标复测，始发导台结构施工，相关预埋件、孔洞预留预埋	结构承载力验算，结构尺寸、坡度及轴线控制	
18		拆机场地土建	拆机场地布置、测量放点、场地硬化、吊装地基加固、门吊基础施工	地基承载力、结构承载力	
19		接收端头加固	地连墙、三轴搅拌桩、高压旋喷桩、钢筋混凝土盖板施工	加固效果检查、地基承载力验算、沉降监测及控制	有资质单位验算

注：超大直径盾构工程盾构始发和接收洞门范围围护结构在设计和优化时，应优先选择使用玻璃纤维筋等可不凿除洞门的设计方案。

5.2　盾构选型及适应性分析

超大直径盾构及“四超”盾构项目由上级集团公司工程部组织召开盾构适应性分析会，上级集团公司总工程师、分管设备领导、相关专家、工程部、设备部、片区指挥部、项目部和子分公司相关人员参加。

5.2.1　时间要求

项目进场后立即收集相关信息，探明地质，原则上 3 个月内召开适应性分析会，且宜早不宜迟，以满足盾构制造节点为准。

5.2.2　确定事项

通过盾构适应性分析，须明确盾构模式、主要配置、主要参数及针对本项目地质与工程特点需进行的特殊设计等，为下步针对性设计或适应性改造提出明确要求。

5.3 专项方案编制及报批程序

5.3.1 专项方案分级

超大直径盾构相关工程专项方案根据施工风险高低、技术难易程度、危害影响大小划分为Ⅰ、Ⅱ、Ⅲ级。一般情况下，Ⅰ级施工方案由上级集团公司组织审核，企业技术负责人批准，或授权A类项目、片区指挥部总工程师组织审核批准；Ⅱ级施工方案由子分公司组织审核，子分公司总工程师批准；Ⅲ级施工方案由盾构工程项目部组织审核，项目总工程师批准。专项施工方案分级见表5-6。

表5-6 专项施工方案分级

级别	分级描述	技术指标	审批权限
Ⅰ级	掘进相关方案	①覆土厚度小于盾构直径的浅覆土层地段掘进方案； ②穿越地下管线、障碍物、江河湖海、高速公路、铁路干线、轨道交通和建（构）筑物地段掘进方案； ③平行盾构净距小于0.7倍盾构直径时掘进方案； ④盾构始发、到达施工方案； ⑤卡机脱困方案	上级集团公司
	机电相关方案	①隧道内主轴承更换方案； ②盾构组装拆卸方案； ③盾构洞内拆机方案； ④带压动火作业方案； ⑤盾构带压进舱（含饱和带压进舱）方案； ⑥隧道内主驱动密封检查、维修、更换方案； ⑦砂层、富水地层、水下等高风险条件下，隧道内盾构尾刷更换，铰接密封维修方案； ⑧突发问题设备损坏修复方案	
	横通道开挖	富水软弱地层	
Ⅱ级	掘进相关方案	一般地段掘进施工方案	子分公司
	机电相关方案	①常压条件下刀盘修复方案； ②盾构主驱动组件、中心旋转接头维修、更换方案	
	横通道开挖	稳定地层	
Ⅲ级	除Ⅰ级和Ⅱ级之外的其他隧道工程施工方案		项目部

注：其他专项方案参照相关管理办法或规定执行。

5.3.2 专项方案辨识

项目进场后立即辨识危险性较大的分部分项工程，确定需要编制的专项方案，形成专项方案编制审批计划表并及时更新。a/B 类项目每季度末报子分公司汇总，具体时间执行子分公司相关文件；A 类项目由项目部、子分公司于季度第一个月 5 日前报送上级集团公司工程部。

5.3.3 管理职责

专项方案分土建类和机电类，分别由各级工程和设备管理部门归口管理，安质部门监督实施，其他部门根据部门职责参与审核或监督检查，具体职责分工见表 5-7。

表 5-7 职责分工

序号	部门名称	职 责	备注
1	上级集团公司工程部	① 负责组织相关部门和单位参加土建类专项方案的审核，汇总相关审核意见报上级集团公司总工程师审批； ② 负责办理土建类专项方案总工程师授权委托事项； ③ 负责发布上级集团公司总工程师最终审批的土建类专项方案，并抄送相关部门； ④ 参与机电类专项方案的评审； ⑤ 根据上级集团公司检查安排或本系统需要，定期或不定期参与专项方案监督检查工作； ⑥ 负责建立上级集团公司级专项方案编制审批计划及专项方案管理台账，以及 I 级土建类专项方案的归档	土建类专项方案归口管理部门
2	上级集团公司设备部	① 负责组织临时用电、机电设备制造、运输、安装、调试、拆除、装卸等 I 级机电类专项方案的评审； ② 负责办理机电类专项方案总工程师授权委托事项； ③ 参与土建类专项方案的评审； ④ 负责发布上级集团公司总工程师最终审批的机电类专项方案，并抄送相关部门； ⑤ 根据上级集团公司检查安排或本系统需要，定期或不定期参与专项方案监督检查，并通报检查落实情况； ⑥ 负责 I 级机电类专项方案的归档	机电类专项方案归口管理部门
3	上级集团公司安质部	① 参与专项方案的评审； ② 负责对现场专项方案实施过程进行监督； ③ 根据上级集团公司检查安排或本系统需要，定期或不定期参与专项方案实施监督检查工作，并通报检查落实情况	
4	片区指挥部	片区指挥部总工程师受上级集团公司总工程师委托审核所属片区范围内上级集团公司 I 级专项方案，对专项方案实施情况进行监督，并向上级集团公司相关部门反馈	

续表

序号	部门名称	职　　责	备注
5	子分公司	①负责建立本公司专项施工方案管理机制； ②负责建立子分公司级专项方案编制审批计及专项方案管理台账； ③负责Ⅱ级专项方案的审核批准及发布； ④向上级集团公司提出Ⅰ级专项施工方案审批申请或召开专家评审会议申请，申请上级主管部门协调相关专家参加； ⑤定期组织检查（或抽查）专项方案的落实情况，督导项目按照专项方案进行施工，形成专项方案检查记录	
6	项目部	①负责建立项目专项方案编制审批计划及专项实施方案管理台账，并定期向上一级管理层级报送； ②负责公司、监理及业主方的报批，组织专项方案的实施和监督落实； ③负责Ⅲ级专项方案审核批准及发布，并向子分公司提出Ⅱ级专项方案申请； ④组织专项方案专家论证，可申请上级主管部门协调相关专家参加； ⑤对专项方案的落实情况进行检查，形成监督检查记录，并及时对专项方案实施情况进行修正	各级专项方案编制评审，Ⅲ级专项方案审批，专项方案实施的主体
7	其他部门及单位	按照本部门或本单位管理要求对专项方案进行审核和监督检查	

5.3.4　编制要求

（1）专项方案应在相关工程开工前规定的时限内由项目总工程师组织工程技术人员编制成稿并报批。集团内审批的专项方案提前30日以上报到上级集团公司，需要外部审批的专项方案应提前了解清楚相关程序和时间，要求提前30日以上完成外部审批。

（2）专项方案编制时需召开研讨会，由项目总工程师主持，行政领导、各职能部门和主要相关施工班组负责人参加，以确定总体思路，保证方案的合理性。

（3）专项方案编制内容必须依据已批准的总体施组，并结合具体的施工设计进行编制，编制内容包括但不限于：

①工程概况：危大工程概况和特点、施工平面布置、施工要求和技术保证条件。

②编制依据：相关法律、法规、规范性文件、标准、规范及施工图设计文件、施工组织设计等。

③施工计划：包括施工进度计划、材料与设备计划。

④施工工艺技术：技术参数、工艺流程、施工方法、操作要求、检查要求等。

⑤施工安全保证措施：组织保障措施、技术措施、监测监控措施等。

⑥施工管理及作业人员配备和分工：施工管理人员、专职安全生产管理人员、特种作业人员、其他作业人员等。

⑦ 验收要求：验收标准、验收程序、验收内容、验收人员等。

⑧ 应急处置措施。

⑨ 计算书及相关施工图纸。

（4）施工方案编制前要进行充分的方案比选，保证施工方案的安全性、先进性、经济合理性。

（5）专项方案编制要满足总体施组安排，重点突出施工工艺技术和措施，应采用图文结合的方式描述，要特别重视结构检算、工序能力计算、临时工程设计等，既能保证施工安全质量，又满足工期要求。

5.3.5 评审要求

（1）Ⅰ级专项方案的评审，原则上由 A 类项目部 / 子分公司完成本层级审核批准后，方可向上级集团公司书面提出申请。申请内容为评审事项、时间、地点，建议参加评审的成员名单，同时附本单位组织审核记录以及修改完善后的专项方案等。上级集团公司收到申请后，由主管部门协调相关人员参加。

（2）专项方案评审原则上到工程项目现场采用专题会议方式进行，由项目部 / 子分公司负责组织，主管部门配合，相关专家、部门和人员参加。在现场评审时，由项目部进行汇报并记录，整理评审会议纪要，纪要经子分公司 / 项目部技术负责人审核后 3 日内报主管部门发文，需上级集团公司总工程师签字批准时，必须按要求向上级集团公司工程部发起审核批准申请。

（3）未采用专题会评审时，主管部门在收到审核申请后 3 日内负责将审核申请及专项方案分送至相关审核部门 / 单位，相关审核部门 / 单位在收到专项方案审核申请后 7 日内完成审核，并将评审意见反馈至主管部门。相关评审部门 / 单位负责人及审核人对其审核意见负责。主管部门汇总审核意见后由主管部门负责人或分管负责人签署最终审核意见。

（4）Ⅱ级专项方案由子分公司组织进行审核批准，Ⅲ级专项方案由项目部组织进行审核批准，程序可参照Ⅰ级专项方案评审方式进行。

（5）授权委托审批。按照技术管理程序，上级集团公司总工程师可以对片区指挥部总工程师 / 子分公司技术负责人 /A 类项目部总工程师或其他符合委托审批要求的相关人员授权。土建类专项方案授权委托事宜由上级集团公司工程部办理，机电类专项方案授权委托事宜由上级集团公司设备部办理。

5.4 技术管理响应体系

以超大直径盾构项目盾构掘进施工高风险区段安全控制为核心，安全稳妥、连续顺畅常态化掘进为重点，建立“精力专注、谨慎敏感，管控有序、反应迅速，即时研判、总结优化”的超大直径盾构掘进技术管理分级响应体系。

5.4.1 分级响应体系建立

超大直径盾构项目进场后以工程基础信息、边界条件为基础，从工程设计、周边环境、工程地质、水文地质、工程设备、关键工序施工等方面，对超大直径盾构施工技术重难点进行辨识，以盾构掘进关键技术为导向，构建包含系统支撑层、诊断决策层、分析反馈层、操作执行层的超大直径盾构四级掘进技术管理响应体系。掘进技术管理分级响应体系如图 5-2 所示。

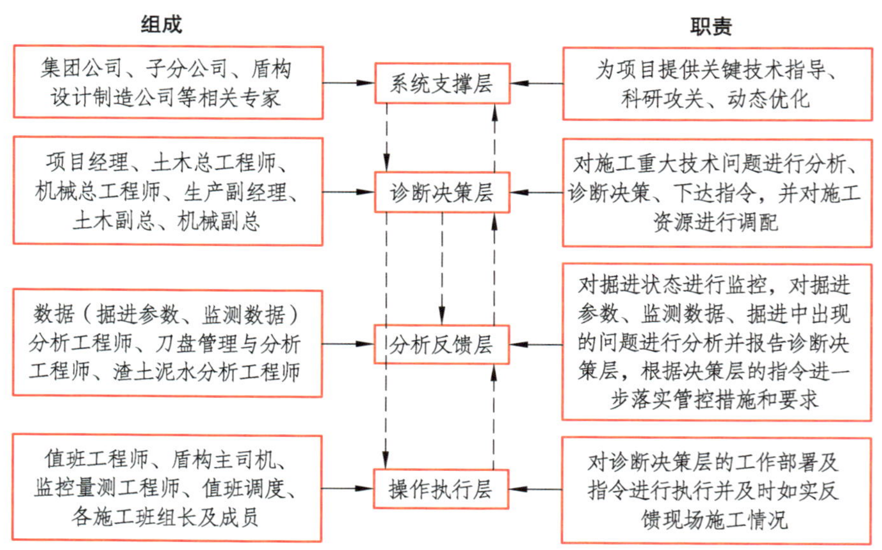

图 5-2 掘进技术管理分级响应体系

5.4.2 分级响应职责划分

（1）系统支撑层：由上级集团公司、子分公司、盾构设计制造公司等相关专家组成，主要负责为项目提供关键技术指导、技术难题攻关、特殊地段或重要节点施工工艺参数动态优化等。

（2）诊断决策层：由项目经理、土木总工程师、机械总工程师、副经理等组成，主要负责对施工重大技术问题进行分析、诊断决策、下达指令，并对施工资源进行调配，必要时向系统支撑层报告情况并申请支持。

（3）分析反馈层：由数据（掘进参数、监测数据）分析工程师、刀具管理与分析工程师、渣土泥水分析工程师等组成，主要通过信息化管理负责对掘进状态进行监控，对掘进参数、监测数据、掘进中出现的问题进行分析并报告诊断决策层，根据决策层的指令进一步落实管控措施和要求。

（4）操作执行层：由值班工程师、盾构主司机、监控量测工程师、值班调度、各盾构施工班组班长及成员组成，主要对诊断决策层的工作部署及指令进行执行并及时如实反馈现场施工情况。

5.4.3　分级响应程序

盾构常规掘进段，可只启动含诊断决策层、分析反馈层、操作执行层的三级掘进技术管理响应体系。特殊掘进段则要启动四级掘进技术管理响应体系，在此基础上，还要按照工程安全风险管理程序进行进一步分级管控。

5.5　盾构法施工

5.5.1　盾构始发

按照施工组织顺序划分，盾构始发工作内容主要包括始发准备、盾构空推及负环管片拼装、加固区掘进（刀盘出加固体前）、始发段掘进 4 个阶段（始发掘进长度按 120 m 考虑）。盾构始发各阶段施工风险控制是盾构始发施工管理的核心，盾构试掘进、作业班组磨合、技术与管理总结是关键。

1. 盾构始发管控流程

盾构始发工作按照清单管理，项目逐条验证销项。盾构始发掘进前由上级集团公司工程部组织子分公司、项目部进行现场条件验收，验收主要内容为设备评估、端头加固效果验证、施工方案、人员、物资、用电、用水等准备情况，验收合格后进行盾构始发掘进施工。

盾构试掘进阶段应熟悉盾构各项性能，完成盾构整机负载运转磨合，检验泥水处理系统、垂直运输系统和水平运输系统等配套设备设施的匹配能力。掌握压力设定控制范围、地面沉降变化、轴线偏差纠正等规律与方法。

始发掘进要加强监测及数据分析、掘进参数动态优化，熟练掌握盾构和配套设备各项操作，熟悉盾构施工操作流程和施工组织。

盾构始发掘进完成后，进行始发阶段掘进施工总结，为盾构后续掘进施工提供技术与管理支撑，形成盾构始发掘进总结报告，子分公司组织评估，报上级集团公司工程部备案。总结报告主要包括盾构始发掘进施工的边界条件、掘进情况（掘进参数情况、掘进管理情况、人员组织磨合情况、主要掘进技术措施、成型隧道质量控制情况、设备使用情况等）及其分析、出现的问题及其应对措施、后续掘进施工管控规划。

2. 盾构始发管控要点

根据盾构始发施工作业特点，对各阶段重点管控内容的管控要点进行梳理，要求现场对规定性动作执行到位，保障各项技术措施在现场落地。盾构始发管控要点见表 5-8。

表 5-8　盾构始发管控要点

序号	施工阶段	管控项目	管控要点	备注
1	始发准备	端头加固质量（含接缝止水）	①加固土体完整性、均匀性、土体强度； ②加固体整体抗渗性； ③质量检测，垂直取芯、水平探孔取芯（探孔深度不小于盾构主机长度）； ④刀盘出加固体前大于5 m范围满足常压进舱条件	
2		始发导台	①结构尺寸、位置确定，导轨轴线、标高、坡度符合始发状态并进行复测； ②结构强度、承载力验算（以盾构主机中心前方段为重点）； ③轨道定位及安装精度控制； ④预留预埋满足盾构组装需求	钢筋混凝土、钢结构、钢混结合
3		圆弧导台	①结构尺寸、轴线、标高、位置； ②结构强度、承载力验算	按需考虑
4		反力系统	①结构定位及复测； ②结构强度、刚度、承载力验算； ③结构安装质量验收； ④预埋件质量检查	钢筋混凝土、钢结构
5		洞门密封	①洞门预埋钢环精度、平整度、锚固质量控制及预留螺栓孔防护； ②延长洞门长度设计满足刀盘顶拢洞门后建舱及转刀盘要求； ③延长洞门和洞门密封装置连接质量、接缝(纵缝、环缝）密封； ④洞门预埋钢环背后混凝土填充质量及补注浆； ⑤预留注浆孔、注脂管通畅性； ⑥延长洞门底部悬臂支撑	2道钢丝刷+2道帘布橡胶
6		延长导轨	①导轨尺寸、安装位置设置、精度控制； ②导轨固定（焊接+螺栓）质量可靠性； ③导轨数量及承载能力	按需考虑
7		负环支撑	①结构尺寸、轴线、标高、位置； ②结构强度、承载力验算	型钢/钢管支撑
8		洞门凿除	①凿除净空检查； ②洞门范围内金属物检查清理； ③凿除过程变形监测； ④洞门底部杂物清理	洞门范围力争采用玻璃纤维筋
9		端头降水	①降水井数量、分部位置、结构设计； ②降水试验； ③地下水控制	按需考虑
10		始发姿态	①始发洞门实际中心、轮廓复测； ②盾构始发轴线、坡度、标高确定	

续表

序号	施工阶段	管控项目	管控要点	备注
11	始发准备	导向系统	① 测量控制点引入及精测； ② DTA 数据录入及复核； ③ 导向系统调试及盾构姿态复测	
12	负环安装及盾构空推	负环安装	① 盾尾间隙钢垫条尺寸、数量、位置确定及安装固定牢固（点焊固定牢固）； ② 首环负环第一块管片定位及临时固定； ③ 首环负环管片临时固定牢靠（腰部以上范围）； ④ 负环管片内弧面环、纵缝辅助连接固定（焊接连接钢板）	提前考虑管片预埋设计
13		负环顶推	① 顶推油缸（推进油缸）对称设置，顶推速度缓慢匀速； ② 顶推位置定位复核； ③ 负环与反力架支撑面紧贴； ④ 管片螺栓复紧	
14		负环加固	① 负环管片下半圆外弧面支撑点位置、数量、间距设定，严控变形； ② 负环管片外弧面环、纵缝辅助连接固定（焊接连接钢板）	提前考虑管片预埋设计
15		盾构空推	① 始发导轨、拖车导轨、轮对巡视检查； ② 空推速度缓慢匀速； ③ 洞门密封装置巡视检查； ④ 盾构拖车范围净空巡视检查； ⑤ 防栽头导轨检查	
16	加固区掘进	始发建舱	① 刀盘接触掌子面开始建舱，控制舱内液位上涨速度； ② 建舱压力设定及洞门密封效果验证； ③ 泥水系统环流试运行	
17		防扭割除	① 防扭装置到达洞门密封前及时割除； ② 割除面检查，打磨平整	
18		掘进参数	① 掌子面修平阶段刀盘转速≤ 0.5 r/min，推进速度≤ 5 mm/min； ② 加固体掘进刀盘转速在 1.0 r/min 左右、匀速推进，总推力控制在允许范围内，不超过反力架设计承载力的 80%； ③ 泥浆环流流量与掘进速度匹配	
19		舱内压力	① 初始压力设定以控制洞门密封不渗漏，满足环流出渣为原则； ② 刀盘出加固体前洞门封堵后压力设定为原状地层土静止土压力	

续表

序号	施工阶段	管控项目	管控要点	备注
20	加固区掘进	姿态控制	① 原则上盾构水平姿态直线推进； ② 推进系统控制垂直姿态栽头	
21		洞门密封	① 延长洞门钢丝刷腔体油脂补充注入； ② 结构密封情况巡视、检查	
22		洞门封堵	① 盾尾通过第一道帘布橡胶板后，折页板翻转固定； ② 洞门密封与负环管片外弧面全周密封钢板焊接（挂网片喷射混凝土）； ③ 盾尾通过洞门后，在同步注浆基础上利用洞门预埋注浆管注浆加强封堵	
23		设备试运行验收	① 刀盘出加固体前 5 m 完成设备试运行验收； ② 舱内各系统、部件验收	
24	始发段盾构掘进	素墙掘进参数	① 舱压与加固体外静止水土压力平衡； ② 低刀盘转速、低推进速度，总推力在反力架系统承载允许范围内	按需考虑
25		反力系统监测	① 反力系统轴力（应力）监测； ② 反力系统位移监测； ③ 反力系统巡视检查	反力架设计时对监测轴力计进行专项设计
26		负环拆除	① 编制拆除方案； ② 吊装场地承载力验算、起重吊装作业验算； ③ 起重吊装作业过程安全管控	
27		作业班组磨合	① 班组人员操作、配合熟练程度磨合； ② 施工组织工序管理	
28		掘进总结	① 压力设定与沉降控制总结； ② 相关地层掘进参数总结； ③ 刀具使用情况技术总结； ④ 隧道成型质量控制技术总结； ⑤ 施工组织管理总结； ⑥ 其他技术总结	

5.5.2 盾构掘进

1. 盾构掘进主要管控内容

盾构掘进施工主要管控内容包括掘进参数管理、舱压管理、开挖管理、泥水管理、渣土管理、注浆管理、姿态管理、刀盘刀具管理、设备日常管理、监控量测管理等。盾构掘进施工管控导图如图 5-3 所示。

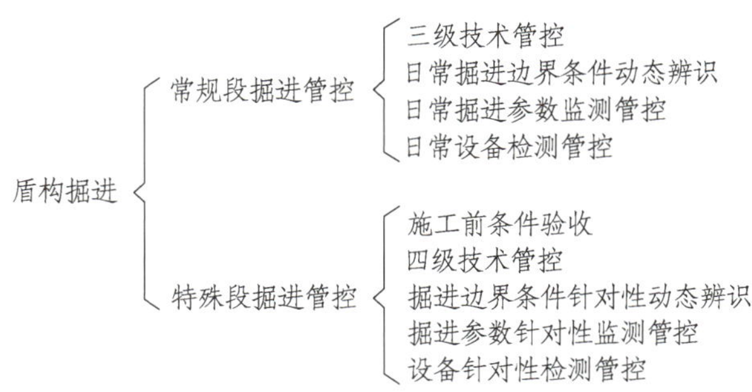

图 5-3　盾构掘进施工管控导图

2. 盾构掘进管控流程

超大直径盾构项目根据四级技术管理响应体系进行盾构掘进管控。盾构正常掘进阶段主要包括常规和特殊段掘进管控两个方面，通过标准化、信息化手段，对常规段掘进实施常态化管理，对特殊段掘进采取针对性风险防范管控、执行特殊技术手段和相应措施，实现常规段安全、连续、高效常态化掘进，特殊段安全稳妥、连续顺畅掘进。

（1）常规段掘进管控流程。

按照操作执行层、分析反馈层、诊断决策层三个层级进行常规段掘进管控。遵循“动态管理”原则，过程中不断进行识别、纠偏。掘进参数调整以“诊断决策层”下达的指令为准，每环掘进参数具体以掘进参数交底单为准。

实时监控盾构掘进施工过程，项目部明确专人（一般为土木总工程师）根据地质变化、覆土厚度、地面荷载、地表沉降、刀具监测系统、盾构姿态、刀盘扭矩、刀盘齐压力等信息数据，正确下达每班掘进指令，并即时跟踪调整。

（2）特殊段掘进管控流程。

特殊段掘进施工按照操作执行层、分析反馈层、诊断决策层、系统支撑层四个层级管控，总体原则为“精力专注、谨慎敏感，管控有序、反应迅速，即时研判、总结优化”。根据分级管控要求执行重要节点施工前条件验收，由项目部组织，提前 7 日进行条件验收申请。上级集团公司片区指挥部、子分公司工程部负责组织对应级别的现场条件验收工作，形成盾构重要节点施工条件验收报告，条件验收合格后方可进行下阶段掘进施工。

现场实施掘进过程中严格执行“一环一策”相关要求，以实时分析反馈保障每环掘进安全，以每环稳妥掘进保障特殊段掘进安全。土木总工程师负责组织技术人员每日进行掘进情况小结，每周形成总结存档备查。

每个重要节点施工完成后，项目进行特殊段掘进施工总结，形成盾构特殊段掘进总结报告，子分公司组织评估，报上级集团公司工程部备案，为后续其他重要节点和盾构项目施工提供技术借鉴与参考。总结报告主要包括特殊段掘进施工的边界条件、掘进情况（掘进参数情况、掘进管理情况、主要掘进技术措施及效果、设备使用情况等）及其分析、出现的问题及其应对措施、类似工程建议及科研创新方向。

（3）“一环一策”管理规定。

特殊段掘进施工执行“一环一策，动态管理”，根据当环参数分析、地质研判、刀具监测分析及监测情况，对下环掘进参数进行优化，每环掘进前下达掘进参数交底单。“一环一策”管控流程如图 5-4 所示。

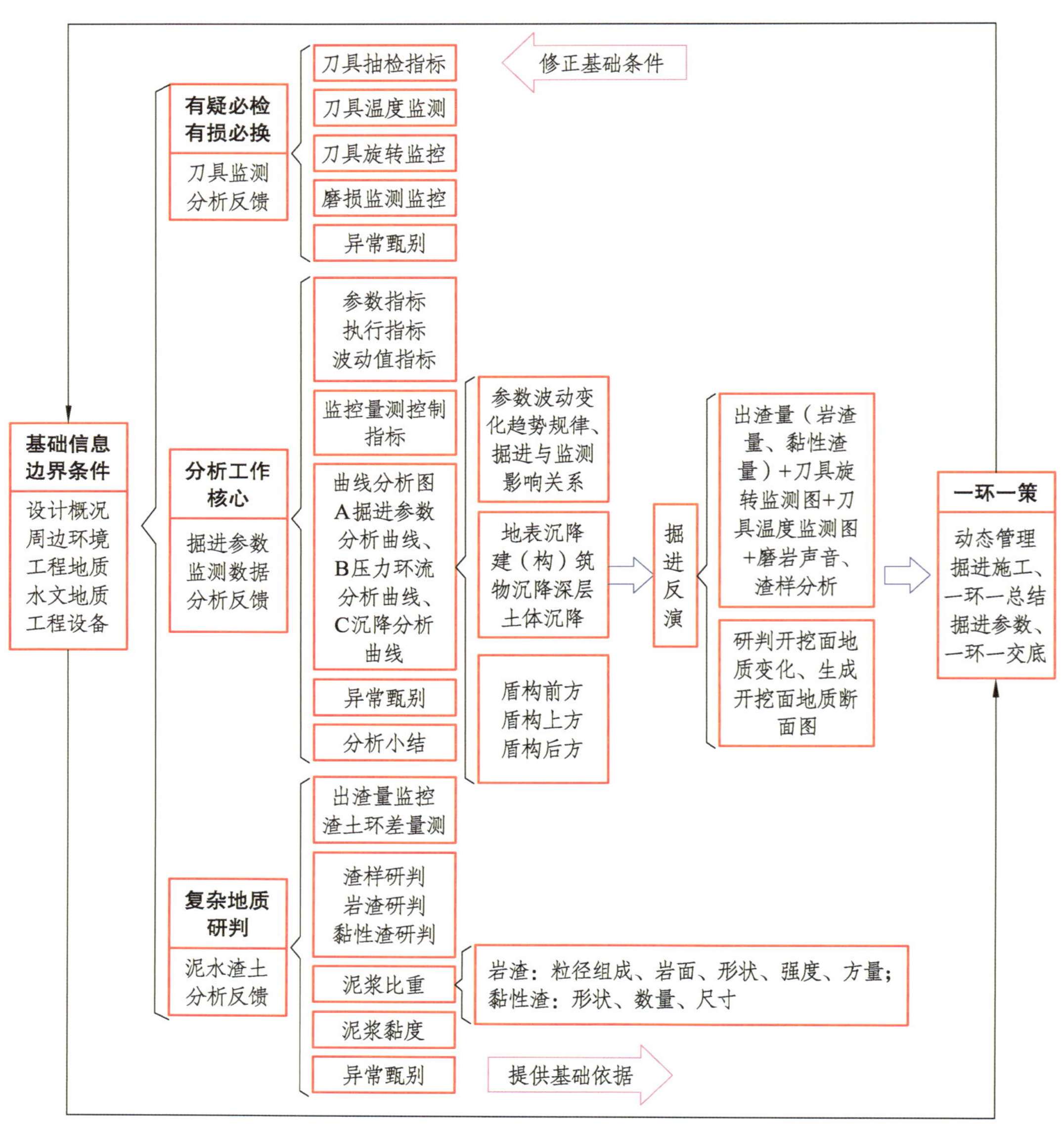

图 5-4 盾构特殊段掘进施工“一环一策”管控流程

（4）盾构掘进施工“十不准”。

① 穿越敏感环境工程水文地质不明、施工环境不清不准掘进。

② 施工监测数据异常，未查明原因和未制定措施不准掘进。

③ 推力、扭矩、压力、泥水环流等掘进参数异常，未查明原因不准掘进。

④ 无掘进指令或技术交底不明不准掘进。

⑤ 密封油脂、润滑油脂供应或注入不足不准掘进。

⑥ 无注浆材料或供应不足不准掘进。

⑦ 设备故障未查明原因，机械总工程师未确认不准掘进。

⑧ 管片拼装质量有问题，土木总工程师未确认不准掘进。

⑨ 导向系统工作不正常或姿态异常，土木总工程师未确认不准掘进。

⑩ 盾尾清理不干净不准拼装管片。

3. 盾构掘进管控要点

（1）特殊段掘进管控要点。

特殊段盾构掘进施工风险大，对管理和技术的要求高。针对盾构穿越重要建(构)筑物、既有线、江河湖海、不良地质段等施工特点，应对盾构掘进管理、环流管理、掘进参数、舱压管理、出渣管理、注浆管理、刀盘刀具管理监控量测、“一环一研判”等管控要点进行重要性评级，保证特殊段施工安全。特殊段盾构掘进管控要点见表 5-9。

表 5-9　特殊段盾构掘进管控要点

序号	管控要点	敏感环境		江河湖海	特殊地质				
		建(构)筑物	既有线		孤石	基岩凸起	破碎带	岩溶区	高黏地层
1	开挖管理	★★★	★★★	★★★	★★★	★★★	★★★	★★★	★★★
2	环流管理	★★★	★★★	★★★	★★	★★	★★★	★★	★★★
3	参数管理	★★	★★	★★	★★★	★★★	★★★	★★★	★★★
4	舱压管理	★★★	★★★	★★	★★	★	★★	★★	★
5	出渣控制	★★★	★★★	★★	★★	★★	★★	★★	★★
6	注浆管理	★★★	★★★	★	★	★	★	★	★
7	刀具管理	★★	★★	★★	★★★	★★★	★★★	★★	★★
8	刀盘管理	★★	★★	★★	★★★	★★★	★★★	★★	★★
9	监控量测	★★★	★★★	★	★	★	★	★	★
10	一环一研判	★★★	★★★	★★★	★★★	★★★	★★★	★★★	★★★

注：★一般；★★较重要；★★★重要。

（2）掘进参数管控要点。

① 刀盘转速、推进速度、刀具贯入度

根据盾构穿越不同地层的特性，对盾构主要掘进参数针对性设定管控，盾构掘进刀盘转速、推进速度、刀具贯入度设定建议见表 5-10。

表 5-10 不同地层主要掘进参数参考

序号	地质		刀具贯入度 /（mm/r）	推进速度 /（mm/min）	刀盘转速 /（r/min）	备注
1	软土地层	地基承载力较小（150 kPa 以内），标贯值较低（10 击以内），塑性状态呈软塑、流塑状态的土质地层，常见的有淤泥、淤泥质土、粉土、回填土等	30.0 ~ 40.0	30.0 ~ 40.0	1.0 ~ 1.2	高推进速度，中刀盘转速，较大贯入度
2	砂土地层	粒径在 0.075 ~ 60 mm 的砂土地层	25.0 ~ 35.0	25.0 ~ 35.0	1.0 ~ 1.2	高推进速度，中刀盘转速，较大贯入度
3	黏土地层	具有一定黏性的土质地层，一般呈中塑、硬塑状态；黏性矿物含量较高（伊利石、蒙脱石、高岭土等黏性矿物含量在 10% 以上）。常见的有粉质黏土、全强风化泥岩、全强风化花岗岩、糜棱岩、红层等	10.0 ~ 15.0	15.0 ~ 20.0	1.2 ~ 1.4	中低推进速度，中高刀盘转速，中低贯入度
4	卵石地层	粒径在 60 ~ 200 mm 的砂卵石地层	20.0 ~ 30.0	20.0 ~ 30.0	0.8 ~ 1.0	较高推进速度，中低刀盘转速，较大贯入度
5	破碎地层	地质断裂带区域，分为挤压型和张开型破碎带。岩石破碎，岩石 RQD 值低，碎石之间一般夹泥夹砂，无胶结。	10.0 ~ 15.0	10.0 ~ 20.0	1.0 ~ 1.2	中低推进速度，中刀盘转速，中低贯入度
6	软硬不均地层	软硬不均地层常见有上软下硬、基岩凸起、球形风化物（孤石地层）等	3.0 ~ 5.0	3.0 ~ 6.0	0.8 ~ 1.2	低推进速度，中低刀盘转速，低贯入度
7	全断面岩石地层	全断面岩石地层，岩石强度较高。常见的有花岗岩、板岩、页岩、砂岩、凝灰岩等	5.0 ~ 8.0	10.0 ~ 15.0	1.5 ~ 1.8	低推进速度，高刀盘转速，较低贯入度

当刀盘转速、推进速度、刀具贯入度等重要掘进参数需要调整时，需上报诊断决策层，提出参数优化指导意见后实施。

② 刀盘扭矩。

刀盘扭矩重点管控波动值及变化，当刀盘扭矩高于本阶段正常扭矩 30%、超过 80% 额定扭矩或瞬时波动较大时，须停机分析原因，考虑舱内滞排或地层变化的可能性。

③ 盾构推力。

重点分析盾构推力（刀盘挤压力、刀盘接触力、总推力）整体变化及刀盘挤压力瞬时波动情况。通过研判刀盘挤压力、刀盘接触力、总推力的变化规律进行综合分析。

（3）掘进舱压管控要点。

① 舱压设定。

舱压设定是保障地表安全的重要条件，为确保盾构掘进泥水舱压力设定精准，总体压力设定原则为：考虑地面建（构）筑物等附加荷载、地质条件变化、覆土变化、水位变化、监测情况及结合前期掘进总结综合确定。具体各地段切口初始压力应根据盾构隧道地质情况和附加荷载等采用朗肯土压力公式进行分段计算确定，渗透性较强地层宜采用水土分算，弱透水地层宜采用水土合算，附加荷载应根据具体地质，环境情况和荷载分布形式等综合分析，特别是浅埋、软土、浅基础和大荷载工况下，要进行专业计算、模拟或论证。

舱压设定建议（经验公式）：正常掘进状况下切口压力不得低于自然水压；浅埋（覆土 $< 1D$）状况压力设定宜为 1.2 ~ 1.4 倍埋深高度对应的水头压力，深埋（覆土 $\geqslant 2D$）状况压力设定宜为 1.1 ~ 1.3 倍自然水压，掘进速度高或在岩石地层中掘进时可选低值，掘进速度低或在软土地层中掘进时应选高值；敏感环境掘进舱压宜在公式和经验计算基础上采取微超压模式；掘进过程中应根据地表监测和地层气密性情况动态调整，以刀盘前方和正上方地表区域呈现微隆起（1 ~ 3 mm）及地层气密性可控（地下水位小幅上升、局部裂隙微量间断漏浆或土压盾构小范围孔隙冒泡）为原则。

② 舱压控制。

掘进过程中严格控制液位波动（气垫式泥水盾构），须保持舱内环流顺畅，气垫舱液位保持在中部，波动值控制在 ±0.5 m 以内，液位波动过大时应及时开启旁通循环模式，并确认波动原因及时处置。泥水舱顶部压力波动值控制在 ±10 kPa 以内。

③ 停机工况压力设定调整。

因刀具检查、换刀作业、设备维修等情况需要较长时间停机时（超过 12 h），为保障泥膜质量、开挖面及上覆土稳定，将泥水压力提高 10 kPa。泥浆指标参照“5.5.11 停机管理”要求。

（4）异常情况管控要点。

项目根据阶段性掘进技术总结，结合掘进异常情况对应的特征，及时准确辨识，第一时间发现问题，按照分级响应体系及时反馈。盾构掘进异常情况分析参照表 5-11。

表 5-11 盾构掘进异常情况分析对照

序号	异常情况	地质	掘进速度	总推力	扭矩	挤压力	舱压	其他
1	结泥饼	高黏地层	逐渐降低	逐渐增大	变化不明显	逐渐增大	—	预筛渣量减少
2	结泥饼	高黏地层	逐渐降低	逐渐增大	逐渐增大	—	—	渣土温度升高
3	中心刀损坏	软硬不均	逐渐降低	逐渐增大	—	逐渐增大	—	—
4	边滚刀损坏	软硬不均	逐渐降低	逐渐增大	逐渐增大	轻微降低	—	—
5	卡盾	全断面中风化砂岩	降低	瞬间增大	减小	—	—	铰接油缸变长无法收回
6	卡刀盘	全断面硬岩（岩体破碎裂隙发育）	—	—	瞬间波动大，频繁	—	—	—
7	切刀参与破岩	软硬不均	整体下降	—	瞬间波动大，整体上升	瞬间波动大	—	—
8	舱内积渣	黏土/软硬不均	—	—	逐渐增大	—	泥水舱、气垫舱压力波动大	—
9	出渣不畅	黏土/软硬不均	—	—	—	—	泥水舱、气垫舱压力波动大	—
10	前方突然障碍物	加固体	突然降低	突然增大	瞬间波动大	—	—	—
11	滚刀偏磨	软硬不均	—	逐渐增大	逐渐增大	轻微降低	—	—
12	齿刀脱落	软硬不均	降低	逐渐增大	轻微降低	逐渐增大	—	—
13	遇孤石	砾石层/全强风化地层	逐渐降低	逐渐增大	逐渐增大	逐渐增大	—	—
14	地层变硬	黏土/软硬不均	逐渐降低	逐渐增大	逐渐增大	逐渐增大	—	—

续表

序号	异常情况	地质	掘进速度	总推力	扭矩	挤压力	舱压	其他
15	环流系统堵塞	黏土 / 软硬不均	—	—	—	排浆环流流量突然减小	持续增大	气垫舱液位上涨
16	地层击穿冒浆	黏土 / 软硬不均	—	—	—	进浆流量大于排浆流量	持续变小	气垫舱液位下降
17	边刮刀损坏	软硬不均	逐渐降低	逐渐增大	逐渐增大	环流不畅	波动频繁	—

5.5.3　盾构接收

1. 盾构接收主要管控内容

盾构接收工艺主要有干式接收、水中接收、密闭接收等，项目根据接收段地质情况、地表环境、地下水压等条件综合评估，以保障盾构接收安全为核心的原则进行选择。

接收端地面具备端头加固条件且加固效果有保障、接收风险可控的情况下一般选用干式接收。接收端头加固条件受限或加固效果不易保障、地层渗透系数大、水压较高、接收洞门涌水风险较高时可选择水中接收。现阶段密闭接收多用于中小直径盾构，大直径盾构考虑经济性采用较少，接收端不具备加固条件无法使用干式接收和水中接收时建议采用，但必须对密闭接收条件进行结构验算和专项设计。

（1）干式接收主要内容。

干式接收是目前超大直径盾构接收常用工艺。其主要内容包括盾构接收前准备、接收段掘进、盾构贯通掘进、盾构空推接收。

① 干式接收准备。

盾构干式接收前准备工作主要包括盾构主机空间姿态、盾构贯通前测量及接收洞门位置复核测量、接收端头地层加固及检测、接收端头降水井施工及降水作业（若有）、洞门凿除（若需）、洞门密封安装、接收基座施工。

② 盾构接收段掘进。

盾构接收段掘进主要包括接收段掘进控制（掘进参数控制、掘进姿态调整纠偏）、地表沉降控制、管片壁后二次注浆及效果验证（加固体边界位置止水环）。

③ 盾构贯通掘进。

贯通掘进主要包括开挖舱清舱降压、管片壁后二次注浆及效果验证（加固体段管片）、边刀检查、洞门凿除（首选玻璃纤维筋洞门围护结构以便盾构直接掘进通过）。

④ 盾构空推接收。

盾构空推接收主要包括盾构空推至接收基座、管片壁后注浆（加固体段管片）、接收洞门注浆封堵、接收段管片拉紧固定。

（2）水中接收主要内容。

洞门范围围护结构若采用玻璃纤维筋混凝土，盾构直接掘进通过；若采用钢筋混凝土洞门，应先凿除洞门。水中接收主要内容包括盾构接收前准备、接收段掘进、盾构贯通掘进、盾构水下空推、分层抽水洞门封堵。水中接收比干式接收施工周期长，但施工风险更加可控，可避免盾构接收过程中洞门涌水涌泥涌砂风险。

① 水中接收准备。

盾构水中接收前准备工作主要包括盾构主机空间姿态、盾构贯通前测量及接收洞门位置复核测量、接收端头地层加固及检测、洞门密封安装、接收基座施工、接收井封闭、接收井内回灌水位不低于地下水位标高。提前进行试漏检查，保证密闭性。

② 盾构接收段掘进。

盾构接收段掘进主要包括接收段掘进控制（掘进参数控制、掘进姿态调整纠偏）、地表沉降控制、管片壁后二次注浆（止水环）。

③ 盾构贯通掘进。

盾构贯通掘进主要包括管片壁后二次注浆（洞口段 10 环管片）、洞门围护结构掘进、接收井内掘进控制、接收段管片拉紧固定。

④ 盾构空推接收。

盾构水下空推至少保证盾尾脱离洞门环，满足管片与洞门环封堵锁定要求。

⑤ 分层抽水洞门封堵。

分层抽水洞门封堵施工主要包括接收井分层抽水、分层施作管片外弧面与洞门之间的封堵。分层抽水时要考虑盾构逐步失去水浮力后的受力变化，防止刀盘着力于接收导台时对主轴承的影响。

2. 盾构接收管控流程

盾构接收工作按照清单式管理，项目逐条验证销项，盾构贯通（到达掘进）前由上级集团公司工程部组织子分公司、项目部进行现场条件验收，召开现场条件验收评估会，验收评估合格后方可进行盾构接收段掘进等相关施工。

盾构接收完成后，进行到达接收施工总结，形成盾构接收掘进总结报告，子分公司组织评估，报上级集团公司工程部备案，为后续其他盾构项目接收施工提供技术借鉴与参考。总结报告主要包括盾构接收施工的边界条件、接收段掘进情况及分析、接收段管片壁后注浆控制措施及效果、接收段成型隧道质量控制措施及效果、刀盘刀具磨损情况、盾尾刷磨损情况、刀盘结泥情况、存在问题及解决措施等。

3. 盾构接收管控要点

盾构接收是盾构施工的重要工序，其核心是在保障洞门、接收段地表安全的前提下实现盾构精准接收。

（1）掘进姿态控制。

在盾构接收前应对盾构的位置和盾构隧道的测量控制点进行准确测量，对盾构主机姿态进行复核，明确实际隧道中心轴线与隧道设计中心轴线的关系，并对盾构接收井的洞门进行复核测量，确定盾构的贯通姿态及掘进纠偏计划，保证盾构安全进入洞门圈。盾构通过洞门圈期间，尽量不进行盾构姿态调整，避免姿态调整过大造成卡机。

（2）贯通掘进参数控制。

盾构贯通掘进主要分为刀盘直接掘进通过围护结构贯通和人工凿除围护结构后盾构掘进贯通两种方式。

在围护结构采用玻璃纤维筋的设计情况下，利用刀盘直接掘进通过围护结构。刀盘掘进围护结构期间掘进速度、贯入度不宜过大，尽量保障围护结构切削率。盾构通过洞门期间不做姿态调整，严格控制盾构推进压力，尽量顺应趋势贯通。

（3）接收洞门涌水风险控制。

盾构贯通掘进洞门涌水风险高，在做好接收端头加固的基础上，须严格控制管片壁后注浆止水效果，特别是加固体与原状地层间接缝处、加固体与围护结构接缝处的止水效果应重点控制。

采用干式接收时须做好贯通前止水效果验证。刀盘掘进至围护结构后，清舱降压至常压，通过观察舱内水位上涨情况判断止水情况，若止水效果较差，须采取补充止水注浆措施，直至渗水通道完全封堵。严禁在舱内液位上涨情况下进行贯通，须确保无水凿除洞门贯通。盾构接收管控要点见表 5-12。

表 5-12　盾构接收管控要点

序号	工序名称	管控项目	管控要点	备注
1	接收端头加固	接收端头地层加固、接缝注浆止水	加固体长度、完整性、土体抗压强度、抗渗性、接缝止水	干式接收加固体长度≥主机长度加 3 m
2	端头降水	接收端降水井施工，端头降水	降水井深度，降水试验，地下水控制	
3	接收洞门复测	实际洞门中心位置复测	洞门中心坐标、洞门圈轮廓	
4	接收导台施工	根据洞门复测、盾构接收姿态，施作接收导台	导台轴线、坡度、结构尺寸、承载能力验算	
5	接收井回填	盾构到达前封闭降水井，回灌不低于地下水位标高	回灌水位标高	水中接收

续表

序号	工序名称	管控项目	管控要点	备注
6	接收端掘进	接收端盾构掘进作业，根据洞门复测结果、接收设计姿态，调整控制接收段盾构姿态	掘进参数稳定性、姿态调整控制	
7	管片壁后二次注浆	对接收端管片壁后进行二次注浆止水，重点为与加固体、地连墙接缝位置	填充止水效果	
8	盾构姿态复测	隧道贯通前复测、联系测量、盾构位置复测	贯通前复测精度	
9	盾构降压清舱	循环清舱，开挖舱逐步降低至常压，检查加固体内渗水情况	舱内、管道渣土清理，加固体渗水情况检查	干式接收
10	洞门凿除	加固体检查合格，盾构清舱完成后进行洞门围护结构凿除	保证净空	
11	接收段管片拉紧	管片螺栓复紧，拉紧装置安装固定	拉紧装置及时安装、固定牢固	
12	分层抽水、洞门封堵	逐步降低接收井内回灌水标高，交替进行洞门封堵	分层抽水、洞门渗水检查，同步减少推进油缸压力，防止主机前移	水中接收
13	盾构空推至接收基座	保持盾构姿态，空推盾构至盾构基座	洞门渗水检查，盾构空推姿态、推力控制	

5.5.4 管片拼装

1. 管片拼装管控流程

管片拼装是隧道成型质量控制的关键工序，应重点管控管片拼装点位选择（小半径曲线段重点管控）、管片拼装前质量及防水粘贴质量检查验证、管片编号顺序检查验证（包括地面装车或下井吊运前检查、隧道内吊运前检查、管片拼装前检查三道检查程序）、管片拼装精度控制、管片拼装成环后质量检查、螺栓安装质量检查等工作。管片拼装过程质量管控工作由相应岗位的工程师负责。管片拼装管控流程如图 5-5 所示。

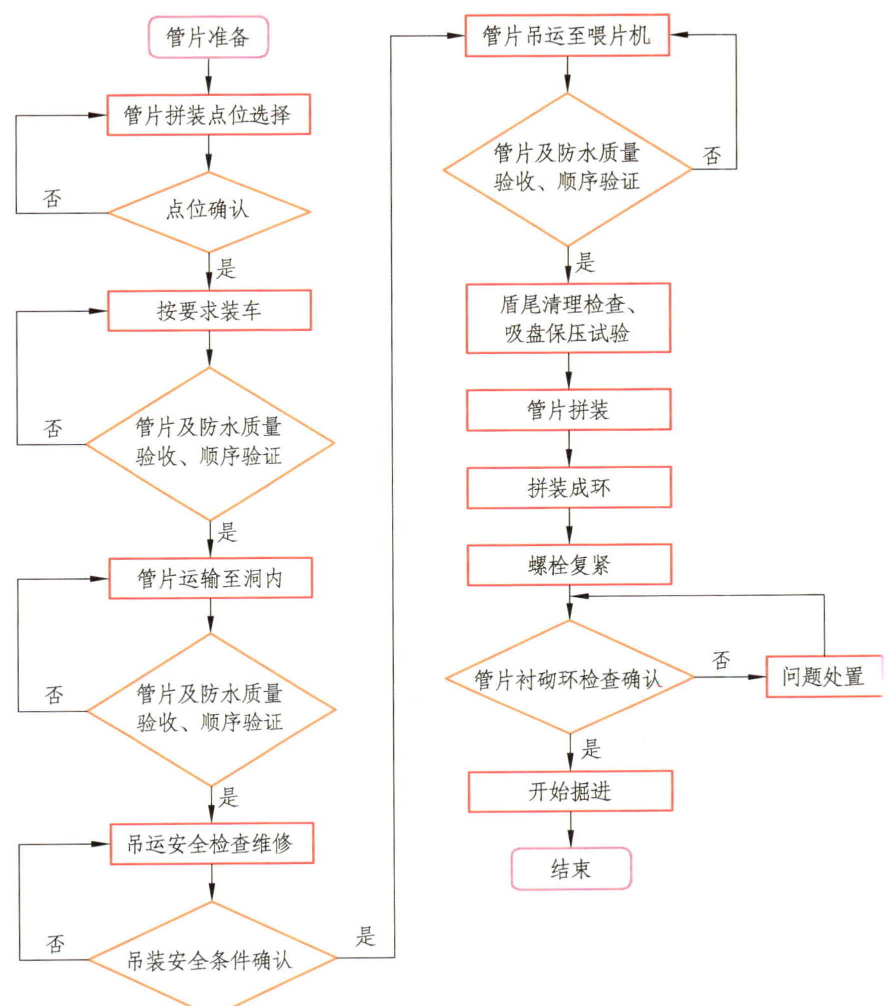

图 5-5　管片拼装管控流程

2. 管片拼装相关要求

（1）盾尾清理。

管片拼装前必须将盾尾管片拼装范围内的杂物、泥浆清理干净，由土木值班工程师进行验收，验收完成后附照片反馈信息。

（2）管片拼装机吸盘保压试验。

在每环管片拼装前，维保工程师必须进行安装机吸附管片试验，确保真空泵断电 20 min，真空度保持在 80% 以上；维保、电气值班人员应每天对真空管路、真空泵电缆线、真空电磁阀进行检查，确保完好。

（3）管片验收。

管片堆场施工班组长、值班工程师分别在管片装车前、下井后卸车前对管片型号、外观质量（应选择与已拼装管片颜色基本一致的管片，对于色差大的管片进行返厂处理）、管片防水粘贴质量等内容进行验收，验收完成后附照片反馈信息。

（4）管片拼装前清洁。

管片拼装前，班组长组织掘进班组将喂片机上的管片内弧面逐片清洁干净（不得积水），由值班工程师进行验收。

（5）管片拼装后的修补及更换要求。

每块管片拼装完成后，土木值班工程师同步对当环拼装的管片进行检查，出现管片异常崩角、开裂等情况时立即停止管片拼装，进行分析，研判是否采取修补、更换等措施。

对于影响结构安全、脱出盾尾后可能出现涌水涌泥涌砂风险、严重渗漏水的管片必须更换。其他情况需要更换的管片，由生产经理、值班工程师制订更换计划报土木总工程师复核确认。

在管片更换过程中，拆除已安装的管片时必须保证管片拼装机对管片的吸附力，且不得采用拼装吸盘纵向强拉硬拽已拼装管片，避免管片脱落，保证拆除安全。

（6）螺栓安装质量检查。

根据管片不同阶段的受力状态，由掘进班长组织管片螺栓安装质量检查和复紧。设备部须每 100 环标定风动扳手扭矩。

（7）成环管片外观检查。

掘进班长定期组织对盾构后配套拖车范围成环管片外观进行检查，将表面油污、泥浆等异物清理干净，对拖车轮对 / 预制箱涵标高以上颜色相差较大的管片，应考虑整体或局部涂刷，由土木值班工程师进行确认，保证后部成型隧洞管片内实外美，并做好全隧的日常保持和清洁工作。

5.5.5 注浆施工

1. 注浆施工主要管控内容

盾构掘进注浆主要包括盾尾同步注浆、管片背后二次补充注浆、盾壳注浆。掘进注浆作业以沉降控制和稳定隧道管片为核心，以同步注浆为主，二次补充注浆为辅。遇穿越重要建（构）筑物、全断面硬岩掘进等情况辅以盾壳注浆（盾壳泥）。

（1）同步注浆浆液类型主要分为水硬性的水泥砂浆、双液浆及厚浆，同步注浆控制采用注浆量及注浆压力双控指标，注浆效果通过管片开孔、物探方法进行验证。

（2）二次注浆结合沉降数据及填充效果检查及时启动，保障管片壁后填充饱满，严控地表沉降。二次补充注浆完成后进行效果验证，以注浆填充饱满无渗水为合格标准。

（3）向盾壳外部注入“盾壳泥”，填充盾构壳体与开挖面之间的间隙，可隔断盾尾与泥水舱联系，保证同步注浆填充效果，控制盾体上方土体变形。

2. 管片背后注浆流程及要求

管片背后注浆管理主要包括根据不同地质条件、周边环境进行浆液类型和注浆方式的选择、浆液质量管理、注浆过程监控、注浆填充效果验证、地表沉降及管片上浮控制效果验证等。管片背后注浆管控流程如图 5-6 所示。

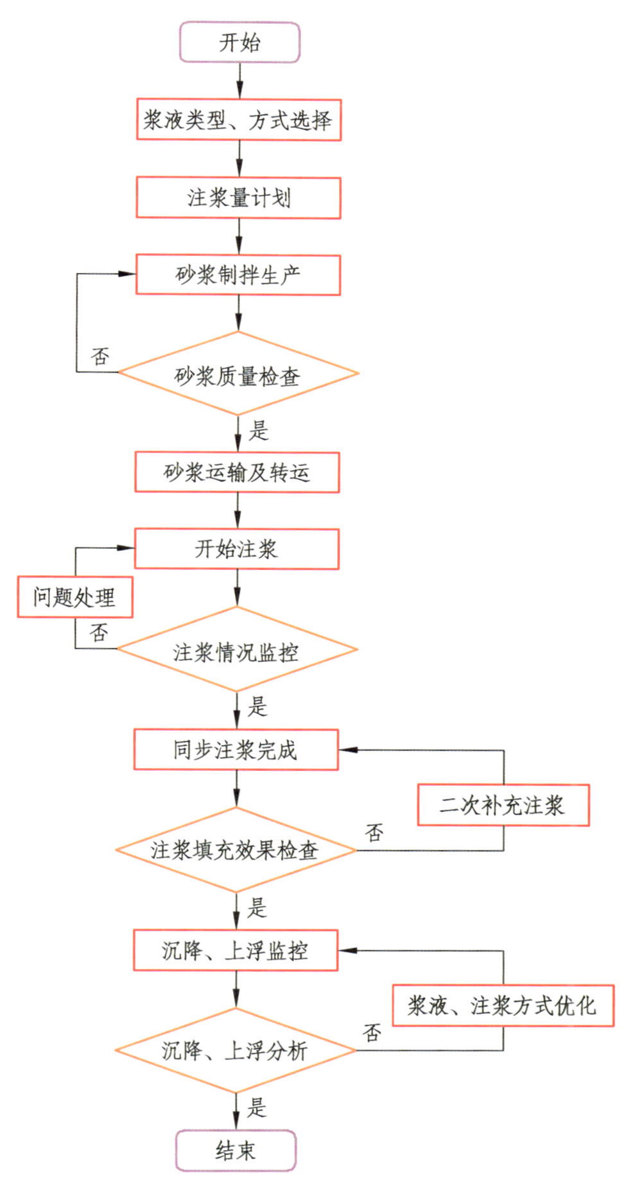

图 5-6　超大直径盾构管片背后注浆管控制流程

3. 二次注浆管控要点

（1）二次补充注浆结合监测数据及开孔检查验证情况施作，根据开孔观察浆液填充和凝固效果适时启动。

（2）二次注浆浆液一般采用双液浆，在确认未向盾壳前方扩散的情况下可采用单液浆。

（3）注浆过程密切关注注浆压力变化和管片错台情况，可实时切换单 / 双液浆，或采用间歇式注浆。

（4）盾构掘进通过敏感环境时必须坚持二次注浆和开孔验证。

（5）盾构后配套拖车设置二次注浆作业平台，注浆作业期间做好安全防护及文明施工。

（6）二次注浆结束后及时进行注浆孔封堵，并进行封孔质量检查验证，保证注浆孔封堵到位。

4. 盾壳注泥管控要点

（1）盾壳注泥应在盾构掘进穿越敏感环境、硬岩地层、长时间停机、同步注浆流失多、填充效果差、管片上浮大时启动。

（2）盾壳泥采用低强度、快凝水泥基浆液，根据掘进速度、推力和盾构姿态等参数控制好浆液参数，避免影响姿态调整和固结盾壳。

（3）一般采用盾壳径向注浆孔注入盾壳泥，注意径向注浆孔清洗，防止堵塞管路。

5.5.6 预制箱涵同步安装

超大直径盾构工程预制箱涵原则上与盾构掘进同步进行安装。盾构隧道掘进前，项目技术人员应根据隧道轴线、内部结构、机电安装及特殊箱涵设计等进行箱涵排板，项目土木总工程师审核确认。对于隧道线形有小半径曲线的情况，建议设计模型箱涵，以拟合隧道曲线转弯，避免箱涵拼装错台、拼缝过大等问题。

1. 箱涵安装作业流程

预制箱涵安装作业流程主要包括测量放样、箱涵选型、箱涵定位及安装、螺栓连接。其作业流程如图 5-7 所示。

2. 箱涵安装管控要点

预制箱涵安装质量对施工期间行车舒适与安全、隧道外观形象、后期上部结构施工均有严重影响，安装时应对安装位置、平整度等进行严格管控。

（1）安装前必须将安装范围内的杂物、泥浆清理干净，由土木值班工程师进行验收。

（2）箱涵安装前值班工程师确认箱涵型号，保证对应位置预制箱涵型号正确。

（3）安装前应根据成型隧道轴线、已安装箱涵平面位置及标高，对计划安装位置左右边线进行放样，并标识于管片内弧面。

（4）箱涵安装应结合成型隧道轴线适当进行调整，做到与相邻箱涵平顺连接，螺栓安装到位，紧固扭矩达标。

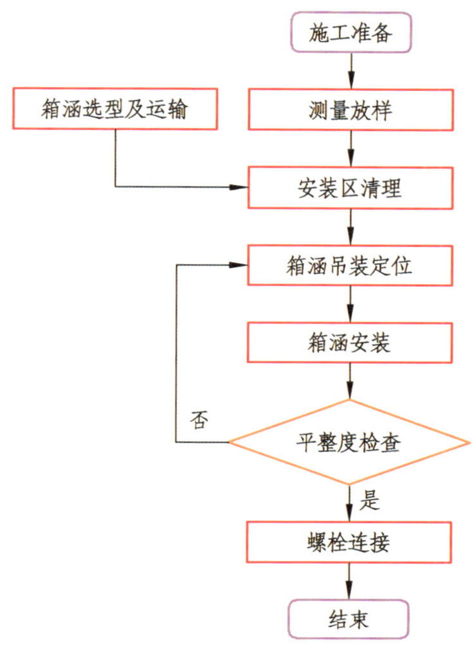

图 5-7　预制箱涵安装工艺流程

5.5.7　掘进姿态管理

盾构掘进过程中由于设计线路轴线变化（平曲线、纵向坡）、地质条件变化、开挖面软硬不均、人为操作等因素的影响，盾构推进实际姿态与隧道设计轴线会产生一定的偏差。盾构施工中必须采取有效技术措施控制掘进方向，及时有效纠正掘进偏差。

1. 盾构掘进方向控制

随着盾构推进，导向系统全站仪测站及后视基准点需要前移，必须及时进行搬站，通过人工测量进行精确定位。导向系统姿态出现异常跳动时，必须进行人工复核，校核自动导向系统的测量数据并复核盾构主机的位置、姿态，修正因衬砌管片不稳定、洞内环境等因素引起的自动导向系统测量误差。盾构掘进过程中采用分区操作推进油缸控制掘进方向，确保盾构掘进方向的正确。

2. 盾构掘进姿态调整与纠偏

盾构掘进过程中由于地质变化、刀具磨损、盾尾间隙不均等，推进方向可能会偏离设计轴线并超过警戒值；在线路变坡段或小半径曲线段掘进，有可能产生较大的偏差；在全断面硬岩、软硬不均、极软地层中掘进时，因地层提供的盾体滚动阻力小，易产生较大的盾体滚动偏差。

（1）姿态调整。

超大直径盾构推进系统油缸应具备 6 组及以上的油缸分组或自由分组功能，方便采用分区操作推进油缸来调整盾构主机姿态，在姿态调整困难时，可利用油缸自由分组调整优化推进油缸分组，实现盾构姿态合理纠偏和姿态调整。

（2）滚动纠偏。

超大直径盾构允许滚动偏差≤ 1.5°，当滚动超限时，盾构应自动报警，主司机在掘进过程中应随时关注滚动角，及时采用盾构刀盘反转施加反向力矩纠正滚动偏差。

3. 姿态控制及纠偏注意事项

（1）根据掌子面地层情况应及时调整掘进参数，调整掘进姿态时应设置警戒值与限制值。达到警戒值时就应该实行纠偏程序。

（2）正确进行管片选型，确保拼装质量与精度，以使管片端面尽可能与计划的掘进方向垂直。

（3）蛇行修正及纠偏时应缓慢进行，推进油缸油压的调整不宜过快、差值过大；在切换刀盘转动方向时，应保留适当的时间间隔，切换速度不宜过快。

5.5.8 泥水管理

大直径泥水平衡盾构泥水管理主要包括泥浆质量管理、环流管理和废浆管理，掘进过程中应遵循动态管理原则。

1. 泥浆质量管理

（1）采用动态管理模式，在开挖过程中持续跟踪掘进泥浆的性能参数，结合开挖面稳定情况、流体输送状态及地面沉降量，及时调整泥浆参数。

（2）初始掘进时，每环推进前测试泥浆池内工作泥浆的指标，及时调整至满足施工要求为止，并做好记录。持续一段时间，根据地层的不同，得出泥浆指标的变化趋势后，在调整泥浆配比的基础上对泥浆指标做出调整。

（3）正常掘进时，渣土泥水分析工程师每环不少于一次对泥水处理场的泥浆比重、黏度、温度等参数进行检测并反馈。当出现泥水温度持续升高或异常高于正常温度时，应立即报告土木总工程师。

（4）盾构掘进穿越敏感环境，应在满足掘进出渣、控制刀盘结泥前提下使用较大比重泥浆，泥浆比重一般应为 1.10 ~ 1.25，不稳定地层泥浆比重严禁低于 1.1，非黏性地层泥浆比重可按照不大于 1.35 控制。掘进不连续按照“5.5.11　停机管理”措施控制。

2. 环流管理

（1）在掘进前环流过程中，盾构主司机需确认各进、排浆管路畅通后方可掘进。

（2）值班工程师根据掘进速度、掘进地层条件等因素设定泥浆环流流量，及时调整冲刷模式及冲刷流量。泥浆循环环流流速低于本阶段正常流速的 30% 时，应停机分析原因并采取相应措施。

（3）排浆泵进口压力突然下降或排渣不畅时分析原因，判断掌子面的稳定性，必要时立即报告土木总工程师采取措施。

（4）环流出渣不畅通时，在掘进过程中应常启碎石机进行舱底渣土搅拌，定期停止掘进进行环流出渣。泥浆冲刷以大流量对气垫舱底、泥浆门、碎石机、泄渣口位置冲刷为主，刀盘中心冲刷为辅，同时加强对排浆泵进口压力、泥水压力的监控。掘进结束后继续进行环流清舱、清理管路，环流时间根据刀盘空转扭矩及出渣情况确定。

3. 废浆管理

（1）根据不同的地质条件、掘进参数等，由土木总工程师确定对应的泥浆废弃指标，由渣土泥水分析工程师根据对泥水处理厂的泥浆指标测定情况，确定泥浆是否废弃或继续使用。

（2）根据项目实际情况，可采取场内晾晒、离心处理、压滤处理、外运等方式处理。

（3）废浆应结合同步注浆等进行二次利用。

5.5.9 渣土管理

1. 主要管控内容

盾构掘进出渣能够反映实时掘进状态，渣样管控分析对后续掘进参数优化、异常情况处理等有参考依据。盾构渣土管理主要内容有出渣量管理、渣样分析、渣土二次利用。

2. 管控流程

渣土管控依据技术管理分级响应体系，持续监控反馈渣样信息，由土木总工程师总体管控，由渣土泥水分析工程师进行持续监控反馈，由主司机、值班工程师负责按当环掘进参数指令调控。

3. 管控要点

（1）出渣量管理。

① 盾构出渣量监控管理，以现场实际测算为主，以盾构自带出渣计量系统测算为辅。

② 渣土泥水分析工程师对每环出渣量进行统计，绘制渣量曲线图，曲线图包含环号、出渣量（干渣量、湿渣量）、渣土环差量等相关参数。根据每环实际出渣量、理论出渣量与环差量对比分析，及时识别出渣量的异常情况，分析研判，并制定针对性控制措施。

③ 每环掘进完成后，渣土泥水分析工程师应对当环出渣量进行反馈。

（2）渣样分析管理。

① 掘进前，根据地质勘察报告由土木总工程师组织，编制对应掘进环号的《地质芯样手册》，芯样手册要标明对应的掘进范围、地层特性等相关内容。

② 根据每环实际出渣情况，由渣土泥水分析工程师对地质勘查芯样进行对比，并及时对地质勘察资料进行修正，指导盾构掘进参数优化和调整。超大直径盾构项目设置专人对渣样分析资料汇总装订成册，最终形成《超大直径盾构项目渣样研判分析手册》。出渣量监控如图 5-8 所示。

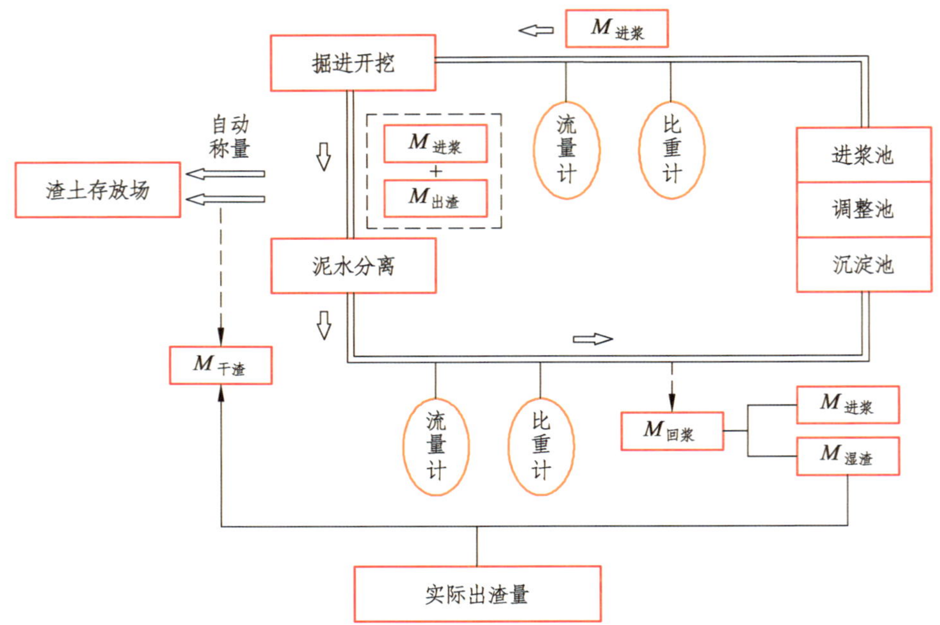

$M_{出渣}$—实际开挖渣土重量；$M_{干渣}$—分离渣土重量；$M_{湿渣}$—未分离渣土重量；$M_{进浆}$—进浆重量；$M_{回浆}$—分离后泥浆重量。

图 5-8　出渣量监控示意图

③ 盾构掘进时，渣土泥水分析工程师要对岩石渣样粒径分布情况、风化程度（收集及观察岩样表面颜色、软硬程度）、岩块破裂形状（可以和岩块面结合分析研判）、岩块破裂面（原岩受刀具挤压破裂、沿着裂隙层理破裂）、黏土球 / 块（大小、数量占比、来源）、渣土中的异物等进行统计分析，并附影像资料反馈信息，出现异常情况时立即报告土木总工程师。

④ 在分离设备筛板上设置检测磁铁监控金属异物情况，判断是否存在刀具崩齿、掉落、刀圈崩裂等异常情况。

（3）渣土二次利用管理。

掘进前，由项目经理组织相关技术人员，充分熟悉地质勘察资料，制定渣土二次利用计划，如利用分离出的砂拌制同步注浆砂浆、混凝土，尽量减少渣土废弃外运。

5.5.10　进舱管理

进舱管理包括常压进舱和带压进舱管理，进舱风险管控是进舱管理的关键内容。项目应组织编制《进舱作业专项施工方案》《进舱施工安全应急预案》，按照上级集团公司《专项施工方案管理办法》（隧工程〔2019〕275 号）的相关规定履行评审程序并组织演练。进舱作业前，由相关单位按照工程安全风险管理要求组织条件验收，并报上级集团公司工程部备案。

1．进舱作业管控流程

带压进舱重要管控事项包括开舱位置选择、进舱压力设定、泥膜制作及保压试验、舱内气体检测、舱内安全条件确认、进舱作业等。带压进舱作业管控流程如图 5-9 所示。

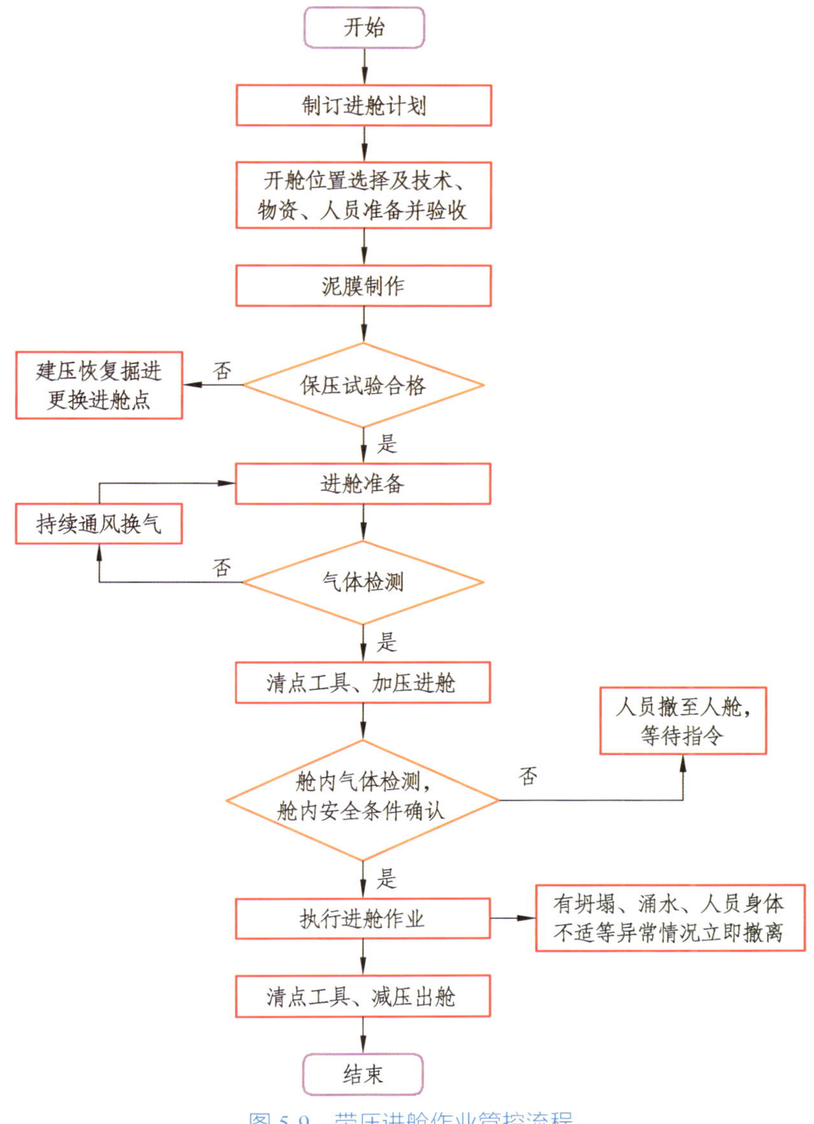

图 5-9　带压进舱作业管控流程

常压进舱重要管控事项包括开舱位置选择、舱内气体检测、舱内安全条件确认、进舱作业等。常压进舱作业管控流程如图 5-10 所示。

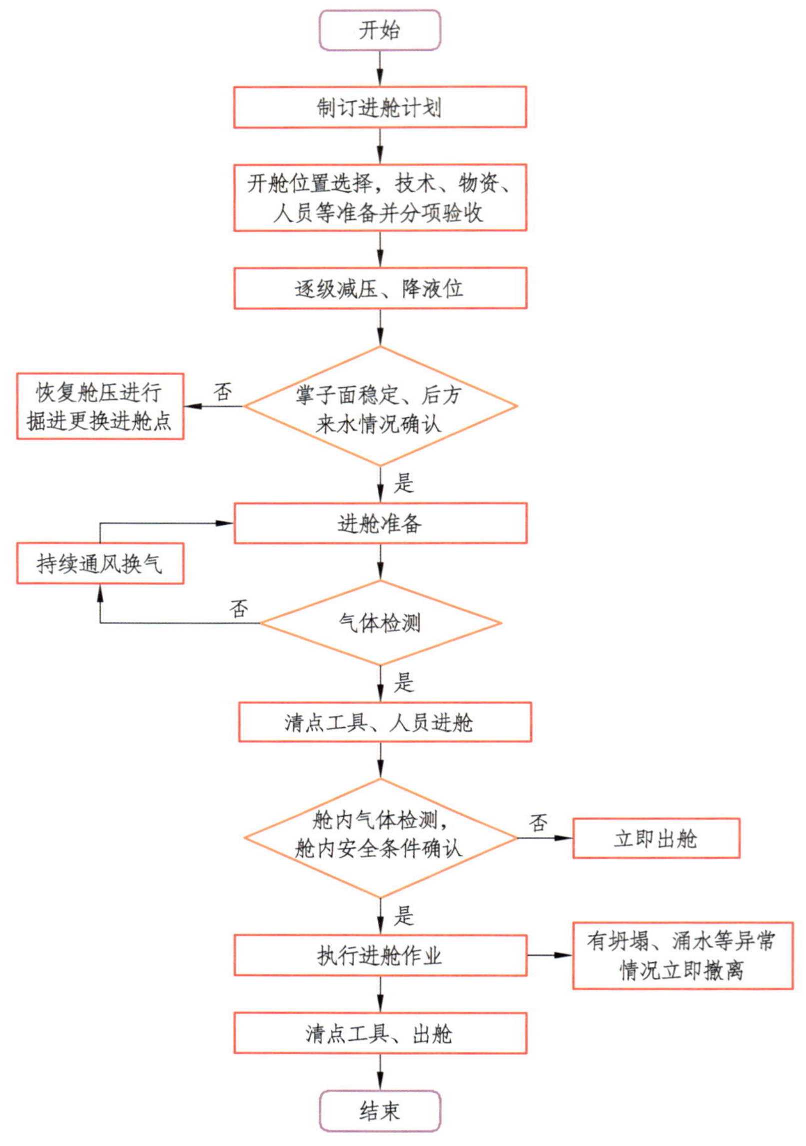

图 5-10　常压进舱作业管控流程

2. 进舱管控要点

（1）土木总工程师应根据进舱目的及主要工作事项、地质勘察资料、近期掘进情况、出渣情况以及保护周围环境、建（构）筑物要求等选定进舱位置。

（2）进舱作业前，项目要建立以项目经理负责的组织体系，过程中执行领导带班制度，全过程在现场指挥、监督。

（3）进舱作业前，技术、设备、物资、人员等准备到位，由土木总工程师确认进舱条件后下达进舱指令。

（4）携带进舱的工具采用清单管理，严禁携带无关设备，进、出舱前逐项检查，值班工程师签字确认。

（5）进舱作业期间，主司机、值班工程师、安全员、作业组长必须各负其责，持续对掌子面、切口、液位和舱内空气等异常情况进行观察及检查。如出现相关任何一项异常情况，立即通知舱内作业人员全部撤离，充分分析后采取下一步解决措施。主要检查内容见表 5-13。

表 5-13　进舱作业主要检查内容

序号	检查项目	主要检查内容	备注
1	掌子面	是否存在裂缝、凸起、渗水	
2	切口	是否存在渗水、流砂堆积淤泥	
3	液位	是否存在液位波纹、液位快速上涨、下降	
4	舱内气压	是否存在较大压力波动	
5	舱内气体	是否存在异味，是否检测到有毒有害气体	
6	储气罐压力值及保压系统进口开口度	是否超出设计范围	带压进舱
7	盾尾方向来水	是否有较大水流流入舱内	

（6）严禁任何人无指令、无确认转动刀盘、出渣、泥浆循环等危及舱内作业人员安全的操作。

（7）进舱作业时，应派专人对进舱作业点周围建（构）筑物、道路等进行巡视、监测并定期反馈信息。

（8）常压开舱时，通风机不开、气体监测不合格严禁进舱，舱门口无人值守严禁单独进舱。

（9）渗透性大的软弱地层带压进舱，要严格进行气压边界建立（后部注浆止水、地层加固、泥膜制作等）和保压测试合格后方可进行下步操作。泥膜制作期间泥水舱压力应比设定进舱压力提高 20 kPa。

（10）带压作业应配置作业负责人、操舱员、进舱作业人员和医护人员，进舱人员应体检合格。

（11）带压进舱工作压力值以保证掌子面液位以上软弱地层稳定和液位不上升为原则（有一定自稳性地层，要保证舱内来水量可控），并应根据巡视和监测结果按程序及时调整。

（12）带压进舱，每舱进舱作业前值班工程师应根据上一舱作业情况对进舱人员执行再次培训交底制度。

（13）人员加压进舱、减压出舱时间及流程等其他事项应遵守《盾构法开仓及气压作业技术规范》（CJJ 217—2014）、《中铁隧道集团盾构进舱作业参考指南》（隧设备函〔2017〕371 号）。

5.5.11 停机管理

根据超大直径盾构隧道施工特点，长时间停机易引起开挖面土体失稳，尤其是在软土地层中，在长时间停机状态下容易出现土体抗剪强度衰减，造成刀盘顶部附近土体稳定性减弱，出现局部掉块及土体滑移等风险。停机期间必须对停机时间、舱内泥浆等进行严格管控。

（1）结合地质勘察资料、近期掘进情况、出渣情况以及保护周围环境、建（构）筑物要求等尽量主动选取停机位置。

（2）停机期间值班工程师对泥水舱液位、气垫舱压力、气垫舱补气量等进行实时监控，定期记录并反馈。如存在异常情况，立即向土木总工程师反馈，按要求进行处置。

（3）地层不稳定或处于建（构）筑物下方情况下，停机时间超过 12 h 或常压刀盘换刀数量大于 3 把时，需向泥水舱中注入高黏度泥浆对舱内泥浆进行置换，由值班工程师定期对舱内泥浆进行检测，泥浆黏度不低于 30 s。

（4）停机期间，为减缓泥浆离析，保证泥浆及泥膜质量，盾构主司机应定期启动内部小循环，尽量少转动刀盘。

（5）长时间停机期间应将正常泥水压力提高 10 kPa。

（6）对于地表环境敏感，沉降要求高的地层长时间停机，应考虑盾壳外部注入盾壳泥、膨润土泥浆等，避免盾构卡机。

5.5.12 测量管理

接桩后，上级集团公司或子分公司测量管理部门对项目测量投入资源（人、设备）与工程环境的适宜性进行评估，保证满足测量施工和管理要求。

1. 控制测量管理

（1）控制测量实行项目部→子分公司→上级集团公司“三级复核”制度。

（2）上级集团公司测量总队负责超大直径盾构项目的首级控制测量。

（3）控制点坚持先检查后使用的原则，确认无误后，方能使用。

（4）特殊测量项目（如深竖井、宽大水域等）控制测量应制订专项测量方案。

（5）施工过程中应对隧道控制网进行周期性复测，周期不宜大于 12 个月。

2. 施工测量管理

（1）导向系统设计线路数据遵守“两级复核、双向确认”，作为始发验收条件之一。项目部与子分公司两级复核，设计线路数据导入、导出导向系统双向确认。

（2）始发前应对盾构零位姿态进行测量校核，校核报告作为始发验收条件之一。

（3）盾构始发前、掘进过程中每 100 环、到达前 50 环或对导向系统测量结果有怀疑时应进行盾构姿态人工复测。

（4）搬站测量应从地下控制导线点人工引测，设站和置镜点应稳固，并具备快速可靠的检校措施。搬站应符合以下规定：

① 搬站前应记录盾构姿态。

② 在搬站过程中，盾构应停止掘进。

③ 搬站后，对比搬站前后盾构姿态，当姿态差值超过 15 mm 时，应查找原因，必要时重新测量。

④ 测量试验分公司牵头开展免搬站等先进测量技术研究，鼓励项目逐步推行。

（5）在掘进过程中，每 10 ~ 15 环（搭接 3 ~ 5 环）应进行一次管片姿态测量（导向全站仪或人工），对比导向系统显示姿态与实际姿态偏差，监测管片的位移规律，确认成型隧道轴线偏差满足设计要求。

（6）盾构接收前，应独立进行地面控制测量、联系测量、地下控制测量和接收洞门测量，并对接收井前 50 环处盾构姿态人工复核，根据测量结果调整盾构掘进参数。

5.5.13　监控量测管理

监控量测是盾构施工安全风险管控的关键环节，施工监测应确保测点埋设合理、规范，监测数据及时可靠，同时应建立施工参数和监测数据的联动分析机制，数据异常时务必分析原因，及时采取措施，避免风险事故的发生。

1. 监测目的

隧道处于工程地质和水文地质复杂多变、土层力学性质各不相同的环境中，施工安全风险高。盾构法施工时由于衬砌管片和周边土体之间存在间隙，会造成地下水土流失，从而引起地层及周边建（构）筑物的位移；此外，由于盾构施工掘进受设备和管理水平的影响，极易出现掌子面失稳及地面塌陷等险情。

随着盾构直径的逐步扩大，盾构掘进对周围岩土体和周边环境的影响程度和范围不断加大，采用先进的信息化监测和施工管理是积极有效的手段，可以达到安全评价、指导施工、反馈设计和积累经验的目的。

2. 监测主要内容

结合设计图纸、地质勘察、补勘及物探等基础资料和工程地质调查报告、项目盾构掘进施工重要环境要素调查表、重要建（构）筑物安全评估报告，评估施工影响程度，确定监测项目和方法。其主要内容及方法见表 5-14。

表 5-14 盾构隧道监测内容及监测方法

序号	监测对象	监测项目	监测方法及仪器
1	支护结构	管片结构竖向位移	人工或自动化监测 / 水准仪或全站仪
2		管片结构水平位移	
3		管片结构净空收敛	
4	周围岩土体	地表沉降	人工或自动化监测 / 水准仪或合成孔径雷达干涉测量
5		土体深层水平位移	人工或自动化监测 / 全向位移计
6		地下水位	人工或自动化监测 / 孔隙水压力计
7	周围环境	建（构）筑物沉降	人工或自动化监测 / 静力水准仪或合成孔径雷达干涉测量
8		建（构）筑物倾斜	人工或自动化监测 / 双轴倾角计
9		建（构）筑物裂缝	人工或自动化监测 / 裂缝计
10		管线沉降	人工或自动化监测 / 水准仪或全站仪

3. 监测管控要点

（1）项目部是施工监测的责任主体，应建立健全监测管理制度，设立施工监测管理归口部门，配备专人进行管理，宜选定专业队伍实施监测作业。

（2）开工前，监测单位应编制监测方案，并对特殊地段编制专项监测内容。

（3）监测单位按照方案及规范进行监测基准点、监测点的埋设，项目部进行检查并配合落实监测点保护工作。

（4）监测单位严格按照施工监测方案、有关技术标准及监测管理要求开展现场巡查及施工监测工作，确保现场巡查及施工监测数据及时、真实、准确、完整。

（5）周边环境监测初始值测定应从盾构掘进影响该区域前 3 倍埋深开始，到监测对象基本稳定时结束。

（6）应加强现场巡查，宜使用相机等设备进行影像采集并做好存档，发现异常问题立即按程序上报。巡查内容主要包括：影响区域内建（构）筑物周边地表有无沉陷，有无裂缝，垂直度是否满足要求；影响区域内管线周边地表有无沉陷、裂缝；隧道周边地表有无沉陷、裂缝等。

（7）施工过程中应及时整理、分析监测数据和巡查信息，发生预警或险情按照技术管理分级响应体系上报。

5.5.14　运输管理

1. 垂直、水平运输设备配置

垂直、水平运输设备根据施工策划和项目需求配置，垂直运输设备一般配置龙门吊，用于管片、箱涵以及其他物料运输。水平运输设备一般采用无轨运输，配置管片车、箱涵车、砂浆罐车、混凝土罐车、交通车、小货车等，用于井下管片、箱涵、其他物料、人员运输等，地面配置叉车、装载机等用于场地内物料倒运，砂浆站上料。以某项目盾构开挖直径 15 m、掘进长度 5 km、最大日掘进 20 m 为例，配置参考见表 5-15。

表 5-15　垂直、水平运输设备配备参考

序号	设备名称	车辆配置及性能要求	数量	单位	特点
1	管片运输车	双头平板车，单次运 5 ~ 6 块管片	2	台	洞内无须掉头，限速 15 km/h
2		普通货车单次运 2 块管片	6	台	可在洞内掉头，限速 25 km/h
3	箱涵运输车	双头平板车	1	台	井下水平运输箱涵
4	砂浆罐车	7 m^3 罐车	4	台	运输砂浆，可在洞内掉头
5		双头 12 m^3 罐车	2	台	运输砂浆，无须在洞内掉头
6	交通车	23 座	1	台	井下运输人员
7	小货车	皮卡类斗式货车，载重 2.3 t	2	台	井下运输物料
8	龙门吊	45 t	1	台	管片、箱涵等大件下井
9	龙门吊	36/5 t	1	台	管片、其他小型物料下井
10	叉车	5 t	1	台	地面物料倒运
11	装载机		2	台	砂浆站上料、物料倒运
12	混凝土罐车	12 m^3	1	台	隧道内部结构施工运输混凝土

2. 垂直、水平运输设备管控要求

为提升超大直径盾构项目形象，规范垂直、水平运输设备使用，对垂直、水平运输设备使用提出管控要求，具体内容见表 5-16。

表 5-16　水平、垂直运输设备标准化管控要求

序号	设备名称	项目	标准化管控要点	备注
1	垂直运输设备	停车管理	① 设备统一编号； ② 设置停车区域； ③ 设置地锚	
2		设备配置	① 缆风绳； ② 防撞、防冲顶、下限位、称重等限位开关齐全； ③ 门吊行走、吊装等配置监控可视化	
3		作业过程	① 挂钩稳定，防滑装置要正常运行； ② 运转过程中，应鸣笛； ③ 非专职人员不得开车、调车； ④ 严格执行“十不吊”； ⑤ 在吊运过程中始终保持吊钩稳定； ⑥ 车、钩均停稳后方可进行卸料	
4		文明施工	每周对设备进行文明施工检查	
5	水平运输设备	停车管理	① 车辆统一编号； ② 洞内设置停车区域，并按编号停车； ③ 洞内每 50 环放置一个应急阻车器，并设置明显标识	
6		车辆配置	① 车辆刹车、影像、声光等系统齐全； ② 反光标识、消防器材、阻车器等配备齐全	
7		洞内限速	① 洞内成型地段一般不超过 25 km/h； ② 洞内施工地段、弯道或井口速度不超过 5 km/h	
8		洞内会车	① 每 500 m 设置一个会车区域，并做醒目标识； ② 车辆在会车区域内会车； ③ 洞内沿途设置警示速度、安全提示语等警示标识	
9		作业过程	① 摘钩时防脱落装置齐全； ② 车辆行驶过程中，遇人应减速慢行并鸣笛； ③ 非专职人员不得开车； ④ 在车辆行驶过程中始终保持车速稳定； ⑤ 车辆到达位置且停稳后才可进行卸料	
10		文明施工	① 每班对车辆进行文明施工检查； ② 砂浆、混凝土罐车卸完料后及时清理	
11		车辆定位	安装定位系统，便于调度管控	

3. 垂直、水平运输设备安全管控要求

（1）垂直运输设备安全管控要求见表 5-17。

表 5-17　垂直运输设备安全管控要求

序号	强制性规定内容	责任人	备注
1	门式起重机操作司机必须持门吊操作证。严禁带手机上门吊作业。有心脏病、高血压、眩晕等疾病的不得上岗，酒后不得上岗	司机	
2	开机检查：①门式起重机轨道周围是否有障碍物；②检查钢丝绳、卸扣、吊钩的保险扣等是否完好、可靠；③检查仪表、照明、警铃、对讲机是否完好；④检查制动系统是否完好；⑤检查大小钩限位、大车行走限位、小车行走限位工作是否正常；⑥动车前必须鸣笛	司机	司机与司索配合
3	作业时严格按照“十不吊”执行	司机	
4	面对司索指挥不合理时，有权及时停止操作，待吊装合规时方可起吊	司机	
5	按日、周、月定期对垂直运输设备进行检查，重点检查刹车、轨道、钢丝绳、行走机构、电气、限位、防风等系统	维保工程师	
6	确保垂直运输设备安全作业，司机、司索培训交底到位。监督司机、司索、维保落实岗位职责	维保工程师	
7	监督作业人员规范作业，确保现场司机、司索防护用品、作业信号联络用品佩戴、携带齐全	安质部	
8	每月联系外部有资质单位对门吊做专业维修保养	设备部	

（2）水平运输设备管控要求见表 5-18。

表 5-18　水平运输设备安全管控要求

序号	管控要求	责任人	备注
1	水平运输设备必须持有 B2 类或 A1 类驾驶证，特种设备需持对应操作证。有心脏病、高血压、眩晕等疾病的不得上岗，酒后不得上岗	司机	
2	保持水平运输设备外观整洁	司机	
3	开机前应确认：①检查发动机冷却水是否充足；②检查发动机机油是否充足；③检查变矩器油是否充足；④检查柴油机箱油位是否充足；⑤检查车辆液压油油箱油位是否充足；⑥检查轮胎磨损及胎压情况（管片车、箱涵车胎压为 1 ~ 1.1 MPa）；⑦检查发电机及电瓶电压是否正常；⑧检查箱涵车的应急按钮开关是否有效等；⑨检查箱涵车各支腿销轴焊接部位是否有脱焊现象，螺帽是否有松动现象等	司机	
4	启动设备并确认面板无报警后，缓慢加油门预热发动机，待制动气压不低于 0.7 MPa，机油压力不低于 0.4 MPa 后方可进行空载测试；空载测试时检测设备刹车装置是否灵敏，转向系统是否灵活等	司机	

续表

序号	管控要求	责任人	备注
5	当水平运输设备运转停止后，车辆应立即熄火，放置阻车器；同时应及时将车载空调、照明灯等用电设备关闭，以防电瓶亏损	司机	
6	按日、周、月定期对水平运输设备进行检查，重点检查刹车、方向盘、轮胎、油液、电气、限位等系统	维保工程师	
7	确保车辆配备齐全，人员培训交底到位。监督司机、维保落实岗位职责	设备部	
8	监督作业人员规范作业，确保现场司机防护用品、作业信号联络用品佩戴、携带齐全	安质部	
9	每月联系外部有资质单位对水平运输设备做专业维修保养	设备部	

4. 车辆调度管控

利用车辆定位、自动调度平台以及实时对讲系统，有序、及时、高效地协调完成运输、会车等，确保盾构顺利掘进。车辆调度管控做如下要求：

（1）车辆调度系统配置要求。

车辆自动调度系统基本配置见表 5-19。

表 5-19　车辆自动调度系统基本配置

序号	调度系统配置要求	备注
1	车辆、人员定位系统	
2	车辆、人员实时显示系统，自动调度平台	自动调度及车辆交互显示系统在部分试点项目试行
3	实时对讲系统	沿途设中继站扩大信号，实现调度室到洞内各区域对讲信号相通
4	车辆自动语音提示	前方遇障碍车辆自动提前提醒避让
5	隧道内会车区域设置	成型段间隔 500 m 设置会车区域
6	隧道内警示标识设置	见“超大直径盾构工程建设标准化”相关内容

（2）车辆自动调度系统实现功能。

车辆调度由调度平台按设定程序统一协调，原则上优先运输满足掘进施工的物料，如在附属结构施工占道时，应由调度提前通知占道车辆开至会车区域避让。车辆自动调度系统具体实现功能见表 5-20。

表 5-20　车辆自动调度系统实现功能

序号	车辆自动调度系统实现功能	备注
1	调度掌握车辆位置，并协调相关车辆有序开展工作，应按优先满足掘进施工的原则执行	
2	对在单行道即将相遇的车辆提前发出语音提示，车辆提前避让	车辆在最近会车区域停靠避让
3	盾构及附属设施作业人员统一上下班时间，由交通车统一运输	
4	上班期间如有临时进隧道的管理人员、技术人员，由调度统一协调交通车进行运达	
5	盾构及附属设施施工需临时运送的小型物料、工器具等，由调度协调平板小货车统一配送	
6	所有车辆人员定位信息上传到自动调度平台，实现车辆自动调度、人员合理调配	先在部分试点项目试行

第6章　超大直径泥水盾构设备管理

本章重点

全生命周期管理，超大直径泥水盾构的配置、监造、转场维修、施工供配电、组装调试、使用保养、设备状态监测、刀具与配件管理、拆机运输与存放等管控要点。

6.1　全生命周期管理

超大直径泥水盾构设备管理遵循“全生命周期管理”理念。盾构全生命周期，顾名思义是人们所认知的盾构从“生”到“死”的总期限，也就是盾构设备从产品市场调研、选型论证、开发设计、加工制造、组装调试、包装、运输、现场使用、维护保养、拆机运输、存放，一直到盾构设备不能再投入正常使用，并进行报废处理的整个时间历程。

盾构全生命周期管理根据工作内容的不同，可划分为规划阶段、设计制造阶段、使用阶段，见表6-1。

表6-1　盾构全生命周期管理划分

前　期					后　期	
规划阶段			设计制造阶段		使用阶段	
市场调研	选型论证	设计任务书	设计制造	组装调试	使用与维保	报废与处置

施工单位对超大直径泥水盾构设备管理遵循“全生命周期管理”理念，主要从设计、监造、组装调试、维保、拆机运输、存放等方面加强基础管理工作，做到科学管理、合理使用、精心保养、安全生产，以全面提升超大直径泥水盾构的设备管理水平。

6.2 盾构配置

在投标阶段，按各单位的有关规定，履行盾构来源及采购或租赁程序。一般由负责配合投标的子分公司经营部申报盾构来源，经上级公司投标决策领导小组决策后，由上级公司经营部批复明确。中标后，由拟采购或租赁盾构的子分公司履行决策程序后上报上级公司，上级公司设备部负责履行上级公司总经理办公会、董事会决策程序，并报总公司审批。

采购或租赁工作实施前，一般由工程部牵头，组织召开盾构适应性论证分析会，明确盾构选型及重要配置参数。采购或租赁工作由上级公司统一组织，设备分公司牵头，使用单位参与，按照业主要求和各单位有关规定实施采购或租赁，重点就盾构相关技术参数、设备配置、制造工期、采购价格等进行谈判。

根据盾构设计进展，至少应进行 2 次设计联络，由使用单位组织，相关部门或专家参与，确定盾构的设备布局、配置参数、整体颜色和刀盘图案等相关技术细节，确保满足施工需要。在设计制造过程中，确有重大方案需要上级公司决策的，可由子分公司提出需求，上级公司组织专家会研究确定。

对盾构进行适应性论证应严格执行相关规范，应充分考虑盾构隧道工程的工程地质、水文条件，所选择的盾构应有较强的适应性和可靠性，应满足施工安全和施工工期的要求。盾构适应性论证应谨慎决策，凡是改变盾构适应性论证有关盾构选型的，均应按照重大设计变更程序办理，不得随意变更。

6.3 盾构监造

盾构监造也称盾构监理，是指在盾构制造过程中，盾构的采购单位对盾构制造的合同执行、质量、进度、安全、费用、文明施工等全过程进行监督的过程。

为确保盾构满足施工项目的要求，应成立盾构监理项目部，对新购或租赁的超大直径泥水盾构必须进行监造。盾构监造人员应参与盾构适应性论证分析会和盾构制造的设计联络会，应熟悉盾构的相关设计文件、图纸等技术文件和合同文件，按照会议精神做好盾构监造工作。盾构监造流程一般如图 6-1 所示。

在盾构出厂前，应按相关规定组织专家（至少包含 1 位参加盾构适应性论证的设备方面专家）、建设单位有关人员、施工单位项目经理及主管盾构经理前往盾构厂家进行盾构验收，形成验收报告。

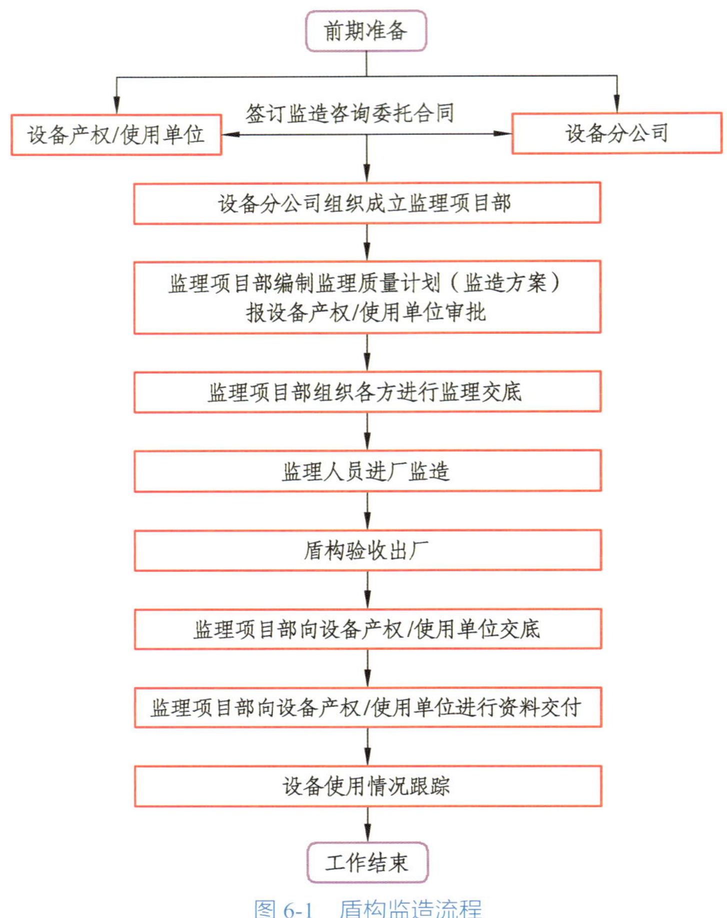

图 6-1 盾构监造流程

盾构拆机出厂后，盾构监理项目部与设备产权 / 使用单位进行书面交底，明确工地组装调试等注意事项，根据盾构监造委托合同要求向设备产权 / 使用单位提供盾构监造竣工资料。

6.3.1 新盾构监造

1. 监造要点

针对超大直径盾构的特点，需对以下内容进行重点管控：

（1）钢结构件质量管控。

除对盾构主要钢结构件的原材料检查、拼点焊接、无损检测、机加工、出厂验收等阶段进行过程监督把控外，还应对其中关键工序进行重点管控，具体详见表 6-2。

表 6-2 关键工序管控要点

序号	部件	工序内容	管控要点
1	刀盘	刀盘组对	复查定刀工装水平、同心度，检查刀盘外圆尺寸、平面度，应安装真刀检测刀高与刀间距，应符合设计图纸要求
2	盾体	密封性测试	见证气垫舱、盾尾油脂管路、注浆管路等封闭腔室保压测试过程，并核查测试报告
3	驱动箱	机加工	检查各机加孔的数量、孔位、尺寸、孔道清理及标识情况，应符合设计图纸要求
4	管片拼装机	出厂验收	现场见证真空腔室的保压测试，并核查测试报告
5	泥浆管路	出厂验收	见证第三方对管路焊缝进行探伤检测过程，抽检管路规格，并核查检测报告
6	后配套拖车	出厂验收	对拖车大组后每层平台平面度、轮架间距及每节拖车的长宽高等尺寸进行检查

（2）采购件验收管控。

① 进口件验收。

进口件到达组装工厂后，开箱检查部件外观质量，并根据设备采购合同核查技术参数、品牌、原产地、质量证明文件等。

② 国产件验收。

一般除液压油缸、常压换刀装置、箱涵吊机、中心旋转接头需至外协工厂内进行出厂验收外，其他采购件应于组装工厂开箱检查外观质量，并根据设备采购合同核查技术参数、品牌、质量证明文件等。

（3）工厂组装调试管控。

盾构在工厂组装调试过程中，应根据相关合同、技术标准、验收大纲等对设备所有参数、功能、配置等进行现场见证，重点管控以下内容：

① 见证主驱动密封保压试验。

② 见证管片拼装机、箱涵吊机的负载测试，见证管片拼装机真空吸盘保压测试。

③ 见证泥水盾构气垫舱保压试验。

④ 见证人舱保压、泥水循环管路保压、推进系统保压及工业空气系统调试保压试验。

⑤ 见证常压换刀装置拆装、保压测试。保压测试要制订测试方案，过程严格按方案执行，要求在协作工厂制造完成和工厂组装后分别进行 2 次测试见证。

⑥ 中心锥仪器原件承压等级确认。

（4）盾构工厂验收管控。

盾构工厂组装调试完成后，应按规定组织盾构出厂验收，验收流程参照图 6-2 所示。

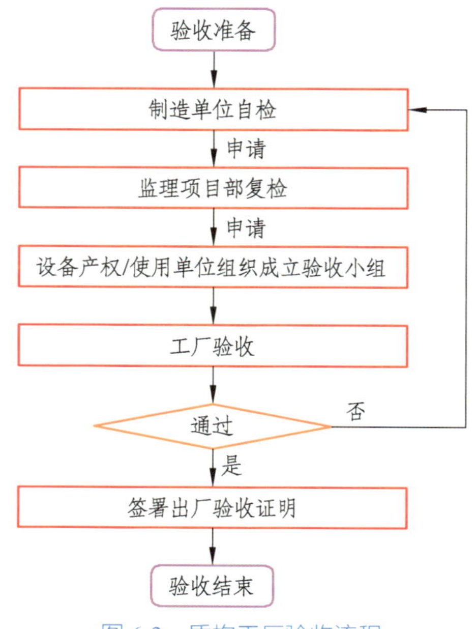

图 6-2 盾构工厂验收流程

2. 进度管理

（1）盾构监理项目部负责审核制造单位提供的工期计划，并向设备产权 / 使用单位提出审核建议，由设备产权 / 使用单位对工期计划进行确认。

（2）盾构监理项目部日常以周 / 月报的形式向设备产权 / 使用单位和所属单位设备部反馈盾构制造进度；当实际进度滞后于计划进度时，监理项目部应及时向设备产权 / 使用单位汇报，并组织设备产权 / 使用单位和设备制造单位共同分析原因，讨论采取弥补措施或调整计划。

3. 监造问题处置

在盾构制造过程中，对盾构制造质量问题主要按照一般质量问题、严重质量问题与重大质量问题进行分级处理。

（1）一般质量问题是指对设备整体制造质量影响程度较小的问题，如结构件拼点尺寸超差、焊缝缺陷等。此类问题由监理项目部在现场或办公例会上提出，确定整改措施及节点，并要求制造单位整改完成后，通知监理人员现场核查确认。监理人员于日志中记录，最终以周 / 月报形式向设备产权 / 使用单位及其所属设备部汇报。

（2）严重质量问题是指对后续制造工序造成严重影响或存在严重质量隐患的问题，如主要焊缝出现大范围检测缺陷、重要结构件焊接和机加工尺寸超差等。此类问题由监理项目部及时调查了解问题情况，向设备产权 / 使用单位汇报；同时，监理项目部向制造单位下发工作联系单提出整改要求，监理人员现场检查整改落实情况，最终将处理结果向设备产权 / 使用单位及其所属设备部汇报。

（3）重大质量问题是指对设备整体性能产生重大影响的问题，如刀盘牛腿焊后开裂、主驱动密封保压不合格等。监理项目部首先应了解问题发生的原因过程，逐级上报，设备产权 / 使用单位组织召开专题会讨论明确处理措施，监理项目部现场跟踪落实处理方案，并将问题处理结果向设备产权 / 使用单位及其所属设备部汇报。重大质量问题处理流程如图 6-3 所示。

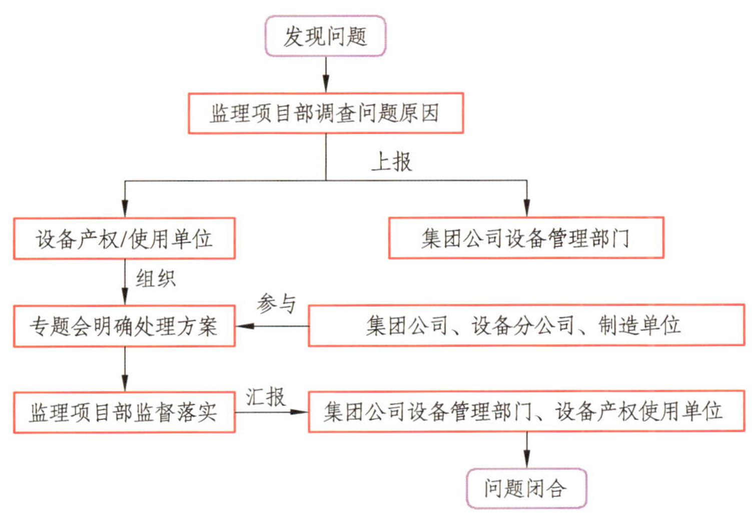

图 6-3　重大质量问题处理参考流程

6.3.2　再制造盾构监造

再制造盾构监造有别于新盾构，主要应重点监督盾构拆检情况、委外部件维修情况。

1. 盾构拆解清理监造要点

（1）检查系统部件拆解结果，应达到“全拆全检”。

（2）检查拆解后的各部件清洁情况，应符合国家标准《全断面隧道掘进机再制造》（GB/T 37432—2019）相关要求。

（3）检查拆解后的各部件应分区域、分类存放，并检查部件的标识及防护情况。

2. 盾构再制造过程管控要点

（1）部件检测。

① 无损检测。

根据设计或合同文件，对需进行无损探伤检测部件的检测情况进行现场检查，若无特殊要求，可参照《全断面隧道掘进机再制造》（GB /T 37432—2019）对包括刀盘、盾体、主驱动等在内的主要部件的无损检测要求实施现场管控。

② 气密性试验。

见证重要密封腔室的气密性测试过程，包括主驱动、气垫舱、人舱、泥浆和注浆管路、油脂管路等，收集审查气密性试验报告。

③ 检查盾体尺寸和圆度检测过程，核查检测报告。

（2）结构件再制造。

① 对刀盘、盾体、主驱动环件、管片拼装机等主要结构件再制造实施情况进行检查，应符合再制造方案及设计、合同相关文件要求。

② 检查刀盘刀箱维修焊接尺寸，应满足图纸尺寸要求。

③ 检查盾体等重要部件校正情况。

④ 对如刀盘、盾体、驱动箱等的重要焊缝尺寸与无损检测情况进行现场见证检查。

（3）委外维修部件。

① 监理人员需根据合同要求定期巡检外协厂家负责维修改造的主轴承、内外密封跑道、主驱动电机和减速机、液压泵和电机、液压油缸、电气配电柜、人舱与保压系统、注浆泵等重要部件，维修改造情况应符合再制造方案要求。

② 主轴承和减速机需进行出厂验收，主轴承的验收重点包括轴向和径向游隙、外圈台阶跳动、内径跳动、内外轴向跳动、齿轮节圆、总装配高度等，减速机验收要点包括机箱气密性检测、空载运转及冷却水套保压等。

（4）新购部件管控要点。

做好新购部件进场检验，审查新购部件的质量合格证书，杜绝质量不合格部件进场。检验进场的所有新购部件的品牌、质量、生产场地、数量等信息要与设备采购合同一致。

3. 监造问题处置

参照第 6.3.1 节“新盾构监造”之“监造问题处置”相关要求执行。

6.4 转场维修

转场运输工作由新使用项目负责，原项目配合提供便利条件。必须要求运输公司购买以委托人为受益人的运输保险。

转场维修由使用单位设备管理部门根据管理规定和项目实际情况确定维修单位。维修前必须编制盾构维修方案，经使用单位设备管理部门审批后，报上级设备部备案。使用单位设备管理部门应建立转场维修台账，进行跟踪管理，以避免耽误项目使用。

维修过程中，必须做好过程监修。项目自行实施维修的，由使用单位设备管理部门负责监修；委外维修的，由项目部负责监修。维修结束后，由使用单位设备管理部门组织验收。

主轴承运转时间超过 3000 h 或拆机存放时间超过 10 个月的盾构，使用前必须对主轴承进行拆检；已存放盾构最迟在进场前 10 个月拆检主轴承；因项目衔接时间紧，存放时间不超过 10 个月的盾构，拆机后应立即拆检主轴承，确保主轴承状态良好，不得以时间紧急为由直接使用；盾构贯通前状态评估发现主轴承存在异常时，应召开会议确定处理方案。主轴承拆检、维修应由专业厂家进行。

6.5　盾构施工供配电

超大直径盾构工程项目施工用电主要分两部分：盾构高压用电、配套常规设备用电。由于超大直径盾构施工用电负荷高，所以一般采用从供电站专线供电，根据盾构设计采用 10 kV 或 20 kV 电压供电。项目配电严格执行《施工现场临时用电安全技术规范》（JGJ 46—2005）。

6.5.1　工作机制及原则

项目中标后，根据项目策划确定所需用电设备总容量，启动现场勘测，调查项目所在地周边变电站可用容量，按就近原则申请使用变电站。

6.5.2　临时用电施工组织设计

项目设备管理部门负责编制临时用电施工组织设计，应包含：现场勘测，确定电源进线、变电所或配电室、配电装置、用电设备位置及线路走向，进行负荷计算，选择变压器，设计配电系统（设计配电线路，选择导线或电缆设计配电装置，选择电器；设计接地装置；绘制临时用电工程图纸，主要包括用电工程总平面图、配电装置布置图、配电系统接线图、接地装置设计图），设计防雷装置，确定防护措施，制定安全用电措施和电气防火措施。

临时用电施工组织设计编制及变更时，必须履行“编制、审核、批准”程序，经各子分公司设备管理部门组织审核，技术负责人批准后实施。变更用电施工组织设计时应补充有关图纸资料。

6.5.3　报装送电

用电容量确定后，向当地供电局提交用电申请，申请经当地供电局审查合格后，可自主委托有资质的单位开展大电工程施工，施工完成后向当地供电局递交验收申请，进行大电竣工验收送电。原则上，在盾构组装完成前 1 个月完成送电。

6.6　盾构组装调试

超大直径盾构组装与调试作业具有组装场地条件要求高、工序复杂、人员协同作业度高、质量标准要求高、作业周期长、作业风险大等特点，主要包含方案审批、场地规划加固、吊装设备组装验收、刀盘组焊、主机组装、拖车组装、整机调试及验收等工作。

6.6.1 管控程序

超大直径盾构组装与调试作业管控程序如下：

（1）盾构组装与调试方案，在编制阶段应根据项目特点明确盾构吊装设备。门吊及履带吊组装须编制施工专项方案。

（2）吊装设备进场组装后必须经试验、检验、备案（若需），并取得相关检测报告后方可投入使用。

（3）盾构组装与调试方案、门吊及履带吊安装方案必须报上级公司审批后实施。盾构组装完成后，由子分公司设备管理部门组织验收，报上级公司组织始发前评估验收。

6.6.2 作业流程与管控要点

项目部根据盾构进场组装调试方案制定组装调试作业流程，梳理各工序中的管控要点，安排专人对管控要点进行复核检查。组装调试作业流程如图 6-4 所示。

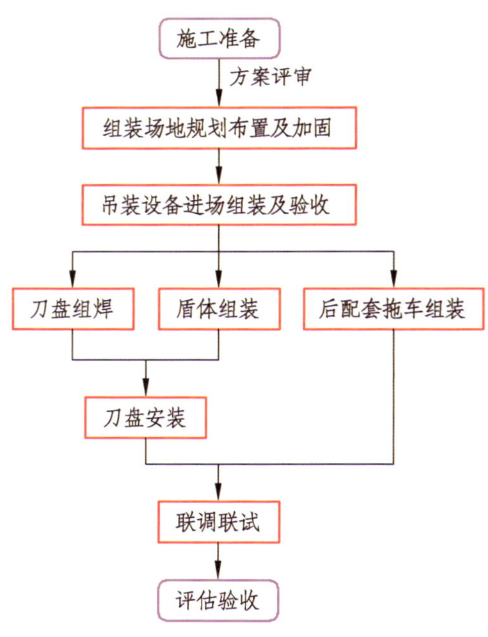

图 6-4 组装调试作业流程

1. 施工准备

组装施工准备工作主要有场地规划及加固、吊装设备组装、人员组织、材料机具准备等，各项工作管控要点参考表 6-3。

表 6-3　施工准备管控要点

序号	准备工作	管控要点	备注
1	组装场地规划及加固	① 依据工程特点及现场情况，规划布置刀盘拼装区、部件存放区、组装区域、吊装区域、门吊轨道等； ② 依据部件重量及吊装要求对规划场地进行处理，如加固、硬化等，满足地基承载力验算要求	刀盘组焊区对地基承载力和沉降要求高，必须制订地基专项处理方案
2	吊装设备	吊装设备必须进行性能试验、检测、报验	门吊须备案并取得使用证
3	施工人员、材料、机具、工装准备	① 拟定盾构组装与调试人员配置计划及人员分工计划表； ② 配置盾构组装与调试所需要的小型设备机具； ③ 配置盾构组装与调试所需物资计划； ④ 工装准备	主要吊装工具（如钢丝绳、卸扣等）必须提前检验合格

2. 刀盘组焊

刀盘组焊主要包含分块组拼、调平调圆、焊接、焊缝检测、整体复核等内容，各项工作管控要点见表 6-4。

表 6-4　刀盘组焊管控要点

序号	刀盘组焊内容	管控要点	备注
1	刀盘组焊前准备	① 提前在刀盘组焊区域布置沉降监测点； ② 准备足够数量的支撑和油压千斤顶，支撑高度满足背面焊缝焊接（满足仰焊作业）及刀盘内人员进出作业要求； ③ 组焊必须编制专项方案； ④ 刀盘组焊须由专业队伍实施，并通过工艺性焊接试验验证	专项方案须经项目部审批
2	刀盘分块组拼及调平调圆	① 刀盘分块组拼定位必须使用耳板螺栓连接，严禁未定位固定好直接焊接； ② 根据刀盘刀具参数，利用油压千斤顶对刀盘进行初步调平调圆，调整结果经测量满足设计要求； ③ 初步调整完毕后，静置至少 24 h，再次复测，如结果满足设计要求，方可开始焊接作业； ④ 刀盘正面平面度符合相关规定要求，滚刀刀高误差值不大于 ±3 mm，切刀刀高误差值不大于 ±5 mm，滚刀半径误差值 ±3 mm，切刀半径定位误差值不大于 ±5 mm。	

续表

序号	刀盘组焊内容	管控要点	备注
3	刀盘焊接	①采用彩钢瓦搭建刀盘焊接棚，净空尺寸保证刀盘周边不小于1.5 m，顶部高于刀盘前面板以上2 m，具备防风、防雨、保温、通风、排烟等功能，保持四周封闭，预留门洞满足叉车通行要求； ②焊接人员必须持证上岗，进行现场试焊，满足要求后方能上岗作业； ③每班对刀盘刀具相关参数定期复测，出现偏差，立即查明原因并整改； ④气温较低或昼夜温差变化较大时，必须对焊缝采取保温措施； ⑤注意防止焊接变形，根据焊缝长度及深度采取不同工艺的焊接方式（如跳焊、段焊、分层焊接等）	
4	焊缝检测	焊接完成24 h后，对所有焊缝进行无损探伤检测，检测须100%合格	
5	刀盘组焊复核	焊接完成后，对刀盘刀具相关参数进行最终量测，量测结果须满足设计要求	

3. 主机组装

主机组装主要包含盾体分块组装、盾尾组装、安装机组装、刀盘安装等内容，各项工作管控要点见表6-5、表6-6。

表6-5 主机组装管控要点

序号	组装内容	管控要点	备注
1	主机组装前准备	①始发台安装或制作完成，并经过测量复测满足盾构组装条件； ②始发台若为混凝土导台则必须要考虑盾体和盾尾底部焊接作业通道及定位调节平台	
2	盾体分块组装	①盾体底分块吊装下井定位必须安排测量人员进行跟踪测量； ②盾构下半部分分块预拼到位在摘钩前必须进行支撑加固，防止滑移； ③盾体安装应左右分块交替下井安装，最后安装顶部分块	
3	主驱动	①主驱动必须使用专用工装翻身； ②有球铰功能的主驱动吊装前必须用拉杆固定； ③在主机上焊接作业时接地搭铁必须在焊点1 m以内	严禁跨主轴承搭铁

续表

序号	组装内容	管控要点	备注
4	盾尾组装、尾刷焊接及油脂涂抹	① 注意支撑加固，防止盾尾变形； ② 盾尾底块下井定位必须安排测量人员进行跟踪测量，组焊完成后必须复核盾尾圆度； ③ 盾尾焊接时需采取段焊，防止变形； ④ 要求焊接表面无垢、无锈，焊缝整齐，无夹渣焊瘤，符合结构件焊接标准； ⑤ 尾刷块间连接必须紧凑，保证盾尾刷整体密封效果； ⑥ 焊接完成 24 h 后，对所有焊缝进行无损探伤检测，检测须 100% 合格； ⑦ 盾尾刷焊接后，应将块间钢丝相互交叉； ⑧ 焊接后的尾刷，必须使用茨夫 / 松村 / 康达特油脂进行均匀饱满涂抹，并安排专人验收	
5	管片拼装机组装	① 将安装机套到托梁上固定，防止吊装过程中发生滑移； ② 吊装下井前必须在行走梁之间安装支撑防止变形	
6	刀盘安装	① 刀盘下井前在地面上翻身必须使用两台吊装设备配合进行，翻身前需进行模拟验算； ② 下井前必须按相关规定进行试吊，离地不大于 20 cm，静置时间不少于 10 min； ③ 刀盘下井定位后，及时穿螺栓并进行预紧，螺栓应对称均衡预紧	

表 6-6　后配套系统组装管控要点

序号	组装内容	管控要点	备注
1	施工准备	① 盾构井内铺设拖车移动设施完成（如滑轨、卷扬机等）； ② 喂片机及移动轨排（若有）摆放到位； ③ 施工辅助工装准备到位	提前计算卷扬机钢丝绳长度
2	连接桥、拖车组装	① 下井前在地面进行分节预组装，并焊接支撑，防止吊装变形； ② 吊装下井前，完成移动工装的安装或焊接，并确认安全可靠； ③ 连接桥、拖车顶部设备根据情况在地面或井下安装，但必须在移动前安装或放置完成	
3	连接桥、拖车移动	① 分节下井的拖车及连接桥在井下对接完成，螺栓紧固完成，并做好防倾覆措施后方能移动； ② 拖车移动过程中，2 台卷扬机必须保持同步	注意拖车移动防溜车及防断绳措施
4	管线连接	① 建立交叉复核签认制度，确保管线连接正确； ② 管路连接前，接头必须清洁，确保管路通畅，螺纹连接清洁、润滑到位、紧固到设计扭矩	管线连接自然顺畅、防护到位、标识清楚

6.6.3 设备调试

设备调试主要包含各分系统单独调试和整机联合调试，各项系统调试内容和指标按《工地调试验收大纲》执行，管控要点见表 6-7。

表 6-7 设备调试管控要求

序号	作业项目		管控要求	备注
1	电气部分	送电	① 检查主供电线路，确保连接正确； ② 电缆进行耐压绝缘检测，配电柜进行电试检测	
		其他电机	逐个电机送电，先点动确认电机转向正确	
2	液压部分	推进油缸	对每组油缸进行保压并检查泄漏情况	
		管片拼装机	对真空吸盘进行保压试验	保压时间 ≥ 20 min
		破碎机	对破碎机进行负载试验	
3	流体部分	外循环水系统	检查水压、水温	
		内循环水系统	必须使用蒸馏水	
4	其他系统	油脂密封系统	HBW 油脂建议使用康达特品牌或同等质量品牌，EP2 油脂建议使用壳牌或同等质量品牌	
5		保压系统	① 保压系统的控制系统测试是否有效； ② 保压系统测试人舱、气垫舱、中心锥是否密封良好、控制性能是否有效	
6		中心锥	中心锥气密性试验	
7		泥水循环系统	① 对管路进行保压试验； ② 进排泥管路液压球阀应急系统调试	
8		吊运系统	① 吊机要做负载试验； ② 真空吸盘必须做保压试验	
9	主驱动		① 检查电机同步性； ② 内外密封油脂润滑溢出情况	
10	整机联调联试		各系统联锁调试	
11	验收		提请上级公司设备部组织	与始发条件验收同步进行

6.7 使用保养

超大直径盾构使用保养遵照“养修并重，预防为主”的原则，以开展设备诊断和状态监测为基础，按照盾构厂家提供的维修保养操作说明，采用日常保养、定期保养和强制保养相结合的方式，以确保盾构运行状态良好。

6.7.1 强制保养规定

盾构进场前，由项目部机械总工牵头，依据《盾构随机说明书》有关维修保养的要求，结合公司有关管理规定和项目实际，制定项目盾构维修保养制度，主要针对超大直径盾构的关键系统进行保养，项目部应实施“6S”管理（整理、整顿、清扫、清洁、素养、安全），明确日常保养、定期保养、强制保养、设备清洁内容，并落实相应责任人。盾构使用期间，机械总工每月应至少组织 1 次设备全面检查，及时处理检查发现的问题。

在超大直径泥水盾构使用过程中，要重点做好常压刀盘系统、主驱动系统、液压系统、电气系统、泥水循环系统等定期检查，具体参见表 6-8。

表 6-8 超大直径盾构关键系统定期检查

序号	系统	检查保养内容	频次	责任人
1	常压刀盘系统	刀具磨损、旋转、温度检查	每环实时	主司机
2		刀具磨损检测传感器，密封、电量、通信检查	每天	电气工程师
3		刀具磨损检测传感器油压、线路检查	每天	电气工程师
4		刀筒螺栓松紧检查	每天	维保工程师
5		刀闸密封性检查	换刀期间	维保工程师
6	主驱动密封系统	大齿圈齿轮油液位、温度、饱和度检查	每环	主司机
7		齿轮油泵压力、滤芯检查	每环	维保工程师
8		HBW 油脂分配阀清洗	100 环	维保工程师
9		油脂泵运转检查	每环	维保工程师
10		HBW 油脂腔压力、分配阀脉冲检查	每环	维保工程师
11		泄漏腔压力检查	每环	维保工程师
12		油脂管路磨损、出油拆管检查	停机期间	维保工程师
13		泥水舱油脂溢出量检查	开舱期间	维保工程师

续表

序号	系统	检查保养内容	频次	责任人
14	主驱动系统	每台主驱动电机启动负载检查	每环	主司机
15		刀盘驱动冷却流量检查	每环	主司机／电气工程师
16		检查刀盘启动时主驱动齿圈等部位是否存在异响	每环	维保工程师
17		主驱动电机、减速机打黄油	700 h	电气工程师
18		减速机、大齿圈取油检测	每周	维保工程师
19		电机、减速机振动测试	每周	主司机
20	常压换刀吊机系统	中心锥内吊机料、运输平台必须收回至指定位置	每环	主司机
21		换刀吊机葫芦、链条检查	换刀前、后	维保工程师
22		换刀吊机气源检查	换刀前、后	维保工程师
23	液压系统	液压油提油检测	每周	维保工程师
24	管片安装系统	拼装机吸盘密封、滤芯检查	每环	维保工程师
25		管片表面清理、盾尾底部清理	每环	值班工程师
26		真空泵油更换	40 环	维保工程师
27		安装机吸盘密封更换	120 环	维保工程师
28	泥水循环系统	盘根更换	80 ～ 100 环	维保工程师
29		后配套拖车 U 形软管、滑靴检查	每环	维保工程师
30		软连接检查与翻面（排泥）	400 环	维保工程师
31		泥浆管壁厚检查与补焊	每月停机	维保工程师
32	电气系统	各泵、电机、变压器温度检测	每环 2 次	电气工程师
33		主驱动、泥浆泵等主要电机、减速机打油	两个月	电气工程师
34	吊机系统	管片吊机、箱涵吊机、摇臂吊机、换管吊机限位检查	每天	电气／维保工程师
35		箱涵吊机钢丝绳检查	每周	维保工程师
36	空气及保压系统	储气罐、空压机排水	每环	维保工程师

续表

序号	系统	检查保养内容	频次	责任人
37	空气及保压系统	保压系统排水	每周	维保工程师
38		空压机保养	2 000 h	维保工程师
39	中心旋转接头	中心旋转接头螺栓检查	每环	维保工程师
40		旋转接头密封检查	每环	维保工程师
41		旋转接头润滑检查	每环	维保工程师
42	注浆系统	送浆活塞更换	150 环	维保工程师
43		注浆泵蘑菇头更换	60 环	维保工程师

6.7.2 PLC 程序管理规定

为防止 PLC 程序修改造成误操作，严禁私自修改 PLC 程序，确需修改时须经项目部机械总工批准。

当设备厂家需要远程操作或修改 PLC 程序时，必须向项目部报备操作内容，经项目部机械总工同意后，根据施工工序安排合理时间实施。

6.7.3 主驱动使用规定

1. 主轴承润滑油（脂）使用规定

HBW 建议使用康达特油脂或同等质量品牌，EP2 建议使用壳牌油脂或同等质量品牌，并保证管路畅通，脉冲次数不低于程序设定。在日常使用过程中，盾构维保工程师按每环不少于 1 次的频率检查主驱动密封齿轮油保压罐液位，发现问题立即报告机械总工。

盾构始发前或检查维修（更换）主驱动密封后，必须人工确认密封压板周圈油脂均匀溢出，方可开展后续工作。

2. 主驱动密封系统加压规定

主驱动密封系统加压必须由盾构制造商提供加压方案，经项目经理牵头组织审核后，严格按照方案实施加压工作。正常加压需由项目机械总工上报上级设备管理部门备案，非正常加压必须上报上级设备部备案，接报单位要评估是否需组织召开专家会进行风险审查。

3. 中心锥加压使用规定

当主驱动总接触力不满足施工需求，需要采用中心锥加压方式提高主驱动的总接触力时，项目必须联合盾构制造商制定中心锥加压使用方案，充分论证相关风险，并报上级设备部批准。重点落实好以下规定：

（1）中心锥加压压力不允许超过主驱动内密封承受压力，超过内密封承压能力时，应启动内密封加背压方案。

（2）加压前由维保工程师拆除中心锥吊机减速电机堵头，检查仪表、仪器电缆接线端密封、中心锥回转接头内的液压及电气接头连接部位，确保中心锥所有通道、隔板接头处于封闭状态，舱内照明、监控、接线盒等使用型号为耐压型。

（3）加压和减压过程均应按照规定程序进行，防止过快或过慢。

（4）中心锥加压后严格监控舱内温度，确保不高于 60 ℃，必要时可停机泄压后利用空调冷却降温。

（5）掘进中，主司机密切关注中心锥内是否存在漏浆现象，发现问题及时处理。

6.7.4 盾构铰接使用规定

盾构组装前，项目部要制订专项安装方案，确保安装质量。盾构掘进期间，项目部要进行铰接系统使用技术交底，并培训相关操作人员，未经培训不得擅自操作铰接系统；要严格控制铰接油缸伸出量，确保其趋势与隧道趋势基本一致。

铰接密封油脂 EP2 建议使用壳牌油脂或同等质量品牌，项目部必须指定人员每班检查铰接密封是否存在泄漏，并及时清理附近的杂物，防止密封损伤。

6.7.5 吊机及管片拼装机使用规定

（1）吊机使用规定。

吊装须由专职司机操作，维保人员应每日对钢丝绳、吊具、限位、制动装置、承载部件等进行检查和测试。每环进行真空吸盘负载保压测试，确保吊机正常安全运转。

（2）管片拼装机使用规定。

项目部应对管片拼装机操作司机进行培训，操作司机必须严格按照操作规程进行操作。维保人员应定期对行走机构、抓举油缸进行润滑，检查有无泄漏；每周进行 1 次真空吸盘负载保压试验，由标准环改拼异型环时也应进行真空吸盘负载保压试验；每天必须检查真空吸盘的密封情况，及时更换已损坏的密封条，根据使用经验，一般每 3 个月需要对密封条进行 1 次更换。每天必须检查衬垫的橡胶密封，及时更换已损坏的橡胶密封，检查管片安全销是否损坏。每天清理真空泵进气和排气的滤芯，检查真空软管是否存在破损和漏气的情况，真空压力表是否工作正常，报警器、报警灯在出现故障情况下是否能正常报警；每环拼装前检查整机限位是否完好。使用结束后管片拼装机司机应及时对管片拼装机及遥控器进行清理。

6.7.6 人舱系统维护保养

始发前，项目部应完成人舱保压试验，掘进过程中应保持舱门关闭。带压进舱前应再次进行保压试验，同时检查相关仪器、仪表，确保设施完好。相关压力表每半年、安全阀每年委托专业检测机构进行标定，人舱定期检测应按照《压力容器定期检验规则》（TSG R7001—2013）执行。一般于投用后 3 年内进行首次定期检验。后续检查周期由具备资质的检测机构根据人舱安全状况等级确定。

6.7.7　保压系统维护保养

1. 应急系统

（1）每周对应急发电机进行检查和试运行，确保发电机燃油满箱，且随时可以启动。

（2）每周对应急空压机进行检查和试运行，确保空压机燃油满箱，且随时可以启动。

2. 保压系统

（1）项目部应安排专人维护保压系统，使用过程中应保持设施清洁，管路定期排水，仪器仪表定期标定，严禁随意调整参数。

（2）定期对舱壁连接管路螺栓进行检查，如有松动立即紧固，避免出现松动造成漏气产生危险。

（3）必须按照厂家规定，定期更换排水滤芯。

（4）每天利用气垫舱顶部联通排气阀对泥水舱顶部进行排气，确保泥水舱顶部无气体。

（5）保压系统应一用一备。每两周对保压系统进行一次切换，保证两套系统均能正常使用。如有必要应每周对保压系统进行切换，检查工作情况。

6.7.8　放射性密度计使用管理规定

放射性密度计一般由上级公司设备部负责业务管理，上级公司设备部应制定放射性密度计管理办法；安质部负责监督管理，并纳入重要危险源进行监控。

放射性密度计辐射安全许可证一般由上级公司的设备分公司负责保管，办理到期延续相关手续，并为各子分公司放射性密度计手续办理提供帮助和支持。子分公司名下的放射性密度计由子分公司对应归口部门负责管理。项目部负责放射性密度计转让、备案、异地使用、存放等手续办理，并制定管理细则，做好现场日常使用管理。

应在放射性密度计使用前 3 个月在单位所在地环保部门办理放射性密度计转让、备案、异地使用、存放等手续。放射性密度计相关手续如下：

1. 办理辐射安全许可证

第 1 次使用放射性密度计的单位应申请办理辐射安全许可证，在全国核技术利用辐射安全申报系统（网址为：http://rr.mee.gov.cn）注册和填写资料。

2. 转让手续

新购放射性密度计需在单位所在地省级环保厅办理转让手续。

3. 异地使用备案手续

使用既有放射性密度计的应在单位所在地的省级环保厅办理放射性密度计异地使用备案手续。

4. 现场管理

（1）放射性密度计使用项目必须建有放射性密度计暂存库（存放库应固定、远离人群），暂存库需张贴相应标识，放射性密度计存放库需安装摄像头、放置保险柜及相应防辐射用品。

（2）放射性密度计实行专人负责管理原则。负责人应了解放射性密度计的属性和操作说明，并做好相应安全宣传，以防止放射性密度计失控。

（3）放射性密度计使用地的周边应有醒目的警示标识，应设置安全警戒区（警戒区外拉警戒线）。

（4）建立放射性密度计台账管理制度，在进口、销售、转让放射性密度计时应按国家有关法律法规向主管部门进行申报、备案。在转移放射性密度计时做好登记、转让手续，进行登记检查，做到账物相符。

（5）每月定期对放射性密度计进行监测，检查是否泄漏，并做好相应监测记录。

（6）放射性密度计运输至使用现场后，需向当地环保局进行备案并验收。

（7）辐射安全管理人员每季度在当地职防所进行个人剂量检测。

5. 异地使用注销存放

放射性密度计使用结束，需办理异地使用注销手续，均在单位所在地省环保厅办理，办理手续同异地使用手续。使用结束暂无后续使用项目的，应及时运送至环保厅放射源库或租赁的放射源库进行暂存。

6.8 设备状态监测

6.8.1 状态监测内容与周期

设备状态监测一般按“三级”管理程序执行：上级公司设备检测中心统一管理（一级）→各子分公司建立检测站分管（二级）→各项目部建立工地检测室现场管理（三级）。

1. 状态监测

所有超大直径盾构项目必须配置在线监测系统，实时检测油液指标、振动情况。

线下油液复核测量可按表 6-9 定期实施，油液取样按照要求进行。

表 6-9　状态检测周期

检测项目		水分、运动黏度、机械杂质、酸值	污染度	铁谱分析	光谱分析
取样对象	主驱动润滑油	30 d 或 150 m	—	30 d 或 150 m	30 d 或 150 m
	各减速箱润滑油	30 d 或 150 m	—	30 d 或 150 m	30 d 或 150 m
	各液压系统液压油	30 d 或 150 m	—	30 d 或 150 m	30 d 或 150 m
	各系统润滑油	按需检测			

2. 设备状态评估

（1）状态评估时间节点。

状态评估主要分 3 个关键节点，即盾构始发掘进前、穿越重要风险地段前、贯通前。根据盾构实际使用情况，可能存在潜在重大故障或出现重大风险后，也需进行设备状态评估。

（2）状态评估组织。

状态评估一般由上级公司设备检测中心牵头组织，由使用单位设备管理部门、检测站、项目人员共同参与。

（3）状态评估内容及方法。

一般采用振动测试仪、超声波测厚仪、声级计、内窥镜、红外线温度计、气体检测仪和温湿度计等状态监测设备，对盾构性能测试、整机状态监测、油液检测、功能测试和系统检查等进行全面评估，并出具评估报告。

3. 泥浆管路检测

项目部必须安排专人每周对冲刷管路和排泥管路（包括隧道内的管路）管壁磨损量进行检测，格式参见表 6-10。

表 6-10　隧道泥浆管路厚度检测参考表

序号	管路编号	环号	测量数据 /mm	标准数据 / mm	磨损量 /mm	检测时间
1						
2						
3						
⋮						

6.8.2 刀盘磨损监测

掘进期间，主司机必须关注刀盘磨损监测系统是否正常。出现异常立即停机排查并报告机械总工，由机械总工负责组织检查，分析原因并处理完成后恢复掘进。

6.8.3 常压刀具监测及更换

1. 常压刀具监测

（1）掘进期间，项目部必须安排刀具分析员，实时对转速比、磨损量、温度等刀具运行参数进行分析，及时发出换刀指令。

（2）主司机必须密切关注常压刀筒、刀具防后退监测预警系统，发现预警立即停机排查原因。

（3）采用前装式常压滚刀的盾构在掘进硬岩地层时，必须每环对刀筒螺栓进行全面检查，发现有松动的应立即紧固；发现有断裂时，应立即对该刀筒的所有螺栓进行更换，并分析螺栓断裂的原因（需特别关注同批次螺栓质量）。

2. 常压刀具更换

项目部必须制订常压换刀方案，提前培训常压换刀人员，使其熟知换刀作业流程及风险管控要点。换刀人员必须经过训练舱进行模拟训练，考试合格后方可上岗，作业过程中至少有 2 人为熟手，换刀过程中由盾构主司机进行指挥并监督操作。换刀作业管控要点参考表 6-11。

表 6-11 常压换刀作业管控要点

序号	换刀工序	管控要点	备注
1	施工准备	① 换滚（切）刀前须进行洗舱处理，洗舱以泥水分离站一级筛分不再分离出渣土为准； ② 换刀全过程严禁转动刀盘； ③ 检查刀具吊机、换刀工装完好，确保正常工作	
2	拆卸传感器信号发射器	① 拆除刀筒后盖处的传感器出线块，承压连接器保留在刀筒后盖上，无须拆除发射器； ② 出线块拆除后，注意对承压连接器插针进行防护	
3	掌子面支撑压力测量	打开两端球阀（前端和后端），冲水清除刀筒中的渣土，水压比预期掌子面支撑压力高 0.3 ~ 0.5 MPa（时间 5 min）	
4	安装拖拉油缸	① 缓慢伸出油缸，直至拖拉油缸前端卡盖到达拖拉油缸支撑座的第一级位置时停止，将油缸卡盖与拖拉油缸支撑座第一级位置相连接，如果卡错位置，刀筒有可能过度拔出造成浆液进入中心锥，引发严重事故； ② 拆除刀筒 4 颗防退螺栓（短），安装 4 根换刀用安全螺杆（长）	安装换刀工装所配置的安全螺杆，不可安装全螺纹螺杆

续表

序号	换刀工序	管控要点	备注
5	松开刀筒上的螺栓	松开下密封座外环处刀筒螺栓	刀筒此处仅由油缸支撑，此时油缸不可动作
6	第一级位置处刀筒回缩	缓慢收缩油缸，行程至要求距离	刚好顶到对应螺杆螺母位置，若有异常，及时检查安全螺杆型号是否正确
7	关闭阀门	① 移除闸门油缸活塞杆保护套，清洗和润滑闸门油缸活塞杆，清洗和润滑闸门外表面； ② 必须检查闸门是否关严，否则刀筒拔出后会出现漏浆风险； ③ 必须安装安全螺栓	靠近掌子面一侧、上下两侧面
8	安装刀筒工装	① 切记安装刀筒支撑块，在刀筒拨出、推入时起支撑导向作用，不安装支撑块，可能出现刀筒倾斜，推入不顺畅； ② 刀筒工装中间吊耳处连接中心舱吊机并紧固，检查刀筒工装的安装方位（挡板较短一侧靠近掌子面）	不要装反，否则起吊刀筒后端会突然翘起，可能造成人身伤害
9	刀筒内的压力平衡（排水）	打开下密封座最低位置的闸门冲刷球阀，释放刀筒内部压力并排水，排完水后，保持球阀开启，与大气相通	
10	刀筒回缩	缓慢伸出油缸，直至拖拉油缸前端卡盖到达拖拉油缸支撑座第二级位置时停止，注意刀筒一定不能移动	第二级位置
11	移出拖拉油缸	释放油缸的液压压力，断开液压阀块和管路，刀筒通过吊机维持支撑，此时吊机不要进行动作	
12	移出刀筒	注意移出刀筒时，人员不要站在刀筒下方	
13	准备刀筒及工装	检查工装类型，工装不匹配可能造成以下两种结果： ① 安装刀筒时，刀具和闸门干涉，导致闸门变形，使密封座出现不可恢复的损伤； ② 刀筒安装不到位，无法进行下一步操作	
14	密封座内刀筒及密封安装	新刀筒吊装位置与拆刀时相同，注意吊装点与定位销的相对位置与密封座对应，以避免安装时孔位不对应，导致返工	
15	安装拖拉油缸和拖拉油缸用卡扣	通过液压管路将液压阀块与油缸相连接，检查管路连接是否正确，液压系统压力不大于 20 MPa	压力不可过大，否则有造成常压装置损坏的风险

续表

序号	换刀工序	管控要点	备注
16	刀筒推入指定距离	推入刀筒前需要测量刀筒法兰与下密封座之间的距离相等（圆周方向均匀测量3处），否则，推入刀筒过程中会有刀筒卡死的风险。推入后检查间隙，避免刀筒推入过多造成工装损坏	
17	打开阀门	闸门油缸完全打开后，测量闸门连接座与密封座的开口长度L，并与之前记录值比对，如果L值小于之前的记录值，闸门处于未完全打开状态，推入刀筒有损坏闸门的风险	
18	完全插入刀筒	注意插入刀筒时及时冲刷，避免刀筒卡住	
19	向密封座黄油嘴处注黄油	每次换刀完成后及时加注黄油，对闸门进行润滑	
20	螺栓紧固	① 按规定扭矩进行对称紧固； ② 断丝、滑丝的螺栓必须认真处理	

6.9 刀具与配件管理

项目部应根据超大直径盾构项目施工特点，建立盾构机况分析会制度、刀具配件管理制度，加强刀具使用维修管理，科学判断盾构及刀具状态，做好机况和刀具磨损分析，减少设备故障时间及刀具消耗；同时做好盾构配件采购和储备。

6.9.1 盾构机况分析会制度

项目部应建立盾构机况定期分析会制度，每月底前（必要时每周）由机械总工组织，项目设备部、安质部及生产副经理参与，对盾构机况进行总体分析，查明盾构存在问题原因，制订盾构维保计划和故障处理措施，并盘查现场配件库存情况，讨论确定配件补充计划，及时补齐，保障盾构设备完好率。

当盾构出现重大故障时，机械总工应立即组织相关设备管理人员分析问题原因，辨识问题会带来的其他影响，制定针对性处理措施。

6.9.2 刀具管理

1. 刀具使用

新购刀具进场后，必须由刀具工程师做好新刀入库验收工作，抽检不少于10%，以确保各项指标满足参数要求。根据施工需要，提前将新刀安装在常压刀筒内备用。刀具使用期间，要建立刀具使用更换台账，确保每把刀具全生命周期状态可控。

2. 刀具抽检及更换

刀具更换必须超前考虑，遵循“有疑必检、有损必换”的原则。

（1）常压滚刀抽检标准。

抽检标准依据刀具监测指标，对刀具状态进行评估。抽检标准参见表 6-12。

表 6-12　常压滚刀抽检参考标准

序号	抽检紧急程度	评估指标	备注
1	立即停止推进抽检	持续不旋转超过 20 min，且更换刀盘转向仍持续 20 min 不旋转	出现任何一种情形，立即抽检
2		持续出现温度高于相应轨迹滚刀温度 3 ℃超过 10 min，经处理，温度仍然没有明显改善	
3	当环掘进完成后抽检	持续出现温度高于相应轨迹滚刀温度 2 ℃超过 10 min，经处理，温度仍然没有明显改善	出现任何一种情形，当环掘进完成后抽检
4		刀具磨损检测压力应不低于 8 MPa，若出现液压检测泄压现象，经排查，确认是刀盘磨损压力装置损坏	
5	其他需要抽检刀具的情况	① 掘进过程中发生一切不同于平常状态的异常情况（刀盘异响、扭矩波动大等）； ② 根据刀具系统检测超过磨损指标，根据工序 3 环内进行抽检； ③ 更换新刀后，相邻轨迹刀具刀高差不得超过 15 mm	刀具工程师报告机械总二，下达处理指令
更换原则： ① 起弧区滚刀更换刀具须使用新刀，其他刀位更换刀具优先使用高（同）刀位更换下来的状况较好的旧刀，低刀位更换下来的刀具不能安装到高刀位使用； ② 必须安装旋转 / 温度传感器和液压磨损装置，且状态均完好； ③ 若检查发现某一刀位刀具磨损情况严重，必须检查更换其相邻轨迹刀具			

（2）常压切刀更换标准。

常压切刀应根据掘进环数、掘进地层等进行针对性更换，其更换参考标准见表 6-13。

表 6-13 常压切刀更换参考标准

<table>
<tr><th>序号</th><th>常压切刀类型（均含左、右）</th><th>掘进环数</th><th>情况说明</th><th>备注</th></tr>
<tr><td>1</td><td>正面切刀</td><td>80 ~ 120</td><td rowspan="3">①根据当前盾构掘进施工情况更换（适用于大断面全风化、强风化、中风化花岗岩地层）；
②对应编号的刀具须在开始更换环数至结束更换环数内全部更换完成；
③地层发生变化时，根据刀具实际检查情况调整掘进环数指标</td><td>如有异常情况立即停机更换</td></tr>
<tr><td>2</td><td>起弧区切刀</td><td>60 ~ 80</td><td>达到强制性要求更换环数必须更换</td></tr>
<tr><td>3</td><td>边缘切刀</td><td>40 ~ 60</td><td>达到强制性要求更换环数必须更换</td></tr>
<tr><td colspan="4">更换原则：
①当班必须完成同刀位一对刀具更换；
②起弧区切刀更换时须使用新刀，其他刀位更换刀具优先使用高（同）刀位更换下来的状况较好的旧刀，低刀位更换下来的刀具不能安装到高刀位使用</td><td>由刀具工程师报机械总工进行停机更换</td></tr>
</table>

3. 刀具维修

项目部应建立刀具研修中心，研修中心应具备刀具拆解、检测分析、维修、组装调试存放、改进升级等功能。研修中心通过刀筒、刀具拆除后的状态、痕迹、受损情况分析研判围岩、参数以及刀具监测的可靠性等。刀具研修中心设备配置应满足现场刀具维修需要，配置清单参见表 6-14。

表 6-14 刀具研修中心设备配置参考表

序号	设备名称	数量 / 台
1	2.8 t 电动行车	3
2	2 t 电动吊车	1
3	50 t 液压压床	1
4	空压机以及储气罐	1
5	80 kW 中频加热器	1
6	跑床（扭矩检测工装）	1
7	切割机	1
8	液压扳手	1
9	高压清洗机	1
10	电焊机	1
11	保温箱	1

刀具研修中心的主要任务是完成刀具及刀筒的研究和修理。刀具维修由专人负责，以尽量少更换配件为原则，弦磨、偏磨或非正常损坏的刀具要解体取出有剩余价值的配件进行再次利用。及时进行刀具适应性选型、刀筒受刀分析、刀具及刀筒磨损研究。

刀具研修中心主要任务如下：

（1）常压刀筒拆解。

记录刀筒拆除原因，人工测试刀具旋转状态及对应传感器是否一致，刀筒安装前后对比磨损情况，刀筒轮廓积渣情况，刀筒内部积渣情况。

（2）常压刀具拆解。

拆除刀具挡圈并放出滚刀内齿轮油，拆解常压滚刀。

（3）刀具损坏情况及统计。

刀具拆解完成后，更换刀具损坏配件及密封，对异常损坏部件进行详细说明，并统计记录刀具维修所更换配件数量。

（4）刀具刀筒易损坏部件研究及改进。

根据刀具异常损坏情况及抽检刀筒原因，验证抽刀原因，并对刀具异常损坏进行分析。对刀具相关部件进行研究并提出改进意见，使刀具使用能够达到最优状态。

对刀筒磨损位置进行补焊，打磨并达到设计标准；对液压磨损头进行补焊修复或更换；对刀轴与C型块及拉紧块间隙进行测量，出现压溃情况进行更换；对刀具传感器进行测量，并做防水耐压测试，对损坏传感器进行分析优化，提高传感器的稳定性。记录各部件损坏情况。

根据刀筒磨损情况，对应轨迹其他刀具进行分析：对刀筒及刀具受力情况进行优化，尽可能减少刀具振动；对积渣情况进行研究，优化刀筒结构，减少刀筒积渣所造成的刀具二次磨损。

（5）刀具维修及组装。

刀具部件维修完成经检查合格后进行组装。刀具主体组装完毕后加油，测压，并设置滚刀旋转扭矩。

（6）刀具刀筒组装。

刀具维修并完成测试后，对刀具和刀筒进行组装，组装过程中必须注意螺栓扭矩和刀筒端盖密封。组装完成后应进行传感器测试。

4. 刀具存放

刀具的存放必须按规定分区域做好标识，并存放在刀具车间内。

5. 刀具修理标准与要求

（1）从外观判断：若滚刀严重变形（如刀体、端盖磨穿，端盖脱落、整体散架、端盖缝隙严重不均，轴承、密封部分外露等情况），则无须再拆卸，直接作报废处理。

（2）滚刀外观基本完好，拆开油堵，若是干泥沙，按报废处理，无须再拆。

（3）拆开油堵，若里面是糊状或润滑油发黑发臭，则须全拆。

（4）拆开油堵放油，若油色发亮，无明显发乌发黑，无明显臭味，并且转动无卡阻感，则此滚刀无须拆卸，但须把端盖环缝的泥沙清理干净，把轴头上和端盖螺纹孔清理干净并用丝锥攻一遍，把活塞孔里冲洗干净，重新加注黄油和重新调节扭矩。

（5）轴承。

① 检查滚珠大头棱角处有掉块损伤则不可再用。

② 检查滚珠或内外圈有无密集疲劳点蚀，点蚀严重则不可再用。

③ 检查保持架有无损坏，损坏则不可再用。

④ 内圈外圈要成对存放好。

（6）刀体（刀毂）。

① 检查浮动油封安装处，严重腐蚀或磨损则不可再用。

② 检查其他位置有无严重磕碰、磨损、变形或其他缺陷，有修复价值的进行及时修复，无法修复的报废。

③ 滚刀旋转监测磁体磁性测试，对不合格的进行更换。

（7）锁紧环（锁紧螺母）。

① 检查锁紧面是否变形。用塞尺检查，变形在 0.2 mm 以上则不可再用。

② 变形量合格的，再用螺纹通规检查螺纹，有修复价值的则进行修复；对不能修复的作报废处理。

（8）端盖。

① 检查浮封安装处，严重变形或腐蚀则不可再用。

② 检查端盖是否变形。用卡尺贴住端盖大平面，然后对着光亮处观察，再用塞尺塞，变形在 0.2 mm 以上则不可再用。

③ 检查其他位置有无严重磕碰、磨损、变形或其他缺陷，有修复价值的进行及时修复，无法修复的则报废。

④ 对于安装式端盖，要仔细检查安装面，安装面变形、塌陷则不可再用。

⑤ 用螺纹通规检查螺纹，有修复价值的进行修复，不能修复的报废处理。

⑥ 有利用价值端盖螺纹孔须清理干净并用丝锥攻一遍。

（9）刀轴。

① 检查刀轴是否弯曲变形或严重损伤，若有则不可再用。

② 用螺纹通规检查螺纹，有修复价值的进行修复，不能修复的报废处理。

③ 刀轴活塞孔要用手电筒照一照，孔里有划伤则不可再用；若可用，则活塞孔内必须清洗干净。

④ 有利用价值的刀轴螺纹孔须清理干净并用丝锥攻一遍。

（10）所有可再用的配件均要清洗干净。

（11）每把滚刀维修均需使用新的“O”形圈、浮动油封、弹性隔套。

（12）刀具刀筒组装。

刀具维修测试完成后，刀具维修人员对刀具和刀筒进行组装，组装过程中必须注意螺栓扭矩和刀筒端盖密封。

（13）刀具存放。

刀具存放必须按要求，分区域做好标识，并存放在刀具车间内。

（14）刀具、刀筒全寿命周期台账管理。

刀具（刀圈与刀体）、刀筒在验收入场之后，进行统一编号，刀具维修人员将刀具装至刀筒时对刀具编号以及刀筒编号进行记录，做到一一对应。当需要常压换刀工序时，由换刀指令员通报准备更换刀位号，刀具研修中心根据刀位号提前准备组装好的刀筒，组装完成的刀筒必须经过刀具工程师验收后方可出库，并且填写刀筒出库验收表进行记录。出库的刀筒运送至盾构上，为了确保刀具检测系统准确性，由电工对刀具旋转、温度进行检测，换刀指令员验收合格后方能安装，并且填写换刀指令表进行记录。常压刀筒从刀盘拆出运送至刀具研修中心后，刀具维修人员进行刀筒清洁、拆解，刀具工程师对刀具磨损以及维修情况进行记录，形成刀具、刀筒全寿命周期台账，确保刀具、刀筒全程使用跟踪，提高刀具以及刀筒使用率，降低成本。

6.9.3　配件管理

配件实行采管分离，项目部应制定完善的配件管理制度，加强配件的计划、采购、验收入库、仓储、领用、评价、报废管理，配件管控要点参见表 6-15。

表 6-15　配件管控要点

序号	过程管控	内　　容
1	计划	根据当月盾构维修保养计划及配件动态表，编制配件计划表，并提交机械总工及经理审批
2	采购	通过询价采购或招标方式进行采购
3	验收入库	配件到场后设备部组织联合验收，并及时建立台账，移交给配件库房管理员。管理员入库后更新配件动态表
4	仓储	由专人管理配件库房，每月按时盘点，做到“账、卡、物”相符。对验收合格的配件，根据配件的种类和使用部位分类摆放整齐，做好标识，并做好防护工作
5	领用	机械总工程师审批后方可发放
6	评价	每月末，设备部对供应商供应的配件使用、供货情况进行评价，形成评价记录并制定措施

续表

序号	过程管控	内　　容
7	报废	项目部组织专业人员对旧配件进行鉴定，有修复价值的进行修复并做好台账，如报废的则按照废旧物资处理程序处理
8	共享	建立超大直径盾构配件共享平台，采取定人定岗方式，由专人负责平台配件的录入和及时更新，负责项目所需配件平台的查询、对接和结算等工作

（1）配件建议清单。

超大直径盾构配件建议清单参见表 6-16。

表 6-16　超大直径盾构配件建议清单

序号	使用部位	配件名称	备注
1	刀盘、刀具	刀轴	
2		刀筒	
3		密封圈	
4		刀圈	
5		轴承	
6		耐磨弯头 90°	
7	刀具检测系统	检测磁铁	
8		刀具传感器	
9		滚刀拆刀工装	
10		承压连接器底座（哑铃）	
11		高斯计	
12	主驱动	刹车盘密封	
13	油脂系统	齿轮油滤芯	
14		油脂分配阀	
15		油脂泵气缸维修包、泵杆	
16	管片拼装机	吸盘密封	
17		坦克链	

续表

序号	使用部位	配件名称	备注
18	管片拼装机	拼装机真空电磁阀	
19	管片吊机	称重传感器	
20	管片小车	顶升油缸	
21	空压机	空压机配件	
22	泥水循环系统	盘根	
23		软连接	
24		泥浆专用气动球阀	
25		液动球阀	
26		耐磨排泥直管	
27		手动刀型闸阀	
28		液位计	
29		叶轮	
30		前护板	
31		后护板	
32		泵壳	
33		流量计	
34	液压系统	推进泵过滤器	
35		液压阀	
36		主油箱回油滤芯	
37	注浆系统	砂浆罐轴总成	
38	电气系统	传感器、放大板、模块等	

（2）新购或新租的超大直径盾构，项目部应与盾构厂家协商，由盾构厂家在盾构施工现场建立配件库，储备一定数量的配件，项目部根据实际需要使用，按照协商价格定期结算。

6.10 拆机运输与存放

盾构拆机运输与存放事关安全，也关系到再次使用时的设备机况和恢复费用，必须制订专项方案，并严格落实。

6.10.1 盾构拆机

在盾构到达前，由项目机械总工组织编制《盾构拆机专项方案》，并按照有关管理制度及规范要求完成方案审批；拆机时，严格按照审批后的方案执行。

（1）按照拆机工序，将盾构各部件有序拆解吊出，并放置在指定位置。吊装作业必须严格按照方案施工，保证现场通信通畅、有序进行，确保吊装作业安全。

（2）保证吊耳焊接质量，并由专人负责。

（3）对所有需拆解管线应进行标识，核查后在原接头处拆解，不得采用机械切割等破坏性方式拆解；若确需破坏性拆解的，必须经上级相关领导同意。

（4）拆解作业前，必须保证管线已全部断开并防护到位。在拆解作业过程中，严格保护设备元器件，需轻拆轻放，分类集中摆放，不可高空抛扔。所有拆下的设备及零部件要妥善保存，不可丢弃或丢失。

（5）在气刨、焊接过程中，电缆线连接、放置等要注意保持安全距离，防止出现作业过程中被火花伤害。

（6）盾尾拆解前，必须焊接可靠的内部支撑。

盾构各主要系统、部件防护要求参见表 6-17。

表 6-17 盾构各主要系统、部件防护要求

序号	部件、系统	防护要求
1	主驱动	主驱动（含减速机）注满齿轮油，封堵减速箱安装孔，清理法兰面、结合面，涂抹油脂并覆盖保鲜膜，再整体使用防雨布包裹
2	主机部件结合面和连接件	主机各连接法兰面在拆机后应进行清洁，并涂抹 3# 锂基脂后，使用缠绕膜进行防护，螺栓孔内螺纹使用 3# 锂基脂进行防护； 主机连接螺栓、销轴、隔环、挡板等在拆机后进行清洗、涂抹 3# 锂基脂后，使用缠绕膜独立防护，并分类装箱统一存放
3	管路	所有拆除部位，两端安装好金属标识牌，标识要清晰、固定可靠
4	液压管路接头	螺纹连接、两半扣法兰接头、法兰接头管路在拆卸前将接头部位清洗干净，断开后及时使用规格匹配的金属螺纹堵头、堵板、法兰盲板进行封堵防护，封堵前检查确认密封完好、管口洁净，确保紧固可靠

续表

序号	部件、系统	防护要求
5	水系统	拆机时要将管道内残余的水排放彻底，同时将各系统冷却器内液体排放干净，然后对管道进行疏通检查，确保各管路完全通畅。检查正常后，使用塑料堵头＋缠绕膜进行防护
6	电气箱柜	电气设备各箱柜应在盾构上妥善固定，柜门关闭柜锁牢靠，各电气部件应固定牢固且相关标识清晰明确，内部应放置干燥剂，并对电缆穿线孔洞进行封堵，外部使用缠绕膜进行严密包裹
7	电机	电机应妥善固定于电机基座上，电机外观干净整齐，并做好防潮、轴承注油等工作
8	变压器	变压器本体固定牢靠，相关部件完整齐备，做好防护，油浸式变压器加设防护罩避免因碰撞损坏，高压电缆插头、低压侧接线孔洞进行封堵防护，并整体用防雨布进行遮盖
9	电气元器件	传感器等电气元件做好防护，必要时将电气元器件拆除打包

6.10.2　盾构运输

盾构拆机运输应由项目部负责，委托专业厂家实施，项目部负责寻找超大直径盾构存放场地，报使用单位设备管理部门审批后确定。项目部要参与运输公司线路调查，并审核运输公司制订的运输方案。

（1）超大直径盾构运输超限设备较多，设备运输前应提前办理相应的运输车辆通行证。

（2）盾构运输前做好设备运输方案分类，结合现场实际情况选择运输方式，一般普通设备及宽度在 6.5 m 以下的大件设备可选择采用陆运，宽度在 6.5 m 以上的大件设备可选用水陆联运方式。

（3）设备运输过程中必须配备引导车和护送车，以保证运输过程中的安全行驶。

（4）设备交接前做好外观检查，做好设备运输信息记录，信息内容包括：运输车型、车牌号、发车时间、设备编号，设备数量、重量、体积、包装类型、包装情况、卸车时间。装卸完毕后做好设备运输单的签署。

6.10.3　盾构存放

工程完工后，盾构存放由原使用单位负责。盾构存放应编制专项方案，并按照产权所属组织方案评审。

盾构存放前，需根据场地情况，合理规划，绘制场地布置图，编制盾构存放技术交底。

盾构到达存放场地前，需提前对场地进行平整加固，并对地基承载力、周边环境、消防排水、应急物资储备等情况进行验收，以满足设备进场要求。

盾构刀盘存放需提前下设支墩，方便后期进行刀盘维修与刀具更换作业，并覆盖防雨布。

盾体、拖车按照结构顺序依次存放，存放前必须下垫枕木，并覆盖防雨布，拖车轮子拆卸后，依次朝上存放，以便于后期保养和吊装。

盾构主驱动存放前，必须保证主驱动油箱油质满足要求，油位处于满量状态。

暂无后续使用项目，预计闲置 1 年及以上的盾构须组装存放，应设置防雨棚，并安排人员定期进行维保，更换破损的篷布；组装存放的盾构必须定期转动刀盘。

第7章 超大直径泥水盾构风险控制

本章重点

危险源辨识方法与要求、常见风险源类型，危险源分级管控机制、重要危险源划分标准、危险源管控程序、危险源管控职责分工、危险源管控内容，工程安全风险分级、风险识别、风险评定、风险管控、风险预警与应急响应、实施效果评估等风险控制要点。

超大直径盾构工程项目隧道穿越地层更复杂，环境影响更敏感，对设备密封可靠性和运行状况感知要求更高，装拆机难度大，施工沉降控制难度大，涉及危险源众多，这些突出特点导致施工安全风险发生概率也更高，对超大直径盾构工程项目危险源管控和工程安全风险管控提出了更高要求。

7.1 危险源辨识

7.1.1 辨识方法与要求

1. 危险源辨识与风险评价

危险源辨识可采用基本分析法、工作安全分析法、安全检查表法、预先危险性分析法、事件树分析法、事故树分析法等一种或多种方法对照。

2. 危险源辨识要求

危险源辨识是项目安全风险管控的基础工作，辨识的全面性和评价方法的正确运用直接影响管控层级确定、安全风险管控措施制定与执行等环节。

危险源辨识分为静态辨识和动态辨识。静态辨识与项目策划同时进行，动态辨识在施工过程中进行。

静态辨识：超大直径盾构项目进场后，项目经理应组织工程技术人员、安全管理人员、班组长等组成危险源辨识小组，根据设计文件、施工调查情况、施工组织设计、施工工艺流程、相关规程、标准、有关事故案例等，辨识施工过程中可能存在的危险源，子分公司安质部至少安排 1 名成员参与指导。对于静态识别结果及管控措施，由项目部报子分公司安全总监组织审核后，报上级集团公司安质部，由上级集团公司安质部组织超大直径盾构有关专家进行评审，一般应在项目策划会后 30 日内完成审核。

动态辨识：在施工过程中，每月由项目经理组织安质、工程、设备、物资、生产管理等部门，结合盾构施工情况和边界条件变化，对可能存在的危险因素进行补充辨识，在项目部月度安全生产例会上进行评审，并将评审结果报其子分公司安质部，子分公司审核后，将新增的一、二级重要危险源上报给其上级集团公司安质部审核确定，并补充完善本级管理清单，将审核结果及时反馈给子分公司或超大直径盾构项目。当工程设计方案、施工方案、工程地质、水文地质、施工队伍等发生重大变化时，应重新进行危险源辨识和风险评价，并执行以上报审程序。

7.1.2 常见危险源类型

超大直径盾构施工过程中存在的重要危险源主要包括超大直径盾构设备、掘进施工、辅助作业、敏感环境及自然灾害五个方面。

1. 设备方面

超大直径盾构设备方面危险源主要集中在刀盘刀具、主驱动系统、泥水循环系统、保压系统、管片箱涵吊运安装系统、密封系统（主驱动密封、盾尾密封、常压换刀装置密封、铰接密封）、放射源、盾壳变形等方面。

2. 掘进施工方面

盾构掘进施工主要包括盾构始发、盾构掘进、换刀作业、盾构接收，是危险源管控的重点和难点。

3. 辅助作业方面

盾构辅助作业危险源主要包括盾构装拆、盾构进舱、尾刷更换、预处理施工等方面。

4. 敏感环境方面

敏感环境方面危险源主要包括穿越或施工影响范围有重要建（构）筑物、轨道交通、重要道路，穿越江河湖海、地下管线、保护区、名胜古迹等特定区域可能造成的风险。

5. 自然灾害方面

台风、暴雨、雷电等自然灾害，会对盾构施工安全造成极大影响。

7.2 危险源分级管控

7.2.1 危险源分级管控机制

危险源分级管控，是指上级集团公司、子分公司和项目部针对不同的重要危险源分等级进行重点监控，目的是保证重要危险源受控直至销号。

针对辨识评价出的重要危险源，依其危害大小、控制难易程度、管理范围等分三个级别进行监控。上级集团公司监控一级，子分公司监控二级及以上，项目部监控三级及以上。

项目部是重要危险源监控与管理的主责单位，对辨识出的所有危险源进行监控管理，对辨识评价出的所有重要危险源进行建档管控，并按照分级标准初步进行等级划分。

各子分公司对所辖项目初步划分等级的重要危险源进行审核和评估，并对二级及以上重要危险源进行监控。

上级集团公司对各子分公司确定的二级及以上重要危险源进行再次审核和评估，并对一级重要危险源进行监控。

7.2.2　重要危险源划分标准

1. 一级重要危险源划分标准

设计文件明确的高风险工程；浅埋穿越既有铁路、地铁、重要建（构）筑物、城市主干道、江河湖海及重要管线的区段；深度≥ 30 m 的基坑开挖及支护；搭设高度≥ 15 m 或单跨≥ 20 m 的混凝土模板支撑工程；直径≥ 10 m 的盾构吊装工程。

2. 二级重要危险源划分标准

设计文件明确的次高风险工程；穿越一般建（构）筑物、城市次干道及普通管线的区段；邻近既有铁路、地铁的区段；深度≥ 20 m 的基坑开挖及支护；搭设高度≥ 8 m 或跨度≥ 18 m 的混凝土模板支撑工程；一般盾构吊装工程。

3. 三级重要危险源划分标准

一级、二级以外的重要危险源均为三级重要危险源。

7.2.3　危险源管理监控程序

重要危险源管理监控程序如下：

（1）辨识评估重要危险源并划分等级。

（2）明确重要危险源转化成事故的临界条件，分析事故引发的危害程度。

（3）制定重要危险源控制措施。

（4）明确责任部门和责任人。

（5）对照控制措施跟踪监控，掌握重要危险源状况。

（6）分析评价重要危险源控制效果。

（7）调整或改进相关措施，动态跟踪监控。

（8）确认重要危险源受控或销号。

7.2.4 危险源管控职责分工

1. 上级集团、子分公司安质部门的管控职责

按照分级监管的原则，上级集团公司的安质部对一级重要危险源实施动态监督管理，子分公司安质部对一、二级重要危险源实施动态监督管理。

（1）结合本单位安全大检查、专项检查活动及日常监控信息，组织对重要危险源进行专项监督检查与评估，指导项目部进行重要危险源的确认、监控与销号。

（2）督导项目部制定和实施针对重要危险源的监控管理措施，并在检查中验证其各项措施制定是否得当，落实责任人是否明确，措施落实是否有效。

（3）上级集团公司每季度、子分公司每月收集汇总各项目部重要危险源，检查各项目对重要危险源的检查记录，掌握其管控情况，同时分析系统管理是否存在问题并提出改进要求。

2. 上级集团、子分公司其他各部门管控职责

（1）上级集团公司、子分公司工程部门负责指导项目部施工过程中的重要危险源控制的技术措施、专项方案的制订，进行专业监督管理。

（2）上级集团公司、子分公司物资部门负责指导项目部施工场所材料装卸、储运、管理过程中的重要危险源控制的措施制定，进行专业监督管理。

（3）上级集团公司、子分公司设备部门负责督导项目部在机械和电气设备安装、使用、维护、拆除等管理过程中的重要危险源风险控制专项安全方案的制订，进行专业监督管理。

（4）上级集团公司、子分公司人事部门负责督导项目部落实各项重要危险源监控措施的人力资源配备，督导项目部对监控管理人员及作业人员进行安全教育和技术培训。

（5）上级集团公司、子分公司财务部门负责督导项目部落实重要危险源的监控和应急措施等安全投入的资金管理。

（6）上级集团公司各片区指挥部（生产副指挥长、总工程师、安全总监、市场监管部）负责对片区所辖项目的一级重要危险源管控情况进行监督检查，并指导施工过程中的一级重要危险源的专项方案、管控措施的制定，片区指挥部每季度至少检查覆盖一次，并留存检查记录。

3. 项目部管控职责

项目部负责施工区域内所有重要危险源（一、二、三级）的安全管理与监控，项目经理对本单位的重要危险源安全管理与监控工作全面负责，并履行以下工作职责：

（1）负责组织重要危险源辨识评估。

（2）负责组织制订重要危险源管理的实施方案。

（3）负责建立有效的动态监控系统，随时掌握危险因素和临界条件有关参数的变化情况，及时采取措施。

（4）负责组织制订应急预案，并进行培训和告知。

（5）负责保证重要危险源安全管理与监控所必需的资源投入。

7.2.5　危险源管控内容

1．条件验收要求

重要危险源管理实行条件验收制度，即在重要危险源所属工序开工前，对保证该工序施工安全所应具备的施工方案、技术交底、人员培训、设备及材料准备、应急物资准备等各项条件进行验收，验收通过方可开始施工；一级重要危险源由上级集团公司各片区指挥部负责验收，二级重要危险源由子分公司负责验收，三级重要危险源由项目部负责验收；一级验收的牵头部门为片区指挥部市场监管部，二、三级验收的牵头部门为相应的安质部门，其他相关部门配合；工序开工前 7 日，由项目部将条件验收的内容及现场准备情况报验收单位，验收单位根据情况组织验收。建设单位有要求的还需同时执行其相关要求。

2．技术交底与控制措施

施工前，项目工程部应向所有作业人员进行安全技术交底，并保留书面记录和签字，使其全面掌握本岗位的安全操作技能和在应急情况下的应急措施。

所有重要危险源均需编制控制措施，控制措施包括工程措施、标志、警告管理措施和个人防护装备等。除此之外，属于危险性较大分部分项工程的重要危险源，按照相关规定编制专项方案，超过一定规模的危险性较大分部分项工程专项方案组织专家论证。

3．危险源公示

项目部应建立重要危险源公示制度，公示内容应包括：重要危险源名称、具体位置、危险物质及储存数量、风险及控制措施、紧急情况下的应急措施等。在施工入口等显著位置和有重要危险源的作业点附近挂牌公告。

4．危险源检查

项目部应对重要危险源每周检查不少于一次，填写《重要危险源情况及监控记录表》；子分公司将一、二级重要危险源纳入每季度安全大检查，每季度检查不少于一次，检查记录留底备查；上级集团公司将子分公司、项目部重要危险源管控情况纳入上、下半年大检查重点检查项，每半年不少于一次。

5．危险源评审

上级集团公司、子分公司每季度由主管安全副总经理组织以专题会形式对重要危险源进行预辨识并报上级集团公司安委会评审，且对超大直径盾构项目的评审结果进行专项通报。项目部每月由项目经理组织以专题会的形式对危险源管控状况进行评审并对下一阶段重要危险源进行预辨识。评审步骤包括：

（1）各系统部门对责任范围内的重要危险源管理情况说明并评审。

（2）项目经理根据各部门监控情况，对本阶段重要危险源管控情况做评价，对下阶段重要危险源管理确定控制措施或作出安排。

（3）安质部对评审结果分析和形成结论，做好资料记录。

6. 领导带班规定

项目负责人对危险性较大的分部分项工程的重要工序和关键节点应开展带班检查和带班作业。

7.3 工程安全风险管理

为规范企业超大直径盾构工程安全风险管理工作，进一步提高各层级对超大直径盾构工程安全风险管控能力，防范发生事故或不良社会影响事件，保障施工过程人员、设备安全，降低对周边环境影响，将工程安全风险降至可控、可接受水平，特对超大直径盾构工程安全风险分级、识别、评定、管控、预警与应急响应、实施效果评估等 6 个方面进行明确规定。

7.3.1 风险分级

1. 风险种类

常见工程安全风险主要为工程自身风险、周边环境风险、施工作业风险。其含义如下：

（1）工程自身风险是指因工程施工方法、地质条件等因素可能导致工程结构安全性受到影响或发生工程风险事故。

（2）周边环境风险是指因工程周边环境设施影响导致施工安全风险增大，或工程施工导致周边环境设施功能的正常使用或结构安全受到影响或损害。

（3）施工作业风险是指与工程建设各种施工作业活动相对应的，因人的不安全行为、物的不安全状态和管理缺陷等因素导致的风险。

2. 风险分级

工程安全风险实行分级管理。

根据工程风险事件发生概率、后果以及上级集团公司施工技术和管理经验对超大直径盾构工程安全风险，由高至低划分为三级，分别为 R1 级、R2 级、R3 级。

工程安全风险等级划分参考标准见表 7-1。

表 7-1　工程安全风险等级划分参考标准

序号	过程管控	风险点	R1 级风险	R2 级风险	R3 级风险
1	工程自身风险	穿越不良地质	①高压富水、无填充大型溶洞群； ②风化深槽、断裂带、孤石群； ③无法勘探的地质不明区域； ④含有瓦斯等易燃易爆气体地层	①R1 级风险以外的其他类型溶洞群； ②软硬不均地层施工； ③隧道洞顶上覆透水软弱地层	①软土地层盾构掘进； ②除 R1、R2 级风险以外的其他不良地质段盾构掘进
2	工程自身风险	穿越富水地域	0.6 MPa 及以上水压	0.36 ～ 0.6 MPa 水压	0.36 MPa 以下水压
3	工程自身风险	始发、到达	盾构始发、到达	—	—
4	周边环境风险	穿越或邻近建（构）筑物	①穿越铁路干线、机场跑道、城市轨道交通、城市主干道、高速公路、省级及以上文物古迹； ②城市重要高压管道、军用光缆； ③高层或高度敏感建筑等建（构）筑物； ④重要环保区域	①除 R1 级风险以外的所有穿越建（构）筑物； ②邻近（1 倍洞径）重要建（构）筑物施工； ③一般市政有压管道； ④一般水源地	①邻近一般建（构）筑物施工； ②其他市政管网
5	施工作业风险	进舱作业	带压进舱 / 动火作业	常压进舱动火作业	常压进舱作业
6	施工作业风险	盾构掘进	①粉细砂 / 粉土地层盾尾泄漏； ②粉细砂 / 粉土地层铰接密封泄漏； ③掌子面坍塌	①反力架受力超标、异常变形； ②小半径掘进卡机； ③堵舱、滞排	①掘进参数异常（扭矩、泥水压力、出渣、姿态异常等）； ②地面冒气、冒浆； ③刀盘结泥饼； ④常压换刀
7	施工作业风险	管片安装	①管片贯穿裂缝； ②管片大面积破损； ③止水条失效	①管片裂缝深度大于保护层厚度； ②管片持续性破损	①管片局部裂缝、破损； ②管片渗漏
8	施工作业风险	同步 / 二次注浆	闸阀严重漏浆	①注浆管堵塞； ②闸阀漏浆	注浆量、注浆压力异常

续表

序号	过程管控	风险点	R1 级风险	R2 级风险	R3 级风险
9	施工作业风险	盾构设备	①泥水盾构阀门管道泄漏；②常压刀筒泄漏；③主驱动密封损坏；④盾尾变形；⑤放射性密度计损坏；⑥盾尾刷更换	①刀盘磨损修复；②保压系统故障	①刀具掉落；②刀筒螺栓断裂；③刀筒闸门无法关闭；④管片/箱涵吊机提升机构失效；⑤管片安装机吸盘失效
10		场（洞）内运输	—	—	①大于3%坡度水平运输；②垂直运输

注：①R1级风险中，当掌子面地层稳定时，施工作业风险可以下调为R2级。
②当不良地质为复合地层，邻近小距离隧道施工时，风险等级可上调1级。
③多次发生监测超限时，风险等级可上调1级。
④当设计采用可靠加固措施后，风险等级可下调1级。
⑤基坑开挖、临电施工、高空作业、吊装等其他风险按照相关管理规定进行管控。

7.3.2 风险识别

1. 识别要求

风险识别分为静态识别和动态识别。静态识别与项目策划同时进行，动态识别在施工过程中进行。

（1）静态识别。

超大直径盾构项目进场后，项目经理组织管理、技术人员，根据设计文件、施工调查情况、施工组织设计、施工工艺流程、相关规程、标准、有关事故案例等，识别施工过程中可能存在的风险并初步分级。子分公司参与指导。

（2）动态识别。

在施工过程中，每月由项目经理组织，结合施工情况和边界条件变化，对存在的风险进行补充完善。

2. 建立风险清单

依据安全风险划分标准对工程项目进行风险识别，确定风险等级，并形成风险清单（工程自身、周边环境和施工作业风险）。

风险清单内容包括风险名称、里程范围、风险描述、风险等级、设计措施和接受准则。施工过程中动态识别并更新风险清单。

工程自身（周边环境、施工作业）风险清单参见表 7-2。

表 7-2 工程自身（周边环境、施工作业）风险清单

风险名称	里程范围	风险描述	原始风险等级	设计措施	剩余风险等级	接受准则	备注
风险 1	风险位置	描述风险内容					
风险 2	风险位置	描述风险内容					
……							

3. 制定风险管控措施

对于可接受的工程风险，由项目经理组织制定和完善风险管控措施。风险管控措施应包括但不限于如下内容：

（1）工程概况、编制依据。

（2）组织机构与职责、风险清单、风险位置标识示意图。

（3）预控措施（技术保障、人员保障、设备及其他资源保障等）、预警措施等。

（4）应急响应措施（技术保障、人员保障、资源保障、应急响应程序等）等内容。

7.3.3 风险评定

（1）对于静态识别结果及管控措施，由项目部报子分公司总工程师组织审核后，报上级集团公司工程部，由上级集团公司工程部组织超大直径盾构相关专家进行评审，项目策划会后 30 日内完成审定。

（2）对于动态识别出来的 R1 级、R2 级风险，由项目部报子分公司总二程师组织审定后向上级集团公司备案，特殊、紧急情况项目部可直接向上级集团公司电话报备。

7.3.4 风险管控

按照“分级管理、分级负责”的基本原则对超大直径盾构工程主动介入、超前预控，达到及时响应、风险可控的目标。

1. 风险管控分级

（1）R1 级风险：由上级集团公司负责后台支持，上级集团公司的片区指挥部 /A 类项目部负责重点监控，子分公司和项目部负责管控。

（2）R2 级风险：由各子、分公司负责重点监控，项目部负责管控。

（3）R3 级风险：由项目部负责管控。

2. 风险预控

（1）项目部。

① 项目进场后，应成立组织机构，健全管理体系，完善管理制度。

② 项目经理应统一协调施工安全风险管控，并组织风险识别，建立风险清单，编制工程风险管控措施，编制应急预案并开展应急演练。

③ 及时组织开展施工调查、地质补勘工作。

④ 办理风险影响相关产权单位沟通和协调工作。

⑤ 编制重大、危大工程施工专项方案，组织专家论证、技术交底和培训。

⑥ 按风险管控措施要求做好条件验收准备工作等。

⑦ 针对“四新”技术运用开展风险等级识别。

（2）子分公司。

① 组织危重大工程等专项方案评审。

② 审核工程风险清单和工程风险管控措施。

③ 组织盾构设计联络会。

④ 定期检查风险预控措施落实。

⑤ 组织 R2 级风险条件验收，并参与 R1 级风险条件验收。

（3）片区指挥部。

① 负责组织 R1 级风险（除始发、到达）条件验收，提前介入并监督条件验收准备工作。

② 参与风险控制措施、危重大工程专项方案评审。

③ 负责每季度全覆盖项目监督检查，确认风险管理状态。

④ 对新发现的重大工程风险及时上报集团公司，提请专家支持。

（4）上级集团公司。

① 工程部负责组织盾构适应性分析，组织始发、到达条件验收；组织静态识别的工程风险评定；组织危重大专项工程施工方案评审；根据需要组织专家支持。

② 安质部将风险管控情况纳入对子分公司和项目的安全检查。

③ 设备部组织盾构设备专项检查。

7.3.5 风险预警与应急响应

超大直径盾构项目施工阶段通过监测预警和巡视预警方式实施安全风险预警分级管理，按预警机制发布预警、应急响应。

1. 预警分级

根据安全风险严重程度和影响后果，将预警级别分为红、橙、黄三级，按监控预警和巡视预警方式，建立安全风险预警标准，见表 7-3。

表 7-3　安全风险预警标准

<table>
<tr><th>序号</th><th>预警方式</th><th colspan="2">风险及预警指标</th><th>红色预警</th><th>橙色预警</th><th>黄色预警</th></tr>
<tr><td>1</td><td rowspan="10">监控预警</td><td colspan="2">地表沉降、建（构）筑物沉降变形，管线沉降</td><td>达到或超出控制值 100%</td><td>达到控制值 80%</td><td>达到控制值 70%</td></tr>
<tr><td>2</td><td rowspan="4">掘进参数异常</td><td>刀盘扭矩异常</td><td>超出正常值 80%</td><td>超出正常值 50%</td><td>超出正常值 30%</td></tr>
<tr><td>3</td><td>推力异常</td><td>超出正常值 80%</td><td>超出正常值 50%</td><td>超出正常值 30%</td></tr>
<tr><td>4</td><td>泥水压力波动</td><td>波动值大于 30 kPa</td><td>波动值为 20 ~ 30 kPa</td><td>波动值在 20 kPa 以下</td></tr>
<tr><td>5</td><td>贯入度</td><td>基本为零</td><td>低于正常值 50%</td><td>低于正常值 30%</td></tr>
<tr><td>6</td><td colspan="2">泥水环流出渣不畅</td><td>严重堵塞（环流堵塞）</td><td>堵塞（流量减少 30%）</td><td>一般堵塞（出现流量减小）</td></tr>
<tr><td>7</td><td colspan="2">盾构掘进姿态偏差</td><td>偏差值大于 100 mm，滚动角偏差＞ 3°</td><td>偏差值大于 80 mm，滚动角偏差＞ 2.5°</td><td>偏差值大于 50 mm，滚动角偏差＞ 2°</td></tr>
<tr><td>8</td><td colspan="2">主驱动密封失效</td><td>① 一道或多道密封损坏，不能正常保压；
② 齿轮油检测水分、黏度和杂质超标，且各项指标呈上升趋势；
③ 检测腔泄漏加剧</td><td>① 密封腔压力波动，检测腔有油液泄漏；
② 齿轮油黏度变化 ±15%，水分、Si 元素含量超标；
③ 更换齿轮油后水分、黏度、杂质仍超标</td><td>① 齿轮腔油液检测超标，油液检测水分含量＞ 0.1%，Si 元素含量＞ 15 mg/kg；
② 掘进中油脂超耗严重</td></tr>
<tr><td>9</td><td colspan="2">常压刀盘刀具磨损 / 旋转 / 温度</td><td>次高层刀盘磨损检测装置泄压</td><td>最高层刀盘磨损检测装置泄压</td><td>① 刀具磨损超过 10 mm；
② 刀具持续不旋转时间超过 20 min；
③ 刀具温度超正常值 3 ℃ 以上</td></tr>
<tr><td>10</td><td colspan="2">常规刀盘刀具磨损</td><td>次高层刀盘磨损检测装置泄压</td><td>最高层刀盘磨损检测装置泄压</td><td>具备监测条件的刀具同上</td></tr>
<tr><td>11</td><td>巡视预警</td><td>盾构掘进</td><td>始发 / 接收洞门坍塌（涌水）</td><td>① 持续带泥沙渗漏，引起地面塌陷；
② 洞门塌陷</td><td>① 断续带泥沙渗漏，引起地面沉降；
② 局部溜坍</td><td>① 出现清水渗漏，不带泥沙，局部影响作业；
② 局部掉块</td></tr>
</table>

续表

序号	预警方式	风险及预警指标		红色预警	橙色预警	黄色预警
12	巡视预警	盾构掘进	盾尾密封泄漏	采用封堵等措施仍然泄漏且带泥沙	多次渗漏，通过增加油脂注入量无法杜绝渗漏	轻微渗漏，增加油脂注入可以止住的
13						
14			掌子面坍塌	地面有大面积沉降，刀盘无法启动	地面开裂 / 冒浆 / 冒气，保压困难	出渣量超正常值
15			卡机	盾构掘进被困，无法掘进	小曲线段掘进推力持续增大	岩石地层，盾构停机超过 12 h
16			带压进舱作业	① 掌子面出现坍塌； ② 有害气体超标； ③ 地层保压困难	① 掌子面局部坍塌； ② 存在有害气体； ③ 漏气量超标准	掌子面完整性较差，局部掉块
17			常压进舱作业	① 掌子面出现坍塌； ② 有害气体超标； ③ 涌水量大	① 掌子面局部坍塌； ② 存在有害气体； ③ 漏气量较大	掌子面完整性较差，局部掉块
18			常压刀盘换刀作业	① 换刀导致刀闸密封严重损坏； ② 换刀作业过程导致泄漏，需关闭中心锥处理	常压换刀密封座泄漏量大，需降低液位计降压处理	① 换刀过程需进行抽排； ② 采用非常规手段换刀作业
19		管片破损		严重破损（管片出现贯通的裂缝，对隧道安全影响严重，立刻停工组织专业人员抢修）	较严重破损（管片出现裂缝，裂缝有一定宽度，穿过保护层厚度；或管片大面积掉块、内部钢筋裸露等；对隧道安全影响较大，需要立即修复）	一般破损（管片表面出现裂纹、裂纹较浅，仅伤及管片部分保护层，对隧道安全影响较小，今后修复即可）
20		同步注浆		连续 5 环及以上同步注浆量低于最小控制值，或连续 5 环及以上同步注浆量高于最小控制值，且注浆压力低于最小控制范围；闸阀严重漏浆	连续 4 环同步注浆量低于最小控制值，或连续 4 环同步注浆量高于最小控制值，且注浆压力低于最小控制范围；注浆管堵塞	连续 3 环同步注浆量低于最小控制值，或连续 3 环同步注浆量高于最小控制值，且注浆压力低于最小控制范围

续表

序号	预警方式	风险及预警指标		红色预警	橙色预警	黄色预警
21	巡视预警	盾构设备	铰接密封泄漏	采用紧急气囊、封堵等措施仍然泄漏较大	渗漏较大，通过增加油脂注入量无法止住，需开启紧急气囊	轻微渗漏、增加油脂注入可以止住的
22			刀盘受损	刀盘本体严重磨损，需修复后方可掘进	① 刀盘本体轻微磨损； ② 主要结构焊缝开裂、牛腿焊缝开裂	① 磨损保护装置异常； ② 刀盘前方有异响
23			刀具损坏、掉落	滚刀掉落	① 边刮刀掉落； ② 切刀掉落	① 刀具监测系统显示异常； ② 刀具非正常损坏
24			阀门 / 管道泄漏	① 管路末端闸门泄漏； ② 软管爆裂	① 球阀泄漏； ② 管道泄漏	① 管壁 / 阀门有裂纹； ② 管壁厚度磨损超过 5 mm
25			盾尾变形	影响管片安装	—	盾尾变形超过设计值
26			中心锥内管路泄漏	中心锥管路泄漏，需关舱处理	中心锥管路泄漏，影响保压	中心锥管路磨穿，经处理可正常使用
27			刀筒闸门关闭困难	① 单个刀闸关闭用时大于 12 h； ② 频繁发生	① 单个刀闸关闭用时大于 8 h； ② 间断发生	① 单个刀闸关闭用时大于 4 h； ② 偶尔发生
28			刀筒螺栓断裂	① 频繁发生，属于设计原因的； ② 刀筒退回，掉落	间断发生	偶尔发生
29			常压换刀装置泄漏	渗漏量大，影响建压，需要关闭中心锥处理的	闸门密封损坏，但渗漏量稳定	轻微渗漏，可以通过更换刀筒处理的
30			保压系统故障	严重影响舱内压力稳定的故障	备用系统故障，且短期内无法恢复	一般故障
31			主轴承故障	① 齿轮箱底部有大量铁屑、铜屑； ② 内窥镜检查发现主轴承及部件存在严重剥落、开裂掉块等现象；	① 振动检测值异常增大，且呈上升趋势；	① 齿轮油检测机构杂质＞0.1%； ② 齿轮油检测 Fe、Cu 等金属含量超标； ③ 振动值超标

续表

序号	预警方式	风险及预警指标		红色预警	橙色预警	黄色预警
31	巡视预警	盾构设备	主轴承故障	③主轴承运转过程中存在异响、卡顿、温度急剧上升现象	②齿轮油检测机械杂质＞0.1%，Fe、Cu等金属含量超标，更换齿轮油后仍超标	
32			破损机故障	破损机无法工作	更换油缸后检测仍异常，液压系统污染，油液乳化	破损机油液检测异常
33			放射性密度计损坏/丢失	放射性密度计丢失	放射性密度计辐射超标	放射性密度计外观破损

注：①表中的监测控制值为设计或规范确定的允许变形最大值。
②表中正常值应由项目根据工程特点和类似工程经验确定。

2. 应急响应

（1）黄色预警由项目经理组织应急处置，应急措施和处置结果报子分公司备案。

（2）橙色预警由项目部启动应急处置的同时报子分公司，子分公司派工作组/专家组进驻现场，指导项目进行应急处置，相关措施和处置结果报上级集团公司片区指挥部备案。

（3）红色预警应急响应符合下列要求：

①红色预警由项目部启动应急处置的同时报子分公司及上级集团公司片区指挥部，子分公司及时按管理程序上报上级集团公司相应部门。

②上级集团公司片区指挥部指导项目进行应急处置，组织召开现场分析会、确定处置方案、落实相关资源和实施效果评估，相关情况及时与上级集团公司相关部门信息互通、共同协商、及时决策，必要时申请集团技术专家支持。

③上级集团公司按工作需要及时组织专家支持并对应急处置实施监控。

④应急处理完毕后，由上级集团公司分管领导或片区分管领导确认警报解除。

7.3.6 实施效果评估

风险消除后，要对风险管控进行分析和总结，总结经验，查找不足，形成案例，组织技术和管理培训，从而整体提升超大直径盾构工程风险管控水平。

1. 项目部

（1）工程风险段落施工完成后，项目经理组织对风险段的处置情况进行总结，分析工程风险管控对经济效益、社会效益的影响程度，促进工程风险管控可持续提升。

（2）总结内容包括但不限于：工程概况、水文地质、建（构）筑物、风险描述与评估结果、专项方案与技术措施、管控及应急处置措施、结果评价、经济与社会效益影响、经验教训与改进建议等。

2. 子分公司

子分公司工程技术部门牵头收集本单位年度案例，完善风险管控制度，制作警示教材，并进行培训，提高风险管控意识和水平。

3. 上级集团公司

上级集团公司工程部牵头（设备、安质等部门配合）收集子分公司警示教材和国内外年度案例，编制培训教材并组织培训，以全面提升超大直径盾构隧道工程项目的风险管控意识和水平。

第8章 超大直径泥水盾构工程案例

本章重点

通过上海长江隧道盾构工程、扬州瘦西湖隧道盾构工程、汕头海湾隧道盾构工程、深圳春风隧道盾构工程及深圳妈湾跨海通道盾构工程等具体工程介绍超大直径泥水平衡盾构工程的工程概况、施工重难点、盾构适应性设计及其施工关键技术。

泥水盾构施工，具有施工扰动小、地面沉降控制精度高、施工快速安全及机械化程度高等诸多优点，适用于含水率较高、软弱的淤泥质地层、松散的砂土层、砂卵石地层及上软下硬、上土下岩等各种复杂地层中，特别适用于地层含水量大的越江过海隧道，以及对地面沉降要求较高的地区。

但超大直径泥水盾构施工时，由于大面积一次性地开挖土体，隧道排泥流量与所形成的开挖断面尺寸是普通盾构隧道的好几倍，其盾构施工断面上下土压力差相对更大。与传统泥水盾构相比，超大直径泥水盾构施工在盾构始发与接收、盾构推进、同步注浆等施工技术方面区别较大，主要体现在超大直径泥水盾构结构复杂，体系尺寸庞大，刀盘开挖断面大，一旦遭遇复杂极端的地质条件对周边地层的扰动会成倍增加。同时，超大直径泥水盾构浆液流淌的距离比普通泥水盾构长，这对浆液的流动性、填充性和稳定性提出了更高要求，施工时浆液要求具有更好的压力触变性能，即在压力作用下能够保持较好的流动性，能够较好地填补盾尾间隙。此外，超大直径泥水盾构一般施工距离较长，经常遭遇异常地质条件、碎石机故障、刀盘结泥饼及环流系统故障等问题。

本章主要依托上海长江隧道盾构工程、扬州瘦西湖隧道盾构工程、汕头海湾隧道盾构工程及深圳春风隧道盾构工程等具体工程实例介绍超大直径泥水平衡盾构工程的工程概况、施工重难点、盾构针对性设计及其施工关键技术，重点系统总结了超大直径泥水盾构施工的难点和关键技术，提炼了具有工程指导价值的施工经验，丰富完善了超大直径泥水盾构施工技术体系的内涵。

8.1　上海长江隧道工程

8.1.1　工程概况

上海长江隧桥工程如图 8-1 所示。

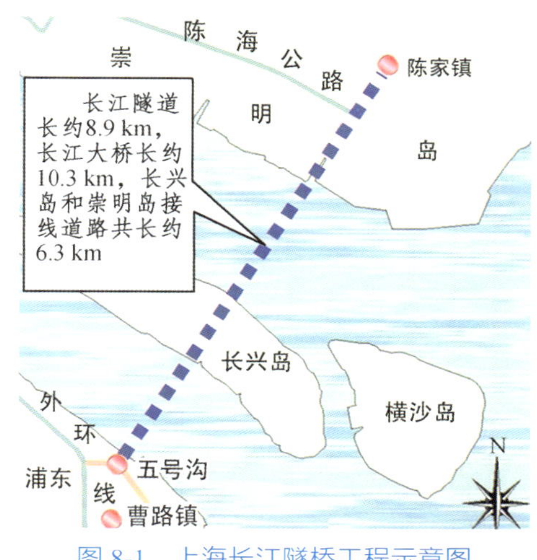

图 8-1　上海长江隧桥工程示意图

上海长江隧桥工程也称崇明越江通道，是我国长江口沿海一项特大型交通基础设施项目。该工程南起浦东五号沟，穿越长江南港后，途经长兴岛，再跨越长江北港，向北止于崇明岛东端，全长 25.5 km，采用“南隧北桥”方案进行穿越。工程以长兴岛为界分为长江隧道和长江大桥两部分，其南港采用隧道过江，北港采用桥梁过江。长江隧道工程全长 8 955.26 m，包括浦东岸边段（试验段）、江中段和长兴岛岸边段 3 部分。其中，浦东段长 657.83 m，长兴岛段长 826.93 m，江中圆隧道段东线长 7 471.654 m、西线长 7 469.363 m。隧道段采用 2 台德国海瑞克公司制造的直径为 15.43 m 的超大直径泥水盾构施工。

上海市位于长江三角洲冲积平原的东南前缘，自晚第三纪以来，呈持续缓慢沉积，堆积了厚 300 m 左右的松散地层。本工程陆域部分地貌属上海四大地貌单元中的“河口、砂嘴、砂岛”地貌类型，地面较平坦，标高一般在 3.5 m 左右（吴淞高程）。水域部分则属河床地貌类型，上海长江隧桥坡度平缓，最大坡度为 2.9%，最小平面曲线半径为 *R*4 230 m。江底最浅覆土厚约 14.0 m，最深覆土厚约 29.0 m。

8.1.2　工程重难点

上海长江隧道特点主要体现在以下长大深三个方面：长——盾构一次性掘进距离长

达 7.5 km，在世界上绝无仅有；大——所采用的 2 台超大泥水盾构的直径达 15.43 m，属当时世界之最；深——大部分施工要在江底完成，而最深的隧道深度达到 55 m。

工程重难点主要有以下三个方面：

（1）超大断面盾构隧道抗浮、超大直径泥水盾构开挖面稳定、超大直径衬砌结构设计问题。

（2）一次性掘进距离长，需要解决特长隧道通风与降温、三维轴线控制、特长隧道纵向稳定性、公轨共用隧道火灾控制与救援疏散等难题。

（3）隧道在高水压复杂软土地质条件下面临的抗震、防水、耐久性、减振及沉降问题。

基于上述问题，相关单位在盾构始发、推进参数设置及控制、地面变形监测等方面制定了详细的作业及控制流程。

8.1.3 盾构主要技术参数

上海长江隧道工程采用 2 台德国海瑞克公司制造的 ϕ15.43 m 泥水盾构（图 8-2）施工，是当时世界上最大直径的泥水盾构。

图 8-2 ϕ15.43 m 超大直径泥水盾构

盾构总长 132 m，共有 3 个后配套车架。1 号车架安装有驱动和输送物料所需的设备，所有推进的主体设备都集中于此，如主控室、泥浆泵、配电柜、注浆系统、液压泵站；2 号车架为联系车架，连接 1 号和 3 号车架，2 号车架设置了联系梁和行车（门吊），供管片吊装和运输；3 号车架摆放着盾构的通风设备和同步管路的延伸设备等。盾构主要技术参数见表 8-1。

表 8-1　ϕ15.43 m 超大直径泥水盾构主要参数

名　称	参　数
盾构直径	15 430 mm（含堆焊层时为 15 440 mm）
刀盘开挖直径	15 470 mm
最高工作压力	0.75 MPa
刀盘功率	15×250 kW
刀具	切刀 157 把（其中 8 把带有磨损监测系统，66 把为可更换型设计），周边刮刀 24 把（其中 2 把带有磨损监测系统），可更换中心刀 7 把，仿形刀 2 把。可以在大气压状态下从刀盘臂内进行常压更换，无须带压进舱
刀盘开口率	28%
刀盘转速	0 ~ 1.6 r/min
刀盘扭矩	39 945 kN · m
掘进速度	60 mm/min
推进油缸	19 组，每组 3 个油缸，6 个分区；油缸尺寸为 360/280 mm，行程为 3 000 mm
总推进力	203 066 kN
排泥流量	3 000 m^3/h

8.1.4　施工关键技术

1. 盾构始发技术

（1）盾构始发施工流程。

在洞门圈上安装止水装置，并在洞口混凝土凿除前做好一切始发推进的准备工作。盾构应处于良好的工作状态，泥水系统也应处于循环通畅的开通准备状态，并在井下管片储运机构和车架段中储存 2 环闭口环衬砌管片。当洞口混凝土凿除清理完毕，经检查洞口无杂物后，盾构立即推进，并拼装管片，以较快的速度将盾构切口靠上外侧土体加固。始发过程中应密切保护洞口止水装置，保证洞口止水装置在盾构始发时不被损坏。

（2）始发口地基加固。

泥水加压盾构的始发口土体稳定非常重要，一旦洞口土体受到扰动和破坏，势必降低泥水支护盾构切口土体的能力，并且影响泥膜止水效应，导致泥水冒溢于地面，难以建立泥水平衡压力，故必须进行地基加固，如图 8-3 所示。

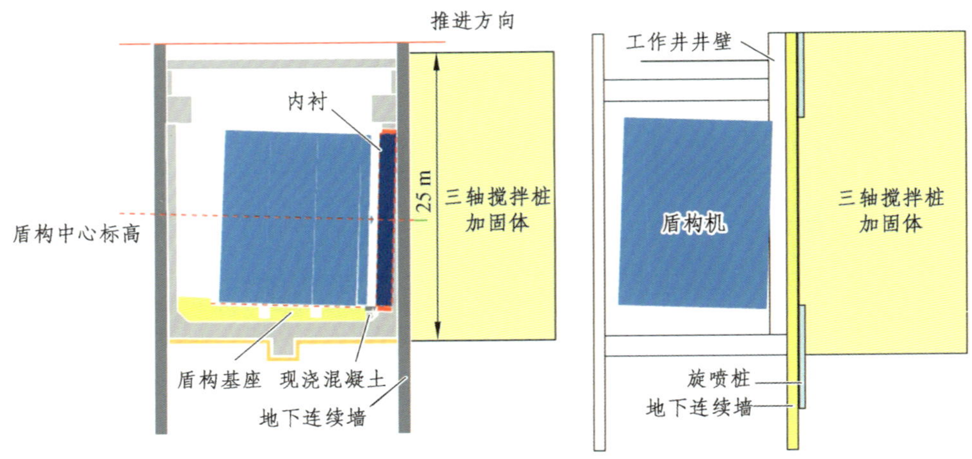

图 8-3　地基加固示意图

（3）井下准备工作。

① 盾构设备基座。

参考隧道设计坡度，将盾构基座坡度设置为 −2.9%。盾构基座采用钢筋混凝土现浇基础加设轨道的形式，并设置支撑加固。

② 洞口密封装置安装。

盾构在始发过程中，由于洞口直径达到 15.80 m，洞口与盾构壳体将形成尺寸为 18.5 cm 的环形建筑空隙（洞门与管片外壁之间的间隙为 40 cm）。为防止始发时泥水大量从洞门外通过此建筑空隙窜入井内，影响开挖面泥水压力的建立，设置性能良好的密封止水装置是确保初始泥水平衡正确建立和保障施工安全的关键。

③ 后盾支撑体系建立。

后盾管片共 8 环。其中：−8 环为钢圆环，由 4 块大分块精加工的钢管片拼装而成，以保证基准环的真圆度和整体刚性，待钢环精确定位后，再通过 19 根 1.2 m 长的钢管将其支撑在暗埋段临时混凝土结构上；其余 7 环负环管片均为闭口环，均采用错缝拼装，内外弧面设有预埋件，每环成型后用钢板将环缝和纵缝连接起来，以提高整体刚性，确保真圆度和环面平整度，如图 8-4 所示。同时，成环拼装的负环管片环面应垂直于设计轴线。

④ 盾构各系统安装、调试及验收。

在盾构安装结束后，进行泥水系统的运行调试，检测整个系统的工作状态是否符合推进需要，并反馈相关参数和技术指标，作为原始参考数据来指导始发段的推进施工。

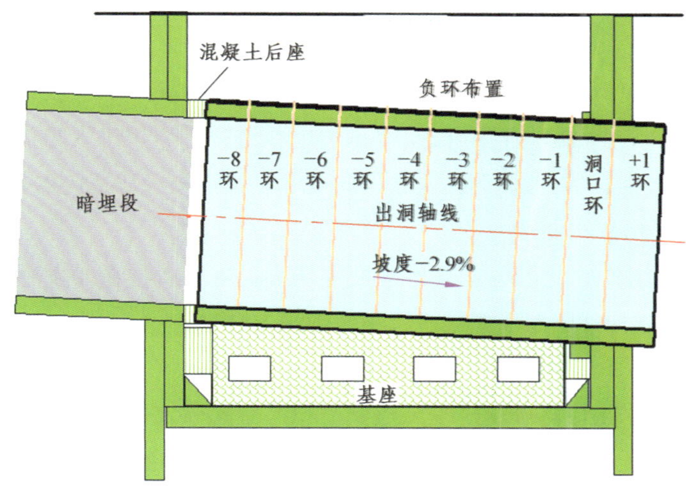

图 8-4　隧道负环布置图

（4）盾构始发。

① 洞门凿除。

凿除洞门前，先分别沿加固区体对角线和洞口边垂直向钻孔取样；然后在内侧洞口上下左右及中部开设样孔，以观察外部正面土体的加固效果，并确认加固厚度及强度达到设计要求。如发现有渗水点，要及时进行封堵，以防水土流失和渗水情况出现。洞口混凝土分次凿除，先凿除保护层，割除连续墙内排钢筋后继续凿除至外排钢筋，然后凿除剩余的钢筋混凝土。混凝土凿除时先上后下。

② 泥水平衡压力建立。

始发施工前，在泥浆槽里要预制施工所需浆液。浆液应具有一定黏度且足够量（单台盾构第一次造浆量为 2 500 m^3）。在始发施工中，由于盾构处于加固土体区域，在不影响泥水系统正常输送平衡的条件下，切口水压较低，故当盾构穿越加固区后，随着推进距离增长，必须逐渐提高切口水压，从而达到正常的控制状态。

③ 盾构始发推进。

在始发推进过程中，洞口尚未封堵，宜按照计算水土压力下限值设定切口水压，但必须能维持正常的泥水循环，一般取 0.1 ～ 0.15 MPa。完成洞门封堵后，适当调整盾构推进切口水压的设定值，调节泥水指标，并将速度控制在 10 mm/min 左右。

④ 轴线控制。

在始发段施工中，严格控制推进轴线，尽量使盾构推进轴线与设计轴线保持一致。

⑤ 同步注浆。

当盾尾进入止水箱体后，即开始进行同步注浆，以逐渐充填衬砌背面环形建筑空隙。第一环注浆应充分，要求做到洞口上部预留孔内溢浆为止。同时严格控制注浆压力，防止压力过大对洞口密封装置造成破坏影响。

⑥ 洞门封堵。

盾尾壳体进入箱体后，该部位建筑空隙会突变增大至 21.5 cm。在该阶段施工时，要严格监控渗水情况，同时调整上部 120° 范围内的铰链板。盾尾进入箱体后即可进行洞口封堵，并通过管片及止水装置上的注浆孔，向背部建筑空隙内作适当的补压浆。

⑦ “口”字形预制构件铺设。

“口”字形预制构件的吊装是与盾构推进同步实施。盾构在始发过程中，随着盾构与车架的前进，预制构件紧跟于车架进行吊装施工。

⑧ 安装 3 号车架行走机构。

盾构推进时，同步安装暗埋段Ⅰ区道路“口”字形预制构件。3 号车架在暗埋段Ⅱ区行走时，依靠临时行走机构（滚轮）向前移动；在行走至暗埋段Ⅰ区和Ⅱ区交界面时，由于暗埋段底板（“口”字形预制构件两侧）存在高差，先在预制构件两侧安装临时垫块，垫块高度与道路预制构件路面平，供后部车架行走，待后部车架行走轮进入暗埋段Ⅰ区后，移除临时垫块，并安装正常推进时使用的车架轮子。

2. 盾构推进技术

（1）推进前隧道设施施工。

① 隧道施工断面布置。

隧道断面主要考虑合理利用空间来设计布置。如图 8-5 所示，井口通往盾构的所有管线和隧道内照明等其他设施均布置在同步施工路面防撞侧墙以上，以不影响隧道内其他土建施工为前提。

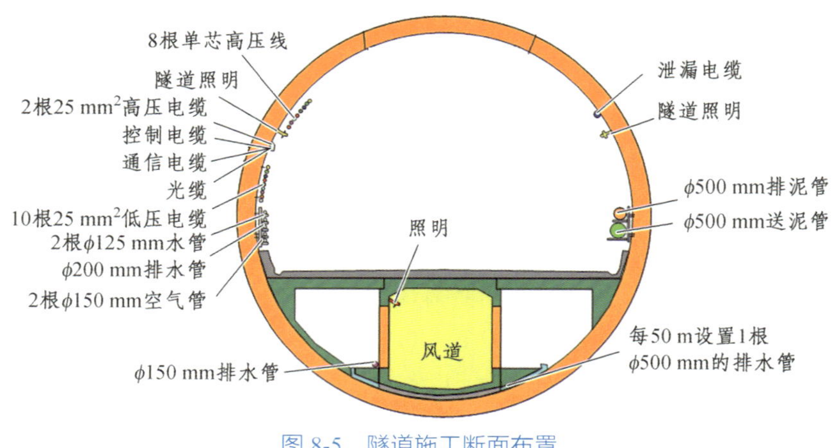

图 8-5 隧道施工断面布置

② 施工运输。

盾构施工时，引道段和暗埋段结构已完成，因此隧道管片、同步注浆浆液、预制构件等工程材料由专用车直接经引道段和暗埋段运输至隧道内。施工运输过程如图 8-6 所示。

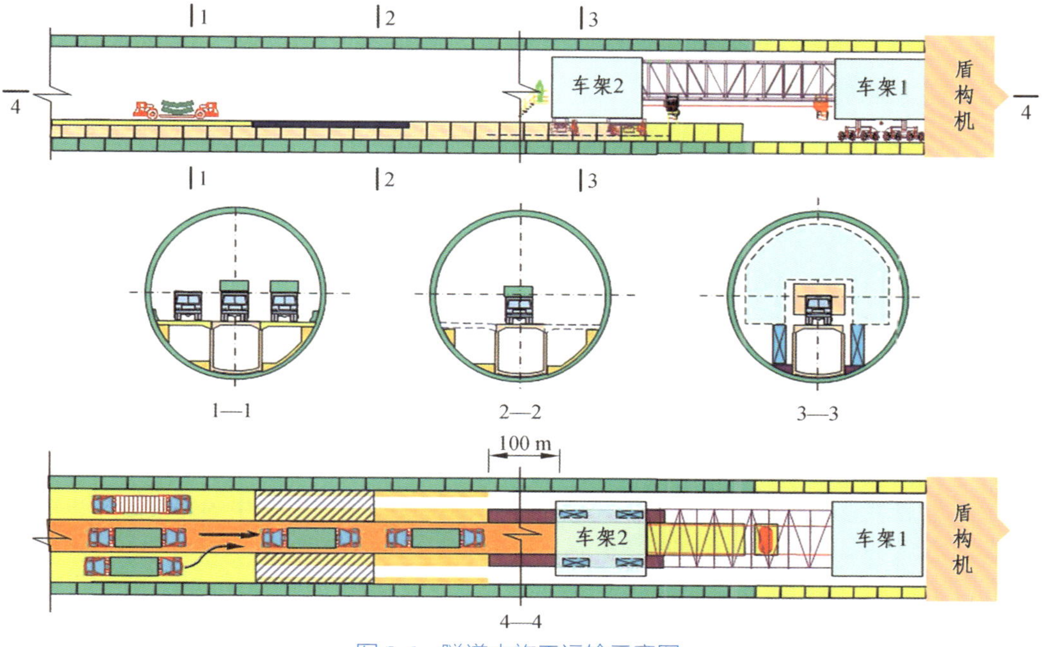

图 8-6　隧道内施工运输示意图

隧道内施工运输主要技术特征如下：

道路预制结构由专用卡车运至盾构车架 2 号前方后，并通过盾构 1 号、3 号车架之间联系梁上的起重设备进行吊装。

管片由汽车经隧道路面运输至盾构 1 号、3 号车架之间的连接梁下，再通过连接梁上的起重设备将管片驳运到管片运输机构上，最后由管片运输机构将管片输送到拼装区。

在盾构推进施工中，隧道管片等工程材料由专用卡车（图 8-7）运输。采用卡车运输避免了传统用电机车运输过程中易出轨的问题，且卡车为双头牵引，运输效率极高。

图 8-7　材料运输专用车

③ 施工通风。

由于隧道直径大、距离长且纵坡呈“W”形，特别是当盾构进入上坡推进时，工作面产生的热量和潮气无法自然排出，成雾状聚集在工作面。此外，隧道内运输施工材料的重型卡车也会产生大量废气。上述恶劣的空气环境给盾构设备和工作人员带来了不良影响，也严重影响了测量工作的顺利进行。

④ 隧道内通信。

隧道内通信主要包括工程信息网络、视频监控、电话通信、无线通信系统。

⑤ 接管排污处理。

泥水管路随着盾构前进向前延伸，每推进 10 m 接管 1 次。管路在施工中是充满泥水的，尽管可以每隔一定距离安装 1 组闸阀，但接管时泥水外溢量仍相当大。如果泥水排在隧道内，则既影响工作面施工，又影响隧道清洁。为解决这一问题，在后方车架接管处需采用特殊接管装置（有效接管长度 10 m），以尽量减少或避免管路中的泥浆溢入隧道内。需要特别注意的是，除接管作业外，其他时间管路上的手动阀必须常开。

（2）推进过程管理。

施工参数应根据理论计算、实际施工效果及监测数据综合确定，并实施动态参数控制管理。具体施工技术如下：

① 掘进速度。

盾构开始推进和结束推进之前，速度不宜过快。每环掘进开始时，应逐步提高掘进速度，防止启动速度过大。在每环掘进过程中，掘进速度应尽量保持恒定，减少波动，以保证切口水压稳定和送、排泥管的畅通。在正常掘进条件下，掘进速度设定为 2 ~ 4 cm/min；如盾构正面遇到障碍物或者刀盘处于不均匀土层中，则掘进速度应根据实际情况降低。

② 刀盘控制。

由于盾构直径大，在切削土体时刀盘周边刀相对线速度大，磨损相对较快。推进时应利用刀盘磨损探测装置密切观察刀具磨损情况。

3. 地面变形监测技术

（1）地面变形监测。

由于项目浦东段靠近长江大堤，在陆域上布置了一系列沉降监测点，观察盾构始发前至盾构通过期间的地面变形变化。监测点的布置除了沿隧道轴线逐点布设外，在相隔一定距离还会沿垂直轴线方向布设监测断面，以全面了解盾构推进过程对土体的扰动影响。

对于轴线上同一监测点，其变形主要由以下几部分组成：盾构未到前的变形、切口通过时的沉降、盾体及盾尾通过时的沉降、盾构整体通过后的沉降。

（2）地面变形分析。

下面按照切口前 30 m、切口前 20 m、切口前 10 m，切口上方、切口后 10 m、盾尾上方和盾尾后 10 m 共 7 种情况对地面沉降进行统计分析，主要分析项目包括：

① 轴线上同一监测点各部分沉降在其累积沉降过程中的构成比例。

a. 不同典型位置处地面沉降散点分布规律。

沿轴线方向取了 10 个位于轴线上的监测点。当盾构的位置发生变化时，各个测点的地面沉降随之发生变化，这里分别考虑测点位于盾构切口前 30 m、切口前 20 m、切口前 10 m、切口上方、切口后 10 m、盾尾上方、盾尾后 10 m 这 7 种典型位置分析。经过统计，可以得到如下地面沉降的散点分布图（图 8-8）。

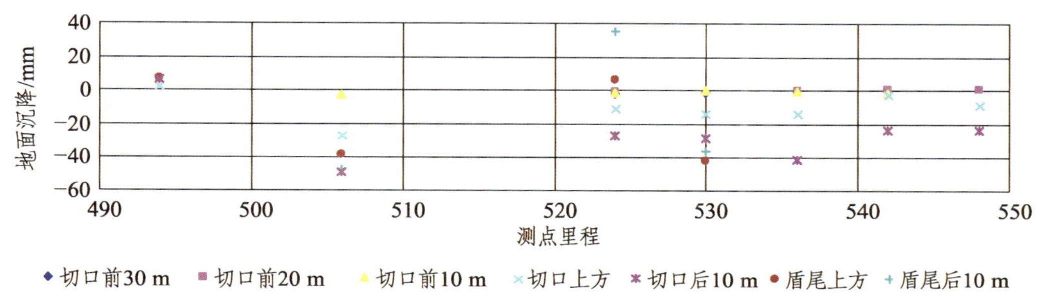

图 8-8　盾构位置对测点沉降影响散点图

可以看出，沿轴线分布的各个测点的地面沉降均随盾构位置的变化而变化；当盾构切口逐渐接近测点时，该点的地面变形逐渐增大，但不明显；当测点位于切口上方时，发生大于 1 cm 的变形；在盾构盾体通过该测点的过程中，测点处的地面变形不断增加（测点 35 处的变形值达到 5.5 cm）；当测点位于盾尾上方时，变形值基本有所控制，有减小的趋势；盾构通过后，各测点的变形值减小。

b. 不同典型位置处地面变形比例。

为了便于了解盾构不同位置对测点处地面变形的影响，取测点 41 和测点 47 进行分析。如图 8-9 和图 8-10 所示是对一个固定测点而言，针对盾构穿越该测点的各阶段，得到土体扰动产生的地面变形的比例图。

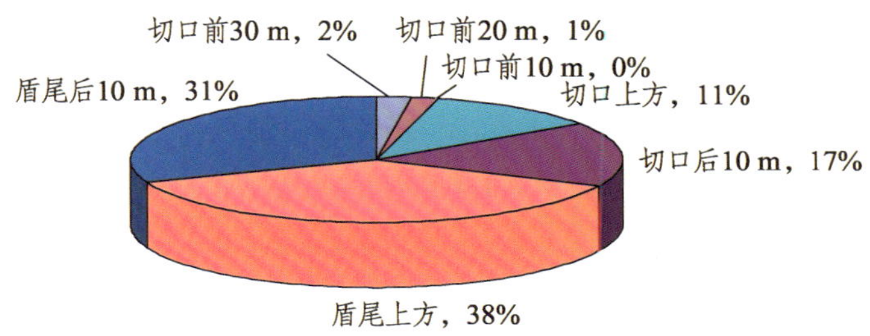

图 8-9　测点 41 沉降受盾构位置影响比例图

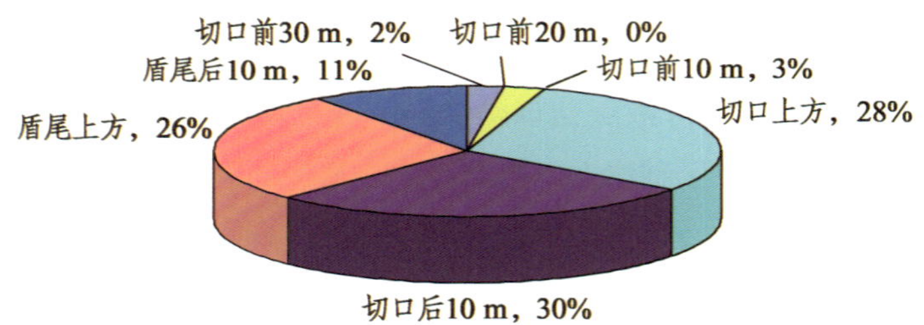

图 8-10　测点 47 沉降受盾构位置影响比例图

从图 8-9 和图 8-10 中可以明显看出，仅从量化上而言，测点位于盾构切口前 10 m 时，测点的变形量占总变形量的比例在 5% 以下；当测点位于切口前 10 m 至切口上方这一段过程中时，测点的变形量为 20% ~ 30%；而在盾构盾体逐渐穿越测点的过程中，测点处发生较大程度的地面沉降，占总沉降的 50% 以上；当盾构穿过测点，测点位于盾尾后方时，地面沉降的变化量约占 20%。进行上述两个测点的比较，目的在于从概念上对各阶段的沉降有一定的了解。

② 垂直于轴线的某一断面在盾构不同位置影响下的沉降规律。

为了对盾构穿越时造成的地面沉降有更具体的了解，取两个测点 29（SK0+512）和 59（SK0+542）里程所在的断面，通过曲线图（图 8-11 和图 8-12）可以在一定程度上认识盾构穿越平面时造成的影响。

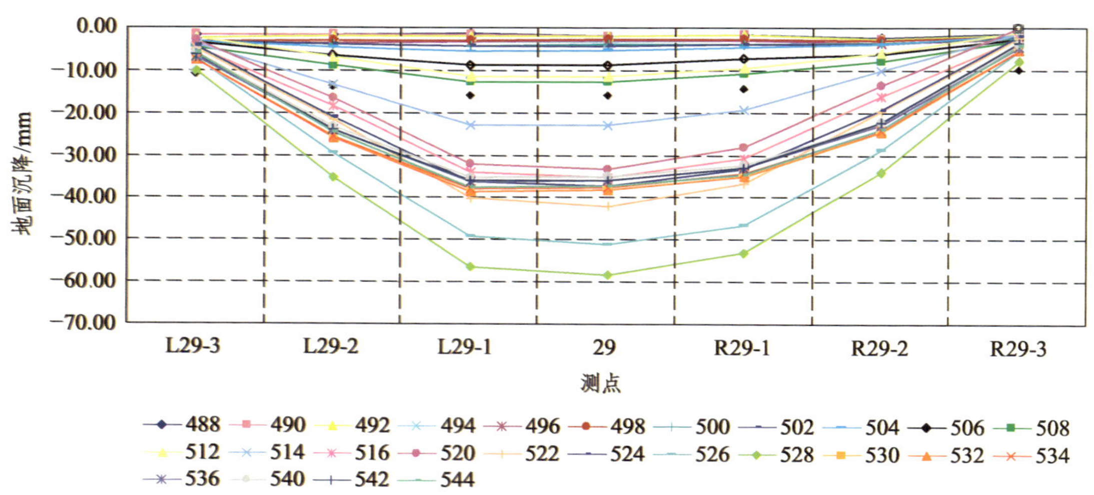

图 8-11　测点 29 横断面沉降图

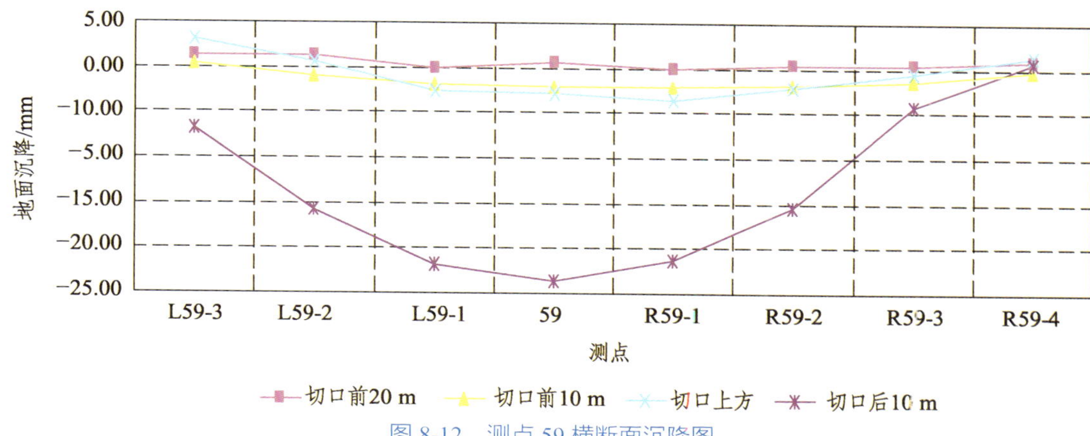

图 8-12　测点 59 横断面沉降图

从图 8-11 和图 8-12 中可以明显看出，在盾构穿越监测平面过程中，距离盾构轴线越近的测点，沉降值越大，即离盾构轴线越近的测点受盾构的影响越大；同时，对同一测点而言，沉降值较大部分是发生在盾体穿越过程中；当测点平面位于切口上方时，盾构轴线附近的测点仍有一定量的沉降，而距离盾构轴线较远的测点出现了地面隆起现象。

（3）地面后期沉降预测分析。

① 不同测点地面沉降随时间的变化规律。

当盾构穿过测点后，盾构施工对土体造成的扰动仍将影响地面沉降的发展。取 47 号测点（SK0+530）、65 号测点（SK0+548）、59 号测点（SK0+542）和 53 号测点（SK0+536）的后期沉降数据作分析，图 8-13 ~ 图 8-16 所示为 4 个测点的地面沉降随时间的变化曲线。

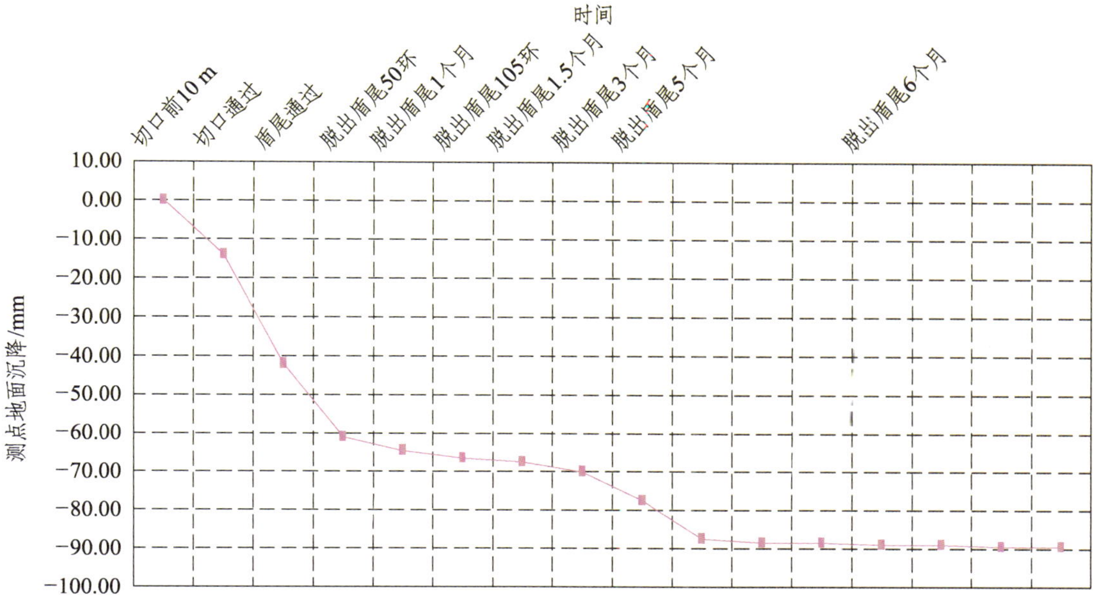

图 8-13　测点 47 沉降 - 时间变化曲线

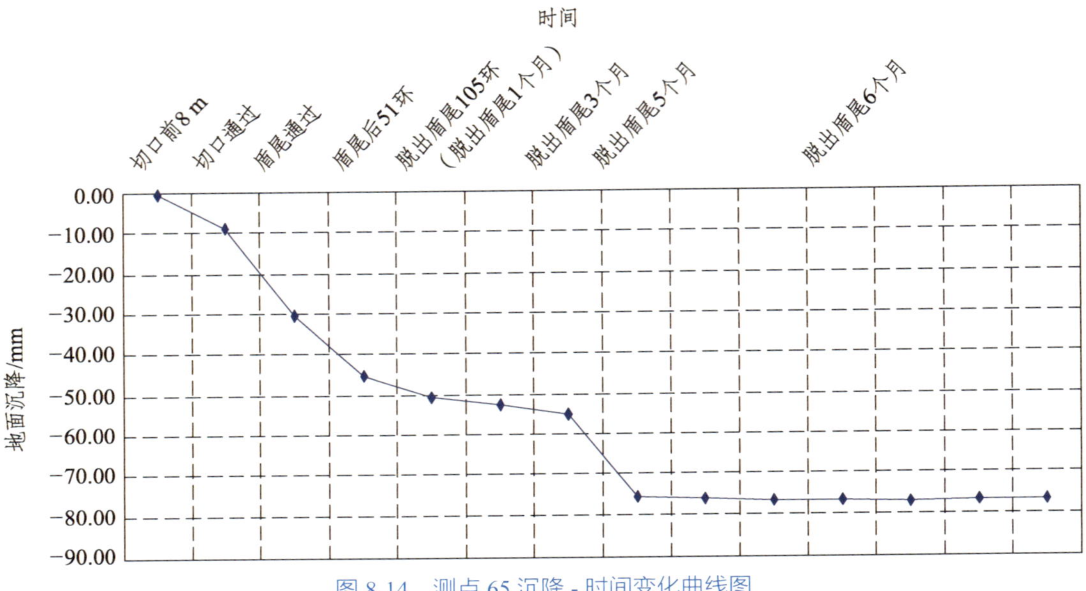

图 8-14 测点 65 沉降 - 时间变化曲线图

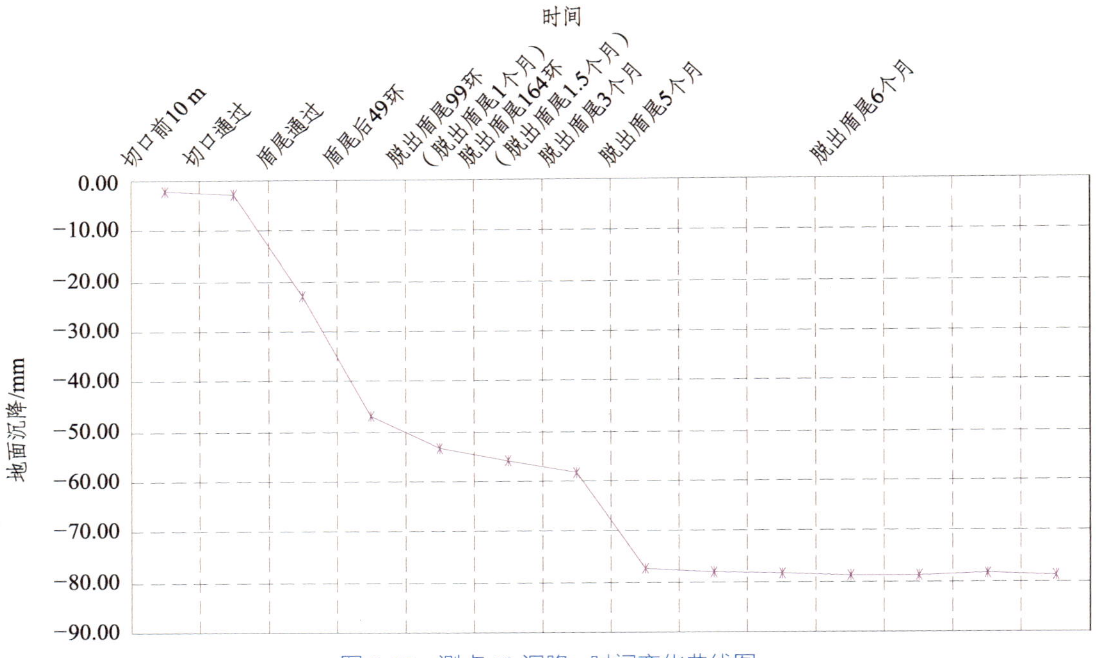

图 8-15 测点 59 沉降 - 时间变化曲线图

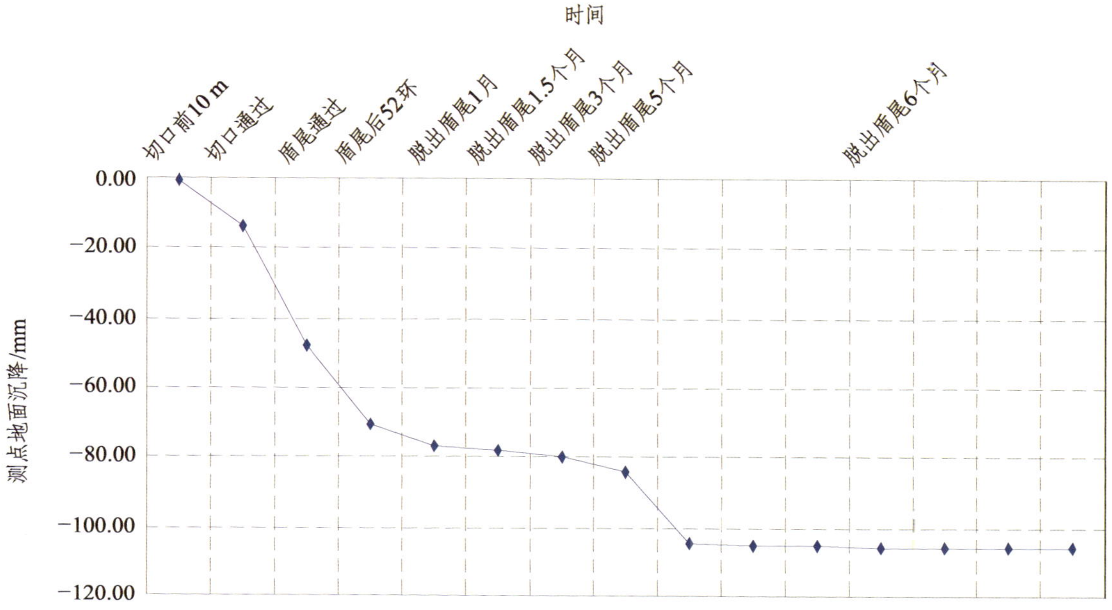

图 8-16　测点 53 沉降 - 时间变化曲线图

从图 8-13 ~ 图 8-16 中可以明显看出，地面沉降的发展有非常明显的 3 个阶段：第一阶段，大量的沉降发生在盾构穿越过程中，即盾构切口通过测点至盾尾通过测点；第二阶段是从脱出盾尾后 1 个月开始至脱出盾尾 5 个月，这个阶段地面沉降还在缓慢增加；第三阶段是从脱出盾尾 5 个月至脱出盾尾 6 个月，在这一个月内，很明显看到地面沉降发展趋于稳定。

② 不同测点在各阶段的沉降比例。

为了能对影响后期沉降的各阶段有进一步量化的概念，这里对上述 4 个测点在各阶段的沉降发展绘制了三维比例图。

从图 8-17 ~ 图 8-20 中可以明显看出，在测点位于脱出盾尾 6 个月时，该月内沉降值仅占总沉降量的 1% ~ 2%，也就是说地面沉降在盾尾通过后 6 个月左右逐渐趋于稳定。

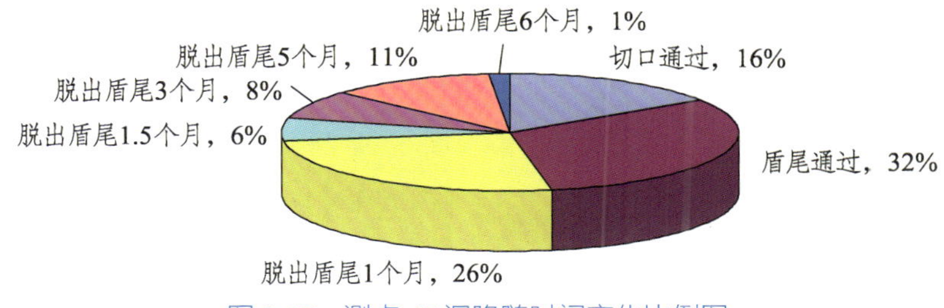

图 8-17　测点 47 沉降随时间变化比例图

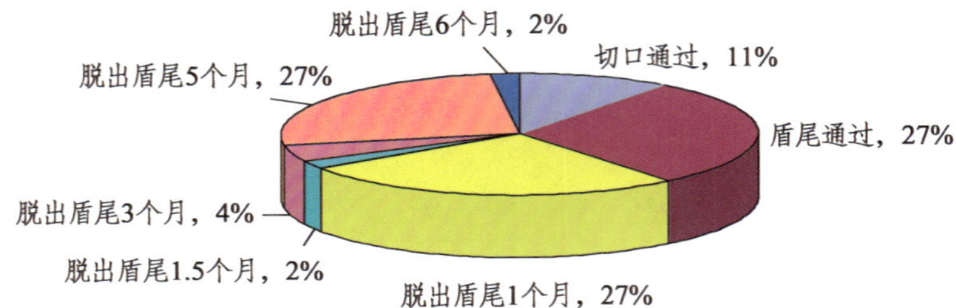

图 8-18　测点 65 沉降随时间变化比例图

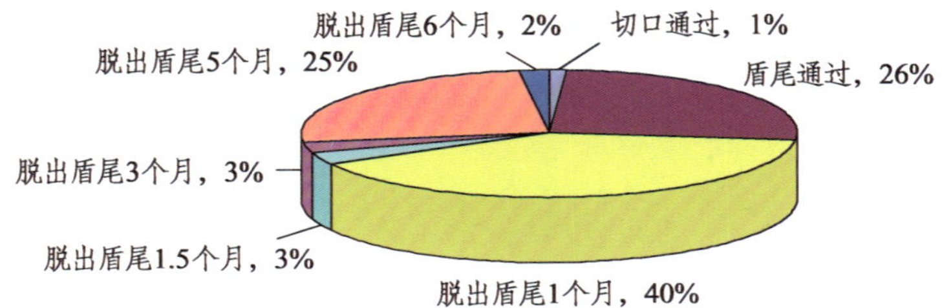

图 8-19　测点 59 沉降随时间变化比例图

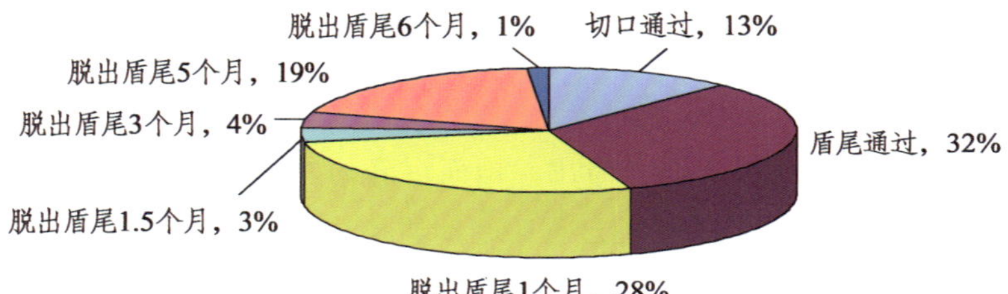

图 8-20　测点 53 沉降随时间变化比例图

4. 盾构水中接收技术

盾构水中接收如图 8-21 所示。

图 8-21　盾构到达接收井

盾构水中接收的主要关键施工技术如下：

（1）盾构切口在靠近上洞门混凝土前，向接收井内灌水，使得水位标高与外界地下水水位标高一致。

（2）在隧道内通过管片上预留的注浆孔向盾尾后部管片外侧连续压注双液浆，稳定已建成隧道，封堵后部未加固土体与盾构之间的水土流失通道。

（3）上述工作完成后，盾构切削洞口碳纤维钢筋混凝土，之后切削 MU5 水泥砂浆层，并坐卧于砂浆支座上缓缓进入接收井。其间，推进速度应控制在 5 ~ 10 mm/min，同步注浆采用活性浆液压注，盾构采用清水推进。

（4）盾构进入工作井后，立即抽水，并及时通过洞圈周围预留的注浆孔向该处压注聚氨酯，直至洞圈周围没有渗漏水。

8.2　扬州瘦西湖隧道工程

8.2.1　工程概况

扬州瘦西湖隧道工程（图 8-22）位于扬州市 5A 级瘦西湖景区核心地段，穿越瘦西湖和宋夹城河两个水系，东侧连接瘦西湖路、漕河路，西侧接扬子江北路、杨柳青路。主线隧道全长 2 630 m，包括 1 275 m 盾构段、518 m 匝道、2 277 m 接线道路和风塔等。隧道为单管双层双向 4 车道结构，设计车速为 60 km/h。盾构段采用 1 台直径为 14.93 m 的泥水盾构掘进施工，属现代高科技技术与 5A 级景区首次融合的重点工程项目。

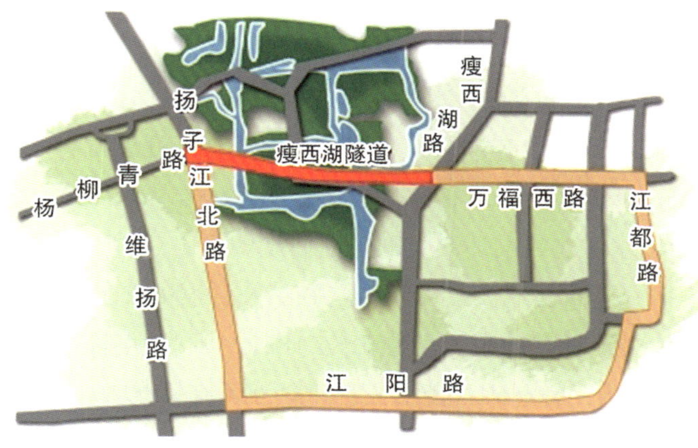

图 8-22　工程位置示意图

瘦西湖隧道地层中主要含有褐黄色硬塑性下蜀黏土，夹杂少量铁锰结核，局部存在姜石，并具有膨胀性（平均膨胀率为 66%，属中等膨胀性）、裂隙性和超固结性三大特征，如图 8-23 所示。其中，黏性土蒙脱石含量为 25.39%，黏土颗粒组分微细，0.075 mm 以下颗粒含量达 99.6%，0.005 mm 以下颗粒含量达 44%。

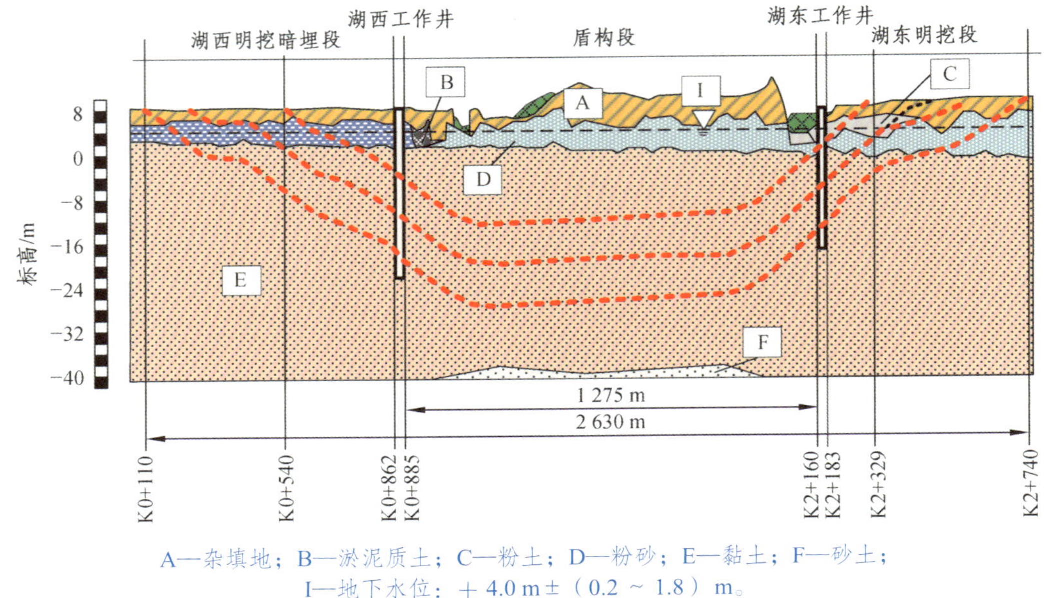

A—杂填地；B—淤泥质土；C—粉土；D—粉砂；E—黏土；F—砂土；
I—地下水位：+ 4.0 m ±（0.2 ~ 1.8）m。

图 8-23　隧道地层剖面图

扬州市区范围内存在呈田字形的人工河流。这些河流与长江相互连通，构成地表水体循环体系。隧道区间范围内有瘦西湖及古运河、漕河等人工河流。地下水主要为裂隙水和潜水。

8.2.2　工程重难点

盾构隧道区间内独特的地质条件和较高的工艺要求，决定了该工程具有高、难、险和新的特点，具体体现在如下方面：

（1）要求高。施工场区内有宋夹城遗址、北门遗址、迎恩桥和瘦西湖春江花月夜演艺广场等文物及建筑，对于地表沉降控制和环保要求极高。

（2）技术难。泥水盾构在前述罕见的全断面硬塑膨胀性黏土地层下施工，尚属世界级难题。这是由于：一方面易造成土粒间结构联结和强度的丧失，进而导致表层土体崩散解体；另一方面，由于泥浆产量大（约 1.5×10^{6} m^{3}）、密度高（1.2 g/cm^{3}），故泥浆分离难、弃浆难和处理难，易造成刀盘结泥饼和泥水环流系统堵塞。

（3）施工险。因盾构全程在市区施工，故伴随着诸多城市安全风险，尤其是在瘦西湖下施工时，隧道易击穿和劈裂，严重威胁到了隧道和操作人员安全。本工程中所使用的大直径盾构又使得上述施工风险呈几何级放大。

（4）领域新。本工程成功运用了多项创新性技术，为盾构隧道技术的发展拓宽了渠道。例如，应用大直径盾构绿色再制造技术对原应用于南京长江隧道工程（针对特有粉细砂和卵石层量身定做的）的盾构进行了地质适应性改造。

综上所述，针对全断面硬塑黏土地层，依托盾构适应性改造技术，综合运用盾构高效环流及出渣技术、泥水盾构开挖面稳定控制技术和盾构压气检修技术等一系列创新性技术，高效安全地通过瘦西湖区域，是本工程施工的重难点。

8.2.3　盾构适应性设计与改造

1. 盾构适应性设计

（1）盾构刀盘冲刷系统改造思路。

因全断面黏土地层具有颗粒细、黏度高的特点，经分析认为最大的风险是在盾构推进过程中，切削下来的黏土块在盾构开挖舱内产生堆积，黏结在盾构刀盘盘面上，导致刀盘上形成泥饼，使盾构刀具切削能力下降，从而逐步导致盾构无法掘进施工。因此，在该地层中首要考虑的问题是如何对盾构刀盘进行改造以防止盾构刀盘结泥饼。因此，2012 年 1—5 月，在盾构整修过程中，在尽量节约成本的前提下，项目提出了盾构刀盘改造思路：采用增加流量分配系统的方案，在不改造盾构中心回转接头和冲刷流量的前提下，对刀盘进行分时、分步冲刷。按照该思路，项目设计了一套与原盾构刀盘相匹配的刀盘冲刷系统。

（2）刀具冲刷系统设计及实施。

如图 8-24 所示，在盾构刀盘每个主臂上各设置了 4 个冲刷装置，6 个主臂共计设置了 24 个冲刷口；在刀盘中心保留了原有的 6 个冲刷装置；将中心的圆柱刀更换为鱼尾刀，并设置了 3 个冲刷装置。

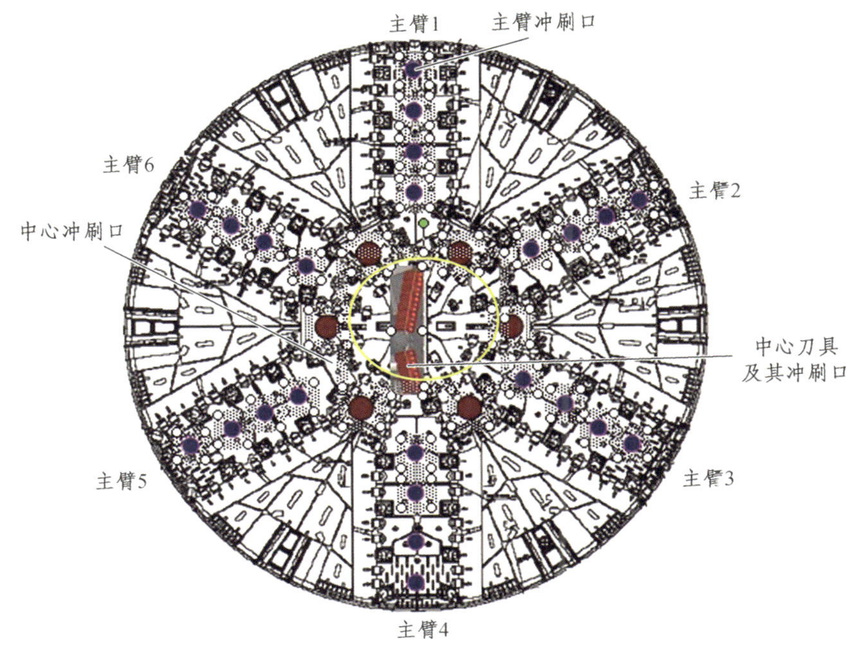

图 8-24　盾构刀盘冲刷系统改造图

（3）刀盘冲刷装置优化改造。

2012 年 11 月，盾构工地组装调试过程中我们对刀盘冲刷系统进行了实际效果试验。调试中发现冲刷装置实现了分时分部冲刷，但冲刷压力达不到要求，实际的冲刷效果不理想。为使其达到防止刀盘结泥饼的目的，经过重新设计和精确计算，得出原有的 ϕ60 mm 孔不满足压力要求，必须改成相当于 ϕ20 ~ 30 mm 面积的冲刷孔，且刀盘冲刷喷头的形状也需要进行优化改造，具体见表 8-2。

表 8-2　优化改造前后喷射效果对比

项目	最初喷口形状（尺寸单位：mm）	规格 /mm	喷射效果
优化改造前	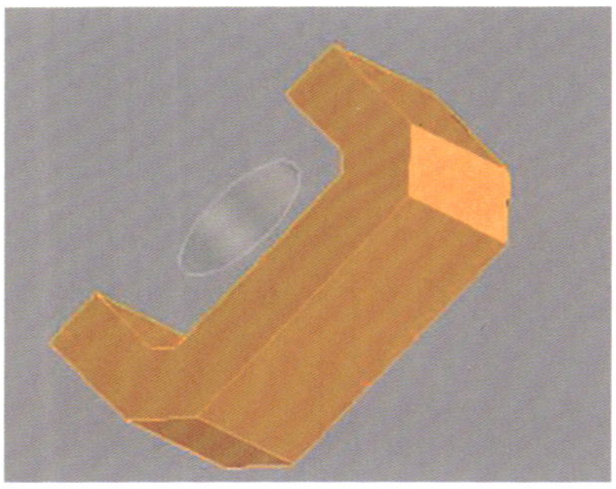	孔为 ϕ60 两侧开口 240×100	
		孔为 ϕ60	
改形一		外倒锥形	

续表

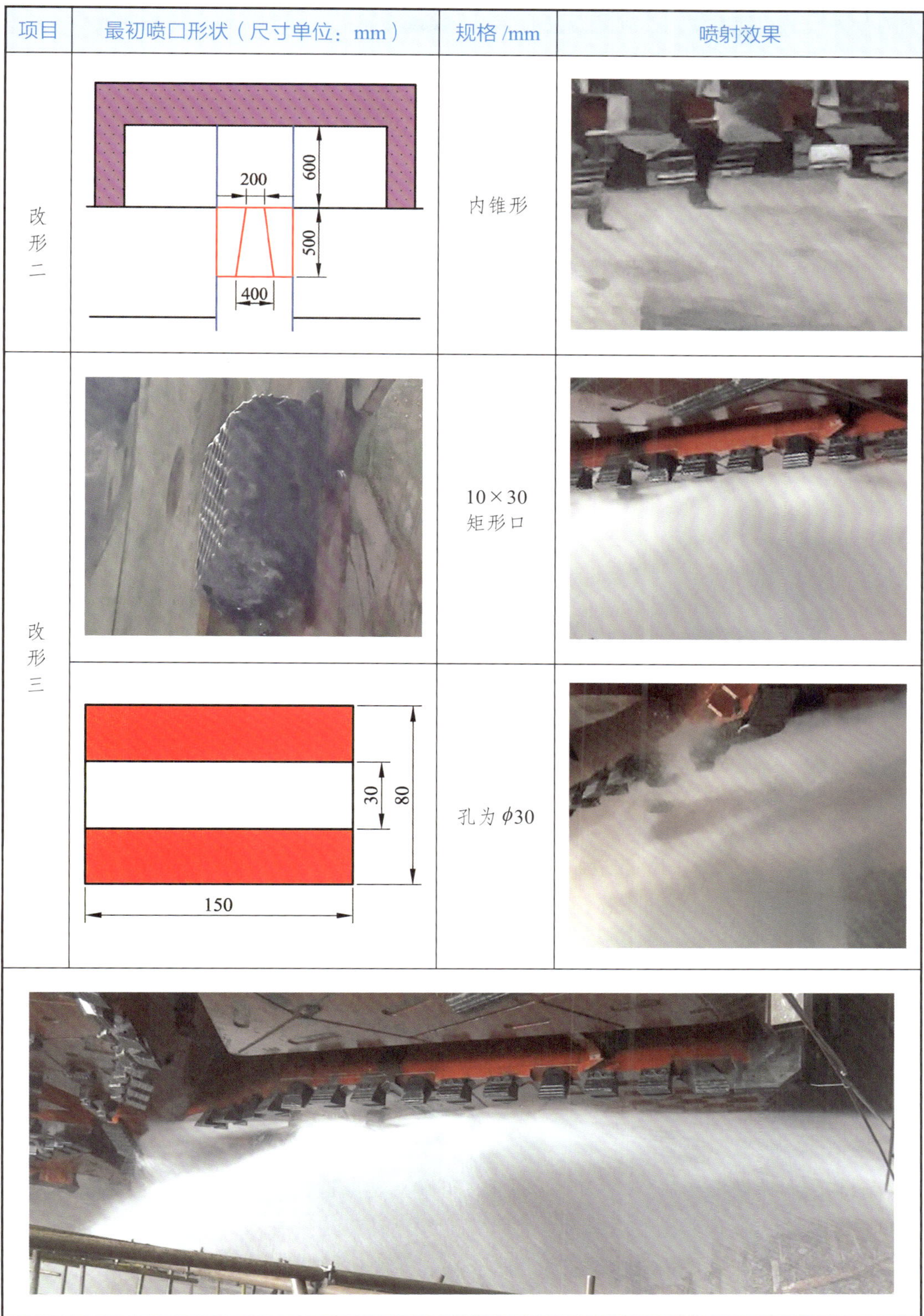

项目	最初喷口形状（尺寸单位：mm）	规格 /mm	喷射效果
改形二	200 600 500 400	内锥形	
改形三		10×30 矩形口	
	30 80 150	孔为 ϕ30	

改造后喷射效果好，通过分时分步冲刷，冲刷覆盖了整个刀盘盘面，满足了开挖舱内刀盘冲刷的实际需要，达到了刀盘前部防止结泥饼目的，起到了改造的预期效果。

2. 盾构适应性改造

（1）刀盘改造。

针对盾构长距离穿越全断面硬塑膨胀性黏土地层时刀盘易结泥饼问题，通过反复研究探索，确定了黏土地层下“块状切削、整体运输”的设计思路，并对盾构刀盘进行改造，主要特征如下：

① 将 71 把可更换的钝角刮刀改为尖齿型锐角刮刀。

② 将中心圆柱形刮刀改为鱼尾型刮刀。

③ 将 16 把先行齿刀取消，改为刀盘冲刷孔，以增加刀盘冲刷能力。

④ 保留原有 118 把固定刮刀形式，以此实现如图 8-25 所示的黏土地层下块状切削功能。

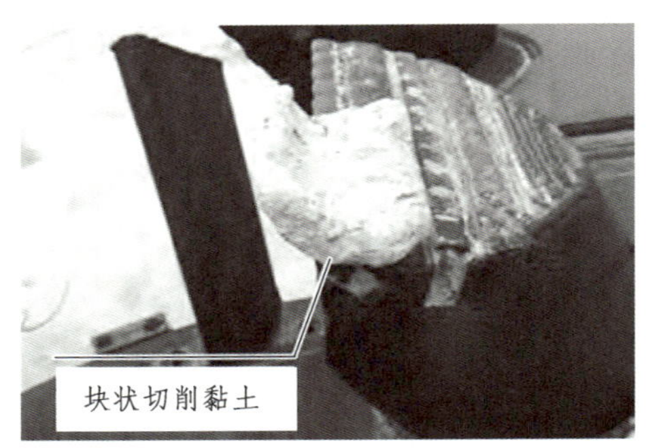

图 8-25　黏土块状切削

（2）环流出渣系统改造。

针对泥水舱及管道易堵塞、渣土在管道长距离运输时易溶解破碎、泥水难分离等问题，对环流出渣系统进行了如下改造：

① 如图 8-26 所示，挂起碎石机，并去掉排浆口格栅，增加大黏土块的切割机具，以防止大块黏土进入排浆管，堵塞环流系统。

② 在排浆管口增加 2 对高压冲刷喷头，使黏土块更快地进入排浆管，以增大进泥浆流量，确保进泥浆流速达到 3.5 m/s。

③ 泥浆密度不高于 1.08 g/cm^3，泥浆黏度控制在 20 s 以内。

（3）刀盘冲刷系统改造。

① 工程背景。

盾构刀盘改造完毕后，2013 年 1 月正式开始盾构隧道试掘进。从掘进开始至 +11 环试掘进过程中，发现盾构掘进效率非常低，泥水循环系统排渣不畅。鉴于以上问题，施工方只能采取掘进 20 min（20 cm），循环 40 min 的措施，故每环掘进大约需要 10 h，盾构掘进速度非常低。具体原因主要是：盾构处于黏土地层中，且气泡舱内原栅格尺寸非常小，故黏土块容易在气泡舱内和底部堆积；盾构气泡舱内空间小，黏土黏度大，需要进行快速搅拌，但碎石机夹臂摆动速度仅 6 次 /min，达不到搅拌效果；掘进出来的黏土块在气泡舱底部堆积，无法从排浆泵吸口排出。

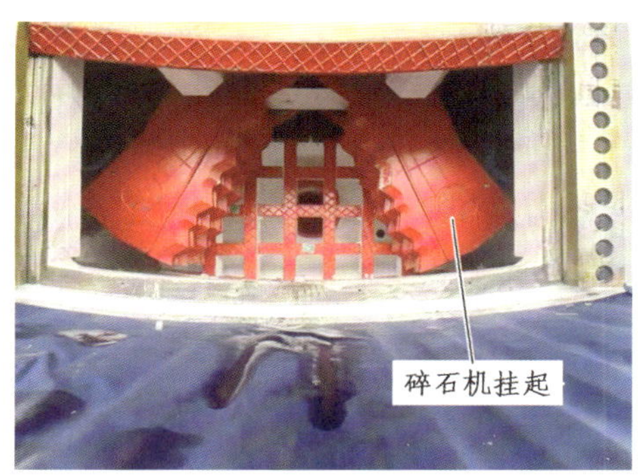

图 8-26　碎石机挂起

针对上述问题，施工单位提出了在排浆泵吸口位置增加冲刷系统的改造方案，以避免渣土堆积。

② 高压进舱。

盾构切口压力为 50 kPa，作业时液位降为 −5.6 m，气泡舱压力约为 200 kPa。原计划聘请德国北海潜水公司潜水员进入气泡舱内，将开挖舱与气泡舱之间的闸门关闭后再实施改造，如图 8-27 所示。

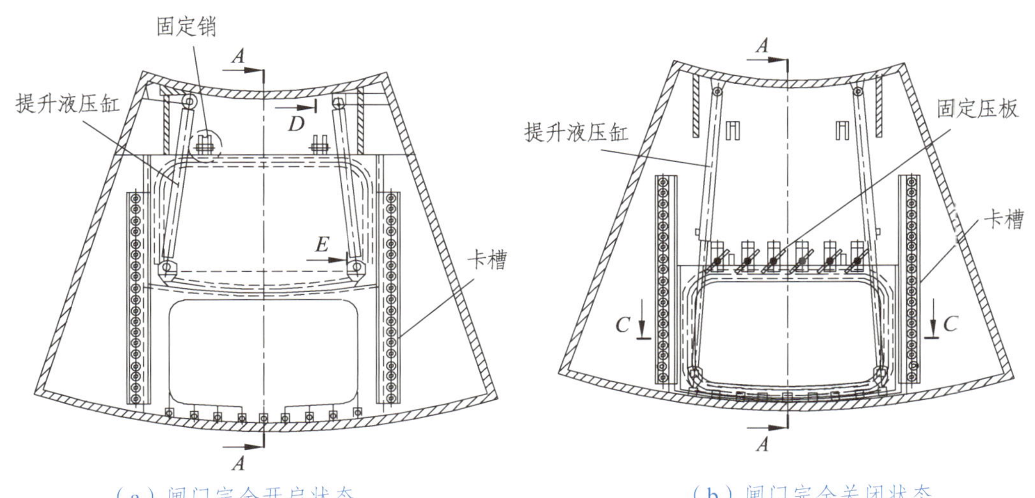

（a）闸门完全开启状态　　（b）闸门完全关闭状态

图 8-27　盾构前闸门开启和关闭图

考虑到委外高压进舱施工费用极高，且效率低下，结合国内 220 kPa 压力下盾构动火作业课题相关研究成果，最后确定由施工方自主完成高压进舱作业工作。2013 年 3 月 12—18 日，施工方组织了高压进舱、关闭开挖舱与气泡舱之间闸门等一系列工作，使气泡舱内成为常压，为盾构气泡舱内改造作业提供了前提条件。

③ 经验总结。

根据原施工计划，施工方应在国内选择适合该设计要求的泵，但所选泵包括最具代表性的 WPA100K01 泵均不符合施工要求。以 WPA100K01 泵为例，该泵主要存在两个缺点：第一，体积特别大，该泵组长 5 100 mm、宽 1 700 mm、高 1 900 mm，其控制柜长 3 700 mm、宽 1 800 mm、高 2 400 mm，盾构上根本找不到那么大的空间进行安装；第二，泵流量大，压力小，无法满足冲刷压力要求。2013 年 3 月 19 日，施工方重新调整了设计思路，并最终设计了新的冲刷系统。

④ 施工效果。

2013 年 4 月 2 日，施工方完成了刀盘冲刷系统的改造和调试，并成功恢复了盾构掘进。从后期施工效果来看，盾构掘进速度从原 10 h/ 环提高到 3 h/ 环，完全达到了预期目标。

综上所述，通过对刀盘、环流出渣系统和泥水舱冲刷系统的改造，实现了黏土的块状切削和整体运输，成功解决了刀盘和环流系统结泥饼、堵塞和泥水难分离等问题。盾构掘进速度由原 10 h/ 环提升到 3 ～ 4 h/ 环，实现了全断面黏土地层高效环流及出渣。

8.2.4 施工关键技术

1. 开挖面稳定技术

（1）开挖面失稳原因分析。

因盾构施工需要，盾构在掘进过程中数次停机。在停机过程中，共出现了 3 次开挖面失稳塌方事故，其特征为：近似圆桶形竖向塌方，且均发生在停机后第 6 天左右。通过深入分析发现，黏土的膨胀性是发生开挖面失稳的主要原因。一方面，在盾构开挖扰动的作用下，开挖面前方具有裂隙性的膨胀土裂隙扩展，渗透系数增大，加速了泥水入渗；另一方面，由于泥浆入渗，膨胀土因含水率增加而引发一定量的膨胀，强度降低，并向泥水舱内部发生挤入。由于盾构停机时间较长，这种现象持续发展，导致开挖面极限支护压力比增大，开挖面稳定性降低。

（2）开挖面稳定性控制措施。

① 控制开挖参数，尽量平稳匀速开挖，减少开挖面扰动，尽量避免开挖面前方膨胀土裂隙开展，减少泥浆入渗通道。

② 减少停机时间，如因特殊情况需要停机检修时，可以采用“多次短停”的方式进行，防止因停机时间过长，开挖面前方土体强度不足而导致坍塌。

③ 适当提高泥水支护压力，防止因开挖面极限支护压力比增加而发生破坏。

④ 停机时适当增加泥浆密度和黏度，选用低渗透性能的泥浆，减少泥浆入渗量。

必须特别注意的是：盾构施工中会遇到一系列不可见问题或参数异常变化等情况。此时，不应盲目推进，而应停机分析参数变化原因，待问题得到有效解决后方可恢复掘进。

盲目掘进可能会带来不可挽回的灾难性后果。本项目施工中曾发现盾构掘进速度变慢、贯入度降低、推力增大等现象，此时若不及时停机解决循环系统不畅的问题，很可能会造成开挖舱内黏土大量堆积、刀盘结泥饼、气泡舱堆积、管道堵死和泵损坏等严重后果。

2. 硬塑黏土地层施工技术

因盾构掘进为全断面黏土地层，该地层具有泥浆渗透时间越长，膨胀变形越大的特点以及泥浆渗透越多，膨胀变形越大的特点；在 1 ~ 2 d 内，随着泥浆的渗透膨胀变形快速发生；之后，膨胀变形缓慢发生；采用有限差分 FLAC3D 程序，进行热 - 力耦合计算，研究泥水入渗地层导致土体膨胀变形和强度下降对开挖面稳定性的影响，如图 8-28 和图 8-29 所示。

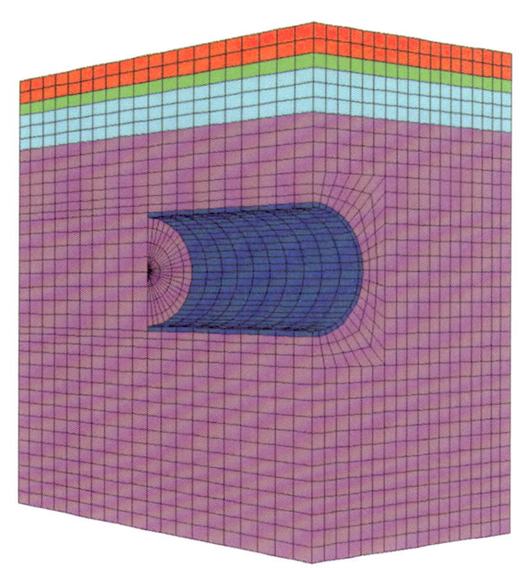

图 8-28　数值模拟模型

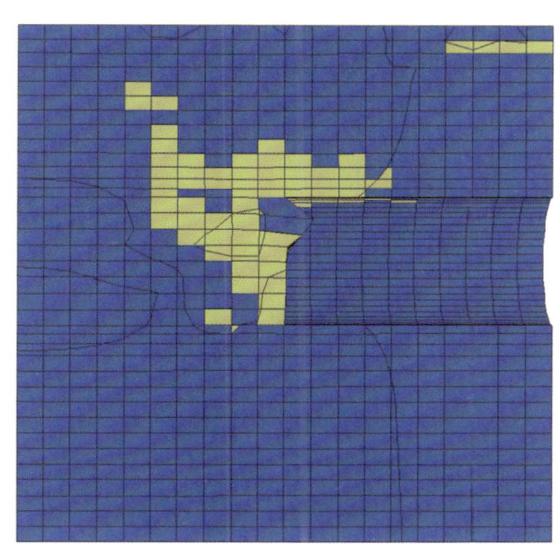

图 8-29　泥水浸润 4 d 支护压力比为 0.6 时塑性区分布

实施效果：通过采取减少单次停机时间，选用高浓度、低渗透性能的泥浆等相应措施，硬塑黏土地层中大直径泥水盾构施工区塑性区范围变小；开挖面变形小；开挖面保持了稳定；根据盾构施工现场统计，采取了每次停机控制在 2 d 的措施，地面变形较小，盾构开挖面稳定性得到了很好的控制。施工中所采取的技术措施对同类工程具有较高的参考和借鉴意义。

3. 大曲率小半径曲线上精准接收技术

为满足现场施工要求，盾构由直线运行至圆曲线段时，必须经过缓和曲线以逐步过渡到圆曲线段。现简要介绍施工技术要点和最终施工效果如下：

（1）技术要点。

① 接收施工顺序如下：在瘦西湖隧道明挖段完成主体结构施工后，进行接收井端头

土体加固和接收基座的施工。在盾构接收段施工的同时，开展贯通前控制测量、洞门圈测定及盾构运行轨迹的拟合。盾构步入加固土体，与其同步开展洞门破除施工，并向工作井内接收基座上部堆填黏土。在确保接收措施全部到位后，向接收井内灌水，并在维持内外泥水平衡的前提下，盾构逐步步入接收基座。

② 三轴搅拌加固。盾构接收段土层为硬塑黏土和粉砂，设计洞门前方土体采用 ϕ1 000 mm 三轴搅拌桩进行加固。接收段全断面加固区纵向全长共 17 m，加固深度为盾构底部以下 2.5 m，深度在 25.5 ～ 26 m，加固宽度为 23 m。

③ 贯通前控制测量。在盾构掘进至接收段施工范围内时，对盾构位置和盾构隧道测量控制点进行测量，并提高控制点与接收洞门圈的测量精度，以减小贯通误差；明确实际隧道中心轴线与隧道设计中心轴线的关系，并对盾构接收井洞门进行复核测量，以确定盾构贯通姿态及掘进纠偏计划。

④ 当盾构进入曲线接收段时，应使其低速度、小推力掘进，同时将泥水压力控制在合理范围内，并做到及时饱满地回填注浆，进而严格控制盾构姿态，以使姿态偏差始终保持在一个较小范围内。

⑤ 接收段盾构参数选择。泥水压力按 5 m 地下水位计算，并以实测地下水位进行调整；泥水压力按掘进参数进行控制，偏差幅度在 ±0.1 kPa 之间；根据地质情况，本区段为黏土层，为防止盾尾漏浆、隧道上浮及地层失稳，须加强壁后注浆控制，保证同步浆液质量；浆液质量密度为 1.96 g/cm^3，浆液坍落度控制在 18 ～ 22 cm；注浆量一般控制在 25 ～ 30 m^3，同时控制注浆压力，防止击穿浅覆土层。

⑥ 洞门破除。为尽量减少洞门破除对洞门圈范围内的土体影响，确保盾构安全接收，洞门连续墙须分 3 次进行凿除，其中：第 1 次破除外侧混凝土 10 cm，剥除地下连续墙内层钢筋；第 2 次破除混凝土 80 cm，破除完成后将混凝土渣清理干净；第 3 次分两阶段破除一阶段剩余混凝土厚度 20 cm，破除混凝土渣并清理、吊运出基坑。

⑦ 控制测量及拟合盾构掘进轨迹。洞门圈三维坐标测量应尽量减少换站，换站时须进行坐标参数转换，提高测量的质量控制；利用夜间进行控制测量，增加观测测回数，提高观测精度，计算时同时进行大气及距离改正；掘进轴线（DTA）的复核采用换人、换方法的多重复核，结合计算机辅助设计（CAD）模拟掘进轨迹，指导盾构实际掘进。

⑧ 洞门加固及密封质量控制。搅拌加固体的强度及厚度应满足盾构进出洞时的安全性要求，并确保与连续墙胶结，以防止涌砂、涌水；洞门钢环的制作、加工和安装，应保证施工精度满足要求；加强盾构接收时姿态控制，以避免盾构姿态不好造成洞门密封的局部失效；盾构接收时，对洞门密封情况进行观察，发现问题及时处理。

（2）优化线路选取策略。

在盾构运行轨迹拟合过程中，通过加入长 40 m、42.5 m、45 m、47.5 m、50 m 和 55 m 的缓和曲线，与半径 1 500 m、1 400 m、1 350 m、1 300 m、1 250 m 和 1 200 m 的

圆曲线进行优化组合。同时，与设计轴线进行反复比较，并考虑洞门圈接收处拟合中线的偏移量和施工误差，加权选取优化线路（曲线参数 L_s = 45 m，R = 1 350 m），以确保盾构在满足规范要求的前提下安全接收（图 8-30）。

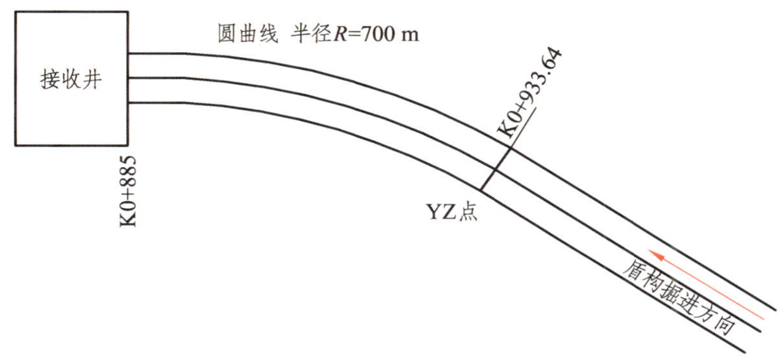

图 8-30　曲线盾构隧道平面示意图

4. 高气压环境焊接技术

盾构在掘进过程中，往往会因地层、盾构设计等出现掘进参数的波动变化，如扭矩增加、推力增大、贯入度降低和推进速度下降等。为了正确分析故障原因，需潜水员高压进舱检查盾构刀具磨损情况、刀盘面板磨损情况、盾构底部堆积情况以及盾构前方地层情况等，甚至需要潜水员高压进舱实施动火作业。精心组织和安全实施高压进舱作业已成为泥水盾构高压区域内故障诊断和改造实施的必要手段。

刀盘作为盾构的核心部件，是决定工程成败的关键。由于工作环境恶劣，在掘进中承受大扭矩、大推力和复杂冲变荷载，刀盘容易发生磨损和破坏，特别是遇到复杂地质条件和不明障碍物时，将严重影响其强度、刚度、耐磨性和整体结构安全，特别严重时，将导致刀盘无法使用，盾构长期停机，甚至使得工程无法继续进行。当刀盘磨损破坏非常严重且需要焊接修复时，地面往往不具备地层加固或者竖井开挖条件，无法实现常压条件下对刀盘的环节修复，也无法有效保证掌子面的稳定，此时就需要考虑带压进舱，在压缩空气条件下带压对盾构刀盘进行焊接修复，同时保证修复期间掌子面稳定和施工安全。

当时国内盾构高压检修工作均通过聘请国外潜水作业人员进行操作，国外潜水公司呈垄断状态，国内尚未掌握 0.4 MPa 以上自主开舱的技术。通过理论培训和高压适应性锻炼，教授焊工在高压环境下作业应注意的事项，学会辨识风险源，并培训其应对措施及规避措施，保证标准、安全作业，如图 8-31 所示；整理总结了培训过程的知识与经验，形成了《带压作业健康与安全管理方案》，在实践中不断修订与改进。

图 8-31 舱内加压环境下焊接技术

实施效果：针对国内 0.4 MPa 以上压缩空气环境条件下自主实施作业尚属空白的现状，对大直径盾构设备压气作业环境参数、焊接工艺、职业健康管理等进行了分析，通过对扬州瘦西湖隧道盾构实施泥水舱与气泡舱内凝结泥饼或泥团的清除、焊接固定碎石机、碳弧气刨切割格栅、焊接喷射管等一系列压气动火检修作业，首次自主完成了在 0.42 MPa 较高环境压力下冲刷系统改造的动火焊接任务。

5. 高精度管片预制技术

瘦西湖隧道由于是大直径盾构隧道，管片制作具有精度要求高、混凝土强度高、抗渗要求高、频繁吊装安全风险大等特点，在制作过程中容易出现成型尺寸超限差、管片裂纹等问题，确定采用高精度管模制造技术进行专门定制，通过引进德国 VMT 公司三维精确测量技术精细校模，施工过程中每个模型合模后采用内径千分尺精心量测，施工前对混凝土进行多次试配、论证，确定最佳配合比，生产过程中混凝土振捣密实，注重收面及养护，通过制定蒸养、水养及自然养等专项养护流程，减少温差及控制干缩裂纹，制订专门的吊装方案，确保管片预制的高精度，如图 8-32 所示。

图 8-32 模具检测及管片出模

实施效果：该技术在扬州瘦西湖隧道管片预制中的应用，解决了管片精度、成型管片裂纹、高强度、高抗渗、耐久性等诸多难题，取得了创造性研究成果，达到了国内领先水平。实践证明：该技术成熟可靠，可以确保工程安全质量，加快生产进度，创造良好的经济效益；瘦西湖隧道盾构管片成型质量高，节约了施工工期，有力地保障了扬州市瘦西湖隧道工程盾构段内部结构施工及后续内部装修、机电设备安装的工作安排，具有显著的社会效益。随着盾构技术在我国大规模地推广应用，超大直径的隧道越来越多，因此该项大直径盾构隧道高精度管片预制工法对于类似工程施工提供了理论和技术参考，具有重要的实用性和推广价值，应用前景广泛。

8.3　汕头海湾隧道工程

汕头海湾隧道工程是世界首座地处 8 度抗震设防烈度区的海湾隧道，工程位于海湾大桥和礐石大桥之间，线路全长 6 680 m，其中隧道总长 5 300 m（盾构段长 3 047.5 m），盾构隧道采用“一中一欧”2 台超大直径泥水盾构（东线德国海瑞克盾构，西线中铁装备盾构）施工。工程按一级公路兼城市道路功能设计，设计速度 60 km/h，双向 6 车道。隧道地处 8 度抗震设防烈度区，穿越大量高强度孤石和 3 段基岩突起段，被院士专家称为“世界级超级工程”。该工程建成后，可实现海内外潮人全天候自由通行海湾两岸的百年梦想，对促进汕头市“一湾两河三平台”发展、突出汕头市中心城市地位、助力建设广东省域副中心城市具有重要意义。

本节主要以西线工程为例，介绍汕头海湾隧道西线工程的工程概况、工程重难点、盾构适应性设计、施工关键技术。

8.3.1　工程概况

汕头海湾隧道工程为苏埃通道工程的重要组成部分，苏埃通道工程为 G324 的复线，旨在解决汕头市过海交通瓶颈问题。该工程起点位于汕头北岸龙湖区天山南路与金砂东路平交口，路线沿天山南路向南敷设，下穿长平东路，后以敞开段的形式布置于天山南路与龙湖沟间的绿地内，下穿中山东路、龙湖沟电排站，避开码头，穿龙湖沟后以 R = 1 500 m 转入华侨公园，于华侨公园东南角处进入海域，以直线形式穿越苏埃湾海域（即汕头海湾隧道），到达南岸围堰，下穿南滨路，后以明挖暗埋及敞开的结构形式通过南岸湿地，以互通立交形式到达设计终点，接规划的虎头山隧道与南滨南路。

隧道主要工程量见表 8-3。工程南岸、北岸岸上段均采用明挖法施工；海域段采用 2 台泥水平衡盾构施工，分别从南岸（围堰始发井）东、西线先后始发，北岸华侨公园接收井吊出。海湾隧道工程地理位置如图 8-33 所示。盾构段为 2 条单洞隧道，隧道内径为 13.3 m，外径为 14.5 m，环宽 2 m、厚 0.6 m，采用双面楔形环，楔形量为 48 mm，采用“7+2+1”分块模式，错缝拼装。

表 8-3 隧道工程量统计

线路	北岸			海中段	南岸		
	敞开段 /m	暗埋段 /m	接收井 /m	盾构段 /m	始发井 /m	暗埋段 /m	敞开段 /m
东线	635	875	30	3 047.5	25	437.5	250
西线	634.77	873.29	30	3 045.75	25	437.13	250

图 8-33 海湾隧道工程地理位置图

1. 工程地质

盾构段隧道穿越地层为填筑土、淤泥、淤泥质土、淤泥混砂、粉细砂、粉质黏土、中砂、粗砂、砾砂、砾质黏性土、微弱中全风化花岗岩等，不良地质有砂土液化、软土震陷、花岗岩球状风化体（孤石）、基岩突起、有害气体等，工程地质纵断面图如图 8-34 所示，地层特性见表 8-4。盾构穿越的主航道下有 3 处基岩突起段，具体情况见表 8-5。补勘结果表明，基岩突起段 RQD = 55% ~ 78%，层顶高程为 −34.72 ~ −27.46 m，层底未揭穿，揭露厚度为 1.10 ~ 9.00 m，饱和单轴抗压强度为 41.7 ~ 214 MPa，抗拉强度 2.02 ~ 9.35 MPa，工程线位所处的地质情况比较复杂。

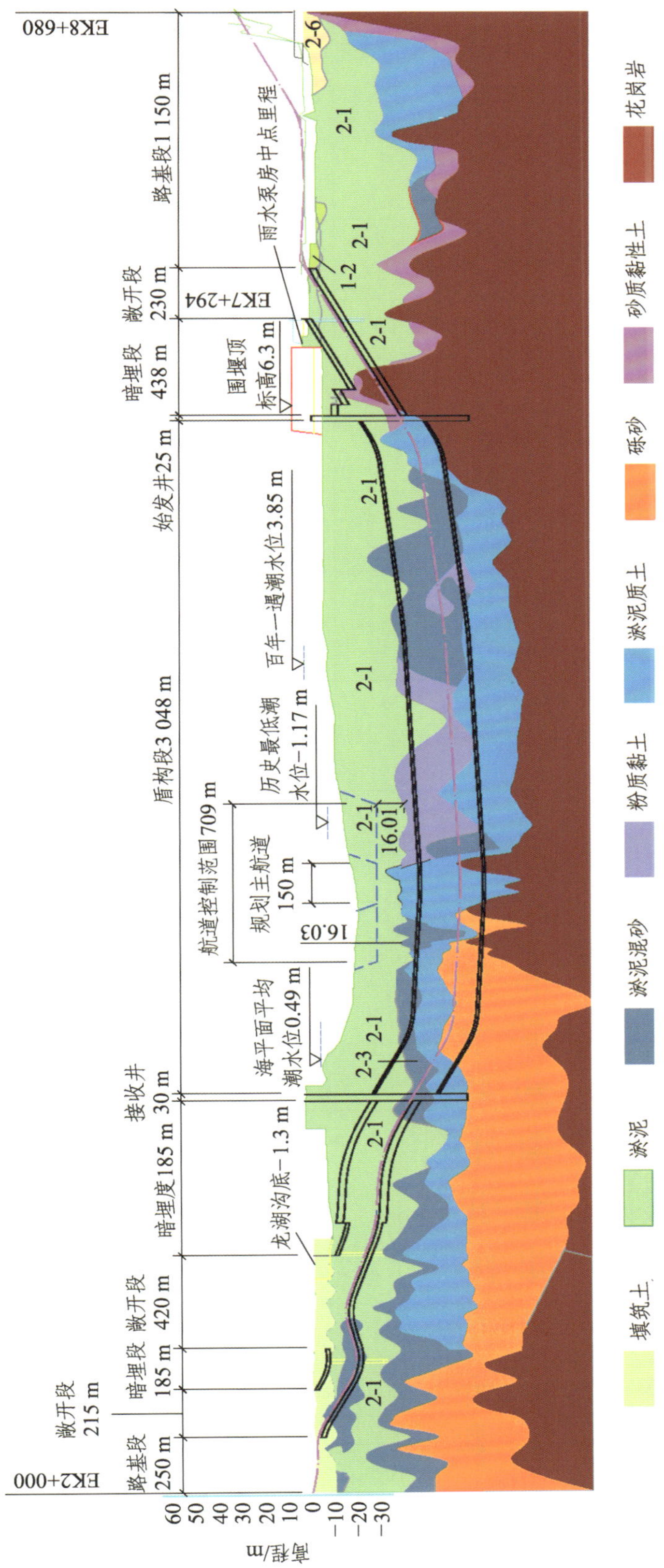

图 8-34　海湾隧道盾构段地质纵剖面图

表 8-4 盾构段地层特性

序号	名称	里程	长度 /m	比例 /%
1	顶部淤泥；洞身掘进段淤泥、粉细砂、中粗砂；底部中粗砂、淤泥质土	K3+790 ~ K3+900	110	3.60
2	顶部淤泥；洞身掘进段淤泥、粉细砂、中粗砂、淤泥质土；底部淤泥质土	K3+900 ~ K4+000	100	3.30
3	顶部粉细砂、淤泥；洞身掘进段淤泥、粉细砂、中粗砂；底部淤泥质土、中粗砂	K4+000 ~ K4+420	420	13.80
4	顶部淤泥混砂、淤泥；洞身掘进段淤泥、粉细砂、中粗砂，中微风化花岗岩；底部中、微风化花岗岩	K4+420 ~ K4+487	67	2.20
5	顶部淤泥混砂、粉细砂、淤泥；洞身掘进段淤泥质土、中粗砂；底部淤泥质土	K4+487 ~ K4+590	103	3.30
6	顶部淤泥混砂、粉细砂、淤泥；洞身掘进段淤泥质土，中粗砂，粉质黏土，中微风化花岗岩；底部中、微风化花岗岩	K4+590 ~ K4+660	70	2.30
7	顶部淤泥混砂、粉细砂、淤泥；洞身掘进段淤泥质土、中粗砂、粉质黏土；底部淤泥质土	K4+660 ~ K4+805	145	4.80
8	顶部淤泥混砂、粉细砂、淤泥；洞身掘进段淤泥质土，粉质黏土，中、微风化花岗岩；底部中、微风化花岗岩	K4+805 ~ K4+830	45	1.35
9	顶部淤泥混砂、淤泥；洞身掘进段泥质混砂、中粗砂、粉质黏土、淤泥质土、砾质黏性土；底部中粗砂、淤泥质土、砾质黏性土	K4+830 ~ K6+837.5	2 007.5	65.90

表 8-5 基岩突起段概况

线位	进入结构范围内基岩的分布里程及长度
东线	EK4+790.326 ~ EK4+857.620，长度 67.294 m，侵入隧道高度 6.6 m； EK4+586.214 ~ EK4+656.000，长度 69.786 m，侵入隧道高度 5.0 m； EK4+455.094 ~ EK4+500.000，长度 44.906 m，侵入隧道高度 3.0 m； 共计约 182 m
西线	WK4+790.326 ~ WK4+857.620，长度 67.294 m，侵入隧道高度 6.6 m； WK4+586.214 ~ WK4+656.000，长度 69.786 m，侵入隧道高度 5.0 m； WK4+455.094 ~ WK4+500.000，长度 44.906 m，侵入隧道高度 3.0 m； 共计约 182 m

2. 水文地质

（1）地下水。

工程场地地下水分为松散岩类孔隙潜水、松散岩类孔隙承压水及块状岩类裂隙水，分布于粉细砂层、中粗砂、砾层、风化岩层中，情况如下：

粉细砂层：主要呈不连续的透镜状分布，厚度差异大，分布的位置和埋深不同，有的为潜水，有的为承压水。

中粗砂、砾砂层：该层主要分布在北岸和盾构段范围内，层厚差异较大，分布连续，为承压含水层。在勘察范围内，该层上覆较厚的淤泥、淤泥质土等隔水层，与地表无直接水力联系，但根据抽水试验孔的观测，该层地下水位变化与海水涨落潮同步，即该层在勘察区外与海水存在直接的水力联系。

风化岩层：基岩裂隙水，发育程度取决于基岩裂隙的发育程度。除南岸工作井开挖范围大部分位于基岩内，裂隙水对其施工有一定影响外，其他地段对工程施工的影响不大。

（2）地表水。

工程场地地表水体较发育，主要为汕头湾、龙湖沟、其他小涌及鱼塘等。在南北两岸地下水与地表水呈互补关系。

（3）腐蚀性。

按照《公路工程地质勘察规范》（JTG C20—2011）附录 K 有关规定，场地水对建筑材料的腐蚀性评价针对不同的环境类型、含水层渗透性、浸水条件等有着不同的规定。根据本工程的特点，结合本场区地下水特征，地下水的腐蚀性评价见表 8-6。

表 8-6 各工点地下水、地表水腐蚀性等级一览表

工点名称	地下水		地表水	
	对混凝土结构腐蚀性	对钢筋混凝土结构中的钢筋腐蚀性	对混凝土结构腐蚀性	对钢筋混凝土结构中的钢筋腐蚀性
北岸连接线段及明挖段	中等	强	弱	中等
海域段	中等	强	中等	强
南岸明挖段	弱	中等	弱	强
南岸连接线及立交段	微	微	微	弱

（4）潮汐特征。

汕头湾内潮汐属不规则半日潮，潮差不大，平均为 1.0 ~ 1.5 m，常年的最大潮差在 2.3 ~ 2.7 m，涨潮差稍大于落潮差；涨潮平均历时约长于落潮平均历时 1 h，多年平均涨潮历时 6 h 30 min 至 6 h 50 min，落潮历时 5 h 30 min 至 5 h 50 min。潮位特征值见表 8-7。

表 8-7 潮位特征值（1985 国家高程基准）

项目	水位 /m	项目	水位 /m
历年最高潮位	3.81	平均低潮	−0.014
历年最低潮位	−1.17	平均潮差	1.03
平均海平面	0.49	设计高水位	1.40
平均高潮	1.02	设计低水位	−0.56

8.3.2 工程重难点

汕头海湾隧道是国内首条地处 8 度抗震设防烈度区、采用超大直径盾构穿越复杂地层的海底隧道，对隧道结构的抗震性提出了很高的要求。隧道穿越淤泥质土、砂土等软土地层，同时存在风化状花岗岩、上软下硬地层，地质条件非常复杂。工程重难点如下：

（1）超大直径盾构刀盘刀具地质适应性设计是本工程的重难点。

刀盘结构及刀具布置需要考虑工程边界条件、滚刀破岩能力、换刀方式等多方面的因素，且诸多因素相互掣肘，给刀盘刀具设计带来了较大的挑战。由于汕头海湾隧道开挖地层中存在 3 段基岩突起段，需要采用盘形滚刀进行破岩，并且该段地层将会对盾构刀具的寿命带来不利的影响，需要研究滚刀常压换刀装置，以提高刀具更换效率和安全性。为了提高滚刀的破岩效率，需要结合常压换刀装置研究滚刀刀间距的设置及刀具布置，在换刀装置结构紧凑性、滚刀破岩能力及刀间距之间寻求平衡，保证盾构能顺利通过基岩突起段。

（2）超大直径盾构隧道海底孤石探测与处理技术是本工程的重难点。

根据工程地质勘察，汕头海湾隧道始发段存在大小不一、形状各异的花岗岩球状风化体（孤石）。由于目前无法准确探明花岗岩球状风化体的大小与位置，导致盾构始发与掘进存在较大的不确定性，增加了施工风险。

（3）海底浅覆土地层掘进稳定性控制技术是本工程的重难点。

海湾隧道盾构始发端头位于淤泥层中，隧道埋深约 8 m；到达端头位于淤泥和砂层中，隧道埋深 12 m，均小于 1 倍洞径；主航道浅埋段埋深 12.8 m，不足 1 倍洞径。盾构在中粗砂及软弱的淤泥层掘进过程中可能产生海底冒浆甚至海水倒灌、隧道涌水涌砂、冒顶等事故，面临浅覆土施工地层稳定性控制难题。

（4）超大直径盾构基岩突起地层施工技术是本工程的重难点。

海湾隧道海域段主航道下方存在 3 段花岗岩基岩突起地层，侵入隧道最高 6.6 m，最大抗压强度达到 214 MPa，不仅给盾构的适应性设计提出了更高的要求，同时也给基岩段超大直径泥水盾构施工方案的制订、掘进参数及盾构姿态的控制带来了巨大挑战。

8.3.3　盾构适应性设计

1．盾构刀盘设计

汕头海湾隧道盾构刀盘设计为具有常压换刀功能的辐条箱体式刀盘，开挖直径为 15.03 m，厚度约为 2 m，开口率为 28%，采用 6 根主梁和 6 根副梁的结构形式。其中，6 根主梁为箱体式，便于在主梁上安装滚刀、切刀常压换刀装置，并给作业人员留出常压换刀作业的空间；6 根副梁为条状钢结构，上面安装固定式切刀和边刮刀，如图 8-35 所示。

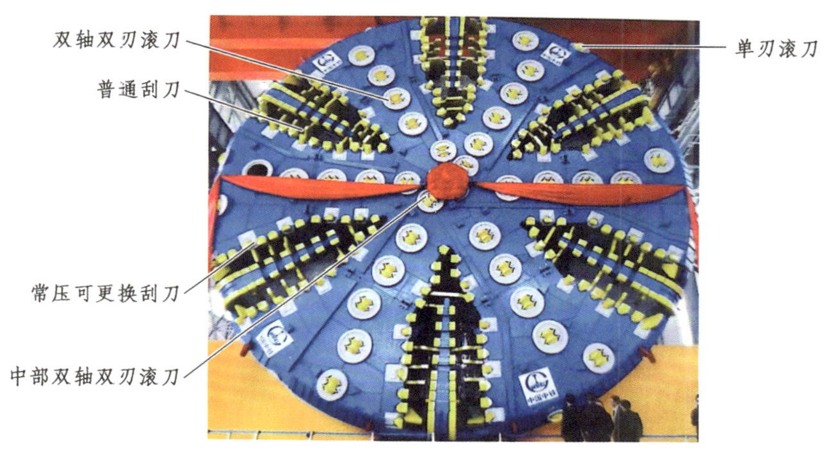

图 8-35　常压换刀刀盘

2．盾构刀具设计

（1）刀具布置参数。

为了应对含孤石地层及软硬不均地层，刀盘上安装滚刀共计 78 把，均为常压更换滚刀。其中，中心区域安装 6 组 12 把 431.8 mm（17 in）双轴双刃滚刀（每个常压换刀刀筒视为 1 组，刀筒内安装 2 把滚刀），刀高为 225 mm，刀间距为 120 mm；刀盘正面区域安装 54 把 482.6 mm（19 in）双轴双刃滚刀，刀高 225 mm，刀间距为 80 mm、90 mm 和 100 mm；刀盘边缘区域安装 10 把 482.6 mm（19 in）双轴双刃滚刀和 2 把 482.6 mm（19 in）单轴单刃滚刀（每个常压换刀刀筒内安装 1 把滚刀）。利用刀具互换功能可将滚刀更换为撕裂刀，以适应粉质黏土、淤泥质软土地层及孤石地层、软硬不均地层对刀具的不同需求。刀盘上布置常压更换切刀 48 把，带压更换切刀 194 把，带压更换边刮刀 36 把，刀高均为 185 mm。不同类型刀具如图 8-36 所示。

常压更换刀具都在刀盘主梁上，其中常压更换滚刀覆盖整个刀盘开挖区域，常压可更换切刀分布在 24 个轨迹线上，分布在半径为 2 992 ～ 7 495 mm 区域；带压更换切刀安装在刀盘主梁和副梁上，主梁上切刀 98 把，工作区半径为 2 330 ～ 6 990 mm，副梁上切刀 96 把，工作区半径为 3 870 ～ 6 630 mm。

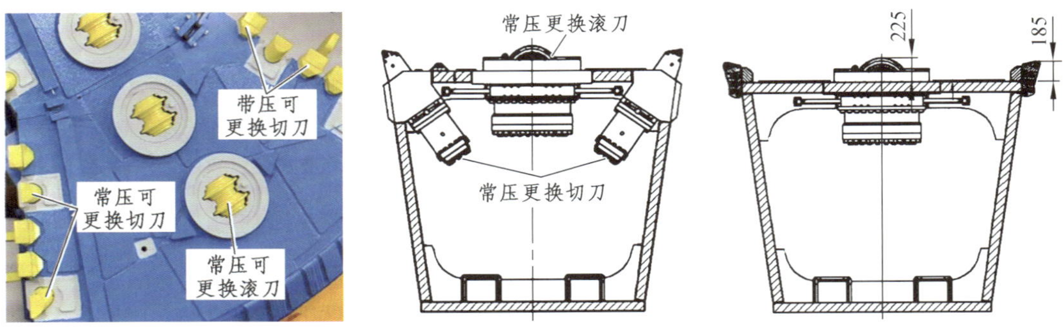

图 8-36　刀盘上不同类型的刀具（单位：mm）

（2）滚刀和切刀常压换刀装置。

滚刀常压换刀装置如图 8-37 所示。常压可更换滚刀主要包括密封装置、润滑装置、泄压装置、刀座专用拆卸装置和刀筒。换刀时工作人员位于常压舱内，通过换刀装置把位于高压区域的滚刀移动到常压区，并在移动刀具的过程中保证高压舱和常压区隔离，实现常压环境下更换高压环境下的刀具。密封装置主要作用是保证盾构高压区和常压区分离，采用推拉门结构，包括保压门、推拉油缸。盾构正常掘进时，保压门打开，滚刀伸出刀盘面板；换刀时，滚刀缩回，保压门关闭，保证在常压环境下进行更换滚刀。润滑装置的主要作用是润滑刀座与保压腔接触面，保证刀座拆卸方便。泄压装置主要作用是泄除关闭保压门后刀座腔内的高压环境，保证刀座安全拆卸。泄压装置主要由泄压阀和接头等部件组成。刀座拆装装置主要作用是满足刀座安全拆卸和安装，主要由油缸组成，利用油缸的伸缩，将刀筒推出或者缩进刀盘舱。

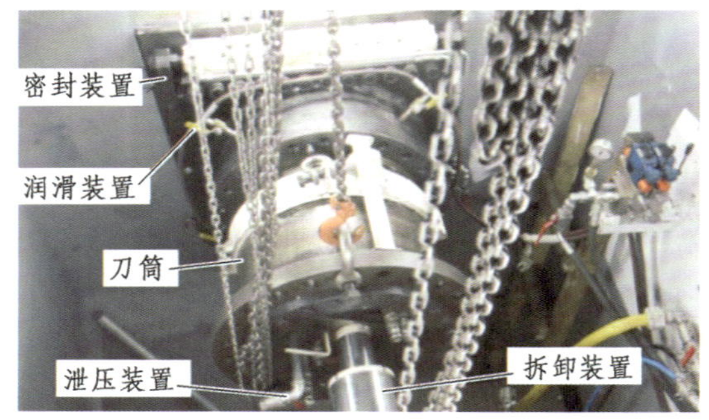

图 8-37　滚刀常压换刀装置

常压切刀换刀装置如图 8-38 所示，包括切刀刀筒、密封装置、润滑装置、拆刀油缸及管路等。使用常压切刀换刀装置进行作业的基本流程为：

① 冲刷球阀保持关闭状态，通过球阀检测刀筒内部有无压力，如果有压力，先查明原因，再决定是否换刀，没有压力可拆除刀筒端盖。

② 将拆刀油缸安装在刀筒上，油缸处于收缩状态。

③ 安装切刀拖拉油缸，连接换刀油缸油管，使用螺钉安装拖拉油缸工装，使用销轴连接拖拉油缸工装。

④ 连接冲刷球阀的冲刷管路，收缩油缸，当刀筒拔出 40 mm 时，打开球阀进行冲刷，抽出切刀刀筒及附件，直到油缸端面顶住拖拉油缸工装，利用安全螺栓锁紧刀管。

⑤ 使用闸门油缸关闭闸门，闸门关闭后降低后腔压力，检测后腔压力，确认压力没有增加为止。持续冲刷至闸门完全关闭后结束，关闭球阀，移除管路。

⑥ 闸门完全关闭后，保持闸门油缸压力，使用切刀闸门用固定杆及螺栓锁紧，在拔出刀筒过程中，通过冲刷球阀进行压力补偿，并排除污水。

⑦ 利用拖拉油缸工装上的螺纹孔拔出刀筒及附件，将刀筒及附件从密封装置中完全退出，如图 8-39 所示，拔出的切刀运输至物料舱。

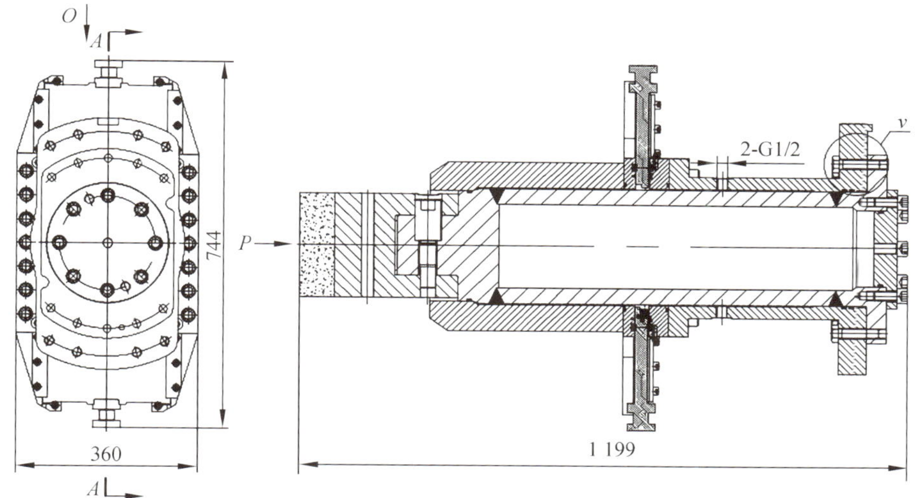

图 8-38　切刀常压换刀装置（单位：mm）

图 8-39 拔出后的切刀

3. 刀盘刀具磨损状态监测

（1）刀盘磨损监测。

海湾隧道盾构设计安装油压式磨损检测装置，通过对测点内腔油压的测量，判断刀盘刀具是否达到设定的磨损上限。设定的测点位置一旦达到磨损上限，预留的内腔结构被磨穿，内腔压力无法保持，压力传感器检测到压力的变化，由此判断刀盘刀具的磨损状态。刀盘正面板布置 6 道磨损检测，背面板布置 3 道磨损检测，如图 8-40 所示。

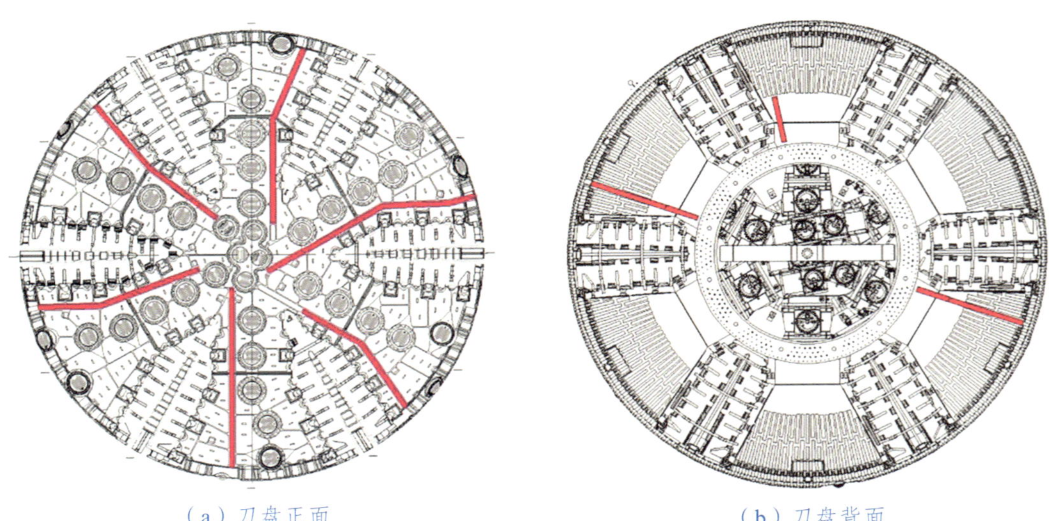

（a）刀盘正面　　（b）刀盘背面

图 8-40 刀盘面板油压式磨损检测装置布置图

刀盘面板上布置油压式磨损检测装置，如图 8-41 所示。相对刀盘面板设置 3 组不同的高度，分别为超出面板 101 mm、64 mm、26 mm，依靠逐级布置的油压式磨损检测装置，实现对刀盘面板磨损分层次的预警。

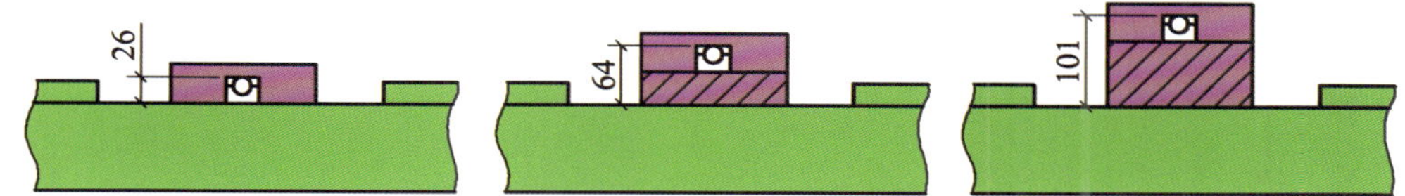

图 8-41 刀盘面板上的油压式磨损检测布置图（单位：mm）

（2）刀具磨损监测。

在刀盘上 12 把双轴双刃 431.8 mm（17 in）中心滚刀上设置 6 个检测点，如图 8-42 所示。54 把 482.6 mm（19 in）双轴双刃正滚刀上设置 27 个检测点，10 把 482.6 mm（19 in）双轴双刃边滚刀上设置 5 个检测点，另有 2 把 482.6 mm（19 in）单刃边滚刀设置 2 个检测点，一共在滚刀上设置 40 套磨损检测装置。

图 8-42 滚刀油压式磨损检测装置

通过设定合理的磨损上限，在滚刀磨损到一定程度后，油腔压力降低，压力传感器将采集到的压力送至 PLC 判断，过低的油腔压力触发报警在主控室操作界面产生报警信息。因滚刀设置有磨损状态在线监测装置，正常情况下在线监测会设定合理的磨损上限，在滚刀磨损到一定程度后，油腔压力降低，借助阀、传感器产生信号通过 PLC 判断，最终在主控室界面产生报警信息。

（3）滚刀磨损、温度、旋转状态监测。

滚刀磨损采用非接触式监测方法。当滚刀刀圈磨损时，刀圈与电涡流传感器之间距离逐渐增大，引起传感器输出电压变化，从而实现刀圈的磨损检测。滚刀磨损、温度、旋转监测装置进行集成设计，传感器中的信号经过测量电路的放大、检波、信号调理后变成数字信号，数字信号利用天线以无线信号的方式传输至路由中端，路由中端采用有线的方式将数据传输至主控室，通过上位机可以实时监测滚刀的状态。信号传输路线如图 8-43 所示。

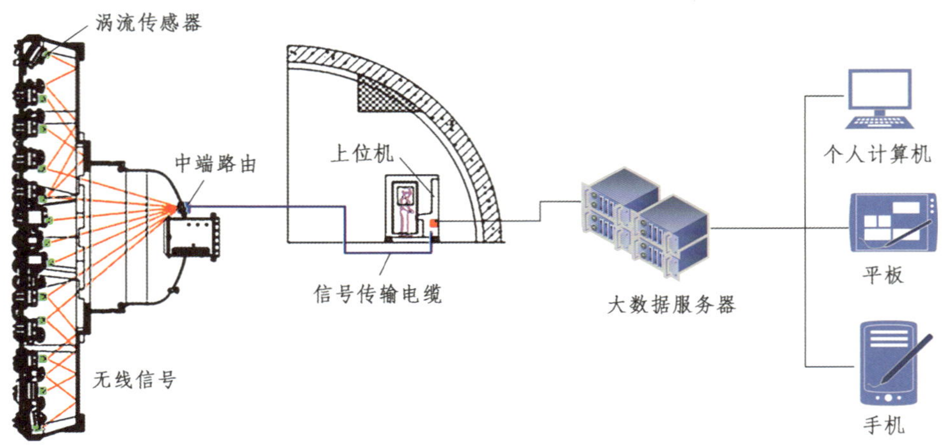

图 8-43 滚刀状态监测信号传输路线

滚刀旋转状态监测系统利用电磁感应原理来监测滚刀转速、旋转状态，通过在滚刀的刀体边缘上布置若干（如 4 个）磁铁，在刀座上安装有铁芯（探头），如图 8-44 所示。当滚刀旋转时在铁芯周围会产生变化的磁场，铁芯与磁场之间存在相对运动。根据法拉第电磁感应定律，导体在磁场中切割磁感线势必会产生感应电流（电压）；磁铁与铁芯的位置越近，铁芯周围的磁场越强，同样速度下切割磁感线，产生的感应电流（电压）也越大，可以依据产生的感应电流（电压）的大小判断滚刀的旋转状态。如果产生的感应电流（电压）基本为零且没有起伏，则滚刀没有转动；产生的感应电流（电压）呈周期性脉冲状，则滚刀处于转动状态；转动速度越快，则电流（电压）的幅值越高，脉冲的频率也越高。常压换刀装置刀筒内安装的滚刀磨损、温度及旋转状态监测装置如图 8-45 所示。

图 8-44 滚刀旋转状态监测装置探头

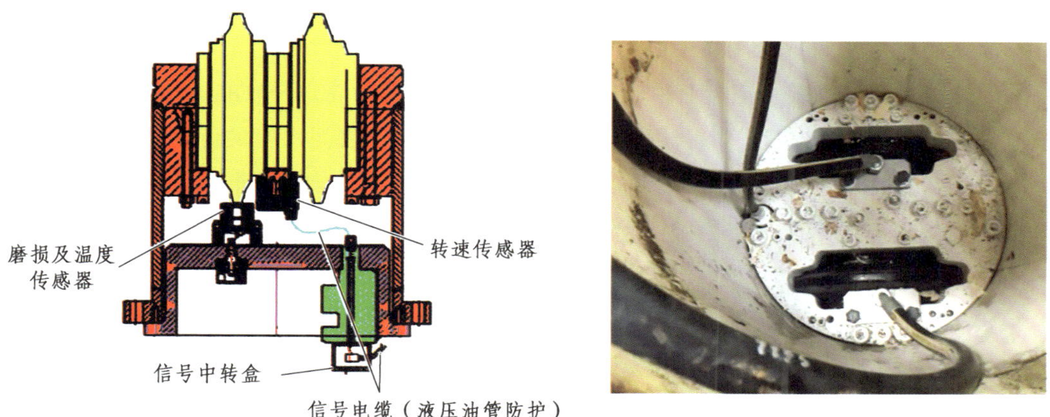

图 8-45　滚刀磨损、温度旋转状态监测装置

滚刀状态监测数据可在盾构上位机上实时显示，如图 8-46 所示，对于转速异常的滚刀用不同的颜色标识并实时警示，使刀具检查、更换更具有针对性。

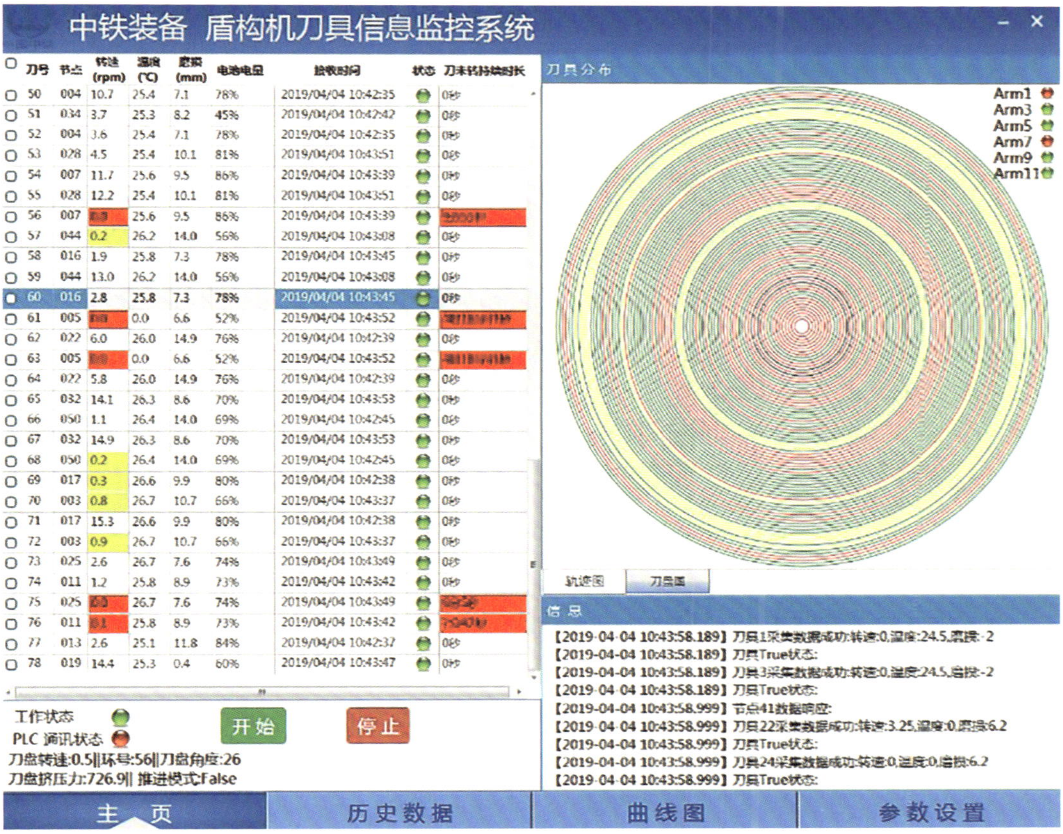

中铁装备　盾构机刀具信息监控系统

刀号	节点	转速 (rpm)	温度 (℃)	磨损 (mm)	电池电量	接收时间	状态	刀未转持续时长
50	004	10.7	25.4	7.1	78%	2019/04/04 10:42:35		0秒
51	034	3.7	25.3	8.2	45%	2019/04/04 10:42:42		0秒
52	004	3.6	25.4	7.1	78%	2019/04/04 10:42:35		0秒
53	028	4.5	25.4	10.1	81%	2019/04/04 10:43:51		0秒
54	007	11.7	25.6	9.5	86%	2019/04/04 10:43:39		0秒
55	028	12.2	25.4	10.1	81%	2019/04/04 10:43:51		0秒
56	007	[illegible]	25.6	9.5	86%	2019/04/04 10:43:39		[illegible]
57	044	0.2	26.2	14.0	56%	2019/04/04 10:43:08		0秒
58	016	1.9	25.8	7.3	78%	2019/04/04 10:43:45		0秒
59	044	13.0	26.2	14.0	56%	2019/04/04 10:43:08		0秒
60	016	2.8	25.8	7.3	78%	2019/04/04 10:43:45		0秒
61	005	[illegible]	0.0	6.6	52%	2019/04/04 10:43:52		[illegible]
62	022	6.0	26.0	14.9	76%	2019/04/04 10:42:39		0秒
63	005	[illegible]	0.0	6.6	52%	2019/04/04 10:43:52		[illegible]
64	022	5.8	26.0	14.9	76%	2019/04/04 10:42:39		0秒
65	032	14.1	26.3	8.6	70%	2019/04/04 10:43:53		0秒
66	050	1.1	26.4	14.0	69%	2019/04/04 10:42:45		0秒
67	032	14.9	26.3	8.6	70%	2019/04/04 10:43:53		0秒
68	050	0.2	26.4	14.0	69%	2019/04/04 10:42:45		0秒
69	017	0.3	26.6	9.9	80%	2019/04/04 10:42:38		0秒
70	003	0.8	26.7	10.7	66%	2019/04/04 10:43:37		0秒
71	017	15.3	26.6	9.9	80%	2019/04/04 10:42:38		0秒
72	003	0.9	26.7	10.7	66%	2019/04/04 10:43:37		0秒
73	025	2.6	26.7	7.6	74%	2019/04/04 10:43:49		0秒
74	011	1.2	25.8	8.9	73%	2019/04/04 10:43:42		0秒
75	025	[illegible]	26.7	7.6	74%	2019/04/04 10:43:49		[illegible]
76	011	[illegible]	25.8	8.9	73%	2019/04/04 10:43:42		[illegible]
77	013	2.6	25.1	11.8	84%	2019/04/04 10:42:37		0秒
78	019	14.4	25.3	0.4	60%	2019/04/04 10:43:47		0秒

工作状态
PLC 通讯状态
开始　停止
刀盘转速:0.5||环号:56||刀盘角度:26
刀盘挤压力:726.9|| 推进模式:False

刀具分布
Arm1
Arm3
Arm5
Arm7
Arm9
Arm11
轨迹图　刀盘图

信息
【2019-04-04 10:43:58.189】刀具1采集数据成功:转速:0,温度:24.5,磨损:-2
【2019-04-04 10:43:58.189】刀具True状态:
【2019-04-04 10:43:58.189】刀具3采集数据成功:转速:0,温度:24.5,磨损:-2
【2019-04-04 10:43:58.189】刀具True状态:
【2019-04-04 10:43:58.999】节点41数据响应:
【2019-04-04 10:43:58.999】刀具22采集数据成功:转速:3.25,温度:0,磨损:6.2
【2019-04-04 10:43:58.999】刀具True状态:
【2019-04-04 10:43:58.999】刀具24采集数据成功:转速:0,温度:0,磨损:6.2
【2019-04-04 10:43:58.999】刀具True状态:

主页　历史数据　曲线图　参数设置

图 8-46　滚刀磨损、温度旋转状态监测数据

（4）主轴承密封压力自适应控制。

盾构主轴承密封均采用多道唇形密封的形式，如图 8-47 所示。利用唇形密封圈将主轴承内外密封腔分割成多道相对独立的密封腔。第一道密封腔是开放的，与泥水舱相通，该道密封腔注入 HBW 油脂，利用油脂不断往外泄漏流动将泥水舱的泥水阻挡住，防止其进入密封腔损坏密封结构；第二道密封腔注入 EP2 油脂起到密封润滑作用；第三道密封腔注入齿轮油；第四道密封腔为检测腔或注入齿轮油，通过油液分析判断密封结构是否良好。

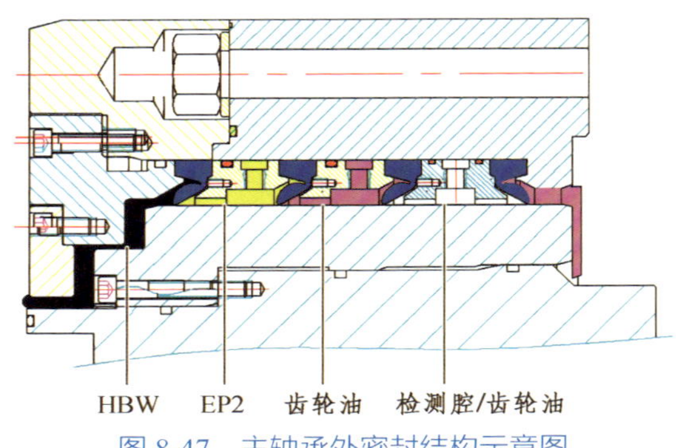

图 8-47　主轴承外密封结构示意图

通过优化主轴承密封油脂管路控制原理，从以往的开环控制模式改成反馈控制模式，以构成一个封闭的压力控制系统，泥水舱压力和第一道密封腔压力联动控制，第一道密封腔压力和第二道密封腔压力联动控制，能够构成一个动态的平衡，同时能够根据泥水舱压力自行调整第一道密封腔压力和第二道密封腔压力，能够有效地防止泥土进入第一道密封腔，并保证第二道密封腔压力小于第一道密封腔，以形成压力差，保证第一道唇形密封圈良好的密封状态。采用此种控制方式，使 HBW 油脂腔、EP2 油脂腔的压力与外界泥水压力相关联，且使各密封腔之间保持相对稳定的压力差，避免因外界泥水压力增大而损坏密封系统，有助于提高主轴承使用寿命。

海湾隧道泥水盾构在施工过程中，主轴承密封系统的 HBW 油脂压力、EP2 油脂压力与外界泥水压力变化情况如图 8-48 所示，从图中可以看出：

① HBW 油脂、EP2 油脂腔压力跟随泥水压力的变化而变化，实现自适应控制。

② 主轴承第一道密封圈两侧形成相对稳定的压力差，有利于其密封性能保持相对稳。

③ HBW 油脂腔压力一直高于泥水压力使泥水不进入密封腔损坏密封结构，确保了密封结构使用寿命。

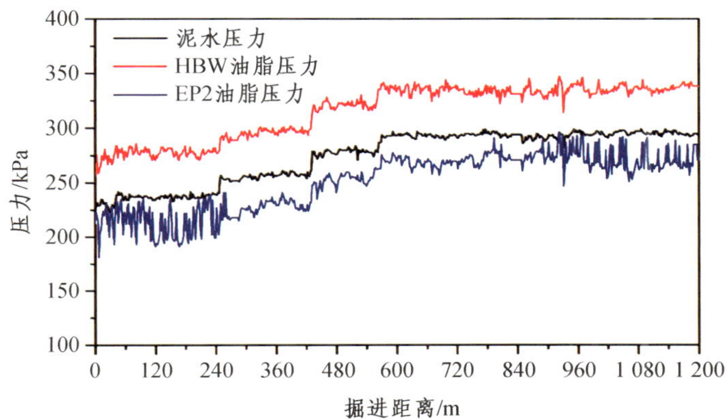

图 8-48 泥水盾构掘进过程中主轴承密封系统油脂压力变化曲线

（5）主要参数配置。

西线盾构主要参数见表 8-8。

表 8-8 汕头海湾隧道西线盾构主要参数

项目名称	单位	盾构参数
开挖直径	m	15.03
主机长度（含刀盘）	m	约 15
整机长度	m	约 130（不含调车平台）
主机质量	t	约 2 675
整机质量	t	约 4 600
最小转弯半径	m	1 000
适应的最大坡度	‰	50
最大推进速度	mm/min	50
最大推力	kN	222 200
能承受最大工作水土压力	MPa	1
装机总功率	kW	约 11 500
开口率	%	28
主动搅拌臂数量	个	6
扩挖形式		球形轴承摆动扩挖
中心滚刀数量 / 直径 / 刀高	把 /mm/mm	12（刃）/431.8/225 双轴双刃
正滚刀数量 / 直径 / 刀高	把 /mm/mm	54（刃）/482.6/225 双轴双刃

续表

项目名称	单位	盾构参数
边滚刀数量 / 直径 / 刀高	把 /mm/mm	10（刃）/482.6/225 双轴双刃 2（刃）/482.6/225 单刃
滚刀安装方式		双楔块 + 拉紧块螺栓安装
正滚刀刀间距	mm	80/90/100
边滚刀刀间距	mm	100/93/95/90/84/70/69/60/50/20
中心刀刀间距	mm	120
扩挖刀数量 / 扩挖量	把 /mm	1/40
可常压更换刀具类型及数量	把	6 把 431.8 mm（17 in）双轴双刃滚刀
		32 把 482.6 mm（19 in）双轴双刃
		2 把 482.6 mm（19 in）单刃滚刀
刮刀数量 / 刀高	把 /mm	常压 48 把 /185 mm； 带压 162 把 /185 mm
撕裂刀数量 / 刀高	把 /mm	与滚刀数量相同，可互换
边刮刀数量 / 刀高	把 /mm	48/185
驱动总功率	kW	5 600（350×16）
驱动电机数量	个	16
驱动电机参数	kW	350 kW，50 Hz，4 极
转速范围	r/min	0 ~ 2.25
额定转速	r/min	1.1
额定扭矩	kN · m	45 450
脱困扭矩	kN · m	63 630
主轴承直径（内径 / 外径）	mm	ϕ6 550/ϕ7 600

8.3.4　施工关键技术

1. 孤石探测与处理技术

（1）盾构始发端概况。

汕头海湾隧道盾构始发端是由围堰填筑而成的，根据盾构隧道上覆水土环境、隧道范围内地质情况将区间划分为陆域段和海域段，其中陆域段分为始发加固区（宽 18 m）、回填区（宽 67 m）、围堰段（宽 30 m）和抛石区（宽 56 m），盾构组装调试完毕后将依次穿过上述段落进入海域段，如图 8-49 所示。

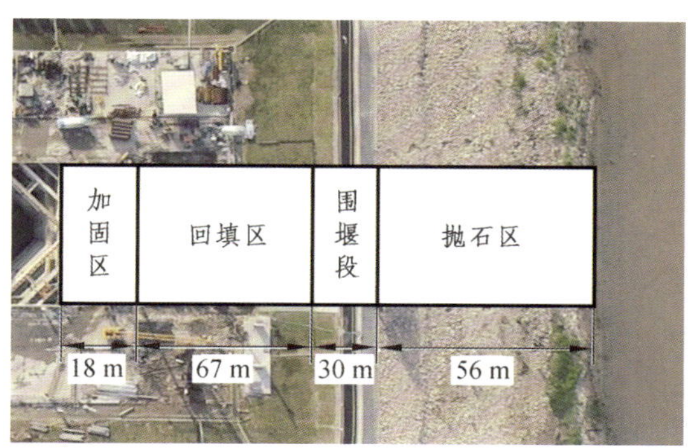

图 8-49　海湾隧道盾构始发端

始发端加固范围纵向长度为 18 m，加固上部标高为 +1.5 m（地面标高 +2.9 m），加固下部为隧道底往下 5 m（−28.244 m），两侧加固至盾构隧道管片外边缘 5.5 m。加固方式：外围三面为厚 0.8 m 的 C25 混凝土素墙和地连墙组成的合围区，合围区采用 ϕ850 mm@600 mm 三轴搅拌加固。始发端洞门外围设计为 1 m 厚的 C25 素墙，地连墙和素墙施作 3 排 ϕ1 200 mm@800 mm 三重管高压旋喷止水桩。始发端段隧道盾构段顶部地层以② -1 淤泥、② -4 粉细砂为主；洞身掘进段以② -1 淤泥、② -2 淤泥质土、③ -1 粉质黏土、② -5 中粗砂、⑥ 2-1 全风化花岗岩为主；隧道底部地层以⑥ 2-1 全风化花岗岩、⑥ -3 中风化花岗岩为主。加固区地层分布见表 8-9。

表 8-9　加固区地层分布

序号	岩土名称及代号	土层描述	各项参数指标统计
1	淤泥（Q_4^m） ② 1	黄灰色、灰～深灰～灰黑色，流塑，多夹薄层粉细砂，富含腐殖质，具腐臭味，局部富集贝壳碎片	层厚 0.80 ～ 24.3 m，平均层厚 11.7 m，标贯标准值 1.16 击，原状土无侧限抗压强度 18 kPa，灵敏度 St5.6，渗透系数 0.02 m/d
2	淤泥质土（Q_4^m） ② 2	灰～深灰色，流塑，含少量贝壳碎片及腐殖质，常夹薄层粉细砂或与粉细砂互层	层厚 1.0 ～ 19.7 m，平均层厚 7.82 m，标贯标准值 4.12 击，原状土无侧限抗压强度 24.9 Pa，灵敏度 St5.3，渗透系数 0.02 m/d
3	粉细砂（Q_4^m） ② 4	浅灰色，饱和，松散～稍密，级配不良，局部富集贝壳碎片，夹淤泥层或淤泥透镜体	层厚 0.7 ～ 7.7 m，平均层厚 2.8 m，标贯标准值 8.4 击，渗透系数 5 m/d
4	粉质黏土（Q_4^{mc}） ③ 1	灰黄色、褐黄色、灰白色、砖红色、青灰色，可塑为主，局部呈软塑、硬塑状，以黏粒、粉粒为主	层厚 0.5 ～ 8.6 m，平均层厚 2.92 m，标贯标准值 9.5 击，渗透系数 0.02 m/d

续表

序号	岩土名称及代号	土层描述	各项参数指标统计
5	中粗砂（Q_4^m）②5	灰黄色、灰白色，饱和，松散～稍密为主，局部中密，级配不良，含黏土或夹软塑状粉质黏土层	层厚 0.6 ～ 9.1 m，平均层厚 3.4 m。标贯标准值 17.7 击
6	全风化花岗岩⑥1	浅肉红色间灰白色，局部黄褐色、浅紫色，母岩 结构可辨，密实，以粗、砾砂为主，含少量角砾及粉粒，部分呈土柱状	层厚 0.3 ～ 10.0 m，平均层厚 3.96 m，标贯标准值 38.7 击，渗透系数 0.1 m/d
7	强风化花岗岩⑥2-1	浅肉红色间灰白色，母岩结构清晰，岩芯呈砂土状，手捻易散，浸水崩解软化	层厚 0.6 ～ 22.2 m，平均层厚 3.92 m，标贯标准值 62.9 击，渗透系数 0.1 m/d
8	中风化花岗岩⑥3	浅肉红色间灰白色、灰色，细粒、中粗粒花岗结构，块状构造，裂隙较发育，裂隙面多见铁锰质浸染且风化较强烈，岩芯以短～长柱状为主，部分呈碎块状，岩石坚硬	层厚 0.8 ～ 8.4 m，平均层厚 3.22 m，饱和抗压强度 142 MPa

（2）始发端加固区孤石探测。

始发端隧道范围内按照 3 m × 3 m 布置探孔，局部地段根据前期补勘揭露的孤石、基岩突起情况，按照 1.5 m × 1.5 m 加密布置，共布置 73 个孔；根据钻孔揭露的孤石情况，进一步加密钻孔间距，以探明孤石边界形状，孔深 27 m，终孔位置距隧道底部 1 m，最终探明始发端加固区孤石分布如图 8-50 所示。根据钻孔揭露的孤石情况，将始发端的孤石确定为 7 块孤石及 1 处基岩突起（⑦ 号区域），其中东线 3 块孤石，西线 4 块孤石和 1 处基岩突起。对补勘岩石做抗压强度试验，岩石强度最大值在④ 号孤石区，单轴抗压强度最大为 110 MPa。

（3）始发端加固区的孤石处理方法。

始发端加固区采用注浆加固，盾构直接穿越该区域存在以下风险：一是难以验证地层加固后孤石的固结效果，确保盾构在掘进时正常破碎这些孤石；二是即使孤石被有效固结，但孤石与周围地层力学性能差异极大，形成软硬不均的状态，容易造成刀盘上的刀具异常损坏，如滚刀刀圈崩刃、断裂，刮刀掉落等；三是加固区覆土较浅，埋深小于 1 倍洞径，难以形成稳定的带压进舱环境，刀盘中心区域同时存在多个孤石，人工带压进舱处理风险大。鉴于以上原因，盾构掘进前需先采用爆破或机械处理等措施处理始发端加固区的孤石。

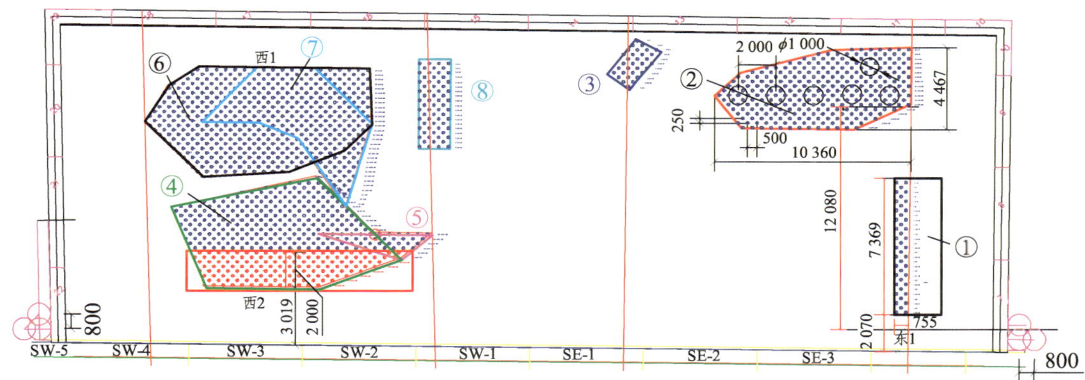

图 8-50　始发端加固区孤石分布平面图

由于始发端孤石处于加固体内部、距离主体结构及外包素墙距离近，处理始发端加固区内孤石时必须充分考虑到该过程对加固体、始发井主体结构及外包素墙结构的影响。现场初步拟定了 3 种孤石处理方案：牙轮钻取出、潜孔钻破碎和爆破。

牙轮钻取出、潜孔钻破碎方案对于加固体、始发井主体结构及外包素墙无不利影响。爆破方案采取隔离钻孔减震措施、微差爆破等措施，由于始发端加固区为三面厚 800 mm 的素混凝土连续墙与始发井围护结构组成的封闭体，爆破后的能量除在减震孔中损失外，全部作用在加固土体及始发区内，目前相关规范中未明确爆破对加固土体的影响，无法定性爆破对加固土体的影响，对后续破除洞门及盾构始发造成安全隐患。此外，西线孤石距离始发井主体墙仅 2.5 m，东线 2 号孤石距离外侧素混凝土墙不足 1 m，爆破作业可能造成墙体开裂。为确保施工安全，现场最终采用牙轮钻取出、潜孔钻破碎的机械处理方案。

根据孤石范围、大小采用密布钻孔破碎孤石的方式处理。密布孔采用 ϕ150 mm 潜孔钻机钻孔，钻孔深度至开挖轮廓线下 1 m，钻孔深度 23 ~ 27 m，孔间距为 250 mm × 250 mm，呈梅花形布置。密钻孔后岩石碎块粒径小于 300 mm。为了确保盾构掘进过程中掌子面地层及泥水舱压力的稳定，每个孔需采用水泥砂浆回填。密布钻孔破碎处理施工步骤如下：测量放线→潜孔钻机定位→钻孔至设计标高→验孔→钻机移位→水泥砂浆回填。为加强孤石破碎处理效果，根据 2 号孤石尺寸，在 2 号孤石上增加 5 个 ϕ1 m 的牙轮钻钻孔，孔深至开挖轮廓线下 1 m，钻孔完毕后采用 C15 细石混凝土回填。东线潜孔钻和牙轮钻孔位平面布置图如图 8-51 所示。

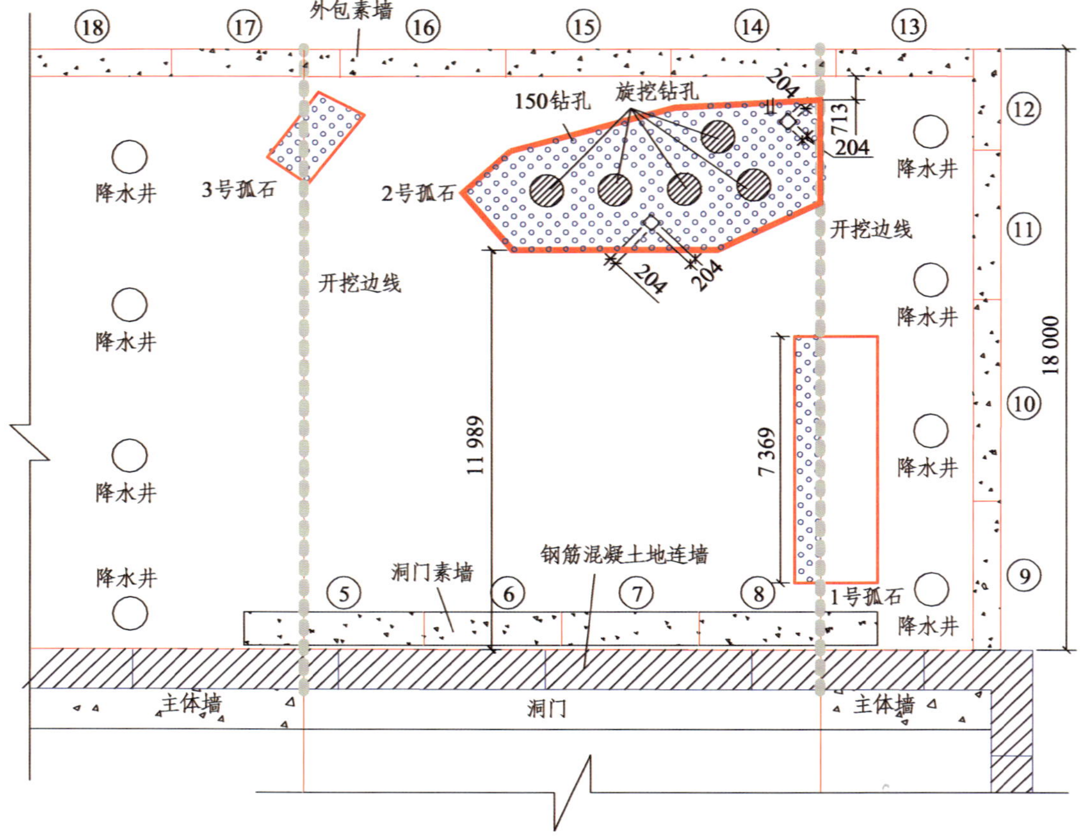

图 8-51　东线加固区孤石潜孔钻 + 旋挖钻布孔图（单位：mm）

（4）始发端回填区孤石探测方法。

根据前期地质纵断面图采用物探 CT 探测回填区的孤石，采用钻孔验证。按隧道中心线方向横纵 3 m × 3 m（从南往北 30 m）和 5 m × 5 m（从南往北 60 m）进行初步验证，终孔位置距隧道底板 1 m。孔位布置如图 8-52 所示。钻进过程中对发现基岩的钻孔周围行加密钻孔，以锁定孤石分布区域、探明孤石边界为准，加密布孔原则为从发现孤石钻孔位置向四周（前后左右 1 m × 1 m）布置。

（5）始发端回填区孤石处理方法。

回填区的孤石预处理措施为爆破 + 注浆加固。该区域需要爆破处理的孤石、基岩位于地表以下 13 ~ 28 m，采用地质钻机进行钻孔，钻孔直径为 89 mm，采用垂直钻孔方式，钻孔过程中采用泥浆护孔，必要时下钢套管。成孔后下 75 mm 的 PVC 套管护孔，套管底部需安装堵头，PVC 管上部需遮盖，防止杂物进去。为确保岩渣粒径符合盾构出渣的要求，爆破后的岩石块粒径小于 30 cm。爆破孔装药直径为 60 mm，每 4 m 一节，采用雷管引爆，每孔装药深度 3 m 以下采用 2 发雷管引爆、3 ~ 6 m 采用 4 发雷管引爆、超过 6 m 采用 5 发雷管引爆，爆破参数见表 8-10。

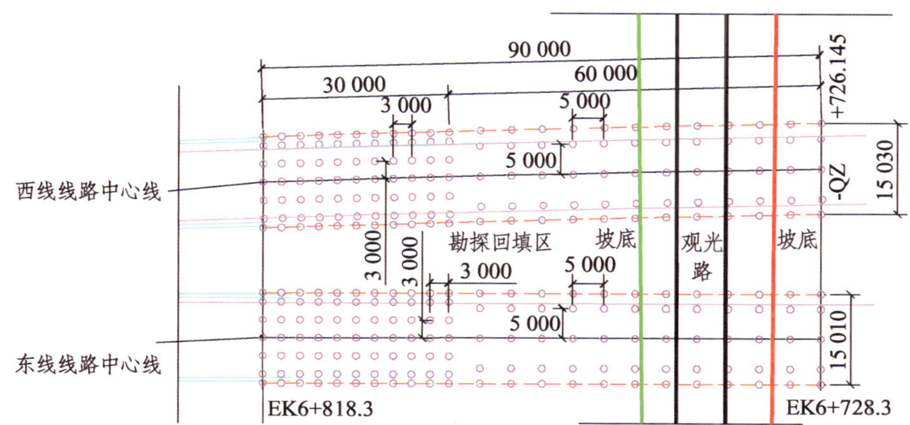

图 8-52　回填区钻孔平面图（单位：mm）

表 8-10　爆破参数

孔距 a/m	排距 b/m	单耗 /（kg/m^3）	装药量 Q/kg	装药形式
1.0	1.0	2.87	0 ~ 14.35	连续

爆破孔采用梅花形或矩形布孔形式，单孔单体爆破时（装药孔设置在重心处），装药长度与岩石厚度相同。多孔单体爆破时，相邻两个炮孔其中一个钻至孤石底面，装药至炮孔底部，孤石顶面留深 100 mm 段不装药，其邻孔孔底距离孤石底面 100 mm，装药至炮孔底部，孤石顶面留深 100 mm 段不装药，炮孔间排距均为 0.8 ~ 1.2 m，如图 8-53、图 8-54 所示。为了便于施工，提高破碎效果，先爆破前排孔，然后利用前排孔爆破挤压周围土层产生的冲击力，再对后排孔进行逐个起爆。

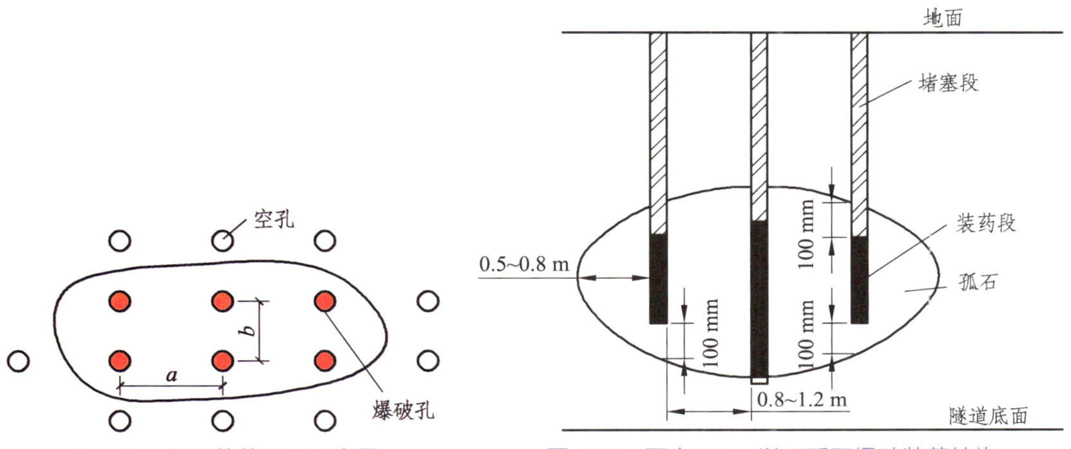

图 8-53　孤石装药平面示意图　　图 8-54　厚度 2.0 m 以下孤石爆破装药结构

药包就位和防护：药包加工到位后，在 PVC 管上部钻两孔，用铁丝绑定，上系绳索，开始下药包，将整个药包悬吊在准确位置上，误差控制在 +10 cm 之内。药包就位后，用铁丝把绳索固定在套管壁上，使其不再自由移动。药包固定就位后，套管内外均用碎石或砂土堵塞密实，防止套管突起和浆液喷出。经取芯验证，爆破后孤石粒径为 2 ~ 18 cm，满足爆破预想粒径小于 30 cm 的要求，爆破效果良好。孤石爆破前后芯样如图 8-55 所示。

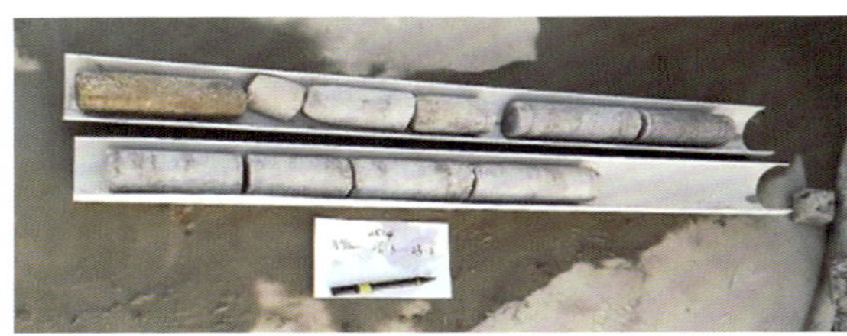

（a）爆破前孤石芯样

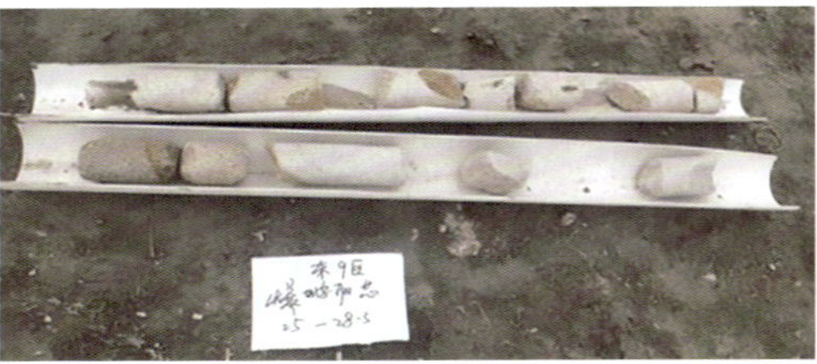

（b）爆破后孤石芯样

图 8-55 孤石爆破前后芯样

爆破处理完成后，原状地层被破坏，受爆破影响，地层中将产生大量的缝隙、碎屑，为了确保盾构通过此段时不发生冒浆、坍塌，利用袖阀管注浆对爆破区域进行加固处理，如图 8-56 所示。采用单液浆注浆，双液浆封孔。具体方式为：爆破孔位下单液注浆镀锌管，孔口往下 1 m 范围内采用双液浆进行孔口封闭后注浆。注浆开始后直至周边孔口及注浆孔位返出纯水泥浆后，对返浆孔口往下 1 m 采用双液浆进行封堵。注浆范围为隧道横断面方向沿隧道边缘各外放 1 m，隧道纵断面方向沿爆破孤石（基岩突起）空孔外放 2 m，注浆加固深度按照爆破钻孔深度设计。

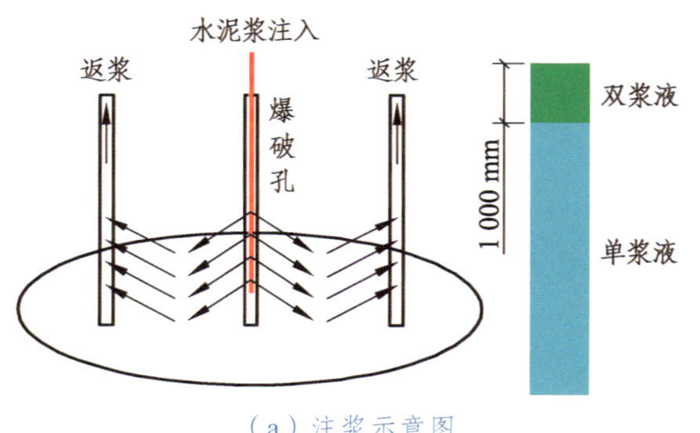

（a）注浆示意图

（b）现场注浆

图 8-56 爆破孔注浆

单孔单段注浆满足以下条件之一即可结束注浆：浆液达到预定注入量，可以结束本段注浆；浆液注入量未能达到预定注入量，但注浆压力超出规定值，可稳压 10 ~ 15 min 后结束本段注浆；未达到预定注入量，但出现串浆，停止本段注浆；在规定的注浆压力下，如果吸浆量不大于 0.5 L/min，持续注浆 10 ~ 30 min，或吸浆量不大于 1 L/min，持续注浆 20 ~ 50 min。当各单孔单段达到注浆结束标准或单孔注浆达到注浆结束标准占全部注浆孔的 90% 时，即可结束群孔注浆。

2. 基岩突起地层泥水压力控制技术

海湾隧道东线基岩突起段如图 8-57 所示，该段中 ~ 微风化岩层侵入隧道结构范围内，顶部为粉质黏土、淤泥混砂、中粗砂、淤泥、淤泥质土，呈现上软下硬的复杂地层。按照图示方向，盾构由右向左依次掘进通过 3 段基岩突起段。在泥水盾构施工过程中，劈裂往往发生于黏性土、淤泥质土等不透水地层中，而对于砂性土，由于泥浆渗入地层中，一般不易发生泥水劈裂现象。基岩突起段顶部覆土厚度为 13.1 ~ 15.2 m，已不足 1 倍洞径，部分段落覆土为易发生劈裂的淤泥质土，如何使泥水压力保持在合适的范围内是海湾隧道施工面临的关键难题。

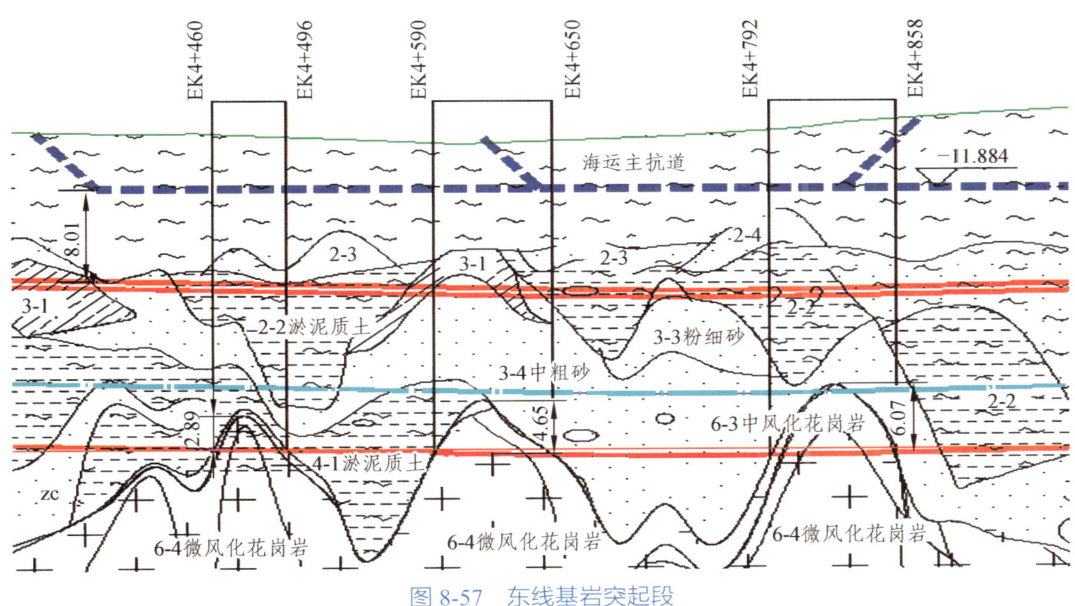

图 8-57　东线基岩突起段

（1）基岩突起段地层劈裂压力分析计算。

假定劈裂破坏为剪切破坏。地层劈裂抗力由土体应力和材料破坏抗力组成，假定土体破坏满足莫尔 - 库仑（Mohr-Coulomb）定律，地层劈裂抗力如式（8-1）所示。

$$P_f = \sigma_3 \cdot (1+\sin\varphi) + c \cdot \cos\varphi \tag{8-1}$$

$$\sigma_3 = (\gamma Z+q) \cdot (1-\sin\varphi) \tag{8-2}$$

式中：φ——土体内摩擦角；

c——土体黏聚力；

σ_3——最小主应力；

γ——土体容重；

Z——覆土厚度；

q——超载，若有上覆水体，则换算为超载。

这种使用总应力指标进行计算的方法称为总应力法，地层参数见表 8-11。

表 8-11　地层参数

地　层	重力密度 / (kN/m³)	内摩擦角 φ/ (°)	黏聚力 c/kPa
淤泥	15.40	3.20	9.00
淤泥质土	16.70	5.00	13.40
淤泥混砂	18.10	8.00	12.50
粉质黏土	19.00	12.00	19.00

分别计算 3 段基岩突起段的静止土压力、劈裂压力和朗肯被动土压力，结果汇总见表 8-12。

表 8-12　计算结果

工　况		第 1 段（1 010 环）	第 2 段（1 113 环）	第 3 段（1 186 环）
涨潮	静止土压力 /kPa	285.13	238.8	268.7
	劈裂压力 /kPa	323.33	307.1	305.5
	朗肯被动土压力 /kPa	384.57	506.7	379.8
落潮	静止土压力 /kPa	267.24	223.3	250.8
	劈裂压力 /kPa	303.88	288.3	286.1
	朗肯被动土压力 /kPa	377.90	476.8	356.5

可知劈裂破坏先于被动破坏发生，且落潮时的劈裂压力较低，因此可取落潮时的劈裂压力作为泥水舱顶部压力取值上限。

（2）基岩突起段泥水压力控制范围分析与验证。

盾构在基岩突起段掘进时，以静止土压力为泥水舱顶部压力的基准，以落潮时的劈裂压力为控制上限，确保了极软极硬工况下掌子面的稳定，平稳顺利通过了基岩突起段。以东线盾构为例，其在通过第 1、2 段基岩突起段时泥水舱压力计算值与实际值如图 8-58 所示。从图中可以看出：在第 1 段基岩，静止土压力约为 256 ~ 274 kPa，劈裂压力约为

302 ~ 311 kPa，盾构在掘进过程中泥水压力比较稳定，平均值约为 236 kPa，比静止土压力小 22 ~ 36 kPa；在第 2 段基岩，受盾构上覆土变化的影响，静止土压力和劈裂压力波动范围较大。其中：在 1 103 环、1 104 环、1 119 ~ 1 129 环，由于上覆土变为中粗砂，造成这两段计算的静止土压力和劈裂压力相较其他邻近区域大幅降低；在 1 095 ~ 1 102 环，静止土压力为 254 ~ 257 kPa，劈裂压力为 290 ~ 293 kPa；在 1 103、1 104 环，静止土压力约为 140 kPa，劈裂压力约为 211 kPa；而在 1 105 ~ 1 118 环，静止土压力约为 222 ~ 224 kPa，劈裂压力约为 287 ~ 289 kPa；在 1 119 ~ 1 129 环，静止土压力约为 139 ~ 141 kPa，劈裂压力约为 208 ~ 212 kPa。

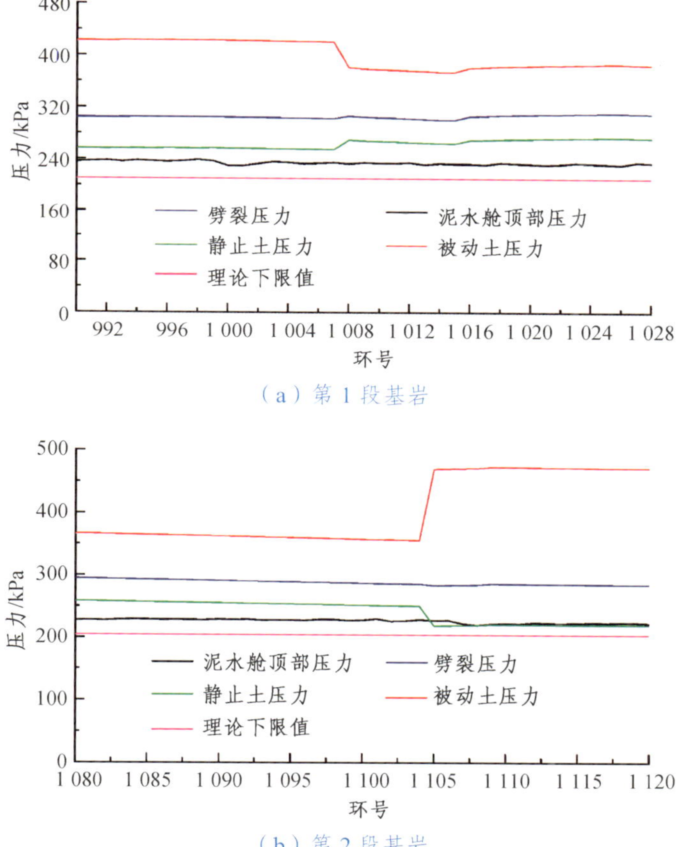

（a）第 1 段基岩

（b）第 2 段基岩

图 8-58　盾构在基岩突起地层掘进时的泥水舱顶部压力

3. 基岩突起地层掘进参数控制技术

基岩突起段主要是微风化花岗岩，局部强度较大，最大抗压强度约 214 MPa，侵入隧道最大高度 6.6 m，盾构刀盘正面区域将作用在这段硬岩上，刀盘正面区域刀间距以 100 mm 为主，部分滚刀刀间距为 90 mm 和 120 mm。在此刀间距下，如何选取合适的掘进参数（总推力、刀盘转速、掘进速度）既满足盾构正常掘进通过这段高强度岩石，又能避免滚刀过载是工程的重难点。

（1）基岩突起地层掘进参数选取实验。

不同刀间距下滚刀破岩效果：利用现场采集的花岗岩与水泥砂浆按照 1 ： 1 的比例制作 ϕ1 000 mm 岩样模拟现场基岩突起地层，如图 8-59 所示。

滚刀刀间距分别为 90 mm、100 mm、120 mm 时岩石破碎情况如图 8-60 所示。观察实验前后岩样破碎区表面可以发现，在上述刀间距下滚刀均能有效破岩，岩样表面无岩脊。在每种刀间距情况下，尽管掘进参数有所不同，但是滚刀轨迹之间的岩石均能破碎且破碎区贯通。

（a）现场花岗岩

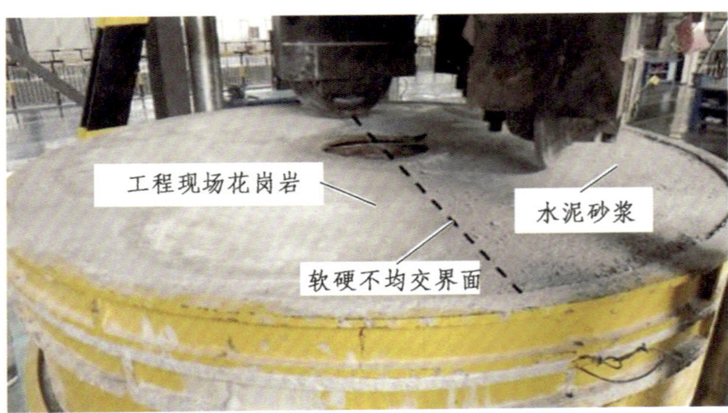

（b）制作的软硬不均地层

图 8-59　实验岩样及上软下硬地层模拟实物图

（a）刀间距为 90 mm

（b）刀间距为 100 mm

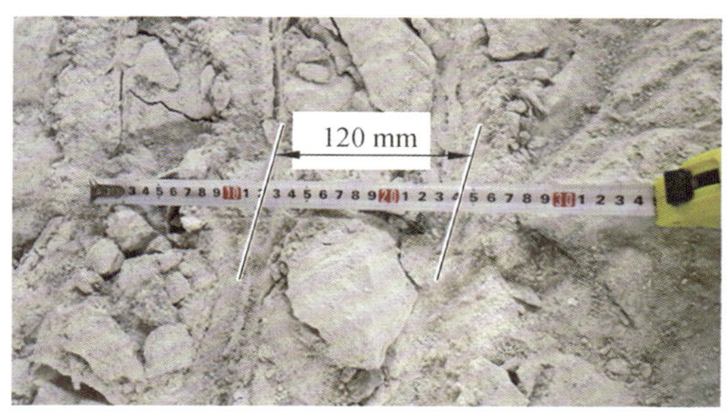

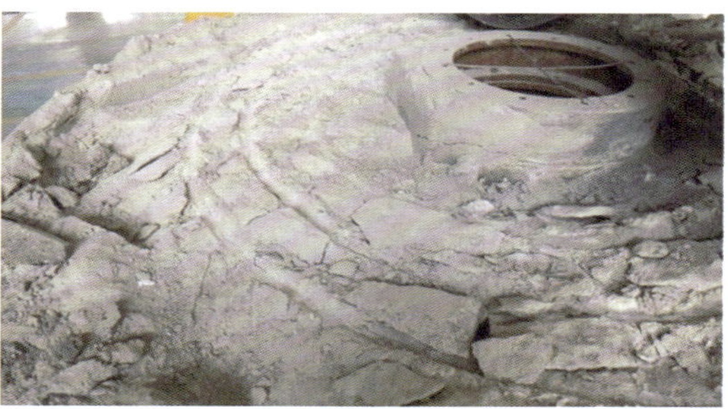

（c）刀间距为 120 mm

图 8-60　不同间距滚刀破岩效果图

不同类型滚刀破岩实验效果：采用平刃和镶齿两种类型的直径 482.6 mm（19 in）双轴双刃盘形滚刀开展实验，如图 8-61 所示，对比分析两种类型滚刀的破岩效果，每次实验时安装 2 把同类型的滚刀。

（a）平刃盘形滚刀

（b）镶齿盘形滚刀

图 8-61　实验所用的两种类型盘形滚刀实物图

采用力控制方式，将荷载目标值设置为 600 kN（单把刀约 300 kN），岩箱转速为 1 r/min，刀间距为 100 mm，获得两种类型滚刀破岩时对应的掘进距离随时间变化情况如图 8-62 所示。平刃盘形滚刀掘进速度约为 3.99 mm/min，镶齿盘形滚刀掘进速度约为 2.34 mm/min。由此得出在相同荷载作用下，镶齿盘形滚刀的掘进速度逐渐小于平刃盘形滚刀。统计不同粒径下的岩渣分布情况如图 8-63 所示。由图得出：在相同条件下两种类型盘形滚刀破碎的岩渣中，平刃滚刀破碎的大块岩渣（粒径在 40 ~ 80 mm）比例高于镶齿滚刀，而小颗粒及粉末状（粒径小于 10 mm）所占比例低于镶齿滚刀；从高效破岩的角度来看，平刃滚刀破岩效率高于镶齿盘形滚刀。

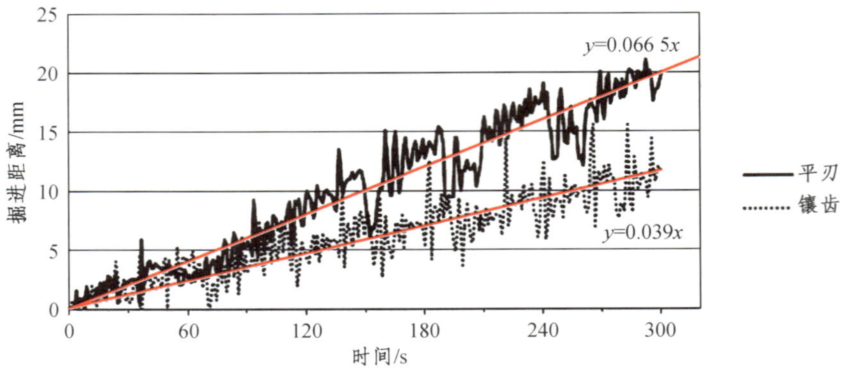

图 8-62　两种类型盘形滚刀破岩时掘进距离时间变化曲线图

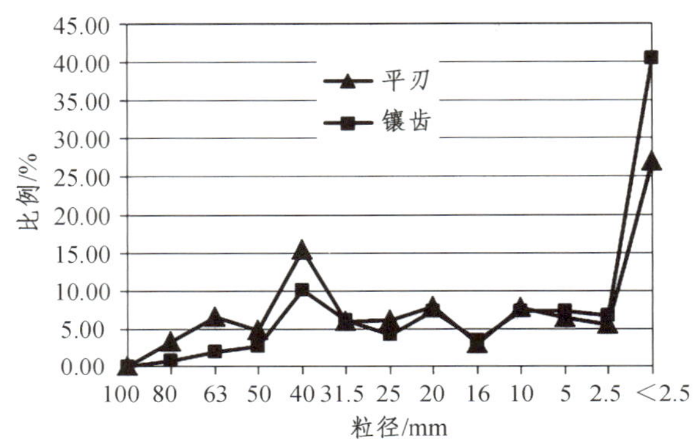

图 8-63　两种类型滚刀破碎的岩渣粒径分布图

不同荷载下滚刀破岩实验效果：平刃滚刀破岩效果好于镶齿滚刀，故在开展不同荷载下的破岩实验时采用平刃滚刀。将刀间距分别设置为 100 mm 和 110 mm，每种刀间距下分别设置总推力为 300 kN（单刀约 150 kN）、400 kN、500 kN 和 600 kN 时获得的掘进距离随时间变化曲线如图 8-64 所示。

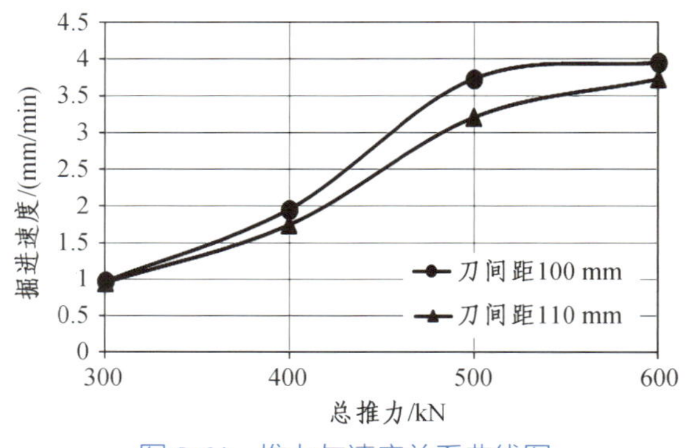

图 8-64　推力与速度关系曲线图

图 8-64 表明两种刀间距条件下总推力与掘进速度之间的变化趋势基本一致：当

总推力为 300 kN 时，掘进速度约为 1 mm/min；当总推力为 600 kN 时，掘进速度在 3.5 ~ 4 mm/min；随着总推力增加掘进速度逐渐增加，但是这种增加趋势是非线性的，总推力从 300 kN 增加到 400 kN 以及从 400 kN 增加到 500 kN 时，掘进速度增幅均大于总推力从 500 kN 增加到 600 kN 时。

通过上述实验，可得到如下结论：

① 482.6 mm（19 in）盘形滚刀在刀间距 100 mm 时可顺利破岩，相邻刀间距之间不会形成“岩脊”。

② 以不超过 482.6 mm（19 in）盘形滚刀最大工作荷载的 80% 为滚刀荷载上限（252 kN = 315 kN × 80%），则贯入度宜不超过 3.7 mm/r。

（2）现场应用情况。

室内实验结果表明盾构可直接掘进通过花岗岩基岩突起段，泥水盾构在 3 段基岩突起段的掘进参数曲线如图 8-65 所示，按照室内实验的结果，盾构刀盘转速控制在 0.8 ~ 1 r/min，贯入度控制在 2 ~ 4 mm/r。现场盾构掘进出渣与实验时的出渣情况对比如图 8-66 所示。

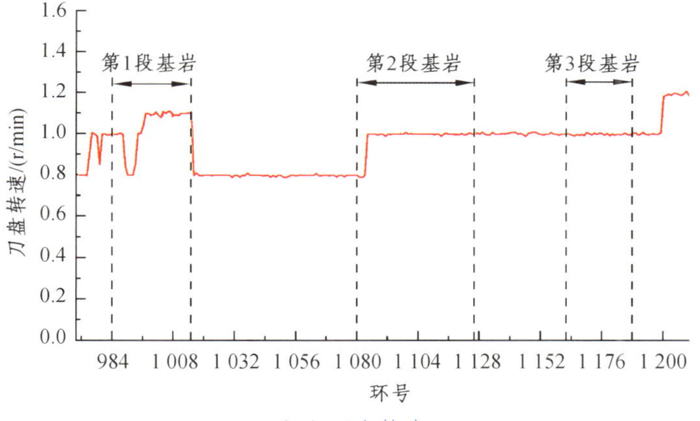

（a）刀盘转速

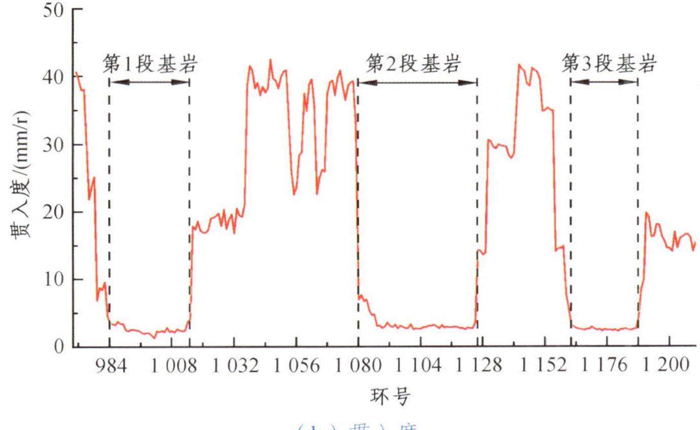

（b）贯入度

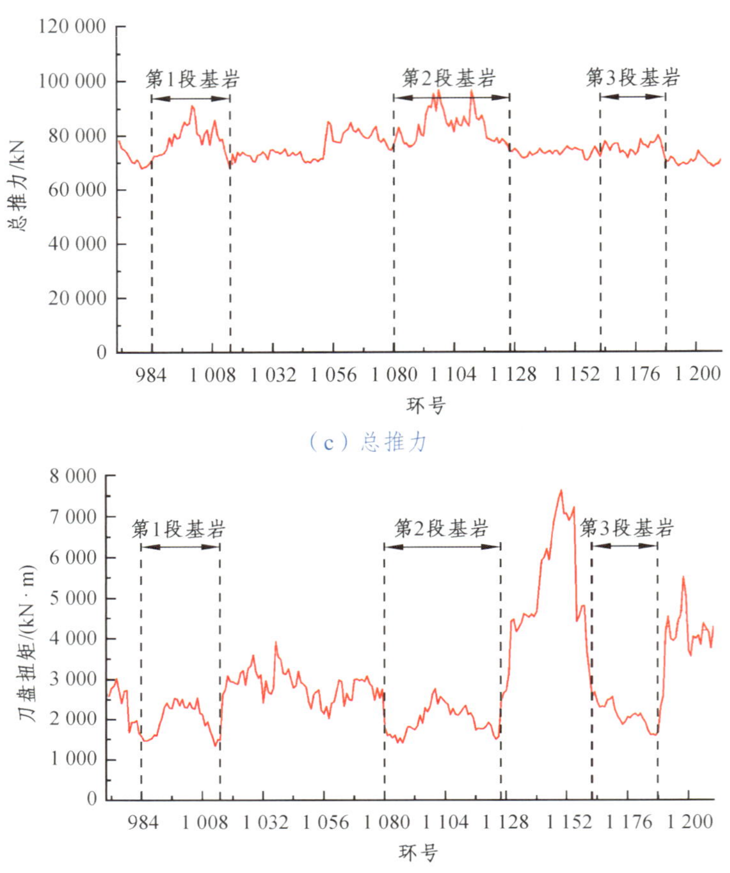

（c）总推力

（d）刀盘扭矩

图 8-65　盾构在基岩突起段掘进参数

（a）实验岩渣　　　　（b）现场掘进岩渣

图 8-66　实验岩渣与基岩突起段排出的岩渣

对于完整性较好的岩体，岩块粒径一般在 10 cm 以内，其中粒径 5 cm 以下岩块占比 60%，5 ～ 10 cm 占比 35%，10 ～ 15 cm 占比 5%。岩块形状主要有块状及片状两种，块状占比为 65%，片状为 35%。带常压换刀功能的超大直径泥水盾构在基岩突起地层中掘进时，掌子面距离排浆口约 4.7 m，岩块运动路径较长，受刀盘主梁、泥浆门、破碎机、格栅等的阻挡，岩块受到二次磨损、磨碎情况明显。

对于节理裂隙较多岩体，岩块粒径一般在 15 cm 以内，其中粒径 5 cm 以下的岩块占比 30%，5 ~ 10 cm 占比 50%，10 ~ 15 cm 占比 20%，有少量岩块尺寸超出 15 cm。岩块形状主要有块状及片状两种，块状占比在 75% 左右，片状在 25% 左右，岩块多数破裂面为原裂隙面。

此外，施工现场成立盾构穿越基岩领导小组及健全技术管理体系，对掘进参数、刀具、出渣情况等进行着重管控，其间除刀具检查更换较为频繁外，未出现滞排、刀具掉落等异常工况引起的带压进舱作业，安全风险可控。在此期间，隧道上方主航道安全平稳运行，盾构平均进度指标达到了 1.18 m/d，最终顺利通过花岗岩基岩突起段，成功避免了原计划水下爆破基岩突起段对施工组织协调，成本、风险管控，生态环境等带来的诸多不利影响，创造了超大直径泥水盾构直接掘进通过高强度花岗岩基岩突起地层的新纪录，实现了水下隧道超大直径盾构施工方法的新突破，为类似工程起到了引领示范作用。

8.4　深圳春风隧道工程

8.4.1　工程概况

春风隧道工程跨越深圳市福田区、罗湖区，西起滨河大道上步立交东侧，与滨河大道相接，自西向东布线，在滨河路上步立交与红岭立交之间进入地下。沿线位于北斗路东侧，归入沿河南路，在新秀立交以南穿出地面，在新秀立交西侧与东部过境高速公路市政连接线配套工程相接，项目具体位置如图 8-67 所示。

本工程线路施工范围如图 8-68 所示。

工程起止里程为 SK0+000.000 ~ K5+078.22，线路全长约 5.078 km，隧道土建工程分为西明挖段、盾构段和东明挖段三部分。西明挖段分敞开 U 形槽段、暗埋段和盾构始发井，为上下双层矩形框架结构，上层敞开段长 228.5 m，暗埋段长 133 m，下层敞开段长 190 m，暗埋段长 281 m，盾构井长 25 m。东明挖段分盾构接收井、暗埋段和敞开 U 形槽段，暗埋段为上下双层矩形框架结构，接收井长 25 m，上层暗埋段长 353 m，敞开段长 361.2 m，下层暗埋段长 353 m，敞开段长 361.2 m。盾构段全长 3.603 km，采用 1 台泥水平衡盾构施工，隧道断面内径 13.9 m，外径 15.2 m，管片厚 0.65 m，标准环宽 2.00 m，采用通用双面楔形环管片，楔形量为 56 mm，采用“7+2+1”分块模式，错缝拼装。

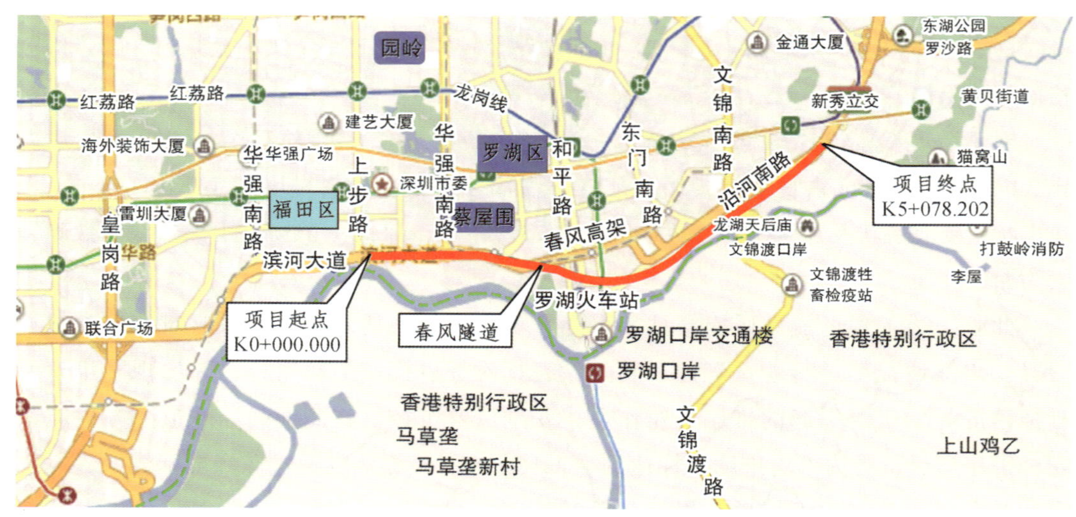

图 8-67 春风隧道工程地理位置图

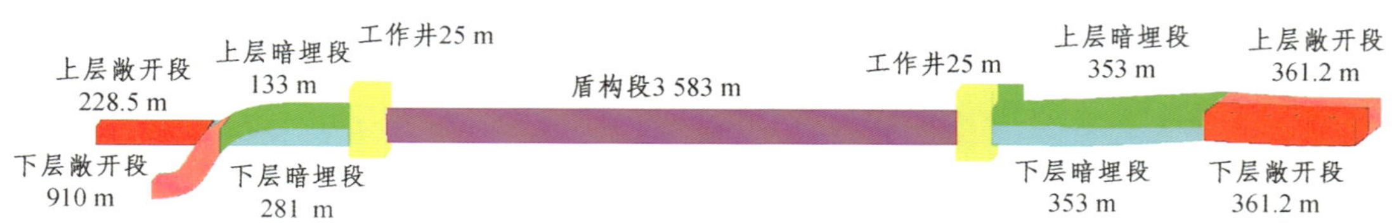

图 8-68 春风隧道工程分部示意图

1. 工程地质

春风隧道工程沿线主要地层为人工填土层（Q^{ml}）、第四系新近冲积层（Q^{al}）、第四系全新统海陆交互沉积层（Q_4^{mc}）、第四系全新统冲洪积层（Q_4^{al+pl}）、第四系上更新统冲洪积层（Q_3^{al+pl}）、第四系中更新统残积层（Q_2^{el}）及场内下伏基岩。春风隧道盾构段地质具体情况如图 8-69 所示。

春风隧道盾构段开挖面地层多为粗粒花岗岩、构造碎裂岩、凝灰质砂岩、片岩、变质砂岩、构造角砾岩、糜棱岩，并且存在部分上软下硬地层、断层破碎带，全断面岩层占全线 80% 以上。勘察区内，下伏基岩自西向东分布有不同形状、大小断裂带共 9 条。特殊性岩土主要有人工填土、淤泥质黏性软土、风化岩、地质断层等。根据工程资料分析，沿线不良地质现象有风化沟槽、球状风化体及风化岩块。春风隧道工程穿越地层分布如图 8-70 所示。

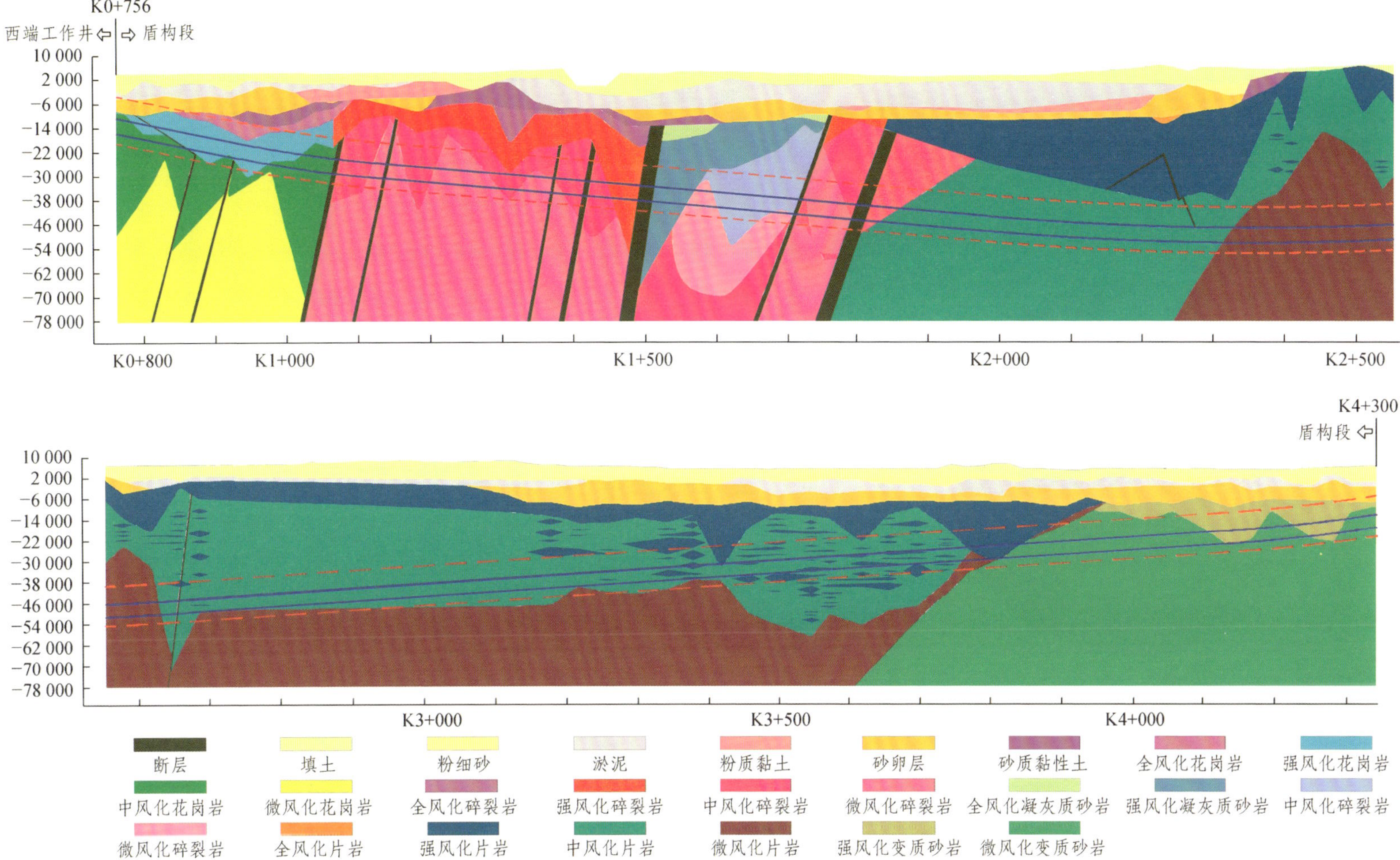

图 8-69　春风隧道工程盾构段地质纵剖面图

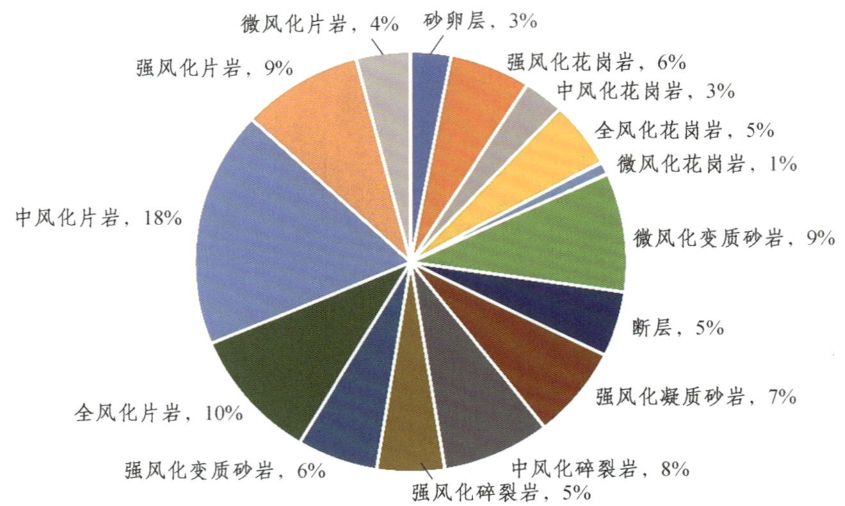

图 8-70　春风隧道工程穿越地层饼图

根据盾构段开挖面的几种典型不良地层类型，结合工程地质勘察资料，分析盾构掘进典型岩石地层如下：

（1）强风化粗粒花岗岩⑨ 2：矿物成分主要为石英、长石及黑云母等，粗粒结构，块状构造，岩体基本质量等级为Ⅴ级，风化剧烈，裂隙发育，岩芯多呈坚硬土夹碎块状，碎块用手可折断，干钻困难，遇水易软化。该层平均修正标贯击数为 53.6 击，为Ⅲ级硬土。

（2）中等风化碎裂岩⑩ 3：母岩矿物成分主要为花岗岩、凝灰质砂岩、变质砂岩等，胶结物为碳酸盐和石英，强度较高，岩体基本质量等级为Ⅳ级，节理裂隙发育，岩芯多呈块状、碎块状，岩块锤击易碎，为Ⅴ级次坚石。

（3）微风化碎裂岩⑩ 4：母岩矿物成分与胶结同上，岩体较破碎～较完整，岩体基本质量等级为Ⅳ～Ⅲ级，碎裂结构，块状构造，节理裂隙较发育，岩芯多呈柱状，局部块状，岩块锤击易碎，为Ⅵ级坚石。

（4）中风化片岩⑫ 3：矿物成分主要为长石、石英，岩体较破碎～破碎，岩体基本质量等级为Ⅳ～Ⅴ级，节理裂隙发育，岩芯多呈块状、碎块状，岩块锤击易碎，为Ⅴ级次坚石。

（5）微风化片岩⑫ 4：矿物成分同上，岩体较破碎～较完整，岩体基本质量等级为Ⅲ级，泥质和钙质胶结为主，节理裂隙较发育，岩芯多呈柱状，局部块状，岩块锤击易碎，为Ⅵ级坚石。

（6）微风化变质砂岩 ⑰ 4：矿物成分主要为长石、石英、云母等，细粒结构，层状构造，泥质或钙质胶结，较硬岩～坚硬岩，岩体较完整，岩体基本质量等级为Ⅲ级，节理裂隙稍发育，岩芯多呈柱状，局部块状，岩块锤击易碎，为Ⅵ级坚石。

（7）强风化变质砂岩⑰2：矿物成分与构造同上，岩体基本质量等级为Ⅴ级，原岩结构清晰可见，风化剧烈，裂隙发育，岩芯多呈坚硬土夹碎块状，为Ⅲ级硬土。

（8）强风化凝灰质砂岩⑪2：矿物成分主要为长石、石英、云母、岩屑，凝灰质结构，块状构造，岩体基本质量等级为Ⅴ级，原岩结构清晰可见，风化剧烈，裂隙发育，岩芯多呈坚硬土夹碎块状，平均标贯修正击数为 47.9 击，为Ⅲ级硬土。

2. 水文地质

（1）地下水。

春风隧道工程沿线地下水主要有 3 种类型，分别为赋存于第四系人工填土层中的上层滞水、第四系松散层中的孔隙水和赋存于基岩风化裂隙中的基岩裂隙水。上层滞水主要赋存于填土层中；孔隙水主要赋存于细砂、中砂、砾砂、卵石层中，其中细砂、中砂、砾砂、卵石层中的孔隙水具承压性；基岩裂隙水主要赋存于强、中等风化带裂隙和构造裂隙中，具微承压性。场地内大部分地段孔隙水含水层与基岩裂隙水含水层之间无隔水层，两层地下水直接连通，且具有承压性，混合稳定水位埋深 1.6 ~ 7.9 m，高程 −3.47 ~ 6.30 m，承压水位标高为 0.5 ~ 0.9 m。

通过对地下水矿物成分分析，春风隧道工程始发段地下水中矿物成分及浓度见表 8-13。

表 8-13　春风隧道地下水矿物成分

成分	SO_4^{2-}	Cl^-	Ca^{2+}	Mg^{2+}	Na^+	K^+	pH	悬浮物	矿化度
含量 /（mg/L）	573.36	3598.18	302.60	40.74	871.90	170.10	8.6	120	8 408

（2）地表水。

春风隧道工程穿越的地表水体主要为布吉河，该河流为布吉谷地、洪湖的主要泄洪通道，夏季水量极为丰沛。勘察期间其水深随潮汐在 0.2 ~ 3.0 m 变化，洪峰期水位高程在 2.5 m 以上。另外，线路东南侧靠近深圳河，距离约 35 ~ 600 m。深圳河距离本线路最近处为 K2+700 区域，距离 50 m 左右，其夏季水量极为丰沛。

3. 周围环境

春风隧道工程横跨深圳市福田区和罗湖区，位于市区繁华地段，路网密布，城市交通道路主要有滨海大道、滨河大道、船步路、春风路高架、沿河南路、北环大道、泥岗路、布心路，如图 8-71 所示；高速公路主要有广深高速、梅观高速、盐坝高速等；铁路交通有广深铁路；航道码头有上步码头；海关口岸为罗湖口岸、文锦渡口岸。施工区域周边主要管线类型有雨水管、污水管、电力、通信、照明、燃气等等。

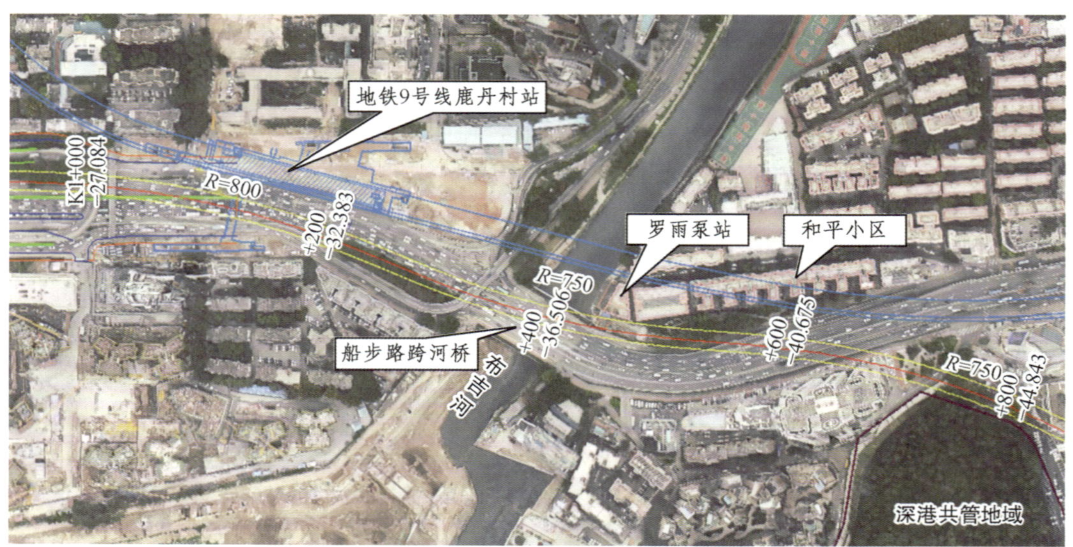

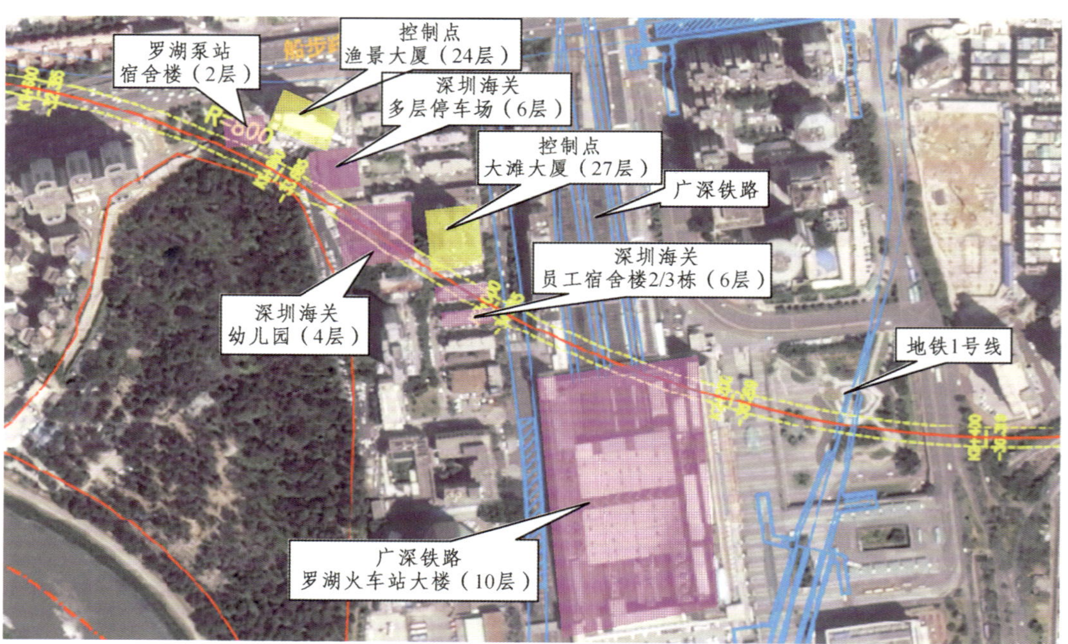

图 8-71 春风隧道工程沿线建（构）筑物示意图

8.4.2 工程重难点

春风隧道工程位于深圳中心城区，地质条件恶劣，周围环境复杂，隧道设计开挖直径达 15.80 m，线路最小曲率半径为 750 m，属于典型的复杂环境下超大直径盾构掘进硬岩类地层的城市隧道工程。由于隧道地质环境和周围环境的复杂性，超大直径盾构施工面临着前所未有的挑战。工程重难点如下：

1. 工程重点

（1）隧道范围内地表沉降控制、建（构）筑物保护是本工程的重点。

春风隧道工程沿线穿越众多现况桥梁、地铁、重要管线、河道、建(构)筑物、人行通道、铁路等，建设环境非常复杂，其中穿越重要桥梁 3 座，地铁人行通道 1 座，地铁车站 1 座，以及深圳火车站、国有铁路，隧道开挖轮廓线外 20 m 范围内住宅 50 栋，较大断面管涵 6 条。并且，穿越影响范围内住宅大部分为国家机关单位所有，风险等级较高，社会环境风险较大。因此，盾构施工过程中如何控制地层变形，保证周边建（构）筑物的安全，是本工程的重点之一。

（2）保障结构防水质量与耐久性是本工程的重点。

春风隧道工程线路全长约 5.078 km，主要为明挖隧道、工作井、盾构隧道和路基，地下水水质对混凝土具弱腐蚀性，对钢筋混凝土结构中的钢筋具有弱腐蚀性，对钢结构具有微腐蚀性。同时，线路分布的碎裂岩、片岩以及变质砂岩中均发现含有黄铁矿，而当黄铁矿暴露于湿润的空气中时，会与氧和水反应会形成硫酸，对混凝土造成强腐蚀而降低其强度，影响隧道结构的使用寿命。因此，隧道设计、施工时需采取一定措施，防范岩石中的黄铁矿造成的影响。加之，受施工缝及结构本身混凝土质量、施工质量、施工条件、施工环境等因素的影响，结构防水质量和耐久性保障难度大。因此，确保结构的防水质量和耐久性是工程质量管理的重点。

（3）施工环保和水保是本工程的重点。

作为深圳最早开发的老城区，罗湖是深圳市东向发展轴上的重要城市中心组团，也是福田、南山、前海与东部联系的必经之地。周边环境敏感，明挖隧道和泥水盾构施工将产生大量的废渣和废水，做好环保和水保是本工程的重点，需采取有效措施控制可能造成的环境污染和水土流失。

2. 工程难点

（1）超大直径盾构装备的地质适应性选型是本工程的难点。

春风隧道工程采用开挖直径达 15.80 m 的超大直径泥水盾构施工，地质条件恶劣，穿越构造碎裂岩、凝灰质砂岩、片岩、变质砂岩构造角砾岩、糜棱岩，全线全断面岩层占全线 80% 以上。同时，隧道沿线建（构）筑物众多，施工环境复杂，要求超大直径盾构推进系统能够提供足够的破岩推力，主轴承及密封系统应能抵抗刀盘刀具破岩产生的震动损伤，刀盘刀具应具备应对掘进硬岩地层产生的换刀频繁的能力，泥浆循环系统应具备防止岩渣滞排的能力等等。因此，如何针对春风隧道工程典型的地质条件和周围环境，为超大直径盾构装备的各系统地质适应性选型成为本工程的难点之一。

（2）软硬不均、破碎岩层掘进的防滞排、防坍塌施工是本工程的难点。

超大直径盾构掘进上软下硬地层时，刀盘刀具受力不均匀，振动强度变大，使得刀盘主轴承承受较大偏载扭矩，刀具损坏严重，地层扰动变大，盾构掘进方向容易发生上漂，严重时将造成地面坍塌；超大直径盾构掘进破碎岩层时，由于岩层破碎后比重大，掘进过程中易发生滞排。因此，超大直径泥水盾构掘进软硬不均、破碎岩层是本工程的难点之一。

（3）超大直径盾构始发与接收施工是本工程的难点。

春风隧道工程盾构始发段位于滨河大道红岭高架桥下，施工场地狭小，盾构始发施工期间，施工围挡两侧为滨河大道行车道。盾构始发开挖面距离构筑物红岭高架桥墩柱仅 3.67 m，距离滨河小区建筑物 8 栋约 35.53 m，周边分布有污水、燃气、雨水等各类管线 12 条。始发段范围内从上向下依次为卵石、强风化岩、中等风化岩、微风化岩，洞顶埋深 14.6 m。综合来看，超大直径泥水盾构始发施工难度大，施工风险高。

盾构接收段位于沿河南路下，新秀立交以南。接收段从上向下依次为细砂、砾砂、卵石、强风化岩、中风化岩，洞顶埋深约 7.10 m，地层具有强透水性，盾构接收过程中极易发生涌水、涌泥沙。超大直径盾构始发与接收施工是本项目的控制工程，是隧道成败的关键，是本工程的难点之一。

（4）超大直径盾构小曲线半径施工是本工程的难点。

春风隧道工程盾构段全长 3.603 km，其中曲线段占比 85.21%，最小圆曲线半径为 750 m，半径小于 800 m 圆曲线段占隧道全长的 46.7%。由于超大直径盾构设计最小转弯半径为 600 m，几乎为盾构极限转弯能力，盾构掘进曲线段过程中对外侧地层造成挤压，并依靠管片和地层反力提供掘进推力，超大直径盾构小曲线半径施工可能引起管片和地层的过量位移。因此，超大直径盾构小曲线半径施工是本工程的难点之一。

（5）超大直径盾构近距离穿越建（构）筑物是本工程的难点。

春风隧道工程穿越深圳主城区，沿线穿越众多现况桥梁、地铁、重要管线、建（构）筑物、人行通道、铁路等，建设环境非常复杂。其中，穿越重要桥梁 3 座，地铁人行通道 1 座，地铁车站 1 座，以及深圳火车站及国有铁路，隧道开挖轮廓线外 20 m 范围内住宅 50 栋，较大断面管涵 6 条等等。如何控制超大直径盾构施工中地面变形量，保障沿线建（构）筑物的安全，是本工程的难点之一。

8.4.3 盾构适应性设计

1. 盾构选型

盾构选型是工程成败的关键，所选择的盾构应与工程地质、水文地质等因素相适应，并综合考虑安全适应性（可靠性）、先进性、经济性等方面。盾构选型一般重点考虑地层渗透性、地层颗粒级配、地下水压三个方面。

（1）根据地层渗透性的盾构选型。

地层渗透系数是岩土渗透性强弱的定量指标。渗透系数越大，透水性越强，土体越松散；反之则土体越密实。根据德、法等国家的盾构施工经验，当地层的渗透小于

10^{-7} m/s 时，可选用土压平衡盾构；当渗透系数在 10^{-7} ~ 10^{-4} m/s，可选用泥水平衡盾构，也可在渣土改良情况下选用土压平衡盾构；当地层渗透系数大于 10^{-4} m/s 时，宜采用泥水盾构，如图 8-72 所示。

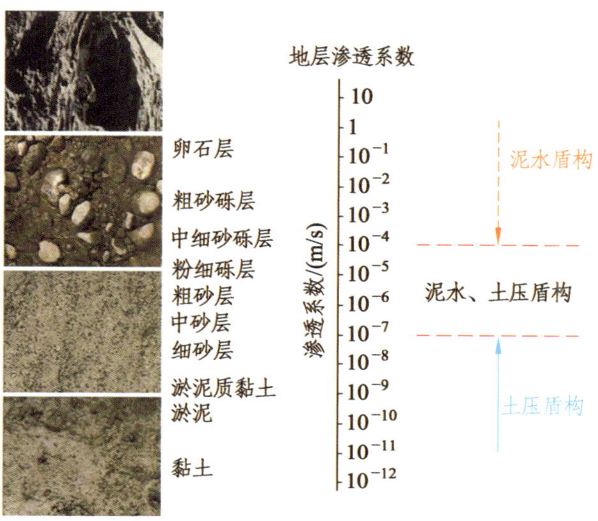

图 8-72　根据地层渗透系数的盾构选型

春风隧道工程各地层渗透系数见表 8-14，其中典型的断裂带渗透系数在 5.8×10^{-5} ~ 1.2×10^{-4} m/s 之间，渗透性较高。

表 8-14　春风隧道工程主要地层渗透系数

地层	淤泥质黏土	粉质黏土	粉砂	细砂	中砂	砾石	卵石
渗透系数/(m/s)	5.8×10^{-8}	5.8×10^{-8}	9.5×10^{-5}	1.2×10^{-4}	1.7×10^{-4}	1.2×10^{-4}	5.8×10^{-4}

根据对地层渗透性的分析，春风隧道工程主要地层渗透系数为 9.5×10^{-5} ~ 5.8×10^{-4} m/s。因此，优选泥水平衡盾构。

（2）根据地层颗粒级配的盾构选型。

地层颗粒级配是指组成土体的各种粒径颗粒所占的数量。一般来说，细颗粒含量多（粉粒和黏粒含量达到 40%），渣土易形成不透水的流塑体，容易充满土舱的每个部位，在土舱中可以建立压力，以平衡开挖面的土体，宜选择土压平衡盾构。相反，砂卵石等粗颗粒含量多的地层，流塑性差，渣土无法均布于土舱中，不易建立土压平衡，宜选择泥水平衡盾构。盾构类型与颗粒级配的关系如图 8-73 所示。图中，蓝色区域为淤泥质土、黏土、粉质黏土、粉土、粉砂区，宜选择土压平衡盾构；黄色区域为砾石粗砂区，宜选择泥水盾构；红色区域为细砂区，土压平衡盾构与泥水平衡盾构均适用。

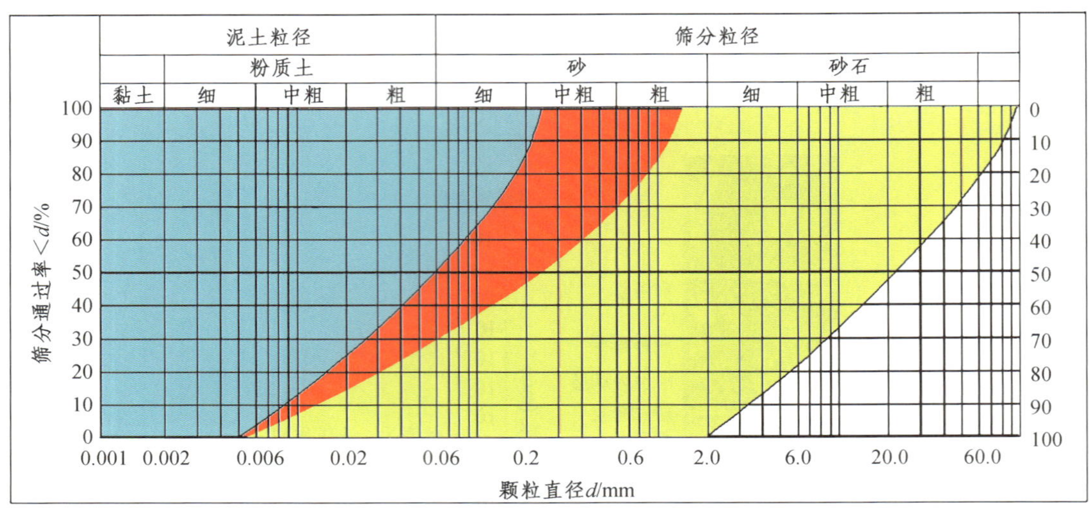

图 8-73　根据土层颗粒级配的盾构选型

春风隧道工程开挖面多为粗粒花岗岩、构造碎裂岩、凝灰质砂岩、片岩、变质砂岩、构造角砾岩、糜棱岩，并且存在部分上软下硬地层、断层破碎带，全断面岩层占全线 80% 以上。根据对地层颗粒级配的分析，优选泥水平衡盾构。

（3）根据水压的盾构选型。

当水压大于 0.3 MPa 时，适宜采用泥水平衡盾构。若采用土压平衡盾构，螺旋输送机难以形成有效的土塞效应，在闸门处易发生渣土喷涌现象，引起土舱中土压力下降，导致开挖面坍塌。当水压大于 0.3 MPa 时，如因地质原因需采用土压平衡盾构，则需增大螺旋输送机的长度，或采用二级螺旋输送机。

春风隧道开挖面中心静止水压约 0.45 MPa，既可以采用泥水盾构，又可采用土压平衡盾构。考虑地质因素和经济性，优选泥水平衡盾构。

2. 盾构刀盘刀具

（1）刀盘刀具结构设计。

春风隧道工程盾构刀盘采用常压可更换滚刀设计方案，采用 6 主梁 +6 辅梁的结构形式，刀盘正面如图 8-74 所示。刀具采用立体式布置方式，包括滚刀、刮刀、边刮刀等。其中，常压滚刀可以实现与撕裂刀的互换，以适应不同地质条件，亦可以实现常压下更换，提高换刀作业的安全性；刮刀采用银钎焊形式，硬质合金采用 KE13 材料，从刀盘边缘至中心安装部位为连续轨迹布置设计，错刃布置以利于在砂质黏性土和全、强风化岩切削，部分刮刀可实现常压更换，提高换刀作业的安全性，与带压更换刮刀间隔布置，在安装范围内轨迹连续；边刮刀结构分为刀体、硬质合金和耐磨层，硬质合金采用 KE13 材料，用于清理外围开挖的渣土，有效防止刀盘大圆环的直接磨损，刀具刀间距如图 8-75 所示。

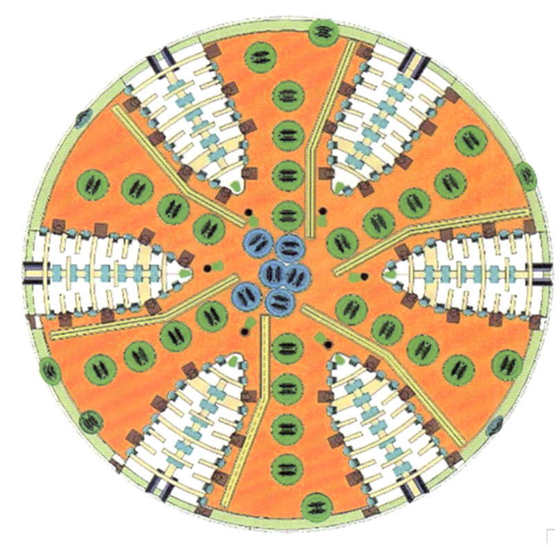

图 8-74　刀盘正面图

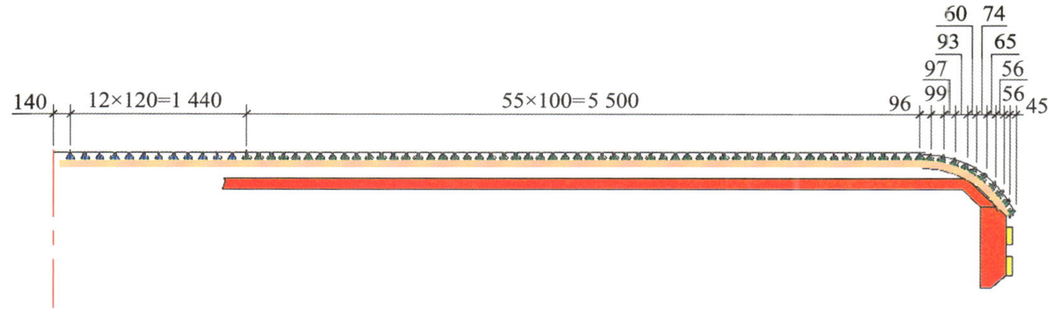

图 8-75　刀具布置图（单位：mm）

（2）刀盘耐磨设计与检测。

春风隧道工程穿越地层包括变质砂岩和高强度微风化岩层等，地层石英含量较高，因此刀盘刀具需要具有较好的耐磨性。为此，刀盘面板采用耐磨复合钢板全覆盖设计，刀圈外圈梁后部采用全环合金耐磨块设计，有效提高了整体耐磨性能。

由于刀盘采用常压可更换滚刀设计方案，刀梁为一个密闭腔体，刀盘的整体密闭性至关重要。因此，刀盘需要考虑面板磨损检测的可靠性。为此，每个刀梁面板设计有一个覆盖全半径的磨损检测油道，有效监测刀盘面板磨损情况。同时，刀盘前面板设计有 6 条连续磨损检测带，设计为 3 个高度，每个检测带具有自己的供油源，保障了检测参数的可靠性。具体磨损检测如图 8-76 所示。

为了监测刀具状态，配置刀具磨损自动监测系统。通过安装在刀箱上的电涡流传感器和磁开关传感器分别测量滚刀实际磨损量和滚刀转动。在刀盘回转中心处放置有传感器集线器，负责向传感器供电，并将传感器信号转换为通信信号，集线器电源及通信总线通过电滑环和盾构控制系统相连。

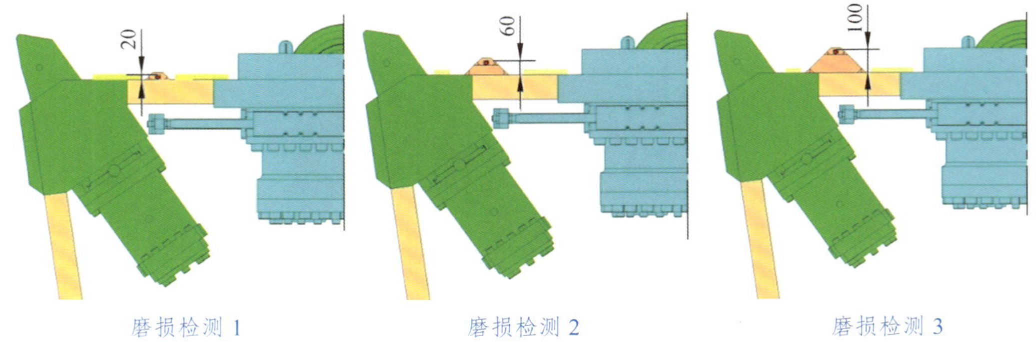

图 8-76　磨损检测示意图（单位：mm）

（3）刀盘防结泥饼设计。

春风隧道工程刀盘采用常压可更换滚刀设计方案，导致刀盘厚度较大，刀孔呈封闭状，渣土流动性较差，特别是刀盘中心区域较大直径范围内无开口，进一步增加了泥饼形成的概率。为此，刀盘采取了有效的防结泥饼的措施如下：

① 刀盘中心面板横向冲刷及刀盘开口冲刷。

为解决刀盘中心区域大面积无开口、渣土滞留问题，刀盘中心面板区域设计有多路冲刷喷口，喷口方向为刀盘径向方向，既不会对开挖面泥膜造成损坏，又能有效地解决渣土滞留问题，减小了刀盘中心面板泥饼的形成概率。同时，为防止由于刀盘开口不畅引起的刀盘泥饼，刀盘设计有相应的刀盘开口冲刷，可有效地防止开口堵塞，降低刀盘结泥饼概率。

② 直排式排浆。

环流系统设计有一根备用排浆管，管道直接伸入泥水舱内。在这种模式下，新鲜浆液绝大部分可以注入泥水舱内，可有效地降低泥水舱内浆液密度，降低刀盘结泥饼概率。在这种模式下，通过联通管道实现气垫压力传递，保证了压力控制的精度。

③ 主机段小循环模式。

针对排渣不畅、刀盘结泥饼等问题，特别增设主机段小循环模式。在该模式下，通过 $P_{0.2}$ 泵从采石箱引浆，回打入泥水舱内，可额外增加约 800 m^3 的进浆量，增大泥水舱内浆液循环力度，降低了渣土滞排及刀盘结泥饼的概率。

3. 刀盘驱动系统

刀盘驱动系统采用变频电驱形式，驱动能力充分考虑了本工程地质条件，并预留一定能力储备。主轴承、密封、减速机、驱动单元均采用国际知名品牌，主轴承有效使用寿命≥ 15 000 h，性能可靠。为方便刀具更换，主驱动采用伸缩形式，当需要更换刀具时，可将刀盘缩回。主驱动主要参数见表 8-15，主驱动截面图与扭矩曲线如图 8-77 和图 8-78 所示。

表 8-15　主驱动主要参数

项目	驱动形式	驱动功率/kW	转速/（r/min）	额定扭矩/（kN·m）	最大扭矩/（kN·m）	脱困扭矩/（kN·m）
参数	变频驱动	6 300	0 ~ 2.25	51 131	66 470	69 027

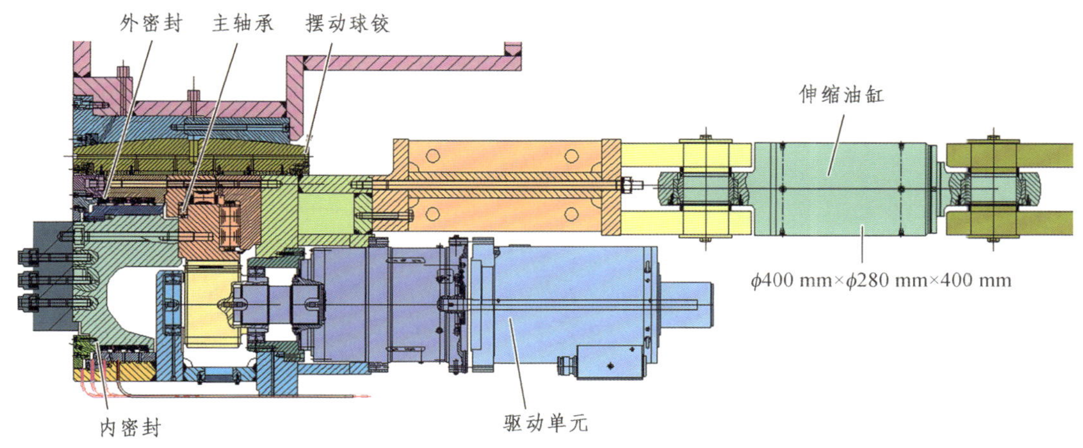

图 8-77　主驱动剖面图

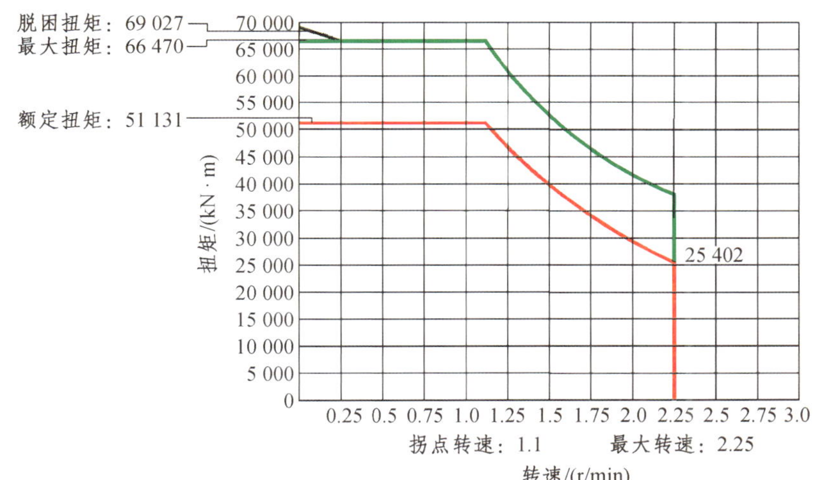

图 8-78　扭矩曲线

4. 刀盘推进系统

（1）推进油缸布置。

推进油缸分布满足春风隧道工程管片所有封顶块拼装点位的要求。推进油缸采用分组设计，在掘进模式下，每组油缸单独控制，可更好地对盾构姿态进行调整和控制。每一分组油缸中均配置有行程传感器，可为盾构姿态提供相应的参考数据。在管片拼装模式下，每组油缸单独控制。

（2）推进油缸自动调整设计。

推进油缸采用悬浮式自适应设计，结构形式如图 8-79 所示。

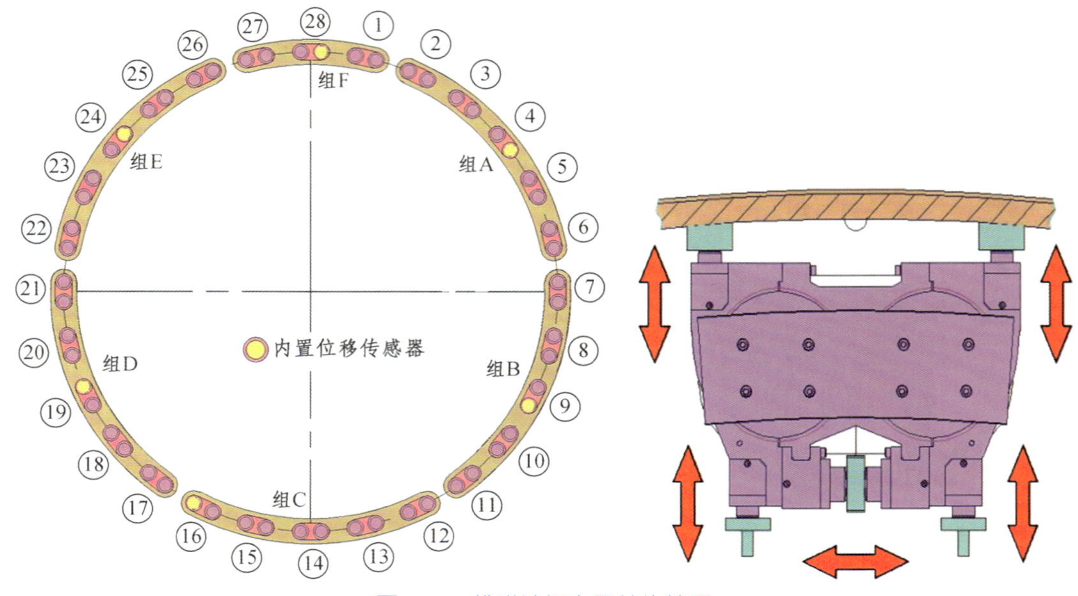

图 8-79　推进油缸布置结构简图

5. 主驱动润滑与密封系统

盾构主驱动包括两套密封系统，外密封负责开挖舱方向的密封，内密封负责盾体内部常压侧的密封。

（1）外密封。

外密封把主轴承与外面承压的开挖舱隔开。其密封类型为超大直径轴密封，共有多层唇形密封和一个前导的迷宫密封，从而形成多个分隔的区域。密封作用在一个表面硬化处理过的耐磨圈上，该耐磨圈为第一层唇形密封提供了可变的接触面。外密封示意如图 8-80 所示。

向齿轮箱一侧的密封为特殊的轴型密封，可以承受齿轮腔的压力。外层密封直接从主轴承前部安装以确保径向的系统偏差。密封附带有连续油脂润滑和泄漏监测系统。通过几个径向分布的注脂孔，油脂被注入密封腔里并充满整个环形腔体，这样的注脂方式可以在油脂腔内建立一种持续的压力作用。通过油脂分配泵，每条注脂管路补充的油脂量是稳定的。油脂注入量通过调节多点泵柱塞长度来控制。检测腔通过几个径向通道连接到盾体常压侧，可以方便地进行检测。

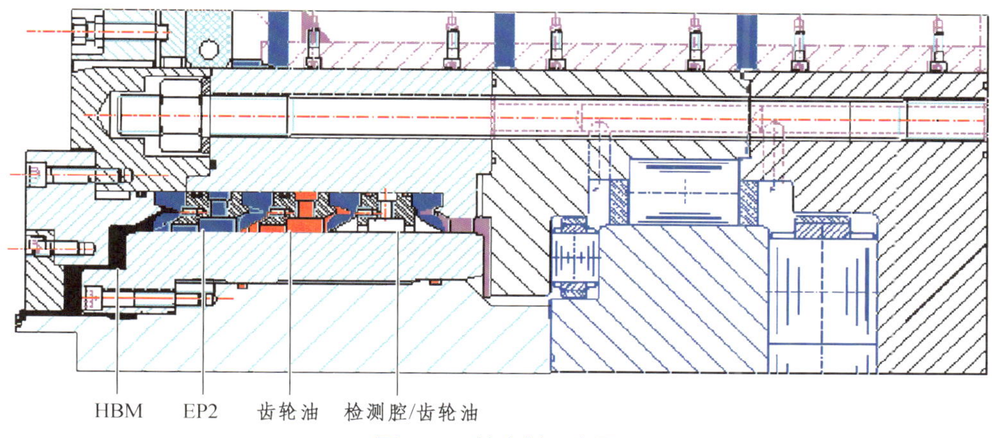

图 8-80　外密封示意图

（2）内密封。

内密封是多层唇形密封和一个前导的迷宫密封，从而形成多个分隔的区域，通常情况下为常压密封，密封的润滑在日常维护时集中以半自动方式进行。内密封的设计同样与外密封设计一致，密封作用在一个表面硬化处理过的耐磨圈上，该耐磨圈为第一层唇形密封提供了可变的接触面。

向齿轮箱一侧的密封为特殊的轴型密封，可以承受齿轮腔的压力。外层密封直接从主轴承前部安装以确保径向的系统偏差。密封附带间断性和连续性油脂润滑和泄漏监测系统。内密封示意如图 8-81 所示。

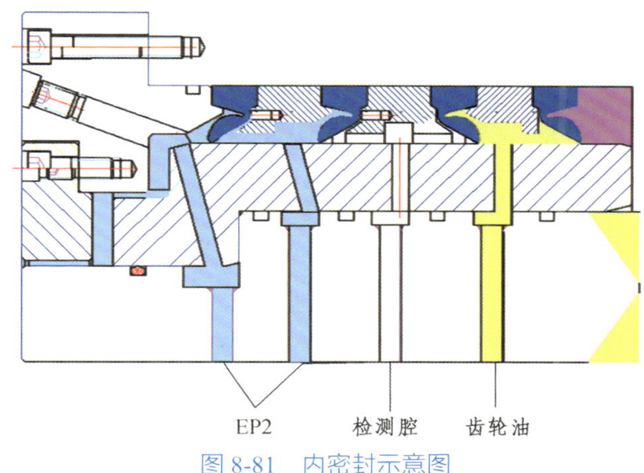

图 8-81　内密封示意图

6. 盾尾油脂系统

盾尾油脂系统的作用是通过与盾尾刷配合，抵抗外部压力。盾尾油脂系统主要包括气动柱塞泵、气动球阀、压力传感器以及其他控制元件等。盾尾密封示意如图 8-82 所示。

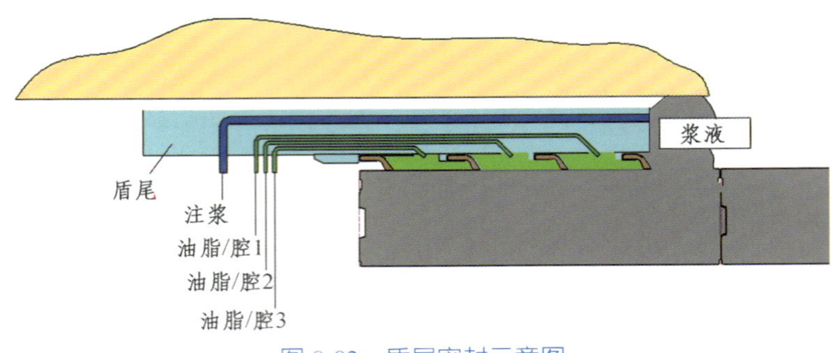

图 8-82　盾尾密封示意图

气动柱塞泵安装在拖车上，其作用是将油脂桶里的油脂注入尾刷形成的密封腔里。如果润滑油脂桶已空，则油脂泵会自动停止动作并发送报警信号到主控制室。

每路油脂的注入都通过气动球阀控制，每路都装有压力传感器。自动控制时油脂分配可以通过压力及时间控制注入量并循环动作，时间可以在上位机上通过 PLC 预先设置，各注入口在控制室内均有压力显示。

8.4.4　施工关键技术

1．狭小空间超大直径盾构始发关键技术

（1）始发段工程概况。

春风隧道工程盾构从东明挖段始发，始发场地范围主要为海陆相冲洪积平原及滨海滩涂，地面标高在 4.12 ~ 4.46 m 变化，上覆为第四系松散层，下伏基岩主要为燕山晚期侵入岩。第四系松散层主要为人工填土层、海陆相冲洪积层及残积层等，地层自上至下分别为：素填土、淤泥质黏土、细砂、砾砂、卵石、强风化岩、中等风化岩。盾构始发段要穿越 F_4、F_{h1n}、$F_{5\text{-}1}$、F_5 共 4 条断层，断层内岩土层主要为糜棱岩和构造角砾岩。糜棱岩的黏土矿物含量较高，盾构施工时刀盘易结泥饼，同时，其强度相当于强风化基岩，造成隧道掌子面软硬不均，盾构施工时易偏离线路。始发段地质剖面如图 8-83 所示。

始发段地下水主要有两种类型：一是第四系地层中的孔隙潜水，主要赋存于冲洪积细砂、中砂、砾砂层和残积砾（砂）质黏土层中；另一类为基岩裂隙（构造裂隙）水，主要赋存于强、中等风化带及断裂构造裂隙中，略具承压性。地表水体主要为布吉河，邻近深圳河。布吉河由布吉关入关后南下与本线路相交，该河流为布吉谷地、洪湖的主要泄洪通道，夏季水量极为丰沛。

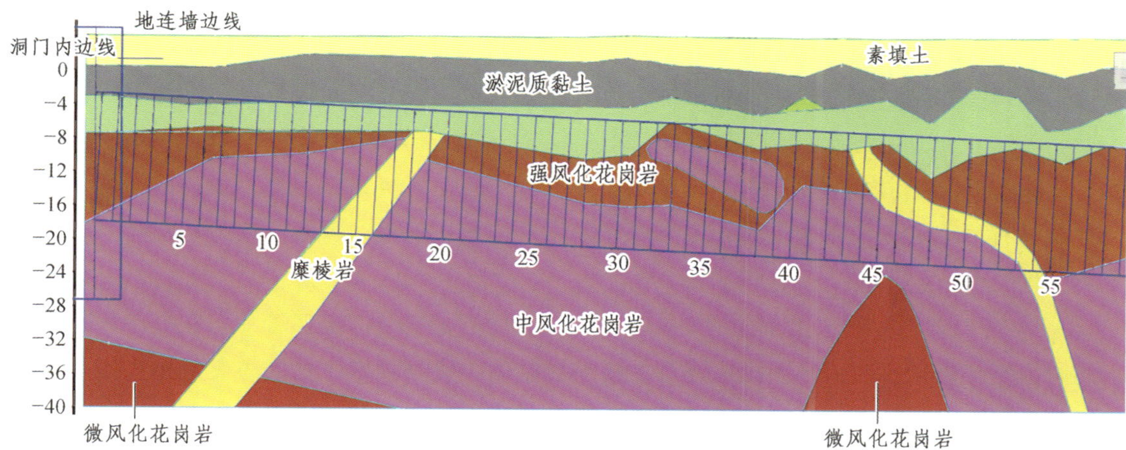

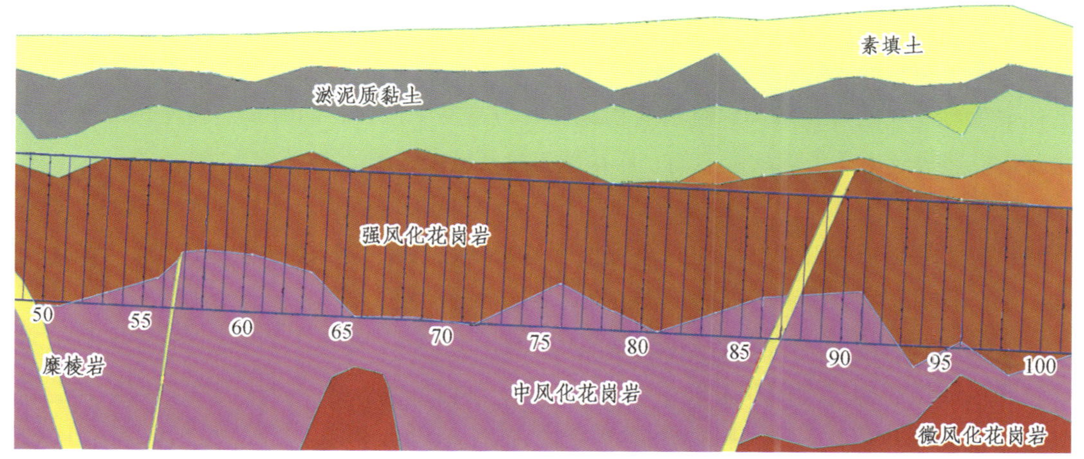

图 8-83　盾构始发段 0 ～ 100 环地质剖面图

春风隧道工程始发段位于滨河大道红岭高架桥下，始发开挖面距离最近的构筑物红岭高架墩柱 3.67 m，距离附近的滨河小区建筑物 8 栋 35.53 m，距离较远且在始发段的后方，盾构始发对其影响较小。盾构始发区域施工区域周边主要管线类型有污水、燃气、雨水、通信、电力、给水等各类管线 12 条。

（2）重难点。

① 洞门密封：盾构始发端头洞门圈顶埋深为 6.9 m 左右，洞门圈底埋深为 22.7 m，水土压力为 0.2 MPa，全部依靠洞门密封进行止水。如果洞门密封失效，将导致无法建压，地面塌陷。

② 浅覆土始发：始发段覆土厚度超浅埋，极易发生地表冒浆，一旦建压失效，将引起地表坍塌，工作井结构遭受破坏，盾构被掩埋；隧道开挖直径达到 15.8 m，覆土厚度仅有 6.9 m，因此要求压力建舱时泥水压力计算设定达到高精度，避免因压力过小

或过大，引起地表塌陷或冒浆。

③ 地表沉降控制：盾构始发掘进过程中掘进施工参数设定不合理，可能造成始发段地表沉降、塌陷。始发段位于城市主干道上，车流量大，开挖界限距离红岭高架桥基础墩柱仅 3.67 m。因此，如何控制地表沉降是本工程的重难点。

④ 盾构姿态控制：从始发基座前端至开挖掌子面有 3.84 m 的空当。盾构前移过程中如果没有可靠的延伸基座支撑，极有可能发生盾构栽头现象。因此，控制好盾构姿态是本工程的重难点。

⑤ 管片姿态控制：工程中 −7/−8 环采取空拼的方式拼装，负环管片存在失稳危险。同时，负环管片拼装成环脱出盾尾后，拼完后整体后移到指定位置处与反力架连接。在拼装、移动的过程中如果加固不到位，容易由于没有周边土体的约束，负环管片轴线出现位移。因此，如何防止负环管片的失稳是本工程的重难点。

⑥ 断层掘进：断裂带主要是裂隙承压水，水压高，涌水过多容易引起地面沉降塌陷。裂隙水多影响同步注浆效果，易造成管片上浮。断层内岩土层主要为糜棱岩和构造角砾岩。糜棱岩的黏土矿物含量较高，隧道盾构施工时刀盘易结泥饼，同时，其强度相当于强风化基岩，造成隧道掌子面软硬不均，盾构施工时易偏离线路。

⑦ 软硬不均地质掘进：始发阶段地质为上下软硬不均地质，上层地质为淤泥、砂卵石地质，下层地质为强风化、中风化花岗岩地质。在软硬不均地质掘进中，盾构姿态难以控制，盾构易发生栽头，工况转换频繁对底层的扰动较大，容易产生地层变形。

（3）超大直径盾构始发控制技术。

春风隧道盾构始发采取整机井下组装调试、整体始发方案。首先，在盾构始发前，先进行始发端头加固，待始发井主体结构完成后进行始发架施工；其次，依次将管片小车、盾构后配套 1 号拖车、盾构主机、刀盘吊入工作井，同时在副井口吊入盾构后配套拖车（顺序依次为设备连接桥、2 号、3 号、4 号、辅助平台）并进行组装；然后，将刀盘、盾构主机、盾构后配套进行连接组装，完成后进行盾构整机调试；最后，完成洞门凿除、反力支撑并开始拼装负环管片后形成盾构始发状态。盾构始发施工工艺流程如图 8-84 所示。

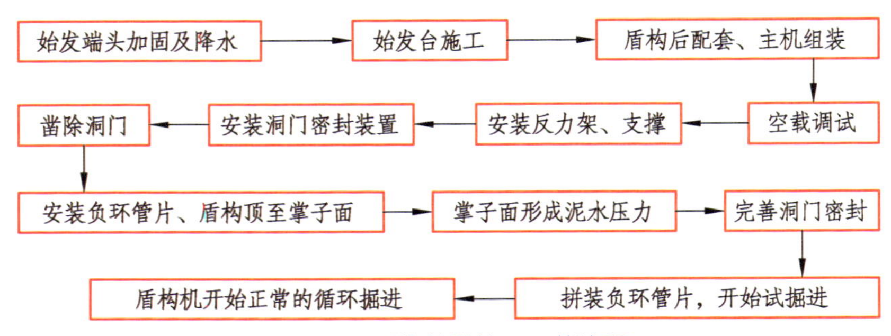

图 8-84 盾构始发施工工艺流程

① 始发井准备工作。

始发工作井尺寸为 24.2 m × 23.55 m × 24.26 m（长 × 宽 × 深），工作井围护结构采用 1 m 厚地下连续墙，工作井端头加固长度为 19.6 m，加固方式采用外围三面 600 mm，端头 1 000 mm 厚度 C25 素混凝土连续墙与始发井围护结构组成合围区，合围区内地层用 D = 800 mm@600 mm 双管旋喷桩加固。在旋喷桩加固范围内施作 50 cm 厚 C30 混凝土盖板压重，盖板底部施作 15 cm 厚 C15 混凝土垫层。

盾构隧道与始发井连接洞门处采用钢环相接，钢环中间采用型钢网格结构支撑及连接。洞门钢环安装完毕后，在底板上布设测量控制点，复测好洞门钢环实际位置，复测完毕后根据实测的数据对盾构始发中心位置进行修正。隧道原设计线路坡度为 4.9%，为防止盾构掘进载头，始发坡度调整为 3.5%，新线路与原设计线路存在高差，后续完成口子件拼装后会在 ZK0+810 位置会形成 37.8 cm 的错台，错台采用两级抵消处理，即回填支垫调整错台、采用楔形钢垫板。

根据隧道设计轴线与洞门钢环定出盾构进洞姿态的空间位置，然后反推出始发架的空间位置。始发架施工过程中应严格控制始发架安装精度，确保盾构始发姿态与设计线路基本重合。由于始发架在盾构始发时要承受纵向、横向的推力以及约束盾构旋转的扭矩，所以在盾构始发前，将盾构始发架与盾构井侧墙间的空隙进行回填，回填考虑盾体下部焊缝焊接工作空间，回填深度为 0.7 ~ 0.9 m，自西向东放坡回填，坡度按照 5% 设置，雨水汇聚于东北角位置集水坑中抽排出井。始发架建筑图如图 8-85 所示。

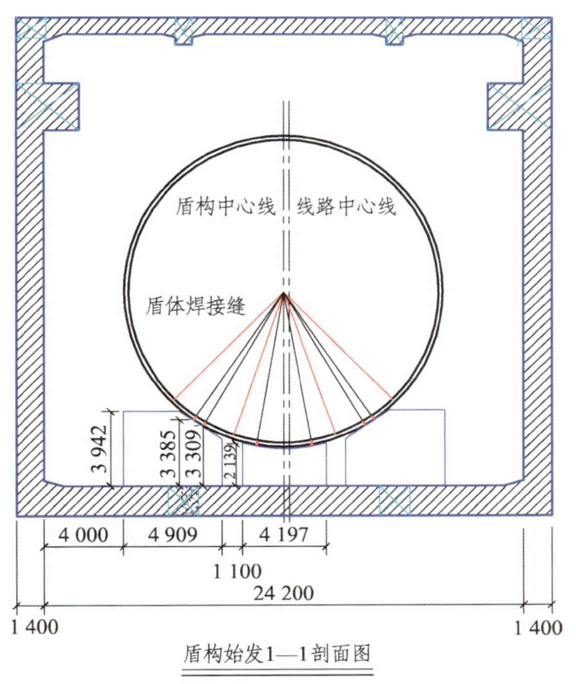

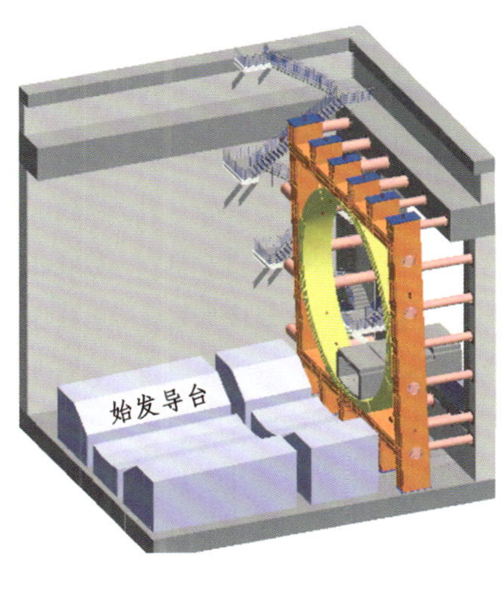

图 8-85　盾构始发架（单位：mm）

为防止盾构始发掘进时泥土、地下水及循环泥浆从盾壳和洞门的间隙处流失，以及盾尾通过洞门时同步注浆浆液的流失，在盾构始发时需安装洞门临时密封装置，临时密封装置由密封环、帘布橡胶板、折页压板、垫片和螺栓等组成。同时，为了加强盾构斜体始发盾体与洞门之间的密封效果，增加两道钢丝刷。两道钢丝刷及两道帘布橡胶板之间预留油脂加注孔，临时密封装置如图 8-86 所示。

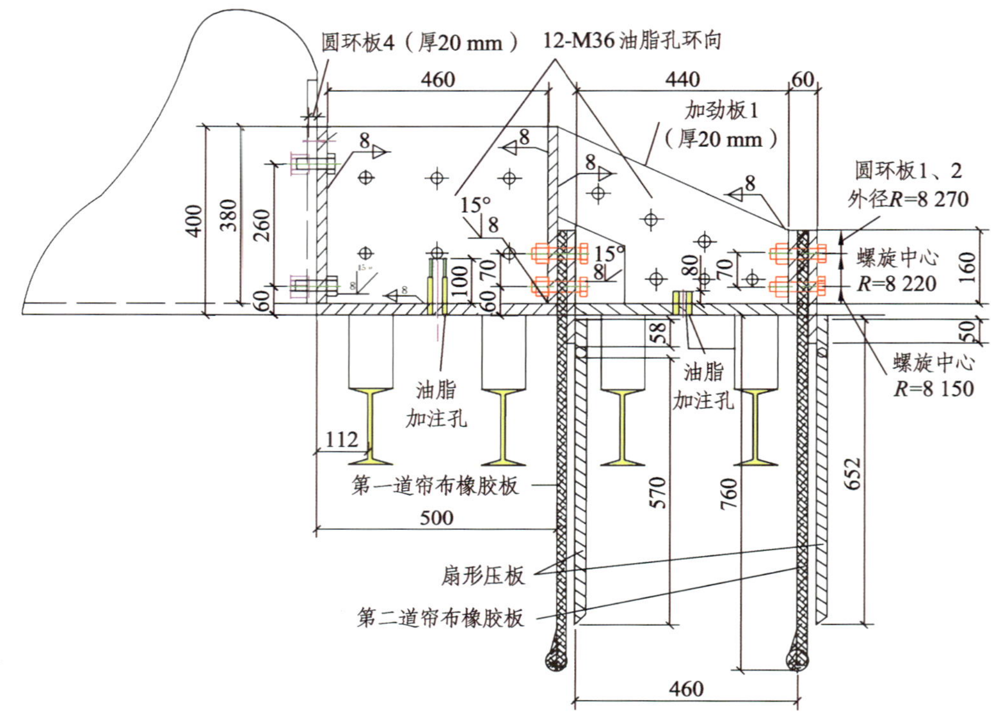

图 8-86　盾构始发洞门临时密封装置（单位：mm）

密封环安装时要求轴线与洞门轴线一致，然后依次将密封环各部分下井定位拼装，同时加强其与预埋钢环的焊接质量。

延伸洞门环安装后，开始进行密封防水装置施工，包括洞口密封压板及橡胶帘布板。防水装置安装顺序为：第一道帘布橡胶板→密封钢环（自带第一层折页压板）→垫圈→螺母→第二道帘布橡胶板→折页压板→垫圈→螺母→防水海绵。需特别注意帘布橡胶板方向：需将帘布橡胶板内圈棱朝洞门内亦即要使帘布橡胶板平面接触盾壳；帘布橡胶板安装时要保证其平整度。

② 盾构组装与调试。

盾构始发范围场地狭小，单件重量及尺寸较大，无法完成一次在场地摆放、组装工作，需要制订详细合理的工期计划，确保设备分批次进场，进场后及时组装，使组装场地快速周转使用。特别是，刀盘需要现场拼焊，施工周期长，与主驱动的现场组装存在时间交叉，由于主井口前端组装空间有限，刀盘、主驱动需做好地面组装时的位置摆放规划。

根据区间隧道掘进的总体进度及安排，盾构组装按施工总体筹划的工期进行，盾构组装时后配套采用临时走行轮，行走于明挖底板临时轨道上，随着拖车到达管片区域，逐节更换行走轮。采用整机一次组装始发的方式进行。盾构下井组装分主井和副井吊装，主井吊装反力架、管片小车、1 号拖车、主机等设备，副井吊装设备桥、2/3/4 号拖车以及连接桥等设备。

在盾构主机、后配套及其附属设备组装就位、管线连接完毕，盾构供电、供水到位后开始调试，盾构调试分设备调试和系统调试，单独调试合格后，才联机调试。整机调试完成后，刀盘和主机步进，进入密封装置，开始始发掘进。

③ 盾构始发控制技术。

盾构刀盘安装完毕后，盾构向前步进至掌子面。在盾构空推过程中，及时垫实负环管片与始发架导轨间的空隙，然后继续将管片推出，直至与反力架靠紧，然后用钢板将负环管片与反力架之间的缝隙填实并将垫块焊接牢固。当盾构推进 −5 环管片时，盾构刀盘缓慢进入洞门圈密封帘布，当刀盘距离掌子面 20 cm 时，停机、建舱。

在盾构试掘进过程中，泥水压力的设定是泥水平衡盾构施工的关键，维持和调整压力值又是盾构推进操作的重要环节，其中包括推力、推进速度和排浆量三者的相互关系，以及对盾构施工轴线和地层变形量的控制。因此，盾构试掘进过程中，应根据不同地质条件、覆土厚度、地面情况设定泥水压力，选定泥水性质指标，并根据地表隆沉监测结果及时调整泥水压力和性能。

在试掘进过程中，必须严格控制盾构的掘进参数，降低掘进速度，减少掘进速度波动，控制盾构掘进方向，实时调整各系统参数、掘进参数、泥浆参数等，保证盾构的顺利掘进。春风隧道盾构始发段掘进参数见表 8-16。在每环正常掘进过程中，掘进速度应尽量保持恒定，减少波动，保证切口水压稳定和送、排泥管的畅通。若需调整掘进速度，则应逐步调整，避免速度突变对地层造成扰动和切口水压摆动过大。同时，掘进速度的快慢必须满足每环掘进注浆量的要求，保证同步注浆系统始终处于良好工作状态。在盾构逆洗过程中，由于泥水舱或盾构内的排泥管处于堵塞状态，因此逆洗时应提高排泥流量，但不能降低切口泥水压力。盾构推进、逆洗和旁路三状态切换时的切口水压偏差值均控制在 −20 ~ +20 kPa。

表 8-16　盾构试掘进参数

序号	区段 /m	泥水顶部压力 /kPa	推力 /kN	掘进速度 /（mm/min）	刀盘转速 /（rad/min）	注浆压力 / MPa	掘进地层
1	0 ~ 18	—	20 000 ~ 60 000	5 ~ 10	0.8 ~ 1.2	—	始发端头加固区
2	18 ~ 100	120 ~ 150	25 000 ~ 40 000	10 ~ 15	1.0 ~ 1.5	0.14 ~ 0.25	卵石～强风化区

续表

序号	区段 /m	泥水顶部压力 /kPa	推力 /kN	掘进速度 /（mm/min）	刀盘转速 /（rad/min）	注浆压力 / MPa	掘进地层
3	101 ～ 200	160 ～ 200	35 000 ～ 40 000	15 ～ 20	1.0 ～ 1.5	0.25 ～ 0.35	强风化～中风化区

盾构掘进每环推进前，现场需测试调整泥水池内泥浆的指标，根据需要调节比例、黏度、塑变值、胶凝强度、泥壁形成性、润滑性，使其成为一种可塑流体，直至满足施工要求为止。验证配比是否合理的标准是开挖面稳定性情况、流体输送状态及地面沉降量。根据春风隧道始发段掘进地层，泥浆初步配比参数见表 8-17。

表 8-17 泥浆性质指标

指标	密度 /（g/cm^3）	黏度 /s	析水量	pH
参数	1.05 ～ 1.15	20 ～ 35	≤ 5%	碱性

当盾尾通过两道洞门钢丝刷密封后进入洞内 20 cm 时，进行盾尾注浆。注浆过程中必须密切关注洞门密封装置的变形情况，出现漏浆及时停止注浆，根据具体情况及时采取相应的措施进行处理。同时，始发端头加固区范围内的管片背后注浆压力不宜太大，加固区内注浆少量多次进行控制注浆，防止浆液进入盾尾刷，造成密封尾刷破坏。根据计算和经验，注浆压力取值为 0.4 ～ 0.7 MPa，在一般土质地层中，注浆量充填系数为 150% ～ 200%，注浆量应满足规范要求。

2. 不良地层施工关键技术

春风隧道工程盾构区间段存在长距离碎裂岩、板岩、变质砂岩等不良地质，分别长约 500 m、2 180 m、607 m。其中，破碎岩矿物成分为花岗岩、凝灰质砂岩、变质砂岩等，强度较高，具有硅化、碳酸盐化、黄铁矿化三大特点；板岩矿物成分为长石、石英，呈变晶结构，板状构造，场区该岩内夹有石英脉及硅化现象；变质砂岩矿物成分为长石、石英、云母等，呈细粒结构，层状构造，泥质或钙质胶结，受早期构造影响，岩面有挤压痕迹。岩面也具有碳酸盐化、黄铁矿化及硅化的特点。

（1）泥水舱压力值。

泥水舱压力值应满足维持开挖面稳定的要求，地层隆沉量应满足规范和设计要求。泥水舱压力值与盾构开挖面上覆岩土层压力和水压力密切相关。计算泥水舱压力值一般采用两种方法，一是采用土力学理论，第二种采用数值仿真方法。

① 采用土力学理论。

土力学理论计算泥水舱压力需分别计算掌子面处水压力和土压力。水压力的大小与水力梯度、渗透系数、渗透速度和渗透时间等相关，水压力计算如式（8-3）所示。一方面由于地下水在流经土体时，受到土体的阻力，引起水头损失，导致掌子面的水压力一般小于该位置处理论水头压力；另一方面刀盘有 70% 左右的支挡结构，因此盾构掘进地层的水压力值应根据地层渗透系数进行酌情考虑。

$$\sigma_w = q\gamma_w H \tag{8-3}$$

式中：q——根据地层渗透系数确定的一个经验数值，如砂土中 $q = 0.8 \sim 1.0$，黏性土中 $q = 0.3 \sim 0.5$；

γ_w——水的容重；

H——地下水位距离刀盘顶部的高度。

土压力的大小与上覆地层的比重、内聚力、内摩擦角等相关，按开挖面土体极限平衡状态理论，开挖面静止土压力介于被动土压力和主动土压力之间。在计算盾构掘进开挖面土压力值时，取朗肯主动土压力值，计算公式如式（8-4）：

$$\sigma_a = \gamma h K_a - 2c\sqrt{K_a} \tag{8-4}$$

式中：γ——上覆各地层重度；

h——上覆各地层厚度；

c——上覆各地层内聚力；

K_a——朗肯主动土压力系数，$K_a = \tan^2(45° - \varphi/2)$，$\varphi$ 为开挖地层的内摩擦角。

采用土力学理论的泥水舱压力值为土压力和水压力之和，如式（8-5）：

$$\sigma = \sigma_a + \sigma_w \tag{8-5}$$

为保证带压进舱安全，通常会对施加的舱压预留 10% ~ 15% 施压储备。

选取春风隧道的碎裂岩、板岩、变质砂岩掘进段中典型断面，采用土力学理论计算盾构掘进最佳泥水舱压力值。其中，破碎岩开挖面埋深 30.92 m，上覆中砂、卵石、淤泥质黏土、人工填石，掘进中风化碎裂岩、强风化碎裂岩；板岩开挖面埋深 47.75 m，上覆强风化板岩、粉质黏土、淤泥质黏土、素填土、杂填土，掘进中风化板岩；变质砂岩开挖面埋深 29.49 m，上覆卵石、砾砂、细砂、素填土，掘进微风化变质砂岩、强风化变质砂岩。根据土力学理论计算 3 类典型地层开挖断面的泥水舱压力值见表 8-18。

② 采用数值仿真方法。

春风隧道地下水位高，在盾构掘进过程中，主体结构和围岩受上覆岩土体和水压的共同作用，呈现出渗流场与应力场相互影响的耦合作用。因此，考虑流固耦合作用，采用数值仿真计算方法建立流固耦合作用下盾构隧道与岩土体相互作用的数值模型，计算最佳泥水舱压力值。

在数值仿真计算过程中，当泥水舱压力变化很小而开挖面上节点的水平位移急剧增大时，可认为此时的泥水舱压力为开挖面极限支护力，即流固耦合作用下最小泥水舱压值。为了比较泥水舱压力和静止水土压力的关系，定义压力比如式（8-6）：

$$\lambda = \sigma_T / \sigma_o \tag{8-6}$$

式中：σ_T——泥水舱压力值；

σ_o——隧道中心地层的水平静止水土压力。

选取上述相同的 3 类典型断面，建立三维数值仿真计算模型。模拟隧道开挖过程，并支护结构单元，通过逐步增大泥水舱压力值，提取隧道开挖面中心点处的水平位移值。盾构掘进碎裂岩、板岩、变质砂岩的计算结果依次如图 8-87 ~ 图 8-89 所示。

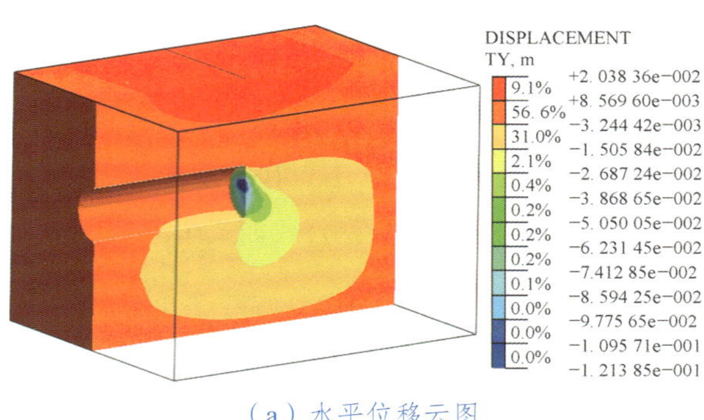

（a）水平位移云图

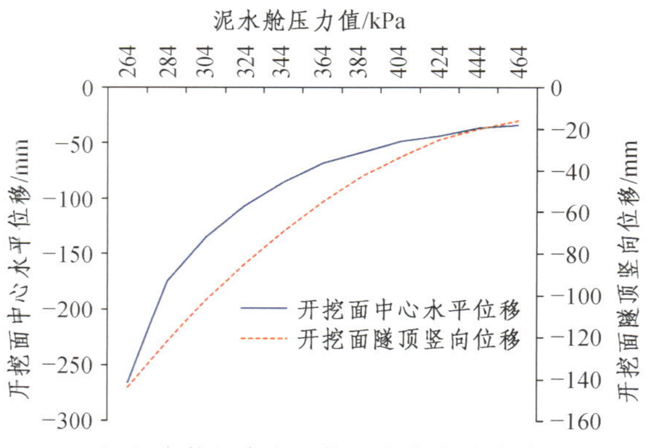

（b）支护压力与开挖面土体位移关系图

图 8-87　盾构掘进破碎岩层数值计算结果

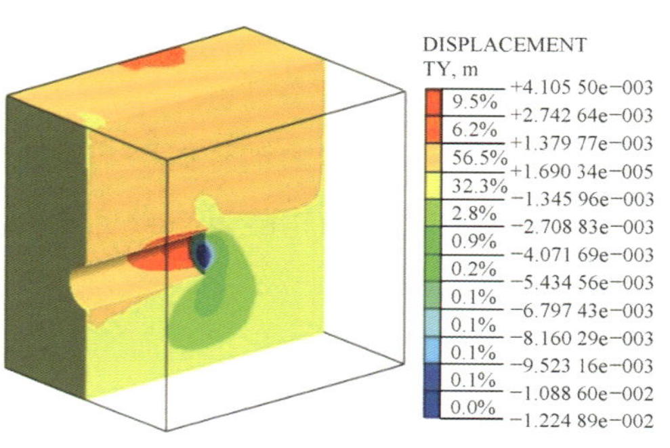

（a）水平位移云图

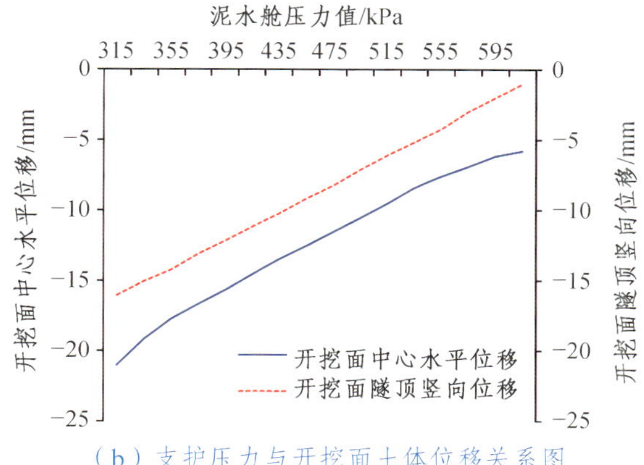

（b）支护压力与开挖面土体位移关系图

图 8-88　盾构掘进板岩层数值计算结果

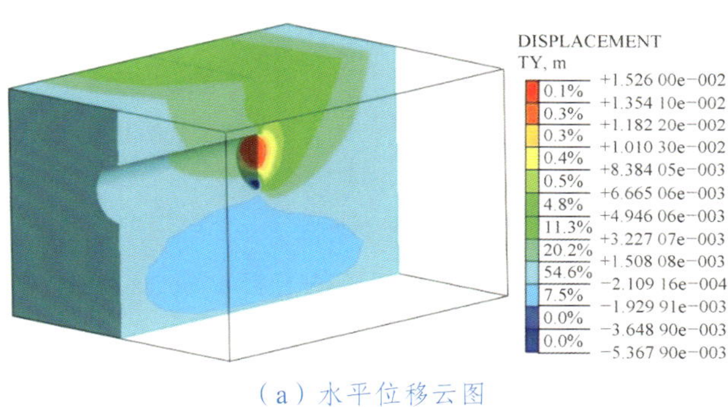

（a）水平位移云图

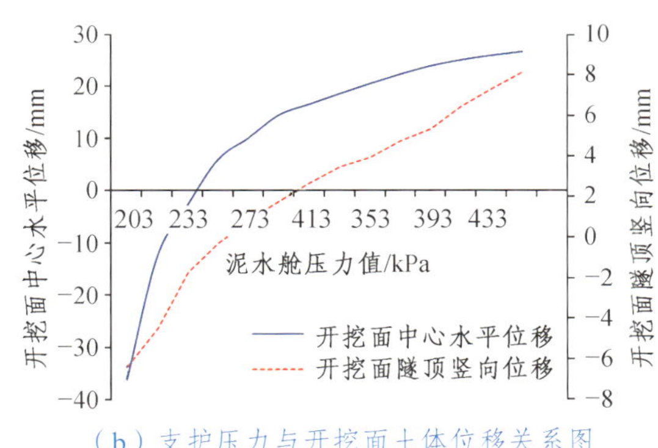

（b）支护压力与开挖面土体位移关系图

图 8-89　盾构掘进变质砂岩层数值计算结果

在盾构掘进破碎岩过程中，当泥水舱压力值为 304 kPa 时，开挖面中心点水平位移趋势变大，认为该泥水舱压力值为最大泥水舱压力值，压力比为 0.938。在盾构掘进片岩过程中，当泥水舱压力值为 335 kPa 时，开挖面中心点水平位移量趋势增大，认为该泥水舱压力值为最大泥水舱压力值，压力比为 0.704，发现泥水舱压力值在 335 ~ 595 kPa 时，开挖面中心点水平位移和隧顶竖向位移呈线性变化，表明在盾构开挖板岩过程中，泥水舱压力值具有较大的容许范围。盾构掘进变质砂岩过程中，当泥水舱压力值为 253 kPa 时，开挖面中心点水平位移趋势变大，认为该泥水舱压力值为最大泥水舱压力值，压力比为 1.314。根据数值仿真计算 3 类典型地层开挖断面的泥水舱压力值见表 8-18。

表 8-18　3 类典型地质断面的泥水舱压力值

典型地层	土力学理论				数值仿真 /kPa
	土压力 /kPa	水压力 /kPa	泥水舱压 /kPa	安全舱压 /kPa	
碎裂岩	132.97	191.16	324.14	372.76	364.00
板岩	163.78	311.88	475.66	547.01	335.00
变质砂岩	70.37	122.22	192.59	221.48	253.00

（2）掘进控制技术。

超大直径盾构掘进 3 类典型地层时，由于开挖面面积大，开挖面变形量对泥水舱压力值、掘进参数等的敏感程度增大。因此，盾构掘进控制不仅要满足一般地层掘进控制要求，而且要采取针对性措施严格控制掘进参数。

出渣量管理：盾构出渣量是判断是否超挖的直接度量，直接影响地层损失量与地面变形量。为了减少超大直径盾构掘进 3 类典型地层对地面的扰动，应严格控制出渣量。

掘进参数管理：超大直径盾构每环掘进前，应根据地质条件、覆土厚度、地面荷载、盾构姿态等信息确定盾构掘进参数；在盾构掘进过程中，应严格控制掘进方向，将施工测量结果与计算三维坐标校核。在盾构掘进过程中，掘进参数应尽量保持恒定，减少波动，以保证切口水压稳定和送 / 排浆管的畅通。调整掘进速度时，应逐步调整，避免掘进速度突变对地层造成冲击扰动和切口水压摆动过大。

泥水管理：在超大直径盾构掘进过程中，应保障泥水对开挖面稳定性的控制和高效携渣能力。因此，应根据开挖面地质条件每环调整泥水的比重、黏度、析水量等参数。

注浆管理：在超大直径盾构掘进过程中，应根据地层条件、水文地质、掘进速度等参数确定同步注浆参数，并通过室内实验确定同步注浆浆材配比，特别是强透水地段，应尽量提高浆材的早期强度。除了同步注浆外，对可能存在局部不均匀、浆液的凝固收缩和浆液的稀释流失，为了提高背衬注浆层的防水性及密实度，有效填充管片后的环形间隙，必要时进行二次补强注浆。

① 碎裂岩段。

超大直径盾构掘进破碎岩层段过程中，应采取提高刀盘转速、减小刀盘推力的方式掘进，按“安全、连续、快速”的施工原则，适当提高泥水的比重、黏度，降低泥水的析水量，确保泥水对破碎岩层的渗透成膜质量。

同步注浆浆液宜选用可硬性浆液，严格控制浆液配比。同步注浆量一般控制在理论填充量的 150% ~ 250%。在实际掘进过程中，浆液用量应结合前一环施工的用量及监测数据进行合理选择。同时，由于破碎岩层孔隙率大，同步注浆浆液可能会沿节理裂隙流失导致管片壁后空鼓、渗漏水，因此，盾构掘进破碎岩层段时，应加强二次注浆监测，及时补充注浆。

② 片岩段。

根据前述盾构掘进片岩段数值仿真计算结果，春风隧道超大直径盾构掘进片岩段风险小，因此按照共性技术可以满足施工要求。

③ 变质砂岩段。

在超大直径盾构掘进变质砂岩段过程中，应采取提高刀盘转速、减小刀盘推力的方式掘进，适当提高泥水的比重、黏度，降低泥水的析水量。同时，应严格控制切口水压，减少切口水压波动。

同步注浆浆液宜选用可硬性浆液，严格控制浆液配比。同步注浆量一般控制在理论填充量的 200% ~ 250%。在实际掘进过程中，浆液用量应结合前一环的用量及监测数据进行合理选择。

3. 盾构穿越建（构）筑物施工关键技术

（1）盾构侧穿立交桥施工关键技术。

春风隧道盾构侧穿红岭立交主桥 2 号桥 2-3 号、2-4 号、2-5 号桥桩，侧穿段长约 50 m 范围，水平净距分别为 1.3 m、6.6 m、12.3 m。侧穿范围内盾构隧道结构顶标高为 −16.129 m ~ −13.735，2-3 号桩底标高 −25.0 m，2-4 号桩底标高 −27.1 m，2-5 号桩底标高 −27.7 m。并且，该侧穿段盾构平面位于半径 R = 750 m 的右转弯圆曲线上，纵断面位于 49‰ 变 19.042‰ 下坡的竖曲线上，曲线半径 R = 8 000 m。

根据地勘报告，2-3 号、2-4 号、2-5 号桩桩底均位于中风化花岗岩层中，盾构隧道断面位于强 ~ 中风化花岗岩层中，盾构隧道顶部为中砂、砾砂、强风化花岗岩层，该穿越段面临上软下硬的地质条件，如图 8-90 所示。

红岭立交 2 号桥梁全长 173 m，桥宽 10 m，梁宽 4.50 m。桥面、墩台允许沉降控制值 ≤ 15 mm，变化速率控制值 ≤ 3 mm/d；纵向相邻桥梁墩台间差异沉降控制值 ≤ 5 mm，横向相邻桥梁墩台间差异沉降控制值 ≤ 3 mm；承台水平位移控制值 ≤ 3 mm，墩柱、承台倾斜率 ≤ 0.003。

为了保证超大直径盾构顺利侧穿红岭立交 2 号桥，盾构施工过程中应重点采取如下控制措施：

① 泥水舱压力控制。

在盾构掘进过程中，主司机须严格控制泥舱顶部压力波动不得超过 5 kPa，以保证掌子面稳定。

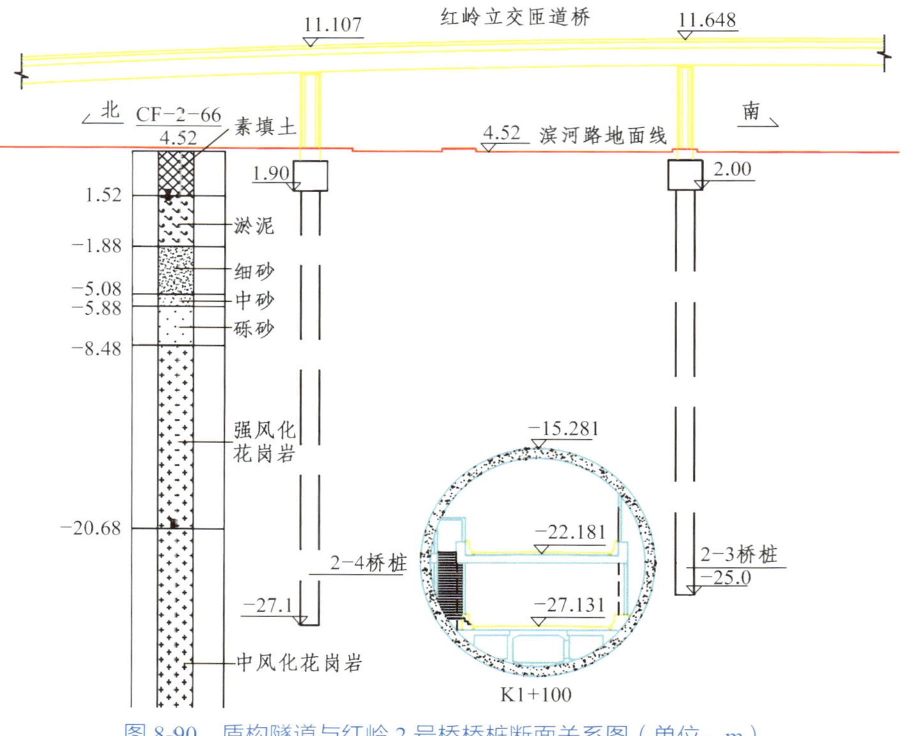

图 8-90 盾构隧道与红岭 2 号桥桥桩断面关系图（单位：m）

② 同步注浆控制。

盾构掘进施工前，应全面检修同步注浆系统，保障侧穿段内平稳、连续掘进，除了正常管片拼装及突发状况外不允许长时间停机。

同步注浆量宜控制在理论注浆量的 180%（每环 52 m^3）以上，曲线段盾构掘进存在一定超挖量，应适当增加曲线外侧注浆量。注浆量要相对均匀、压力适中，根据推进速度的快慢调整泵机次数，做到注浆量与推进速度相适应。注浆饱满程度可根据注浆量和注浆压力双控制指标判定，即注浆量达到理论注浆量的 130%（每环 38 m^3）以上及注浆压力达到设定控制值时视为饱满。

③ 盾构姿态控制。

勤纠偏、小纠偏，合理调整盾构姿态，降低超挖量，控制地面沉降。正常情况下，每延米纠偏量控制在 2 ~ 3 mm，掘进每环纠偏量控制在 7 mm 以内，最大不超过 10 mm；当掘进曲线段时，盾构的方向控制不超过 10 mm/m，否则盾构转弯过急易导致盾尾间隙过小，损坏盾尾密封，造成管片破裂漏水。

④ 盾构总推力控制。

在盾构掘进过程中，依据贯入度来控制总推力，避免无用的推力增加，降低油缸作用在管片上的力，从而减小管片错台的可能性。

⑤ 加强监测。

盾构侧穿红岭立交 2 号桥桥桩前，布设监测点，测取原始数据。在盾构侧穿过程中，应加大监测频率，并根据实时反馈的监测信息对各项掘进参数进行相应调整；管片脱出盾尾后，根据监测信息及时进行二次注浆。

（2）盾构正穿 / 侧穿边检大厦等建筑群。

春风隧道盾构正穿边检二大院宿舍楼 17 栋、14 栋、13 栋等建筑楼，侧穿边检大厦、玫瑰公寓等建筑群，建筑物分布情况如图 8-91 所示。

图 8-91　隧道正穿 / 侧穿边检大厦等建筑群示意图

根据地勘报告，盾构穿越地层为全断面中风化～微风化板岩地层，地质情况良好，但隧道范围存在 2 条斜向糜棱岩断裂带，编号分别为 F_{yhn}（16° 倾角）和 F_{bj}（22° 倾角）。在盾构掘进过程中，存在舱内滞排、刀筒积渣、刀盘结泥饼的问题。地质断面如图 8-92 所示。

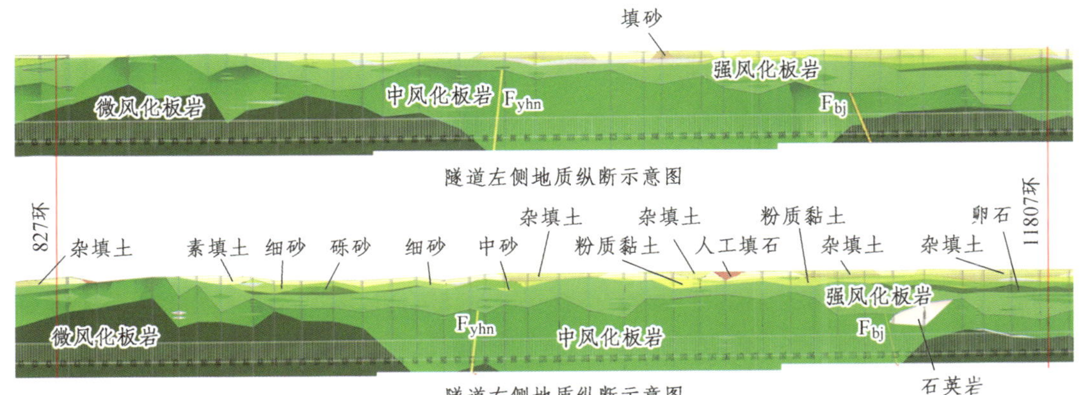

图 8-92　盾构隧道穿越边检段区间地质纵剖面图

为了保证超大直径盾构顺利正穿 / 侧穿边检大厦等建筑群，盾构施工过程中应重点采取如下控制措施：

① 掘进参数控制。

在盾构掘进过程中，应根据已掘进参数、施工过程监测数据、地质条件、建（构）筑物情况，严格控制掘进参数整体稳定，严控刀盘扭矩、盾构总推力；通过刀具旋转、温度监测数据判断刀具状态，及时更换刀具，保障盾构掘进切削能力。

② 同步注浆控制。

盾构正穿 / 侧穿边检大厦等建筑群的同步注浆作业以控制地表建筑物沉降为核心，以控制同步注浆为主，辅以盾壳注泥措施。结合沉降数据及填充效果检查及时进行二次补充注浆，保障管片壁后填充饱满，严控地表沉降。

同步注浆：按照注浆量 + 注浆压力双指标进行控制，以注浆压力为主要控制指标，注浆压力不小于同位置泥水压力 0.3 MPa；以注浆量控制为辅，为理论建筑空隙的 1.3 ~ 1.8 倍，即 38 ~ 53 m^3/ 环。

盾壳注泥：通过径向注浆孔每环向盾壳外部注入“快凝低强度浆液”，填充盾构壳体与开挖面之间的间隙，隔断盾尾与盾体、泥水舱联系，保障同步注浆填充效果，阻断泥水舱泥浆大量进入盾壳周边建筑空隙，控制盾体通过过程中上方土体变形问题。每环注入量 10 ~ 20 m^3，注泥压力达 0.8 ~ 1.0 MPa 时停注，根据掘进时同步注浆压力、管片开孔检查效果适时补充。

同步注浆：管片脱出盾尾后即开孔检查同步注浆情况，按“掘一注一”的原则进行二次补充注浆。注浆材料采用水泥 - 水玻璃双液浆，注浆顺序从底部注浆孔左右对称向上注浆，水泥采用 P・O42.5 普通水泥，水灰比采用 1 ∶ 1，波美度控制在 25 ~ 35°Bé；水玻璃体积比 1 ∶ 1，双液浆凝固时间为 40 s 左右，注浆压力为 0.6 ~ 0.8 MPa。在同步注浆过程中，必须密切关注管片错台情况，可用间歇性注浆方法。二次补充注浆完成后进行注浆效果验证，以注浆填充饱满无渗水为合格标准。

③ 盾构姿态控制。

采取勤纠偏、小纠偏，合理调整盾构姿态，降低超挖量，减小掘进时对周边土体的扰动；掘进每延米纠偏量控制在 2 ~ 3 mm，整环纠偏量控制在 6 mm 以内。

④ 刀具更换及管理。

在盾构掘进过程中，实时观察刀具监测系统，刀具无转速后更换刀盘转向观察 10 min，如仍不旋转则停机检查刀具。当刀具磨损超过 10 mm 时必须更换，当刀具温度稳步上涨且本环内上涨大于 3 ℃ 时建议停止掘进对其进行抽检。

⑤ 加强监测。

盾构正穿 / 侧穿边检大厦等建筑群前，优化布置监测点位，加强重点区域监测频率。对隧道轴线上方地表监测点间距宜为 5 ~ 10 m，每 50 ~ 100 m 布设垂直于隧道轴线的横断面。并且，在建筑物四周、距离地面宜为 10 m 以下范围内建筑物墙面或柱上布设沉降监测点。

8.5　深圳妈湾跨海通道右线工程

本节主要以深圳妈湾跨海通道 2 标为例，介绍深圳妈湾跨海通道右线工程的工程概况、工程重难点、盾构适应性设计及施工关键技术。

8.5.1　工程概况

本工程起于南山妈湾港区的妈湾大道与月亮湾大道交叉处，穿越前海湾止于宝安区大铲湾港区，终点与沿江高速大铲湾收费站、西乡大道相接，里程 K0+000 ~ K8+049，线路全长 8.05 km。规划红线前海段宽 80 m，大铲湾段宽 70 m（图 8-93）。地面道路为城市主干道，双向 6 车道，设计速度为 40 km/h、60 km/h；地下道路为城市快速路，双向 6 车道，设计速度为 80 km/h。

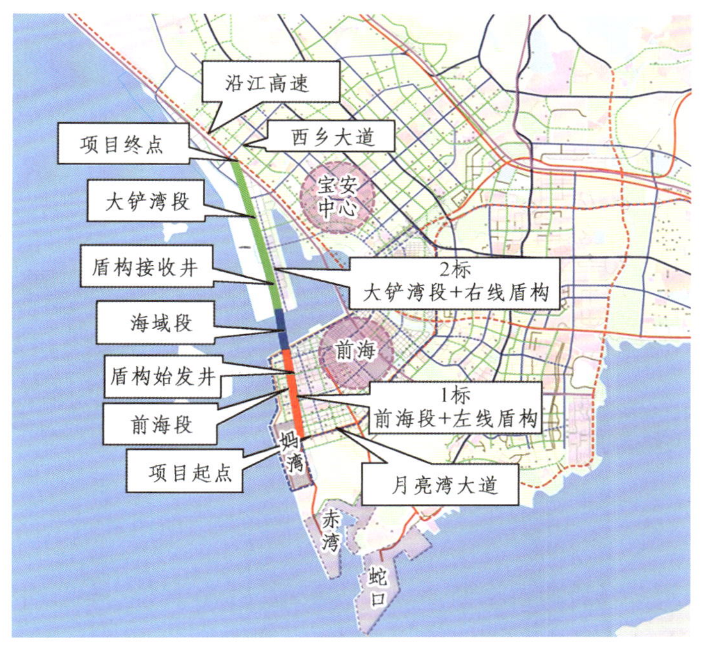

图 8-93　妈湾跨海通道总平面示意图

妈湾跨海通道 2 标盾构段全长 2 063 m，其中大铲湾陆域段 696 m、海域段 1 159 m、前海陆域段 208 m（图 8-94）。盾构开挖直径为 15.53 m，管片外径 15 m，内径 13.7 m，管片环宽 2 m，每环管片由 7+2+1 块构成，拼装方式为错缝拼装，管片楔形量为 50 mm（图 8-95）。管片采用斜螺栓连接，接触面为连续凹凸榫。盾构最大纵坡为

3.75%，最小平面曲线为 2 000 m，最小竖曲线半径为 4 500 m，最小覆土厚度为 10 m。盾构隧道内为 3 层结构，分别用于通风、行车、疏散。

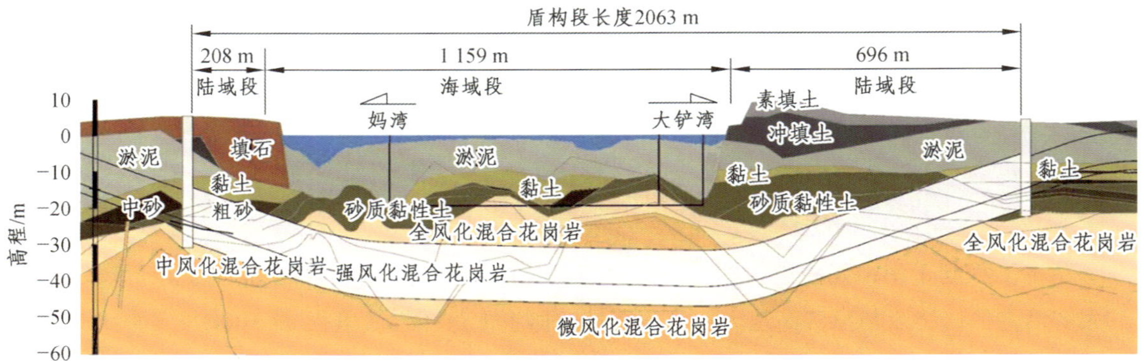

图 8-94 盾构隧道纵剖面示意图

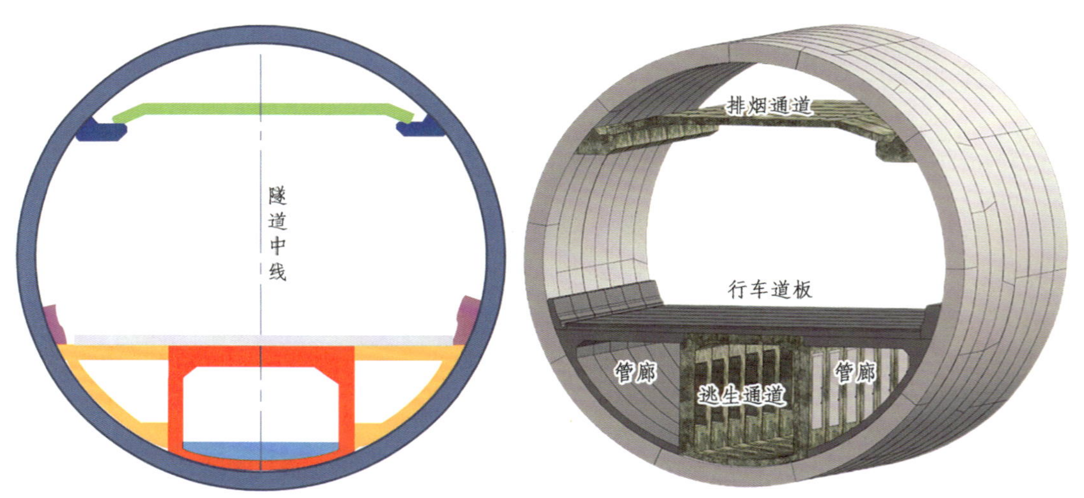

图 8-95 盾构隧道结构横剖示意图

妈湾跨海通道 2 标盾构段全断面土层 329 m，占比 16%；全断面岩层长 585 m，占比 28%；上软下硬地层长 1 069 m，占比 52%；断裂带长 80 m，占比 4%。基岩起伏大，上软下硬地层占比高，岩层为混合花岗岩，主要矿物为石英、长石、黑云母等，石英含量平均为 34%，最高达 54%，长石含量平均为 55%，最高为 69%。岩石平均强度为 44.9 MPa，最大为 193 MPa。

地下水主要有第四系松散层中的孔隙潜水、孔隙承压水和基岩裂隙水 3 种。

8.5.2　工程重难点

本工程盾构掘进的难点主要包括：岩层地层掘进、砂质黏土和淤泥质黏土地层掘进、浅覆土段掘进和高水压环境的保压。具体为：

（1）岩层地层掘进。盾构段 52% 为上软下硬地层，32% 为全断面硬岩地层。盾构在该段地层中掘进时重难点如下：刀具破岩；上软下硬地层掘进刀具异常损坏、轴承偏载、滞排堵舱、盾构姿态控制等；刀具更换频繁；刀盘、刀具、泥浆管路磨损。

（2）砂质黏土和淤泥质黏土地层掘进。该段地层掘进时重难点如下：刀盘结泥饼；黏土块滞排；泥水分离困难。

（3）浅覆土地层掘进。始发、到达段覆土较浅，且上部覆土为淤泥等软弱地层。盾构始发掘进如何控制地表沉降、盾构姿态是本工程的重难点。

（4）高水压环境下掘进。盾构下穿 1.1 km 的海域段，最大水压 0.5 MPa，如何保证高水压环境下密封的可靠性是本工程的重难点。

8.5.3　盾构适应性设计

1. 地质适应性设计基本原则

（1）适应地质条件，具备常压换刀及饱和气压作业功能。

（2）根据详勘及地质补勘结果，对盾构做针对性设计，保证长距离、高水压、复杂地层作业能力。

2. 总体设计

盾构区间始发段最小覆土厚 10 m，地质条件复杂，上软下硬地层距离长，海底水压高，综合考虑选用气垫式泥水盾构，泥水舱压力控制精度高，能较好地平衡掌子面的水土压力，降低地表击穿或沉降的风险。整机按照 0.8 MPa 工作压力要求进行设计。

3. 刀盘适应性设计

采用常压换刀刀盘（图 8-96），刀盘开挖直径为 15 530 mm，结构设计为 6 根中空主梁 +6 根辅梁，主梁上刮刀和滚刀可在常压环境下更换，保证了刀具检查更换的效率和安全性。

（1）采用 482.6 mm（19 in）双轴双刃滚刀。

滚刀选用双轴双刃滚刀（两把单刃刀共用一个刀筒）和单刃滚刀，具体为：中心采用 431.8 mm（17 in）双轴双刃滚刀，正面及边缘为 482.6 mm（19 in）双轴双刃滚刀和 482.6 mm（19 in）单轴单刃滚刀，起弧区和最外两个轨迹三个刀刃，提高了滚刀在本区间的高强度岩石的刀具破岩能力，同时增大了刀具的允许磨损量，减少了刀具更换频率。

（2）刀盘耐磨设计。

刀盘前后面板采用耐磨复合钢板全覆盖设计，刀盘外圈梁后部采用全环合金耐磨块设计，刀盘过渡区域采用合金耐磨块 + 耐磨复合钢板设计，可有效地提高整体耐磨性能。

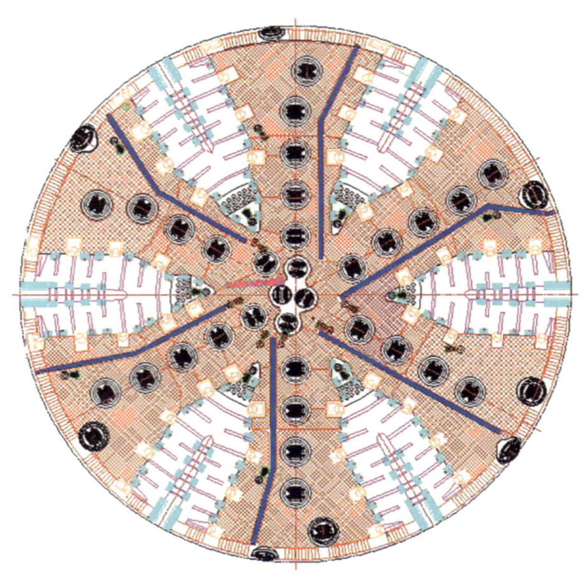

图 8-96　常压刀盘正面图

（3）全面板磨损检测。

如图 8-96 所示，刀盘设计有 6 条连续磨损检测带，每个检测带均可独立检测，保证了检测参数的可靠性。刀盘后面板上设置有磨损检测带，可对后部面板磨损情况进行有效的检测。

每把滚刀刀筒均设计有可更换液压磨损检测装置（图 8-97），用于检测该滚刀刀毂的磨损，大圆环外表面圆周布置有可更换液压磨损检测装置，用于检测大圆环外表面磨损状况。

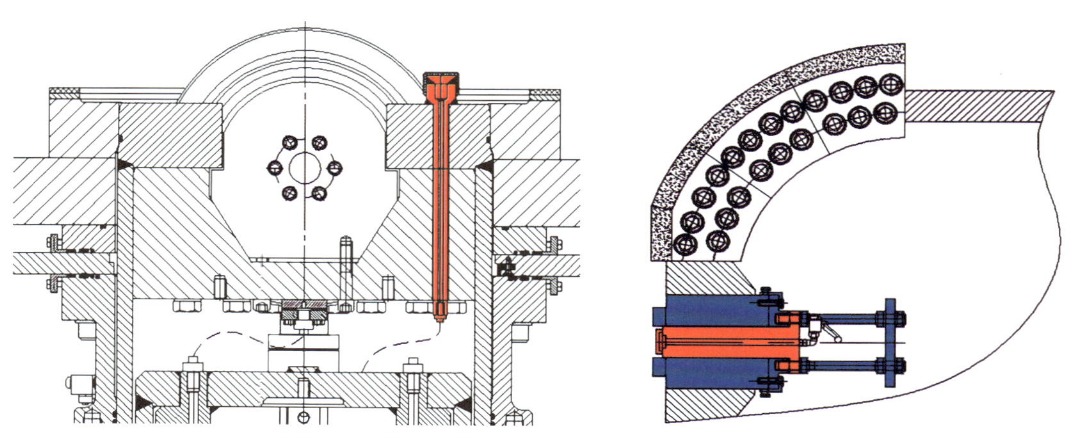

图 8-97　滚刀刀筒及大圆环可更换磨损检测装置

（4）滚刀旋转、温度及磨损自动监测功能。

常压刀盘刀筒内部配置有滚刀状态监测装置，用于实时测量滚刀转速、温度和磨损量数据。主控室可实时显示滚刀旋转状况、刀筒内部温度和刀圈磨损情况，一旦出现异常可及时报警并进行处理。

（5）刀盘冲刷喷口设计。

常压刀盘中心存在渣土流通性差导致结泥饼的问题。为此，配置有独立 $P_{0.1}$ 增压冲刷泵，可向刀盘正面提供最大 1 500 m³/h 的冲刷流量，可对刀盘中心、刀盘夹角等区域进行冲刷，降低结泥饼和刀盘前部滞渣的概率，具体如图 8-98 所示。

（6）刀具设计配置。

区间既有岩层又有软土地层，刀盘的刀具可根据地层需要进行常压更换。在岩层中掘进采用滚刀，在软土地层中掘进采用撕裂刀。同时区间绝大部分上软下硬地层基岩高度未超过隧道中心，刀盘正面及周边可安装滚刀，中心区域可安装撕裂刀，同时每个撕裂刀刀筒配置两个刀孔冲刷，降低常压刀盘中心结泥饼及滞渣概率。

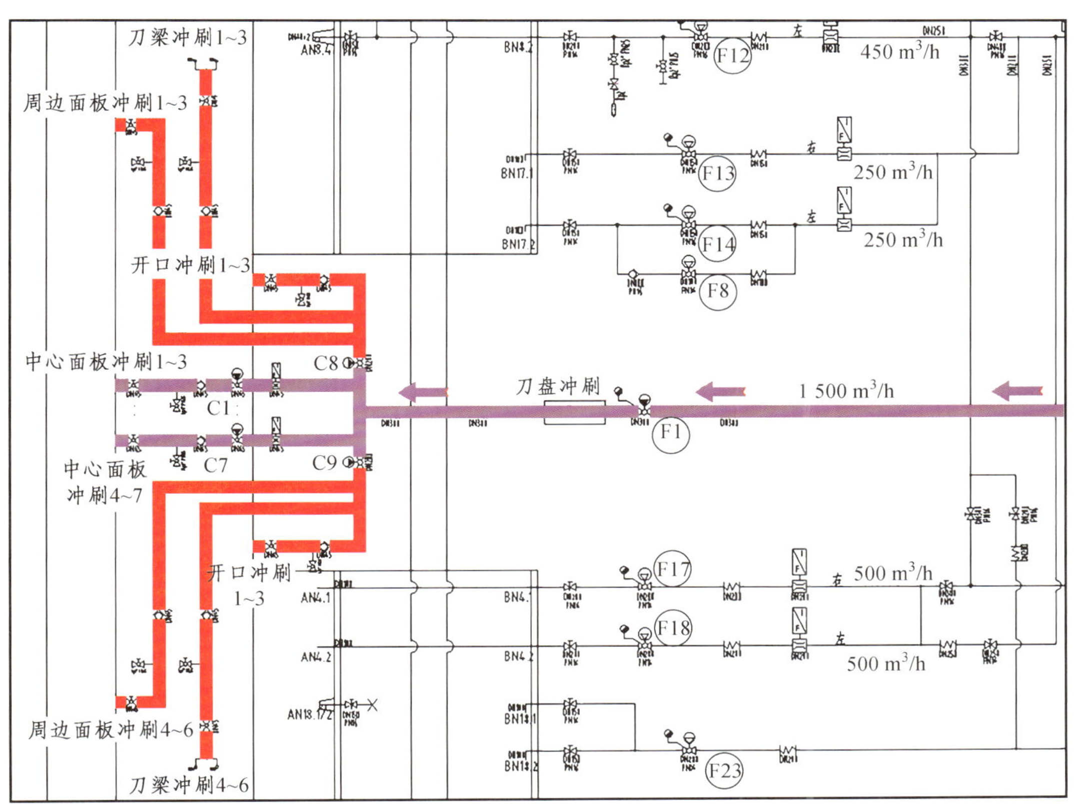

（a）

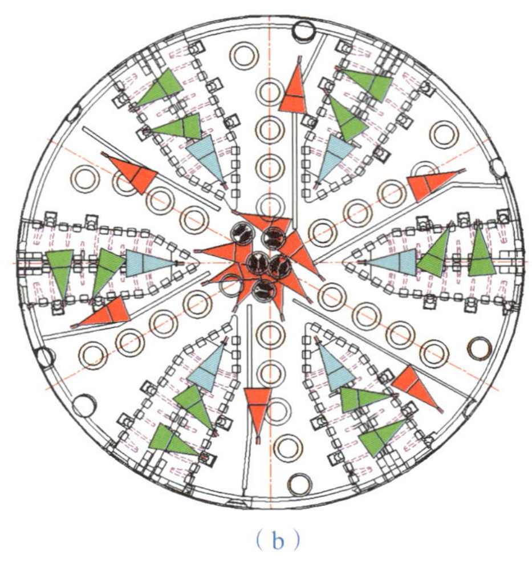

（b）

图 8-98　刀盘前部冲刷

4. 主驱动适应性设计

刀盘主驱动（图 8-99）采用 ϕ7.6 m 大规格重载轴承，轴承抵抗偏载能力更强。主驱动具备伸缩摆动功能，通过伸缩油缸回收可方便更换正面刀具；通过刀盘摆动超挖便于更换最外轨迹刀具，具体如图 8-100 所示。

图 8-99　刀盘主驱动

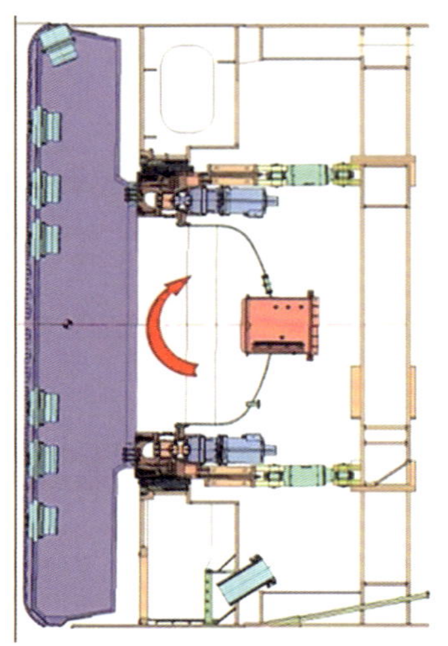

图 8-100　刀盘摆动超挖示意图

主驱动具备加压功能，通过驱动箱加压，理论上最大承压能力可以达到 1.0 MPa。

5. 泥浆循环系统适应性设计

根据本标段的地质情况和掘进距离，泥浆循环系统配置 1 台进浆泵、2 台排浆泵。该盾构泥浆循环工作模式主要分为旁通模式、掘进模式、长时间停机保压模式、维修保压模式、逆冲洗模式、管路延伸零排放收浆模式及主机段小循环模式等。

（1）主机段小循环系统。

主机段小循环原理如图 8-101 所示，$P_{0.2}$ 增压泵取浆可来自排浆管路的分流箱，增加主机段循环冲刷流量，对降低结泥饼概率、减少渣土滞排都有较好效果。

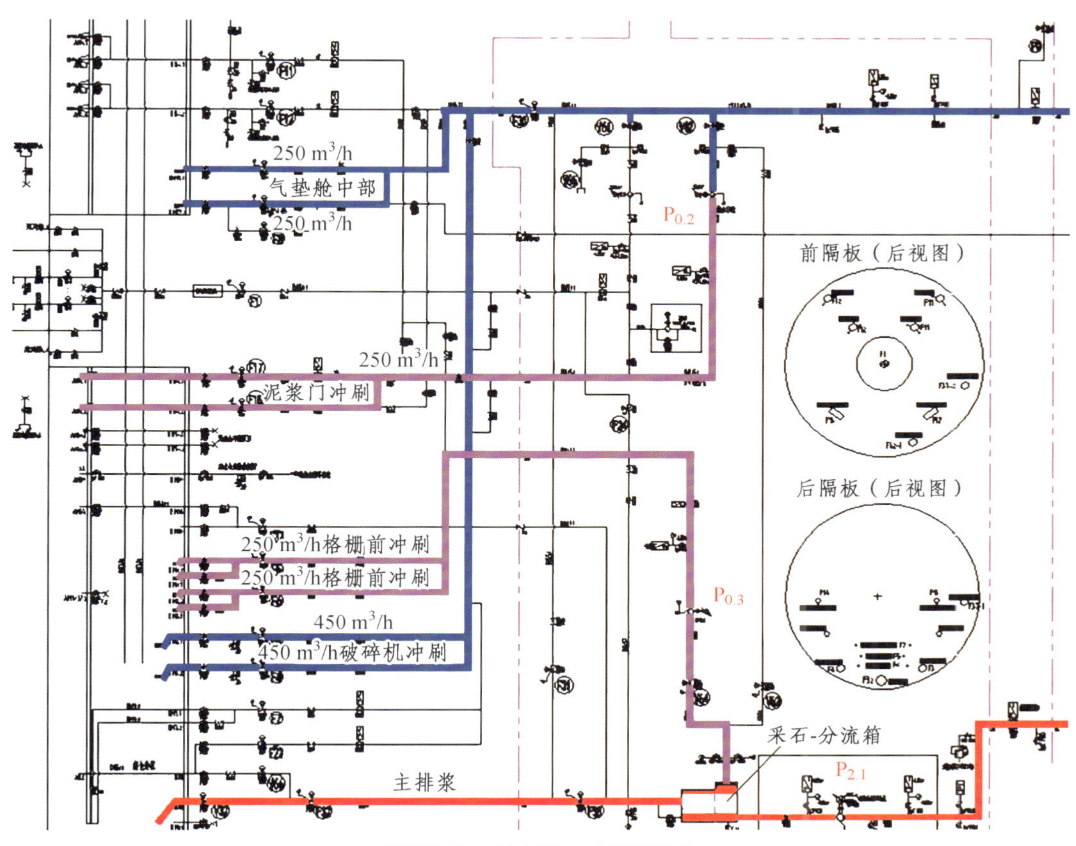

图 8-101　主机段小循环原理

（2）气垫直排模式。

气垫直排模式原理如图 8-102 所示，在保证气垫式平衡原理的前提下，设置前舱直排管道，避免气垫舱滞排盲区；同时增加前舱有效进浆量，降低前舱密度，可减小泥饼形成概率。

（3）舱内冲刷系统设计。

泥水舱和气垫舱底部设置多道冲刷喷口，从前到后布置泥浆门前冲刷、泥浆门后冲刷、破碎机冲刷、格栅前冲刷、格栅后冲刷，且所有各喷口冲刷覆盖气垫舱整个断面，无冲刷死角存在，将有效降低气垫舱底部渣土的滞排概率。

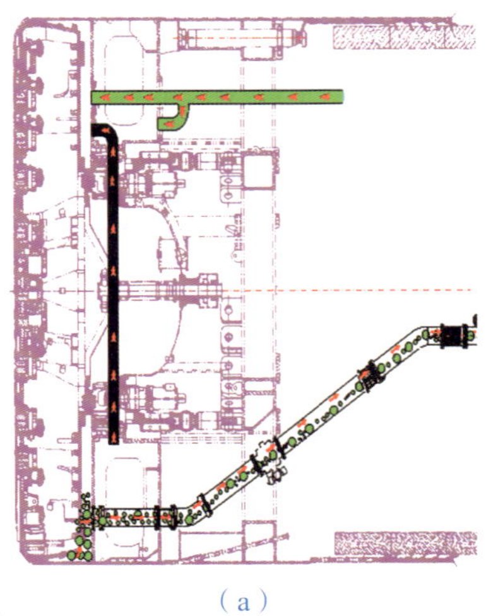

（a）

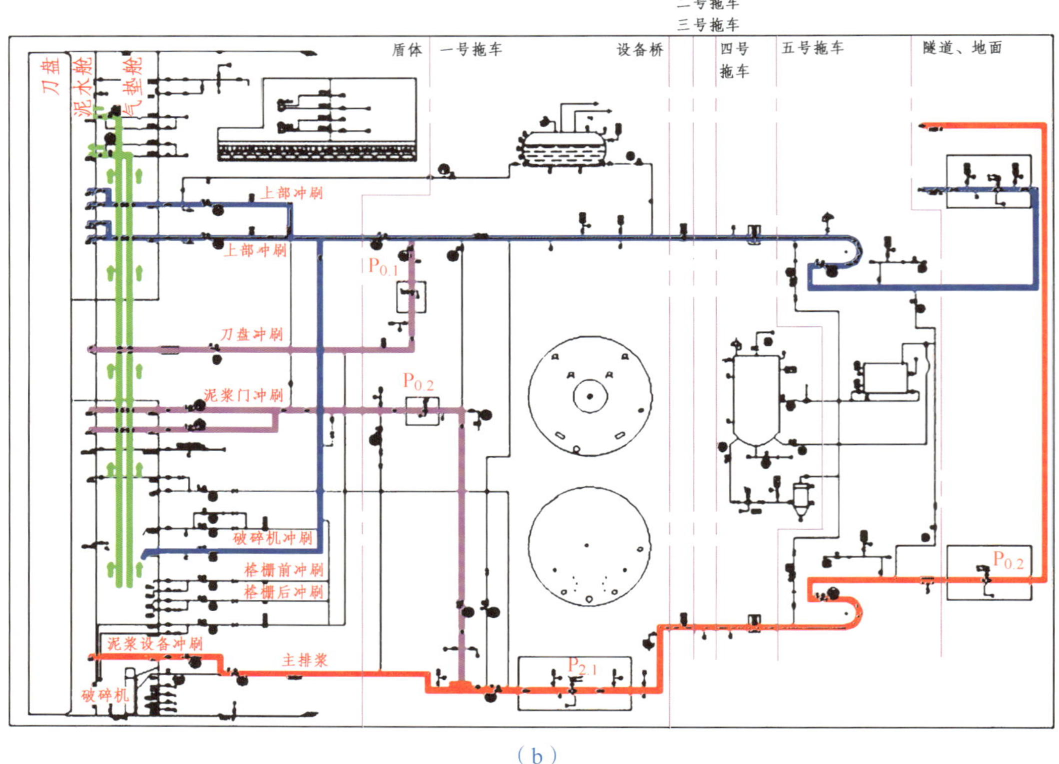

（b）

图 8-102　气垫直排模式原理

（4）预留高压水刀冲洗通道。

盾构预留高压水冲洗通道，可以利用高压水刀对刀盘泥饼进行处理，对已经形成的泥饼具有良好的处理效果。

（5）泥水管路耐磨设计。

弯头外焊接钢板预先增加弯头厚度，弯头内壁堆焊耐磨网格；主排浆管进口段采用耐磨复合钢板材质，以提高耐磨性能，同时采用可更换内套设计，方便后期维护。

6. 保压系统适应性设计

常规泥水盾构一般采用双回路气体保压系统（图 8-103），针对本区间始发段和接收段覆土厚度较小，泥水舱压力控制不当易发生地表击穿情况。盾构配置四回路气体保压系统，配置两大两小并联式进气阀和排气阀，通过 PI 控制器分段控制大小阀门开度，来精确调整舱内压力，避免压力波动过大造成地表击穿问题。

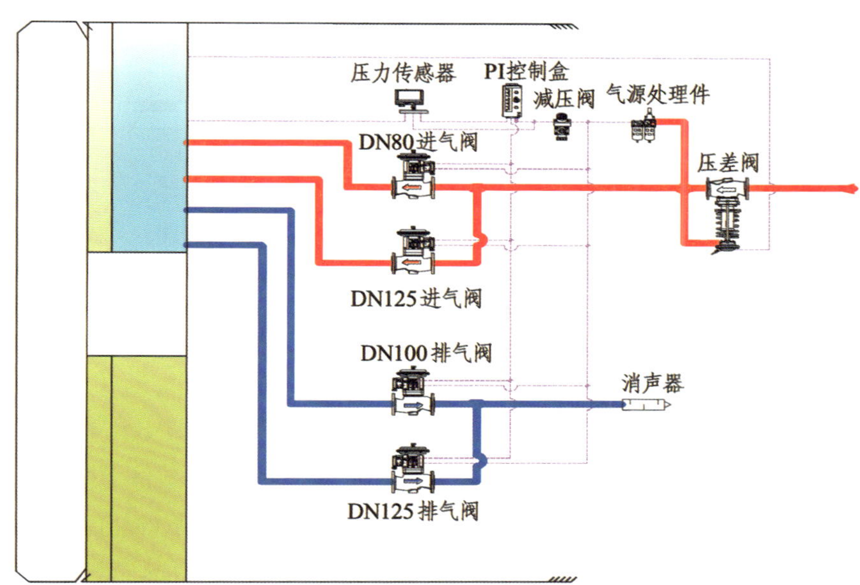

图 8-103　保压系统原理图

7. 其他适应性设计

（1）破碎机设计。

配置破碎粒径达 1 200 mm、破碎最大岩石强度为 250 MPa 的颚式破碎机（图 8-104），可对区间岩石进行及时破除；同时在不需要破碎的地层中可通过破碎机的摆动搅拌功能对底部渣土进行搅拌，降低因渣土沉积导致的舱内滞排问题。

（2）盾尾设计。

盾尾密封采用 5 道钢丝刷设计（图 8-105），4 道油脂腔，其中前两道尾刷采用螺栓连接。根据空间布置较多的注脂点位，提高尾盾的密封性能。同时尾盾配置间隙测量装置，可监测管片与尾盾的距离，为盾构姿态调整及管片选型提供依据。

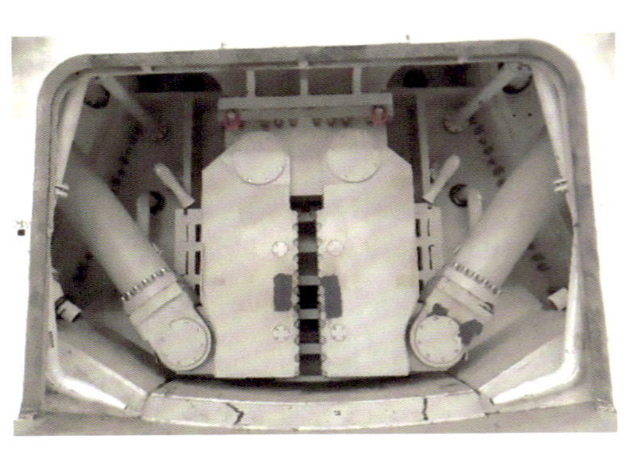

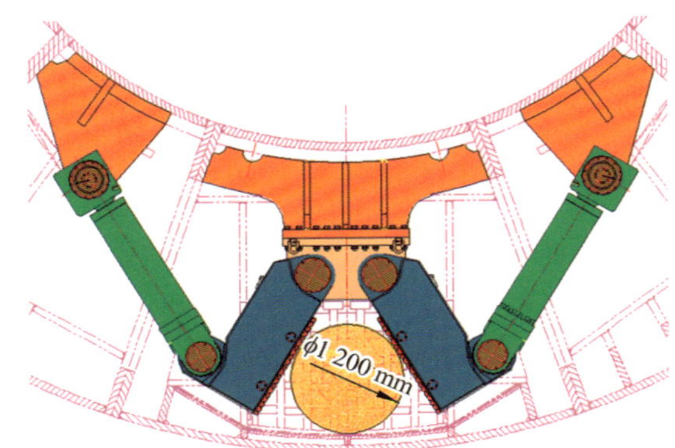

图 8-104 颚式破碎机

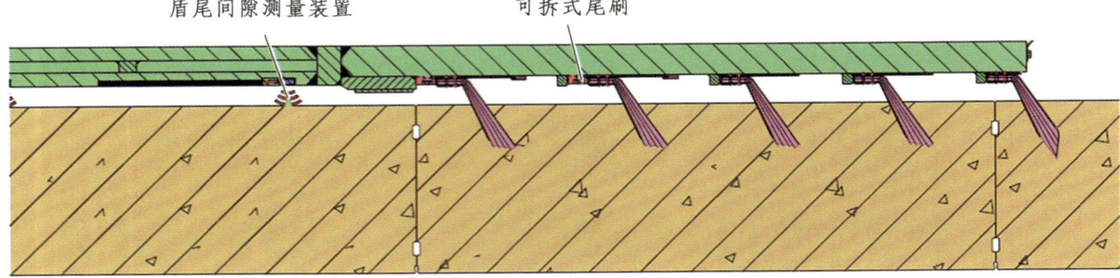

图 8-105 盾尾设计图

（3）同步注浆及二次注浆。

同步注浆管采用内嵌式注浆管，同步双液注浆和同步单液注浆为共用通道，通道数量为 8 备 8 用。可根据需要选配同步双液注浆。

设计配置 4 台注浆泵，每台泵有两个出口。为了实现自动注浆的功能，在管路的注入端安装了压力传感器，用于检测注浆压力。在管路上配置有专用水清洗装置，系统可以进行半自动开关开启相应阀门进行清洗注浆管路。同时配置有二次注浆系统，可对管片进行二次补强加固。

（4）超前加固系统设计。

在中盾圆周预留有多个倾斜式超前加固通道，前盾隔板上预留多个水平式超前加固通道，方便在需要超前加固的地层中超前注浆加固，如图 8-106 所示。

盾构根据需要可配置超前钻机（图 8-107），需要时可以利用这些通道对前部地层进行超前注浆加固，以提高拱顶及掌子面的稳定性。

（5）超前地质预报系统。

设备配置超前地质预报系统（可控震源法），由安装在刀盘上的震源和检波器组成，通过发射换能器向探测地层发送上扫地震波，遇到声阻抗较大的孤石或障碍物后就会发生反射。反射回的地震波进行数字化并进行相关算法处理，就可以得到地层前方孤石的位置和大小，如图 8-108 所示。

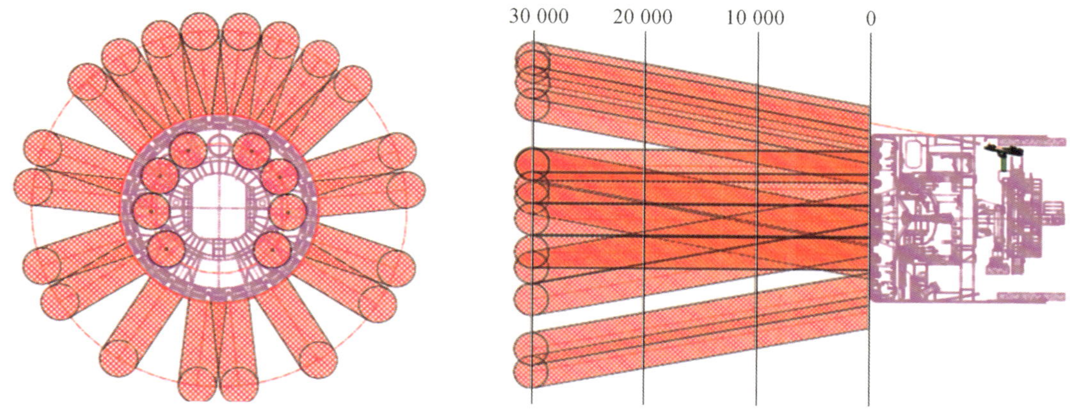

图 8-106　加固孔布置图（单位：mm）

图 8-107　超前钻机实物安装图

图 8-108　超前地质预报示意图

（6）人舱、材料舱设计。

如图 8-109 所示，共设置 2 个人舱和 2 个材料舱，设计压力为 1 MPa。2 个人舱均采用前后舱串式结构，主舱可容纳 6 人，副舱可容纳 2 人，其中人舱 1 预留穿梭舱接口。

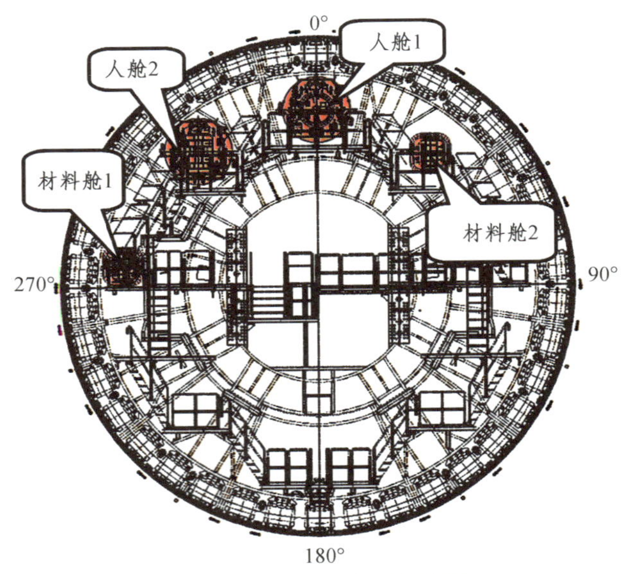

图 8-109　人舱、材料舱布置

（7）推进系统设计。

根据管片设计，共设计28根推进油缸，总推力为240 670 kN。推进油缸默认分为6组，同时具备自由分组及单独控制功能，可对盾构姿态实施调整，如图 8-110 所示。

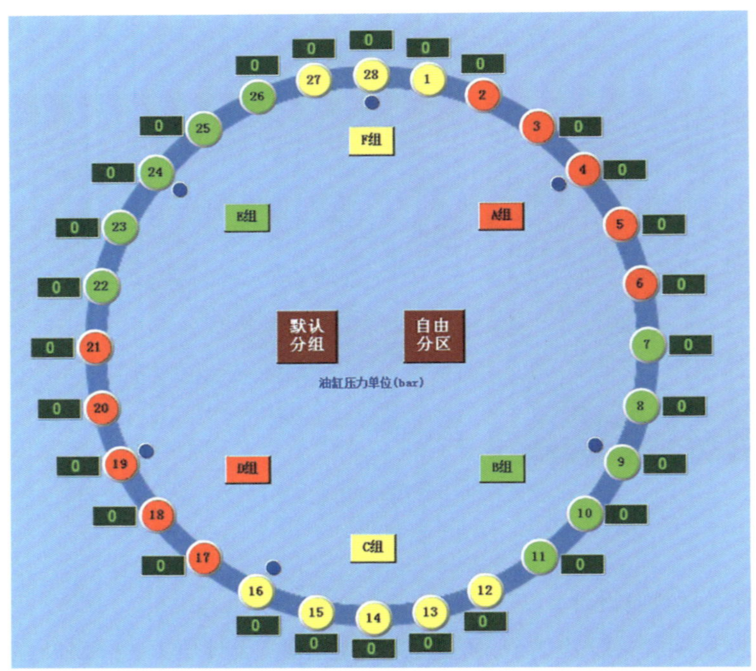

图 8-110　推进油缸自由分组

（8）物料吊运系统。

如图 8-111 所示，盾构配置有管片吊机、管片小车，对管片进行转运。

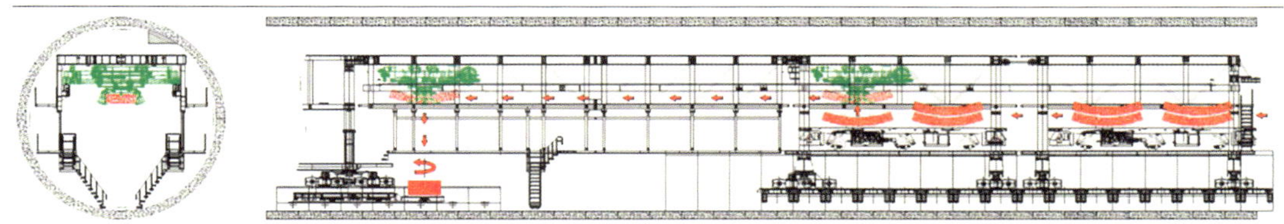

图 8-111　管片吊运流程示意图

如图 8-112 所示，盾构配置有中间口字件吊机，可实现盾构掘进过程中口字件的同步拼装作业，提高施工效率。

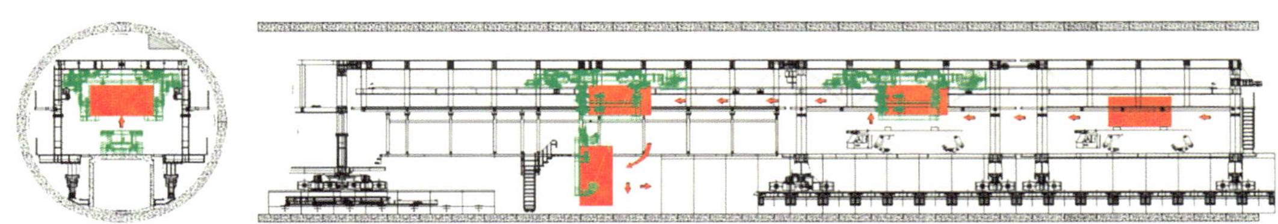

图 8-112　口字件吊运流程示意图

盾构预留有穿梭舱运输通道及接口，方便舱内饱和带压作业，如图 8-113 所示。

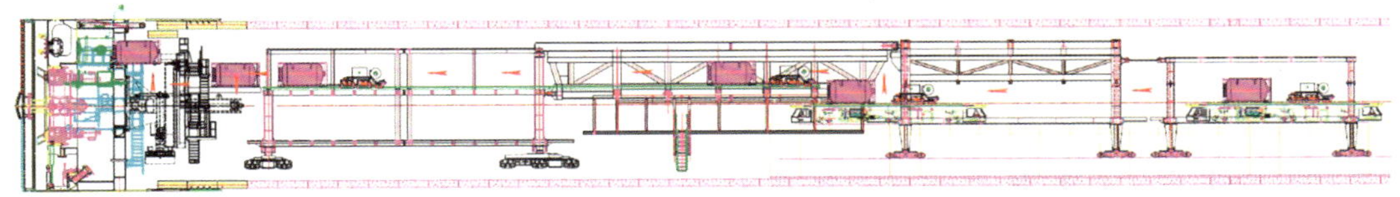

图 8-113　穿梭舱运输流程示意图

（9）有毒有害气体监测装置。

在盾构头部、盾尾和第一节车架处设置固定式自动报警有毒有害气体监测装置，另外在隧道施工面及成型隧道内配置有手持式有害气体监测仪，包括 CH_4 检测仪、H_2S 检测仪、CO 检测仪、SO_2 检测仪。

（10）舱内视频监控系统。

盾构配置开挖舱可视化系统（图 8-114），在盾构掘进过程中，可以在主控室实时观察刀盘的旋转状态和开挖地层的图像信息。可视化系统主要由前端设备、一体化工控机、网络设备、水 / 气阀及控制机构等组成。前端设备安装在掘进舱隔板上，工业级计算机、网络设备、水 / 气阀及控制机构等安装在相关操作控制台上。

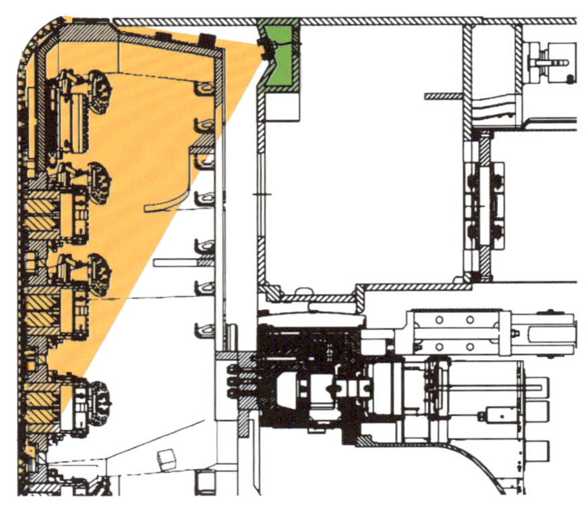

图 8-114 可视化系统安装位置及范围

（11）安全消防系统。

盾构上引起火灾的安全隐患主要有施工中动用明火如电焊、割枪等引起易燃物着火，电气部件触头开关火花引起火灾，发热设备及电气部件等散热不良过热引发着火，不良行为如吸烟等引起火灾，等等。

考虑到以上因素，在电气元器件的选用上采用具有优良防火性能的产品，电缆采用了具有耐油耐磨阻燃的热塑性聚氨酯（TPU）材料，加强各发热设备及电气部件的冷却散热，同时在每节拖车的左侧及盾体内分别布置有手提式干粉灭火器或手提式二氧化碳灭火器。另外在盾构液压泵站和配电柜内设计有自动灭火装置，拖车尾部安装有水幕装置。

8.5.4 施工关键技术

1. 工程地质研究分析

（1）提前对特殊段落（断裂带、高强度硬岩段、始发端头、接收端头、计划开舱位置等）进行补充勘察，摸清地质情况。

（2）梳理研究详勘、补勘报告，对相关地质参数进行汇总（每环岩石强度、岩面高度），见表 8-19，为掘进参数制定提供直观的数据支撑。

表 8-19 基础数据统计（局部）

环号	地层		岩石强度		洞身岩面高度		泥水舱顶部压力/kPa
			左 /MPa	右 /MPa	左 /m	右 /m	
661	上软下硬地层	强风化、中风化、微风化混合花岗岩	30.7 ～ 31.2	55.5 ～ 116	15.3	14.63	351

续表

环号	地层		岩石强度		洞身岩面高度		泥水舱顶部压力 /kPa
			左 /MPa	右 /MPa	左 /m	右 /m	
662	上软下硬地层	强风化、中风化、微风化混合花岗岩	30.7 ~ 31.2	55.5 ~ 116	15.3	14.33	351
663		强风化、中风化、微风化混合花岗岩	30.7 ~ 31.2	55.5 ~ 116	15.3	13.98	351
664		强风化、中风化、微风化混合花岗岩	30.7 ~ 31.2	55.5 ~ 116	15.3	13.49	351
665		强风化、中风化、微风化混合花岗岩	30.7 ~ 31.2	55.5 ~ 116	15.3	13.04	351
666		强风化、中风化、微风化混合花岗岩	30.7 ~ 31.2	55.5 ~ 116	15.3	12.59	351
667		强风化、中风化、微风化混合花岗岩	30.7 ~ 31.2	55.5 ~ 116	15.3	12.15	351
668		强风化、中风化、微风化混合花岗岩	30.7 ~ 31.2	55.5 ~ 116	15.3	11.08	351
669		强风化、中风化、微风化混合花岗岩	30.7 ~ 31.2	55.5 ~ 116	15.3	9.66	351
670		全风化、强风化、中风化、微风化混合花岗岩	30.7 ~ 31.2	55.5 ~ 116	15.3	8.30	351
671		全风化、强风化、中风化、微风化混合花岗岩	31.2	55.5 ~ 116	15.3	6.85	350
672		全风化、强风化、中风化、微风化混合花岗岩	31.2	55.5 ~ 116	15.3	5.50	350
673		强风化、中风化、微风化混合花岗岩	31.2	55.5 ~ 116	15.3	5.01	350
674		强风化、中风化、微风化混合花岗岩	31.2	55.5 ~ 116	13.07	4.49	350
675		强风化、中风化、微风化混合花岗岩	31.2	55.5 ~ 116	11.13	4.11	350
676		强风化、中风化、微风化混合花岗岩	31.2	55.5 ~ 116	10.08	3.67	350
677		强风化、中风化、微风化混合花岗岩	31.2	55.5 ~ 116	9.42	3.41	350

续表

环号	地层		岩石强度		洞身岩面高度		泥水舱顶部压力 /kPa
			左 /MPa	右 /MPa	左 /m	右 /m	
678	上软下硬地层	强风化、中风化、微风化混合花岗岩	31.2	55.5 ~ 116	8.81	4.47	350
679		强风化、中风化、微风化混合花岗岩	31.2	55.5 ~ 116	8.08	5.71	350

通过点荷载仪对渣样强度进行检测，将实测强度与勘察报告进行对比（表 8-20）。

表 8-20　实测岩石强度统计

部位	测值 /MPa										均值 / MPa
	测值 1	测值 2	测值 3	测值 4	测值 5	测值 6	测值 7	测值 8	测值 9	测值 10	
662 环	94.9	64.6	45.7	96.5	59.4	59.4	59	84	103.6	45	74.8
664 环	54.4	99.3	95.2	53.6	71.4	55.1	95.7	64	54.3	57.5	70.1
669 环	69.9	101.7	48.5	45.1	63.3	89.4	53.5	75.8	60.6	76.4	68.4
674 环	80.5	67.6	60.7	81.3	44	95.7	106.7	38.1	87.7	62.2	72.5
665 环	88.9	75.5	59.8	83	90.5	88.3	102.5	88	68.9	83.7	82.9
668 环	70.4	60.7	72.8	51.2	55.6	40.8	101	88.2	96	89.9	72.7
682 环	72.2	38.4	71	42.8	44.2	36.1	70.1	36.8	40.2	49	50.1

2. 工程环境研究分析

（1）风险、地质一张图。

结合地面建构筑物建立风险、地质一张图，对沿线下穿的各类风险进行标识并注明风险等级及应对措施，如图 8-115（扫描右侧二维码查看原图）所示。

图 8-115　妈湾跨海通道盾构法隧道施工“风险 - 地质”一张图

（2）盾构掘进前对地表环境进行摸排，并进行雷达扫描，掘进通过后再次进行地质雷达扫描查验地下状态，确保地下无隐患。

3. 刀具研究分析

建立刀具台账，加强掘进过程中刀筒螺栓检查、过程监控分析、综合研判，如图 8-116 所示。

刀具抽检及更换坚持“有疑必检，有损必换”的原则，过程中做到处处痕迹分析、件件建档管理。

（1）刀具不旋转或旋转不连续则需要对刀具进行拆检。

常压滚刀抽检及更换总台账

序号	时间	上次抽刀时间	拆装刀筒	刀具所在位置	抽检环数	上次抽检环数	滚刀使用环数	刀筒更换情况	滚刀更换情况	滚刀更换原因	拆除刀筒类型	安装刀筒类型	刀筒集渣情况	刀筒是否有划痕	高刀号磨损（1	高刀号磨损（2	低刀号磨损（1	低刀号磨损（2	密封座总成情况
450	2022.7.6	2022.4.28	69–71	ARM9	555	513	42	更换	翻修刀	旋转异常	前装刀	前装刀	无	无	20	–	22	–	耗时4小时
451	2022.7.7	2022.6.22	10–12	ARM9	555	544	11	更换	翻修刀	旋转异常	后装刀	前装刀	有集渣	无	2	–	1	–	正常
452	2022.7.7	2022.7.3	73–75	ARM9	555	551	4	更换	翻修刀	旋转异常	前装刀	前装刀	无	无	38	严重偏磨	43	严重偏磨	正常
453	2022.7.10	2022.6.22	5–7	ARM1	566	544	22	更换	翻修刀	旋转异常	前装刀	后装刀	无	无	1	–	1	–	
454	2022.7.11	2022.5.12	74–76	ARM3	568	531	37	更换	翻修刀	旋转异常	前装刀	前装刀	无	无	23	–	35	–	耗时2小时
455	2022.7.11	2022.6.2	78–1	ARM11	568	539	29	更换	翻修刀	旋转异常	前装刀	前装刀	无	无	22	–		–	正常
456	2022.7.11	2022.4.29	66–68	ARM7	568	513	55	更换	翻修刀	旋转异常	前装刀	前装刀	有集渣	无	20	–	20	–	耗时2小时
457	2022.7.13	2022.5.22	2–4	ARM9	573	539	34	更换	更换	旋转异常	前装刀	后装刀	有集渣	–	0	–	0	–	正常
458	2022.7.13	2022.5.22	1–3	ARM5	573	539	34	更换	更换	旋转异常	前装刀	后装刀	有集渣	无	0	–	0	–	正常
459	2022.7.13	2022.5.22	30–32	ARM7	573	539	81	更换	更换	旋转异常	前装刀	前装刀	有集渣	无	15		15		
460	2022.7.14	2022.5.15	61–63	ARM1	573	534	39	更换	翻修刀	旋转异常	前装刀	前装刀	有集渣	无	18	–	20	–	正常
461	2022.7.14	2022.6.27	78–2	ARM5	573	547	26	更换	更换	磨损异常	前装刀	前装刀	有集渣	无	20	–		–	正常
462	2022.7.16	2022.6.28	65–67	ARM5	579	547	32	更换	翻修刀	旋转异常	前装刀	前装刀	有集渣	无	51	严重偏磨	61	严重偏磨	正常
463	2022.7.16	2022.7.11	66–68	ARM7	579	568	11	更换	翻修刀	旋转异常	前装刀	前装刀	有集渣	无	55	严重偏磨	61	严重偏磨	正常
464	2022.7.17	2022.6.5	62–64	ARM3	579	539	40	更换	翻修刀	旋转异常	前装刀	前装刀	有集渣	无	10	–	11	–	耗时3小时
465	2022.7.17	2022.7.6	69–71	ARM9	579	555	24	更换	翻修刀	旋转异常	前装刀	前装刀	无	无	51	严重偏磨	15	偏磨	耗时4小时
466	2022.7.17	2022.7.6	70–72	ARM1	579	555	24	更换	翻修刀	旋转异常	前装刀	前装刀	无	无	19	–	17	–	正常
467	2022.7.19	2022.7.11	74–76	ARM3	583	568	15	更换	翻修刀	旋转异常	前装刀	前装刀	无	无	48	严重偏磨	51	严重偏磨	正常
468	2022.7.19	2022.7.7	73–75	ARM9	583	555	28	更换	翻修刀	磨损异常	前装刀	前装刀	无	无	22	–	23	–	耗时2小时
469	2022.7.19	2022.6.25	77	ARM7	583	547	36	更换	翻修刀	磨损异常	前装刀	前装刀	有集渣	无	24	–		–	正常
470	2022.7.22	2022.5.20	54–56	ARM7	594	539	55	更换	翻修刀	旋转异常	后装刀	前装刀	有集渣	无	52	严重偏磨	52	严重偏磨	耗时1小时
471	2022.7.22	2022.6.2	58–60	ARM11	594	539	55	更换	翻修刀	旋转异常	前装刀	前装刀	有集渣	无	67	严重偏磨	61	严重偏磨	正常
472	2022.7.24	2022.6.26	53–55	ARM5	601	547	54	更换	刀（新国产	旋转异常	前装刀	前装刀	有集渣	无	12	–	11	–	耗时30min

图 8-116　常压滚刀抽检及更换总台账示例

（2）在刀具旋转运行界面正常（无报警）的情况下，以半小时为单位，调取刀具旋转曲线，暂定刀具旋转曲线瞬时波动值大于 50 且计数周期内超过 20 次的，进行拆检。

（3）刀具温度持续升高：在掘进过程中，刀具温度持续升高，相邻刀具温差超过 2 ℃ 时需要对该刀筒进行拆检。

（4）磨损监测报警：主操作界面弹出刀具磨损检测报警，在充压复测后仍然报警的进行拆检。

（5）边滚刀磨损超过 15 mm、正滚刀磨损超过 25 mm 时对刀具进行拆检。

（6）地质情况变化不大，刀盘挤压力、扭矩、总推力等掘进参数出现明显变化，未查明为其他原因导致的应进行刀具抽检，确保刀具状况良好。

4. 一环一研判、一环一交底

设置盾构数据分析员，对盾构掘进数据进行实时监测和分析，发现问题立即进行处置。

参数分析员对当环掘进参数、渣样进行分析，并根据地质情况制定下环掘进参数，特殊段（如相向掘进、断裂带掘进）每环掘进完成后由参数分析员进行参数总结，形成环报。

5. 掘进参数控制

（1）控制泥水压力波动在 ±10 kPa 内。陆域段（回填区）压力设定一般大于理论计算值 50 kPa，海域段压力设定一般大于理论计算值 20 kPa。当隧道衬砌出现上浮时，需要调整注浆方案，减少隧道下部注浆；当隧道出现过大收敛变形时，需要及时调整注浆压力。

（2）以扭矩波动值及刀盘挤压力值为基准制定掘进参数，使推力、扭矩与掘进速度相匹配，重点关注刀具情况，发现异常立即停机抽检。

（3）根据地质情况及扭矩波动情况及时调整刀盘转速，避免刀盘转速过快导致刀具异常损坏。

（4）控制整环内推进油缸推力在正常范围内，防止推进油缸压力过大导致出现局部破损，避免各推进油缸推力差过大导致的隧道结构整体变形。

6. 泥水、渣土管理

如图 8-117 所示，安排专职技术人员负责泥浆测定、分析，及时调整泥浆指标，在掘进过程中每环不少于 1 次泥浆比重、黏度检测。由专职技术员对每环的渣样进行收集整理，并对每环渣样进行分析（粒径、颜色、风化程度等），作为下环施工的参考依据。

图 8-117 泥浆检测、渣样分析

泥浆管安排专职工程师定期做壁厚检测，盾构上一周两检，循环管路一周一检。对检测比较薄弱的地方进行外部补焊，加工弧形耐磨板，进行外部修复。停机时间较长时，拆开管路，翻面使用，同时对泥浆管内壁加焊耐磨板，主要通过这种修补方式延长管路使用寿命。

通过进排浆流量、比重、时间计算出渣量，进行每环对比、分析。

7. 注浆管理

同步注浆采用普通砂浆，掘进期间严控同步注浆量（150% ~ 180%）和注浆压力，在特殊地段掘进过程中每间隔 3 ~ 5 环开孔检查同步注浆填充情况，若填充不饱满及时采取二次补注浆。

特殊地段（交会段、断裂带、全断面硬岩段、地表建构筑物范围）二次注浆及时跟进（出 1 号拖车前），确保管片背后填充密实，保证施工安全。

8. 重视三个保护

（1）刀盘保护。

① 配置刀具检测系统，实时反馈刀具数据，为刀具抽检起到指导作用。

② 用前置刀筒取代后装刀筒，受力更合理，防止刀筒后退情况。

③ 及时抽检切刀，减少刀圈偏磨，延长滚刀寿命。

④ 在滚刀刀圈部位焊接挡圈，对刀圈起到很好的防护作用，减少刀圈崩裂的情况。

⑤ 建立刀具管理台账，一刀一档，认真做好刀具损耗分析。

（2）主驱动保护。

控制掘进参数、润滑、密封油脂注入，建立油脂消耗台账，建立油水更换和检测台账，进行分析。

（3）各类密封保护。

主驱动密封、铰接密封、盾尾密封、碎石机密封防护。

① 保证主驱动黑油脂和润滑脂足额足量消耗，形成台账数据分析。

② 盾尾油脂根据掘进速度调整气压和注入频率，保证油脂均匀注入，保证盾尾刷润滑耐磨。

③ 减少碎石机使用频率和使用油压，减少碎石机密封高压高频次使用，保护密封，延长使用寿命。

9. 盾构掘进关键节点控制措施

（1）全断面岩层掘进施工。

问题概述：盾构进入海域段开始为水下长距离全断面岩层掘进，岩体强度最高达 193 MPa，平均强度为 74 MPa，掘进过程中刀具磨损加大、换刀频繁。

主要控制措施：

① 掘进过程中以贯入度为基本参数，适当提高刀盘转速，同时控制刀盘挤压力，避免刀具异常损坏。

② 严控泥浆比重，加大底部冲刷，防止积渣堵塞出渣口；对岩样进行分析，合理选择掘进参数。

③ 施工过程中严格控制同步注浆量和浆液质量，保证管片背部填充的密实性，二次注浆紧跟，以减缓管片上浮。

④ 采用大流量掘进，提高泥浆比重、黏度，增加泥浆携渣能力，避免出现堵舱。

⑤ 掘进过程中每半小时停机一次进行舱内循环，每次循环 10 min，用于排出舱内积渣。停机后进行循环出渣，直至分离设备无碎石等排出后停止循环。

⑥ 加强刀具管理，密切关注刀具监测情况；加大破碎机工作频率。

（2）上软下硬地层掘进施工。

问题概述：对顶部软土地层扰动大，刀盘受力不均易造成刀具异常损坏；舱内易堆积石块，造成滞排；上软下硬地层泥浆上涨较快，比重过高易造成刀盘结泥饼。

主要控制措施：

① 严格控制泥水压力波动在 ±10 kPa；掘进过程中以扭矩波动为基本参数，适当降低刀盘转速，同时控制刀盘挤压力，避免刀具异常损坏。

② 严控泥浆比重，加大底部冲刷，防止积渣堵塞出渣口；对岩样进行分析，合理选择掘进参数。

③ 施工过程中严格控制同步注浆量和浆液质量，保证管片背部填充的密实性。

④ 采用较大流量掘进，并加大中心冲刷流量，避免刀盘刀具结泥饼。

⑤ 加强刀具管理，密切关注刀具监测情况；加大破碎机工作频率。

（3）浅覆土全软弱地层掘进施工。

问题概述：浅覆土地区地层软弱，双线先后开挖通过，存在显著扰动范围的交叠区域，扰动水平较高，易造成过大地表变形。

主要控制措施：

① 严格控制泥水压力，过大的压力会导致地表隆起，较小的压力会使地表出现沉降。

② 严控同步注浆量和注浆压力，保证盾尾后注浆饱满。

③ 监测掘进出土方量，控制盾构参数，防止超方开挖。

④ 在盾构施工过程中，盾构上方地表设置多点位移计测试设备，实现盾构上方深层土体至地表的全深度范围自动化监测，监测数据实时反馈给施工方，及时调整施工参数控制地表变形。

（4）盾构交会施工。

问题概述：2 台盾构相向掘进，交会段隧道净间距为 21.2 ～ 21.5 m，左右线隧道盾构交会位置左线隧道处于全断面硬岩中，右线隧道 10 环为上软下硬地层、10 环为全断面岩层，两条隧道中间地层为全断面岩层。

主要控制措施：

① 严格控制泥水压力波动在 ±10 kPa；软硬不均段采取低转速掘进，严格控制土舱压力波动及掘进速度，减少对周边土体的扰动。

② 严控泥浆比重，加大底部冲刷，防止积渣堵塞出渣口；对岩样进行分析，合理选择掘进参数。

③ 交会期间采取盾壳注泥；施工过程中严格控制同步注浆量和浆液质量，保证管片背部填充的密实性；二次注浆紧跟。

④ 全断面岩层采用大流量掘进，提高泥浆比重、黏度，增加泥浆携渣能力，避免出现堵舱；上软下硬地层采用较大流量掘进，并加大中心冲刷流量，避免刀盘刀具结泥。

⑤ 加强刀具管理，密切关注刀具监测情况；加大破碎机工作频率。

⑥ 建立双方沟通协调机制。

⑦ 隧道交会期间加强两线隧道洞内监测。鉴于盾构隧道施工过程中后配套设施遮挡，在此之前集成全站仪、激光测距仪与人工量测，于隧道拱顶设置全站仪测点，拱肩和拱底布置自动化激光收敛计，实现从管片在盾壳内拼装完成到后配套抵达时的衬砌快速变形期监测。监测控制基准见表 8-21。

表 8-21　监测控制基准

监测项目	判定内容	控制基准
管片拱顶下沉	累计值	± 50 mm
管片净空收敛	累计值	± 0.2%D（ ± 30.4 mm ）
管片错台	错台	衬砌环内错台 10 mm，衬砌环间错台 15 mm

⑧ 交会期间加大测量频率，根据管片拱顶下沉、管片净空收敛及管片错台等多项监测控制值，建立实时预警系统，预警等级按严重程度由小到大分为三级——黄色预警、橙色预警、红色预警，见表 8-22。

表 8-22　险情预警等级

预警等级	预警状态描述
黄色预警	变形监测的绝对值和速率值双控指标均达到控制值的 70%，或双控指标之一达到控制值的 85%
橙色预警	变形监测的绝对值和速率值双控指标均达到控制值的 85%，或双控指标之一达到控制值
红色预警	变形监测的绝对值和速率值双控指标均达到控制值

（5）盾构穿越断裂带施工。

问题概述：F_2 断裂带其构造岩岩性主要为碎裂岩及糜棱岩，呈绿泥石化，岩芯多呈碎块 ~ 短柱状，局部手可捏碎，遇水易软化，渗透性强，围岩基本无自稳能力。

主要控制措施：

① 值班人员根据每环实际掘进参数、出渣情况、实测泥浆性能等综合分析研判，拟定当环掘进施工环报表，对当环掘进情况做出评价并对下一环掘进提出意见及建议。

② 施工过程中不断总结分析，加强对盾构掘进各项参数的控制、泥水管理、同步注浆及二次注浆管理、盾构掘进姿态的控制管理，保证盾构设备完好率。

③ 同步注浆与掘进匹配：盾构开始掘进时，开始同步注浆，掘进完毕注浆结束；施工过程中严格控制同步注浆量和浆液质量，保证管片背部填充的密实性；二次注浆紧跟。

④ 掘进方向控制：采用隧道自动测量导向系统和人工测量辅助进行盾构姿态监测，掘进过程中通过加密导向系统自动测量频率至 90 s/ 次、每日进行人工辅助矫正测量偏差。

⑤ 管片拼装质量管理：管片施工过程全程旁站监督，保证管片安装后错台及张开量在设计控制范围内，安装完成后及时对盾尾间隙、错台以及张开量进行量测，确保下一环掘进正常施工。

⑥ 加强洞内管片监测及海面巡视。

参考文献

[1] MAIDL B，HERRENKNECHT M，ANHEUSER L. 机械化盾构隧道掘进 [M]. 曾慎聪，等，译. 杭州：浙江大学出版社，2002.

[2] 傅德明，张凤祥，朱合华. 盾构隧道 [M]. 北京：人民交通出版社，2004.

[3] 陈馈. 狮子洋隧道盾构地中对接施工技术 [J]. 建筑机械化，2010，11：60-63.

[4] 陈馈. 琼州海峡隧道超大盾构关键技术初探 [J]. 建筑机械化，2011，8：51-53.

[5] 陈馈. 盾构法施工超高水压换刀技术研究 [J]. 隧道建设，2013，8：626-632.

[6] 陈馈. 琼州海峡隧道超大直径盾构新技术展望 [J]. 隧道建设，2014，7：603-607.

[7] 陈馈，洪开荣，焦胜军. 国内外盾构法隧道施工实例 [M]. 北京：人民交通出版社，2016.

[8] 陈馈，洪开荣，焦胜军. 盾构施工技术 [M]. 2 版. 北京：人民交通出版社，2016.

[9] 杨振兴，周建军. 基于 Mckyes-Ali 模型盾构刀具切削软土三维力学模型研究 [J]. 隧道建设，2016，36（1）：108-112.

[10] 洪开荣，陈馈，等. 盾构与掘进关键技术 [M]. 北京：人民交通出版社，2018.

[11] 陈馈，王江卡，谭顺辉. 盾构设计与施工 [M]. 北京：人民交通出版社，2019.

[12] 李凤远，陈桥，冯欢欢. 海底隧道基岩突起段地层典型滚刀破岩实验研究 [J]. 隧道建设（中英文），2019，39（10）：1720-1727.

[13] 陈馈，谭顺辉，王江卡. 盾构施工关键技术 [M]. 北京：中国铁道出版社，2020.

[14] YANG Zhenxing，PAN Dongjiang，ZHOU Jianjun，et al. Vibration Characteristic of Cutter-Head in Soft-Hard Mixed Stratum：An Experimental Case Study on Su’ai Tunnel[J]. KSCE Journal of Civil Engineering，2020. DOI 10.1007/s12205-020-0966-5.

[15] 杨振兴，陈健，孙振川，等. 泥水平衡盾构用海水泥浆的改性试验研究 [J]. 岩土力学，2020，41（2）：1-8.

[16] 杨振兴，孙振川，游永锋，等. 泥水平衡盾构中海水泥浆性质试验研究 [J]. 地下空间与工程学报，2020，16（2）：359-365.

[17] 王春河，江华，樊祥喜. 大直径盾构隧道设计与施工技术 [M]. 北京：清华大学出版社，2021.

[18] 伍军，陈馈，白江涛，等. 盾构从业人员培训教程 [M]. 福州：福建科学技术出版社，2022.

[19] 杨振兴，曾垂刚，张凯，等. 软硬不均地层对盾构刀盘受力计算方法与分析 [J]. 科学技术与工程，2022，22（25）：11163-11169.

[20] 黄威然，孔少波. 汕头海湾隧道复合地层超大直径盾构施工关键技术研究 [M]. 北京：人民交通出版社，2022.

[21] 陈馈. 深圳地铁教育培训中心盾构技术培训班：超大直径泥水盾构关键技术与风险控制 [Z]. 2023.

[22] 杜彦良，陈馈，王江卡. 盾构设计施工管理关键技术 [M]. 成都：西南交通大学出版社，2023.

[23] 陈馈，张洪江，陈沐，等. 盾构施工重大风险控制 [M]. 成都：西南交通大学出版社，2023.